周鸿铎 主编

媒介经营

中辑 肆

媒介调查分析

Media Survey and Analysis

孙江华 著

经济管理出版社

ECONOMY & MANAGEMENT PUBLISHING HOUSE

图书在版编目（CIP）数据

媒介调查分析/孙江华著.—北京：经济管理出版社，2004

ISBN 978 - 7 - 80207 - 042 - 2

Ⅰ．媒…　Ⅱ．孙…　Ⅲ．传播媒介—社会调查—分析方法　Ⅳ．G206.2

中国版本图书馆 CIP 数据核字（2004）第 096525 号

出版发行：**经济管理出版社**

北京市海淀区北蜂窝 8 号中雅大厦 11 层

电话：（010）51915602　　邮编：100038

印刷：北京晨旭印刷厂　　　　　　经销：新华书店

责任编辑：王光艳

技术编辑：蒋　芳

责任校对：超　凡

787mm×960mm/16　　　　24.25 印张　　395 千字

2005 年 1 月第 1 版　　　　2012 年 2 月第 3 次印刷

定价：38.00 元

书号：ISBN 978 - 7 - 80207 - 042 - 2/F·43

科学是诚实的，只有诚实的人，遵循科学发展规律办事的人，才能攀登科学的顶峰。

——周鸿铎

媒介经营与管理丛书

总　序

　　媒介经营与管理丛书共有三辑，每辑四卷，共十二卷，同传媒经济丛书（共八卷）是姊妹篇。传媒经济丛书多侧重于经营理念和宏观经营谋略策划方面的分析研究，对经营决策者有重要的理论意义和实践意义，同样是媒介实体经营者的必读书。在市场经济条件下，作为媒介实体经营者来说，要能始终保持媒介产业公司在媒介市场上的核心竞争力，真正拥有独特的竞争优势，除了具有雄厚的经济实力外，还必须具有科学的知识结构体系，准确地理解国家关于媒介产业的宏观决策，并能根据宏观决策的要求，制定出能发挥本公司独特竞争优势的具体的媒介产业经营策略。媒介经营与管理丛书多侧重于经营与管理谋略的分析和研究，并提出了许多具有实践意义的媒介产业经营与管理的技巧、模式，对于媒介实体经营者具有重要的理论意义和实践意义，同样是媒介产业的宏观决策者的必读书。要彻底改变我国媒介产业经营与管理的现状，不仅媒介实体经营者要懂得媒介经营与管理，媒介产业的宏观决策者也必须懂得媒介经营与管理。只有这样，才能既保证媒介产业宏观决策的正确，又能对媒介实体经营者进行科学的指导，进而促进我国媒介产业健康发展。

　　在我国，由于长期不认识媒介的经济属性和产业功能，过分地强调媒介的政治属性和喉舌功能，因此，对媒介产业系统的管理干部配备基本上都是行政管理干部；对媒介产业部门的管理基本上采用的是行政手段；对媒介产品的生产只讲投入不讲产出，没有产品成本意识；对媒介产品质量的要求，只对上级负责，很少对群众负责；对职工的培养多注重新闻宣传方面的知识，基本上没有经营与管理知识方面的训练；等等。总之，目前我国媒介产业系统既缺乏媒介经营与管理方面的知识，又缺乏人才。而我国市场经济的发展和信息社会的到来，又急需要媒介经营与管理的知识和人才。媒介经营与管理丛书就是为适应这种形势发展的要求和我国媒介产业发展的实际而撰写的。

媒介经营与管理丛书由于是在国内外媒介产业部门提供的经验的基础上，根据我国媒介产业的实际和发展趋势撰写而成的，具有前瞻性、实用性、可操作性。这套丛书共分三辑，其基本内容如下：

媒介经营与管理丛书上辑：

（一）《媒介经营与管理总论》　本书从一般经营与管理的基础知识出发，深入地分析了媒介经营与管理的核心理论和媒介经营与管理的操作技巧。主要内容有媒介经营与媒介管理的互动以及应采用的策略和媒介市场、媒介生产、媒介产品、媒介资本的经营与管理以及应建立的具有中国特色的媒介经营与管理体制。

（二）《报业产业经营与管理》　报业产业是媒介产业体系中的一种传统产业，它的历史最长，人们对于它的特点最了解。本书从中国的实际出发，针对报业产业的具体业务，详细分析了报业产业的定位策略、价格策略、资源开发策略以及现代报业产业的经营与管理机制。

（三）《广播电视经营与管理》　广播电视产业是电子媒介产业群中经营时间最长、经验最丰富、目前经营效益最好的产业群之一。本书根据我国广播电视的产业功能被认知和开发起步较晚的特点，并结合西方发达国家的较先进的经营与管理经验，从广播电视产业市场分析入手，以分析广播电视节目的经营与管理为核心，具体剖析了广播电视产品成本经营管理、品牌经营管理以及其他国家和地区的广播电视产业经营与管理的基本经验。

（四）《网络产业经营与管理》　网络产业是电子媒介产业群中的一种新兴产业，也是一种最有发展前途的媒介产业形式。由于网络产业的形式和发展是同网络技术的发展和应用同步的，所以本书在分析网络产业经营与管理时紧紧抓住网络技术及其经营与管理这一基本问题，以此为核心全面分析了网络产业经营与管理的理念与策略。在网络时代，由于网络已成为各类经营实体以及社会人个体之间的联结纽带，给网络经营与管理带来了许多前人未曾接触到的问题，因此，在本书中既分析了网络与传统媒介、商务、金融等相融合而形成的新的经营实体的经营与管理问题，又分析了实施对网络产业经营与管理必须树立的创新理念。创新是实现网络产业经营与管理的关键。

媒介经营与管理丛书中辑：

（一）《媒介组合策略》　媒介组合是一种综合性的媒介现象，是未来媒介产业发展的一种趋势，特别是多媒体和互联网络的出现，加快了媒介组合化的步伐。由于媒介的组合运作，深刻地影响着人们接触媒介和运用媒介的基本方式。本书主要从媒介产业发展政策、媒介产业发展的总体趋势、媒介产业的新技术和媒介产业的实践操作等层面分析了媒介组合应采用的基本策略以及实现媒介组合的实践意义。

（二）《传媒集团运营机制》　传媒集团是媒介产业发展的总趋势，即是媒介产业发展规律的一种必然。我国虽然已组建了许多传媒集团，但真正规范化的传媒集团还尚未形成，因此，本书所分析的运营机制相对于我国传媒集团的现状具有超前性，同时对今后规范化的传媒集团运营有着重要的借鉴价值。

（三）《媒介财务管理》　财务和财务管理贯穿于媒介产业的各个领域，对于媒介产业的发展具有重要意义。本书从媒介产业财务管理的基础理论和技巧入手，系统地分析了媒介产业财务模式、财务计划、财务预算、财务决策、盈利目标以及媒介产业各领域的具体财务管理制度、资金筹措、资产（包括无形资产）管理、收益管理、财务风险等。同时还分析了如何合法避税以及报表分析的财务管理等。

（四）《媒介调查分析》　媒介产业要生存和发展，就必须准确地认知自己，就必须准确地了解受众和媒介市场。媒介调查提供了对这三个方面进行认知的实用工具。本书结合媒介实体的需要和实证调查研究的特点、程序，系统地分析了媒介调查的基础理论、常用方法和应用领域，具有很强的实用性和可操作性，特别是对媒介产业转制后的各类媒介经营实体的经营与管理具有重要的理论意义和实践意义。

媒介经营与管理丛书下辑：

（一）《广播电视经营管理模式》　广播电视产业在媒介产业群中具有重要的地位。广播电视经营管理模式对于我国确立科学的媒介经营管理模式产生着重要的作用。本书从目前我国广播电视产业经营管理现状入手，详细分析了广播电视产业宏观经营管理模式、产品经营管理模式、机构管理模式、投资战略模式以及新闻宣传管理模式、播出管理模式、行政管理模式等。由于广播电视产业是一种信息产业，它随着科学技术的发展和社会生产力的变化，其经营管理模式也必然出现相应的变化，充分表现出广播电视经营管理模式的动态性特点。

（二）《电视频道经营实务》　频道制是我国电视产业发展的一种方

向，也是我国电视媒介管理体制深化改革的一项重要举措。频道专业化是合理利用频道资源的有效措施。本书以典型案例为背景，以频道制和频道专业化为核心，全面分析了频道制的具体内容和运作方式；全面分析了频道专业化经营管理的技巧。本书所分析的内容对我国电视产业转制将会起到一定的借鉴作用。

（三）《国内外广播电视法规比较》　市场经济是法制经济。在我国，由于市场经济起步较晚和媒介产业进入市场的步伐迟缓，所以有关媒介产业经营与管理方面的法规很少，更没有形成具有中国特色的媒介产业法律体系。本书以广播电视法规为例，将中国现有的部分法规同欧美、日本、韩国和印度的广播电视法规进行比较，为建立具有中国特色的媒介产业法规提供了一定的可供借鉴的实例。

（四）《世界五大媒介集团经营之道》　为适应我国媒介产业发展的需要，本书选择介绍了时代华纳、迪尼斯、贝塔斯曼、威卡姆、默多克新闻集团等世界级的五大媒介产业集团的成功发展历程以及经营之道。主要分析了这五大媒介产业集团的现状以及它们在发展过程中所采用的经营策略，以供我国媒介产业经营实体借鉴。

总之，媒介经营与管理问题对于我国的媒介经营管理者来说，还是一个新问题，这套丛书的公开出版发行对于普及媒介经营与管理基础知识和提高我国媒介经营管理者的素质将会起到积极的作用，同时也解决了高校应用传播学专业以及其分支学科——传媒经济学专业学生的用书问题。

对于媒介经营与管理问题，虽然早在20世纪80年代初我们就开始了调查研究，但是，由于宏观的社会环境和人们主流思想认识上的原因，真正有创造性的突破性进展还是近几年的事情。这种现实决定了媒介经营与管理理论在许多方面还不够成熟，同其相适应，在经营与管理策略上还具有一定的探索性。这样，我们敬送给读者的这套丛书难免还存在着不尽完善的地方，敬请读者和专家不吝赐教，以便在今后的再版中修改。

周鸿铎

2004 年 12 月 18 日于北京

前　言

媒介调查是应用传播学研究的一项重要内容，是人们准确地把握信息、使用信息的前提，是人们研究传播效果常用的一种方法。自20世纪后半叶起，人类社会就逐步由工业经济社会走向了信息经济社会。现在在一些发达国家不仅已基本实现了信息化，而且知识经济已快步向人类社会走来。在这种大背景下，人们如何了解信息、认知信息、运用信息已是21世纪必须解决的重要问题。《媒介调查分析》这本书主要是解决人们认知信息的方法的问题，它同《媒介经营与管理》这套丛书的其他专著相比较，重点解决的是研究媒介和受众的方法问题，而且是偏重于量化分析的方法。

信息即财富是从信息产品的质的角度得出的结论。信息是客观的，它存在于自然界、人类社会、人们的思维等各个领域；信息无时不在，信息无处不在。这就是说，人们在任何时候、任何环境条件下和任何地方都可以捕获到信息。但是，这种信息并不是我们所说的信息即财富。为什么呢？这种无时、无处都存在的信息，只说明了信息的客观性和普遍性，它并没有说明信息的有用性，其中还包含着相当数量的无用信息（信息垃圾）和有害信息。所谓财富都是有用的，包括信息在内的任何东西，要作为财富，它必须是有用的，无用的东西是不能作为财富来对待的。从这种分析中可以看出，信息即财富，指的是有用信息，或者说是经过加工后的有序信息。信息的有用性程度不完全取决于信息本身，还受制于信息材料加工者的素质水平。对于同样的信息材料，如果加工者的素质水平比较低，或者加工者还没有弄清楚信息的有用性，这样加工出来的信息，其有用性就很难体现出来。但对于已加工的信息产品来说，常常出现这种现象：信息产品的质量并不高，但信息的使用价值却很强。这种现象说明了信息使用价值的大小并不完全受制于信息材料的加工者，还受制于信息产品的使用者。

　　信息即资本是从信息使用的角度得出的结果。信息产品的价值量与创造信息产品所付出的劳动量是不成比例的。创造有的信息产品可能付出了很多劳动，但它的价值却很少；创造有的信息产品可能付出了很少劳动，但它的价值却很大，甚至是无限的。对信息产品价值量大小的这种结论，大量事实证明了这一观点的科学性。信息产品价值量的这一特点决定了信息产品价值的增值性，具有鲜明的资本特征。

　　《媒介调查分析》这本书从方法论的角度系统地回答了这两个问题，对于人们科学地认知信息、使用信息具有重要意义。

　　《媒介调查分析》共分为四章，即媒介调查概述、媒介调查方法、媒介调查资料分析、调查报告的撰写等，全面系统地分析了媒介调查的全过程，具有很强的实用性和可操作性，是媒介产业经营者的重要参考书。

周鸿铎

2004 年 12 月 2 日于北京

目　录

第一章　媒介调查概述

　　当今社会正处于信息经济时代，作为传播信息的重要渠道之一的传播媒介，逐渐走向产业化经营，媒介追逐的不仅仅是喉舌功能的实现，而是政治和经济的双重效益。谈到经济，似乎离不开竞争，当今的媒介正处在一个既联合又激烈竞争的局面之中。在这样的竞争局面下，大到一个媒介机构，小到一个栏目，如要生存和发展，也需要掌握足够的信息。首先，是对自我的认识，了解自己在受众心中的形象地位等；其次，是对对手的认识，通过比较找出自己的优势和劣势；还有，最重要的是对受众的认识，了解受众真正需要的是什么。媒介调查正是提供了一个对这三方面进行认识的工具，本章将从概述的层面上介绍媒介调查的一般理论。

第一节　媒介调查导论

　　媒介调查方法实际上是借用了科学研究中的实证方法，本节将系统地介绍这种实证的科学研究方法，以及在媒介研究的多个领域中是如何运用这种研究方法的。此外，与科学的研究方法一样，媒介调查的方法也是多种多样的，这些方法从不同的角度可以有不同的分类，本节也将较全面地介绍媒介调查的不同类别。

一、科学研究方法和媒介研究

（一）研究问题的方法

解决一个问题，可能有多种寻求答案的方法，科学研究方法是其中一种，但在科学产生之前，获取知识的主要方法是经验法、思辨法和权威法。①

1. 经验法

经验法是依靠人的感官来获取知识。经验是知识的主要来源，它包括的范围很广，其中有传统或前人的经验之谈，有个人在生活中的观察和体验，还有周围大多数人共同接受的常识。

尽管经验是知识的主要来源，但无条件地相信经验往往是有害的，因为经验中包含着许多谬误、偏见和虚假的成分。

2. 思辨法

思辨法是先验论的方法，是依靠直觉、洞察和逻辑推理来获取知识。直觉提供的知识是人们感觉到却说不出道理的东西，它能发现一些未得到证实的假说，能洞察到一些不依赖于经验的"公理"或"先验原则"。思辨法就是从这些"公理"或"先验原则"出发，运用推理的方法获得各种知识。

思辨法所提供的知识是靠逻辑推理来证明的，只要"公理"是真实的，那么由它推论出的知识也是真实的。但思辨法的缺陷恰恰在于它无法证明"公理"的真实，"公理"无法被经验验证。

3. 权威法

在社会生活中，专家、学者、教授、政府、新闻报道等常常被认为有很大权威性。当人们遇到困惑时，也总是查阅经典著作或专业书籍，看权威是怎么讲的；当有多种不同意见时，人们更倾向于相信权威的意见。

权威提供的知识是很有必要的，实际上，人们读书、看报、学习、听广播、看电视等活动都是在接受权威的知识。一般情况下，人们愿意无条件地接受权威提供的知识，而有一些权威知识里是有错误成分的。事实上，大部分的权威知识是可以通过实际经验进行检验的。当人们自己去收集证据，并采用系统的经验观察方法去检验权威的知识时，其实就已经是在采用科学的研究方法了。

（二）科学研究方法

1. 何为科学研究方法

根据《中国大百科全书》，所谓科学是"对各种事实和现象进行观察、

---

① 袁方主编：《社会研究方法教程》，北京大学出版社 1997 年版，第 8 页。

分类、归纳、演绎、分析、推理、计算和实验,从而发现规律,并对各种定量规律予以验证和公式化的知识体系。""科学的三个主要任务是描述、解释和预测事物的产生、发展与变化。"① 也就是说,科学是一种系统的知识体系。"科学知识所说明的是具有普遍性的事物,而不是某个具体现象或特殊事件。科学要排除各种偶然因素,它力求通过对一个具体事物的研究来找出事物的共性、发现普遍的因果规律。"②

研究科学的方法,我们叫做科学研究方法。科学研究是系统的、实证性的。柯林杰(F. N. Kerlinger,1986)把科学研究定义为:"对观察到的现象间可能存在的某种联系提出假设,并进行系统的、受控的、实证性的和批判性的调查研究。"这个定义概括了科学研究方法的基本要素,并描述了科学研究的程序。

传播媒介研究是社会科学研究的一部分,在获取较为精确的数据资料的时候,运用科学研究方法常常可以取得很好的效果。

2. 科学研究方法的特点

科学研究方法有 5 个区别于其他研究方法的基本特点,③ 这些特点也可以说是判断一种研究方法是否是科学研究方法的标准。

(1)科学研究是公开的。科学研究人员不可能仅凭个人的知识、方法和资料来证明其研究结果的正确性。在科学研究过程中,要让研究者能够不受限制地获取所需的资料;反之,研究者也必须在其发表的研究报告中,说明其所采用的模型、方法及资料收集的实际情况,等等;并保存相关的研究资料,允许其他需要的研究者使用。

(2)科学是客观的。科学注重的是事实本质,而不是权威。为了排除研究中的主观性和随意性,就一项研究课题,必须设计完整、严密的研究方案,制定出明确的规则和程序,在研究过程中参与的所有研究人员都必须严格地遵循这些规则和程序,以避免判断的无规律性,这样才有可能得到客观的结果。

(3)科学是实证性的。研究者是生活在一个可认知、可测量的世界上,他们能对研究对象有所认识并进行分析,从而摒弃对事物形而上学和

---

①② 袁方主编:《社会研究方法教程》,北京大学出版社 1997 年版,第 4 页。

③ Roger Wimmer & Joseph Dominick 著,李天任、蓝莘译:《大众媒体研究》(Mass Media Research-An Introduction),台湾亚太图书出版社 1995 年版,第 12 页。

荒谬的解释。但是，这并不意味着研究者不需要抽象的理论，但概念必须严格定义，以便于观察和测量。研究者必须直接或间接地利用各种测量仪器、严密设计的观察方法将经验世界与抽象理论联系起来，建立操作定义（operational definition）是实现这种联系的典型办法。

（4）科学是系统的和累积的。科学是系统的，科学研究是通过对个别事物或样本的观察，最终形成公式化的理论和法则。在一定的条件下，如果变量间的关系保持不变，研究者就有可能得到一些规律性的东西，如公式、规则、模型或理论，这些发现应该是有序的而且具有一致性。科学又是累积的，任何研究都是在前人成果的基础上发展和积累起来的。没有一项研究可以独立地存在，研究工作的第一步几乎都是从查阅相关的文献或资料开始的。

（5）科学是有预测性的。科学把现在和未来联系起来。事实上，研究者们努力发展理论，原因之一就是因为理论可以指导人们的行动。当然，理论的产生必须有充足的资料支持和正确的分析为基础，如果没有这样的资料分析基础，就必须对理论重新论证。

3. 科学研究方法的程序

科学研究程序是科学研究方法的核心，它由以下几个步骤构成：[1]

（1）建立假设。科学的起点是问题，科学研究的起点则是假设（hypothesis）。假设是对所要研究的问题做尝试性的回答，一般是对某一理论的演绎推理，也可以靠猜想或经验来建立。一旦研究者认识到某个问题需要解决，不管它是实践的还是理论的问题，他可能通过查阅以前的知识或通过设想对这个问题构造一个假设，这是研究的第一步。但假设不是随意的，而是要导向问题获得解决的。

（2）制定研究计划。理论一般是普遍的、抽象的，研究假设虽然比较具体，但也是用抽象概念表述的。假设必须转化为以操作化术语表述的命题。操作化是指对假设中的概念做操作定义，说明如何测量概念、如何检验假设，等等。为此，研究者必须事先制定一个研究计划，并选择适当的研究方法。

（3）实证观察。依据一定的研究方案，研究者可以采用各种方法去收集实证资料，并对资料进行整理和分析。这些资料是对研究假设的实际

---

[1]　袁方主编：《社会研究方法教程》，北京大学出版社 1997 年版，第 10 页。

验证。

（4）得出结论。结论一般是通过对各种资料的归纳推理得到的。如果资料证实了原来的假设，则被证实的假设就是结论，研究结论虽然是通过对一些具体现象的观察得到的，但它可以推广到更大的范围，可以对同一类现象作出具有普遍性的概括，进而形成抽象的理论。

在科学研究的程序中，操作化是一个重要环节。操作化将抽象的理论与具体的经验现象联接起来，使科学知识能够被经验事实所检验。此外，在操作化阶段，研究者制定出一套系统的、有条理的经验观察方案，以保证研究结论的客观性和准确性。在自然科学中，这套观察方案的设计与实施称为实验。实验是科学的基本方法，它比其他经验方法更准确、更客观。

这里应当指出，科学并没有一套固定的方法，研究者可以使用各种具体方法和各种实验方案得出自己的研究结论。但是如何判断谁是谁非，如何检验研究结论的"真理性"呢？科学是通过方法论的共同规则所确定的逻辑标准与经验标准来判断的。因此，对研究结论的检验在很大程度上成为对其研究方案的检验。由此可以看出，所谓的科学方法就是系统地消除个人经验观察中有可能出现的主观偏差或观测误差，以便得到共同接受的、可靠的知识。

4. 科学研究方法的局限性

科学研究方法虽然可以获得更可靠、更客观的知识，但是这种获取知识的方式也有其局限性：

（1）科学从其方法来看，主要是用于检验已有的知识，而很少用于发现新知识，科学发现常常是依靠直觉、猜想或偶然的机遇。

（2）从科学的程序来看，科学是依靠对抽象概念的操作化，即对概念的明确界定和精确测量。但在实际研究中往往很难做到完美的操作化。人们对抽象概念有各种不同的理解和解释，他们会对研究者的操作化方案提出各种疑问。

（3）科学知识虽然都曾得到经验、事实的检验和证实，但它也是个相对真理，它也可能是错误的。这是由于新的现象的出现往往会导致现有理论的失效或过时。

（4）科学方法主要适用于可直接观测的现象，不仅如此，对于某些理论上可实证的现象，科学还必须依赖技术手段和理论的发展。目前在社会科学中，正是由于研究手段和理论的落后，因而对许多无法直接观察的现象还不能做出科学的解释。

虽然科学研究方法具有这样的局限性，但相比较而言，科学方法更可靠、更有效。为了弥补其不足，有时研究者也会有条件地结合其他手段进行研究。20世纪以来，科学方法论和社会科学的迅速发展表明，科学在逐渐克服自身的局限性，在不断改进和完善科学的方法、手段，以便能提供更有效、更广泛的知识。

（三）媒介研究

我们生活在一个媒介环境中。传播理论公认：媒介对社会、对个人产生着很大的影响，但受众并不是被动地接受信息，而是主动地选择信息。媒介的强大效果使得媒介从业者和研究者必须要关注媒介的各个方面并进行研究，但研究内容、研究对象、研究方法是多种多样的。

近年来，越来越多的媒介研究者把科学的研究方法运用到媒介研究实践中去。通过实证的研究去取代原来的猜测和理性思辨。但我们知道，这种研究方法是有一定缺陷的，而人类的行为又是复杂多样的，不可能完全公式化、模式化。不过，这种研究仍可以提供很有用的信息，来帮助媒介策划传播行为、预测传播效果，并对传播的结果进行评估。

具体来说，借助科学的研究方法，媒介研究可以在以下领域进行：

1. 传播内容研究

传播内容即传播者所发出的信息。信息的组织方式是内容研究关注的重点。研究传播内容的常用方法是内容分析法和控制实验法。前者常常用来分析一个特定的传播内容，如分析一份报纸、分析一个节目等，研究它们的构成要素。控制实验法常常用于比较不同制作版本的优劣，最常用的就是广告文案的测试。

2. 传播媒介研究

所谓传播媒介，就是信息的传播途径，即电视、广播、报纸、互联网等信息通道。在微观的层次，人们可以研究各种传播媒介的特点、信息通过不同媒介传播的效果有什么不同、各种媒介如何互补长短等；在宏观的角度，也可以研究媒介机构，比如研究电视的播出量、报纸的发行量、研究某个媒介机构的经营管理模式等。研究的方法有调查研究法、个案研究法等。

3. 传播受众研究

受众研究是最常见的一种研究类型。所谓受众，是指媒介传播的对象，也就是众多的接触媒介的人，如电视和电影的观众、广播的听众、报纸和杂志的读者、互联网的使用者等。受众的数量多、分布广、个体差异大，而对受众的研究常常是选择一部分有代表性的人进行研究，最后根据这一部分人的情况估计整个受众的情况，这种研究方法就是抽样调查法。受众研究的内容常常是研究受众对媒介的使用情况、对现有媒介及传播内容的满意度、自身的兴趣和需求等。比如很多的观众调查都涉及观众的基本状况和人口特征、生活形态、对电视和其他媒介的接触情况、接触媒介的动机和目的、对现有节目的满意程度等内容。受众研究还有一个重要的内容就是电视、广播的视听率研究，视听率数据是媒介经营的重要经济杠杆。它也是采用抽样调查方法获得的，不同的是，为了得出连续的视听率数据，研究者常常采用"固定样本组"连续调查的方法，即对抽选到的同一群人定期反复进行调查和测量。

4. 传播效果研究

传播效果研究一直是媒介研究的核心。传播效果包括两个层面的内容，宏观的层面是传播媒介对整个社会的影响，比如媒介是否促进了社会文明的进步，是否促进了社会文化的发展，媒介对社会的正面功能是什么、负面功能是什么等；微观的层面是指媒介所传播的内容在受众身上引起的心理、态度和行为的变化，比如模仿、从众等。传播效果研究是媒介研究中最复杂的，常常需要结合控制实验法、调查法、内容分析法、个案研究法等多种方法综合进行。

二、媒介调查的主要类型

媒介调查包括两个层面的含义：狭义来讲，它只指运用问卷调查法进行的媒介研究；广义来讲，所有利用科学方法进行的媒介调查研究都是媒介调查。本书将从媒介调查的广义含义入手进行全面的媒介调查研究方法阐述。书中提到的"调查"二字，除非是可以根据上下文内容判断为专指问卷调查法，一般都是指广义的"调查"。

广义的媒介调查可以从各种角度，按不同的标准划分为不同的类型。各种类型具有各自的特点，在调查方式、方法、步骤、程序、适用范围等方面都有所不同。要进行一项媒介调查研究，应当首先根据调查任务和调查课题来选择和确定适当的调查研究的类型，才能有效地制定调查方案，确定调查对象、调查方法和调查程序。

（一）二手资料分析和原始资料分析

根据分析资料的来源，调查研究可划分为二手资料分析和原始资料分析两种类型。

1. 二手资料分析

二手资料是指其他研究者因为其他目的已经收集好并公开发表的资料。比如央视—索福瑞媒介研究公司定期发布的收视率调查数据，对于其他的研究者就是一种二手资料。二手资料比较容易获得，时间比较快、费用也很低。在调查研究时，有些情况下我们也只能借助二手资料，比如人口普查获得的统计资料，研究者不可能自行去收集。实施一项研究，如果确定了研究主题，研究者往往先从第二手资料分析入手，通过查阅与该研究主题相关的信息，研究者可以获得以下相应的帮助：帮助理解研究主题和更好地定义研究问题；可以在参阅以往的资料中，提出自己的研究假设；分析以往同类研究的研究设计，找出它成功和独特的地方，获得启发；分析其他研究设计不合理的地方，在自己的研究中可以尽量避免同样的问题；可以在自己的研究设计中，加入和以往研究进行比较的部分。

尽管二手资料对调研很有帮助，但是在使用二手资料的时候一定要谨慎。首先，二手资料是为其他研究目的而收集的，可能对自己目前的研究问题缺乏说服力，甚至不能说明任何问题；其次，在使用二手资料时，一定要注意其收集者、收集时间、数据来源的范围、数据收集方法，否则很可能会导致错误的理解。例如，如果不注意数据的收集时间，在今天抽样设计时仍参阅 1982 年人口普查的统计资料，无疑是不合理的；或者，对某个电视栏目的观众调查数据是采用了男女各一半的配额抽样方法抽取样本获得的，而二手资料使用者不注意这一点，理解成该栏目的观众构成是男性和女性比例相同，这就是明显的错误。

由于二手资料的这些局限性，以及有些研究主题很难找到相应的二手资料，很多的媒介研究往往直接收集原始数据进行分析。

2. 原始资料分析

原始资料（原始数据）是指研究者按照自己定义的研究主题、研究目的和研究方法，自行收集的结果数据。中央电视台想要了解全国的观众收看电视的情况和意见，每 5 年进行一次大规模的观众调查（和其他机构合作进行），以这种方法得到的分析数据就是原始数据。

获取原始资料的过程非常复杂，需要花费大量的经费和时间，比如2002 年的第 4 次全国电视观众调查从准备到结束历时一年多，花费几十万元，投入了大量的人力物力。但是，原始资料是专门为研究目的而收集的，所以收集到的数据可以解答研究目的范围内的相关问题，可以直接用来为决策服务。另外，原始资料是在特定的时间内收集的，数据的质量和时效性可以得到控制和保证。

（二）普查、抽样调查和个案调查

依据调查对象的范围可将调查研究划分为普查、抽样调查和个案调查几种类型。

1. 普查

普查也称为整体调查或全面调查，它是为了解总体的一般情况而对总体中的每个对象都无一例外地进行调查，如世界上很多国家都在实施的人口普查就是最典型的一种。

我国至今已组织了 5 次人口普查，分别是在 1953 年、1964 年、1982年、1990 年和 2000 年进行的。目前，周期性的人口普查已经形成了一种制度，每逢尾数是 0 的年份就进行一次人口普查，而每逢尾数是 5 的年份就进行 1‰的人口抽查，以补充两次普查间资料的空白。现以我国 1982年第三次人口普查为例了解一下普查的情况。这次普查的调查表格包括19 项内容：姓名、性别、年龄、民族、文化程度、行业、职业、婚姻状况、妇女生育状况、不在业人口状况、住址、家庭人口等，而各种花费情况如下：[①]

（1）时间。1979 年底，国务院人口普查领导小组成立，直到 1985 年普查工作才宣布正式结束。

（2）人力。这次普查动用了 518 万名普查员、109 万名普查指导员、13 万名编码员、4000 多名电脑录入人员、1000 多名电脑工作人员以及1000 多万名基层干部和群众。

（3）财力。这次普查总花费共约 4 亿元人民币（不包括工作人员的工资和劳务费），还不包括联合国资助的 1560 万美元。

---

① 肖明、丁迈著：《精确新闻学》，中国广播电视出版社 2002 年版，第 74 页。

从这些数据可以看出，普查的特点是：

（1）普查虽然对每一个调查对象都进行了调查，但调查不可能很深入细致，因此普查的调查项目较少，资料缺乏深度。

（2）普查所花费的时间、人力和财力都是很高的。

（3）但是，由于普查资料的收集都是利用统一的统计报表或调查表格，每一调查对象都按统一要求填写，因此资料的准确性、精确性和标准化程度均较高。这些资料可以统计汇总和分类比较，统计结论具有很高的概括性和普遍性，可以精确地反映社会总体的一般特征。普查的主要作用是对社会的一般状况作出全面、准确的描述，为国家或部门制定政策、计划提供可靠的依据。

正是普查的这些特点，一般性的调查研究都不进行普查，而是采用抽样调查的形式进行。抽样调查是 20 世纪 30 年代以后，随着抽样理论、统计方法、问卷技术以及计算机技术的完善和普及而发展起来的。

2. 抽样调查

所谓抽样调查，就是从调查对象的总体中抽取能代表总体的一部分，即样本，然后根据样本中所包含的信息对总体的状况进行估计和推算。抽样调查的目的是从许多"点"的情况来概括"面"的情况。目前，绝大部分的调查研究都是采用抽样调查进行的。比如中央电视台每 5 年组织一次的全国电视观众调查就是采用抽样调查进行的。与普查相比，抽样调查具有以下特点：

（1）抽样调查花费少。

（2）抽样调查所需的时间短，能够迅速获取所需的信息。

（3）抽样调查可以从样本中获取相对来说深入得多的资料。

（4）如果科学地设计抽样，不但样本可以对总体具有代表性，而且用样本估计总体的时候，误差究竟有多大是事先可以计算的，而且可以根据需要改变抽样设计以控制这个误差的大小。

3. 个案调查

个案调查也是从总体中选取一个或几个调查对象进行深入研究。它是对某一调查对象的各种特征，特别是历史特征进行全面分析，其目的在于探讨过去发生的某些重要事件对调查对象的现状或未来的影响，并以这些独特的原因对调查对象的行为作出解释和预测。它的主要作用不是由个体推论总体，而是要深入、细致地描述一个具体单位（如一个记者、一个电视台、一个影视公司等）的全貌。个案调查不一定要求调查对象具有对总体的代表性。

个案调查在调查研究历史上曾经被广泛使用，如在 19 世纪和 20 世纪初期，个案调查曾是社会学调查研究中的主要方式。例如，研究人员从工人、农民、贫民、乞丐、娼妓等中选取一个或几个调查对象作为个案，详细、深入地了解每一调查对象的社会活动、生活方式、行为模式、价值观念等。

早期的个案调查只是像历史研究那样以独特的原因来解释独特的现象，因而难以得出具有普遍性的结论。20 世纪以来，社会学家对这种方法进行了改进，一是增加调查的个案数，二是结合社会背景分析，三是逐渐发展了调查的具体方法和手段，如参与观察法、深度访谈法、个人文献分析法等。个案调查适用于下列研究中：

（1）了解某一调查对象的发展过程。

（2）具体、详细地分析人们的行为动机或原因。

（3）了解某些独特因素或事件对人们特定行为的影响。

（4）具体研究个人生活及其需求、动机、兴趣，以及特定文化背景下的群体行为。

20 世纪中期以后，个案调查的比重逐渐下降，抽样调查逐渐广泛，因为抽样调查不仅仅关注"点"的问题，还试图详尽地分析各个"点"之间的相互联系以及总体的特征。

但是个案调查仍然在一定的范围内被采用，例如，分析一个成功的影视公司的经营管理模式，以便其他公司进行借鉴；有时候一项研究也会采用个案调查和抽样调查相结合的方法，例如，当对一些新现象、新事物或对非原有知识领域的主题进行研究时，往往先从个案调查开始，获取初步的认识和知识，然后再进行严密的研究设计和抽样调查，但如果没有最初的个案调查，抽样调查便无从下手。

（三）探索性研究、描述性研究、解释性研究和预测性研究

依据调查研究的目的，媒介调查可分为探索性研究、描述性研究、解释性研究和预测性研究。

1. 探索性研究

探索性研究的目的是提供一些资料，以帮助研究者认识和理解所面对的问题，并就所研究的问题获得一些初步的感性认识，探索性研究的对象数量一般比较少，对其代表性要求也并不严格。探索性研究又可分为以下两种情况：

第一种情况是短时间的、走访式的调查研究，目的是了解情况，发现并解决问题。往往并不需要专门的研究人员，也没有深入的后续研究。例如，广播电视部门的领导到边区视察人民群众接收电视的情况，或考察几个县级电视台的节目播出情况；广播电视专业的大学生利用课余时间到广播电台、电视台了解节目的制作播出流程等。这些研究可以了解一些具体情况，增加感性认识，并从中发现一些新问题。

第二种情况是在大规模调查研究之前进行的准备性研究，也叫做先导性研究。通过查阅以往的研究资料、个案研究、专家咨询、定性研究等研究方式，帮助研究者在正式研究中更准确地定义研究问题、更详尽地制定实施方案、更有针对性地设计调查问卷。

2. 描述性研究

描述性研究可以解答所研究的问题"是什么"，它能对媒介的状况、特点和发展过程作出客观、准确的描述。

描述性研究的前提是已经对所描述的问题进行了充分的探索性研究，制定好详细的调查实施方案和数据分析计划，然后具体实施调查。描述性研究借用了科学研究方法中实证的方法，但有时并不要求事先列出假设，因为这种研究往往并不是想证实什么，只是要描述研究的对象是什么样子。但描述性研究需要事先明确研究主题和研究对象，并详细列出要描述的特征，并在研究设计中充分贯彻该研究主题。

在媒介研究中，描述性研究是经常采用的一种类型。例如，某个内容定位为"时尚"的电视栏目想要了解自己的主要竞争对手而从观众的角度实施了一项研究，研究者很可能会关心该栏目观众的人口构成特征（如性别、年龄、教育状况、职业、收入等）、他们对该栏目的收看习惯（如是否每期都收看）、满意程度（对本栏目的各个方面评价是怎样的）、他们接触其他媒介和看其他栏目的情况（是否从杂志上获得时尚资讯，是否还看其他关于时尚的电视栏目，对其他栏目的评价是怎样的），而调查在获取这些相关信息后，通过统计分析得出的结论就是对这些特征的描述。

描述性研究常常采用抽样调查进行，但要求研究的样本是对总体有代表性的大样本，并采用定量分析作出结论。描述性研究首先对样本的特征进行描述，进而借助于统计的工具，推断描述性研究的总体特征。

3. 解释性研究

解释性研究的目的是获取有关原因和结果之间关系的证据，即解答"为什么"的问题。在调查方案的设计和调查程序上，解释性研究比描述性研究更为复杂、严谨，它像自然科学研究那样需要事先制定较周密的实施方案。解释性研究一般是从假设出发，即对现象的原因或现象间的因果关系作出尝试性或假设性的说明，然后再通过观察、实验或调查来系统地检验假设。解释性研究的方案设计首先是要明确提出所需检验的假设，甚至关于一个现象建立起因果关系的模型。在模型中，表示事件发生原因的因素（可以用变量来表达）叫做自变量，受其他因素影响的变量叫做因变量。有了理论假设和模型，就可以制定调查方案，详细考虑收集哪些资料、调查哪些内容、选取哪些调查对象、采用何种调查方法，等等。然后以有代表性的大样本为基础，通过适当的调查方法收集实证数据，通过对数据的定量分析，检验假设或模型是否成立。

4. 预测性研究

预测性研究的目的是试图对现象未来的发展态势作出预测。预测性研究常常需要解释性研究作为前提，即首先需要证实某一现象的发生会受到哪些因素的影响以及这些因素是如何对其产生影响的，很多时候还必须要建立一种表示它们之间关系的因果关系模型。最简单的因果关系模型是一因一果的模型，研究者通过对有代表性的大样本的研究，得出自变量和因变量关系的统计学表达式，然后可以通过控制自变量的大小来预测因变量的状况。但有时自变量的大小很难受到控制，这时就需要根据以往的经验进行估计，然后再对因变量进行预测。但在传播研究的领域，很少见到一因一果的简单模型，而常常是多种因素同时对其他多种因素产生影响作用，有时候这种影响还是间接的，要建立关系模型是非常复杂的，所以在研究的时候，还必须借助高级的多元统计分析方法。

（四）横向研究和纵向研究

依据调查的时间性，可将媒介调查研究分为横向研究与纵向研究两种类型。

1. 横向研究

横向研究是在某一时点对调查对象进行横断面的研究。例如，我国第五次人口普查是在 2000 年 7 月 1 日零时调查这一时刻的人口状况，在零时以后出生或死亡的人口不在调查范围之内。之所以作这样严格的规定，是为了减少调查误差，避免调查的重复或遗漏。不过除人口普查外，很多调查研究的时间一般不作如此严格的规定，但也要限定在一定的时间段范围内，研究在这一时间范围内调查对象的各种特征。在媒介研究的范畴，大部分的研究都是横向研究。

横向研究可采取问卷调查、观察、小组访谈等各种方法进行，调查对象和数量需要依调查目的确定，可能是对有代表性的大样本，也有可能是对少量对象进行调查。

横向研究的优点是调查面较大，调查资料的标准化程度较高，可以对不同类型调查对象的特征进行横向比较。但由于调查时间较短，收集的资料缺乏深度和广度，无法对现象做更深入的分析。

2. 纵向研究

纵向研究是在较长时期的不同时点收集资料，并把各时点的研究连贯起来形成纵向研究，系统地描述现象在不同时间点的变化状况。纵向研究主要有以下几种类型：

（1）趋势研究。趋势研究一般是对较大规模的调查对象总体随时间推移而发生的变化的研究。不同时点的人口普查实际上就是一种趋势研究，如可以纵向地研究人口生育率的变化情况。中央电视台每5年进行一次全国电视观众调查和中央人民广播电台每5年进行一次全国广播听众调查在每一时点都是横向研究，但把多次调查联系起来进行比较和分析，例如，全国观众、听众的人数是如何变化的，收看（听）电视（广播）的时间长度是如何变化的等，都是一种趋势研究。趋势研究还可以分类别进行，比如分别研究男性和女性多年来收看电视时间长度的变化，不仅能够了解各自的变化趋势，还可以进行不同类别间变化趋势的比较。

（2）追踪研究。追踪研究是对同一批人随时间推移而发生变化的研究。例如，在电视和广播研究中常见的收视率和收听率研究，往往是事先通过随机抽样产生一定数量的样本，然后采用日记法或安装电子记录仪对这些样本进行连续多次的测量。这些样本不仅能够代表所有电视观众和听众的一般特征，而且还能更清楚地描述出一个变化的脉络，使得研究者在分析视听行为的变化特征及找寻变化原因方面变得非常容易。

（3）回溯研究。回溯研究与追踪研究相似，它也是要调查同一批人的态度或行为的变化。不同的是，它只是作一次调查，在这一调查中要求被调查者回想他们过去的态度或行为是怎样的，而现在又起了哪些变化。例如，对报纸读者的研究就可以采用这种回溯的方式，让被调查者回想他们三年前、二年前、一年前阅读报纸的数量和种类，并描述这其间的变化情况。回溯研究也侧重了解调查对象的具体变化过程，它比追踪研究要省时、省力。但是回溯研究的资料准确性较差，由于记忆的局限性，被调查者常常无法准确地说出过去的事情或出现记忆错误。

纵向研究的优点在于它能够了解事物的变化过程，能够对现象作动态分析，并通过分析发现现象之间的联系。由于它能掌握不同现象变化的时间顺序，因而也能确定出各种因素的因果关系。但它的缺点是比较费时、费力，需要较多的经费。此外，由于历时较长，调查内容较丰富，因而调查范围一般较小，在对总体进行概括时误差可能比较大。

(五) 定性研究与定量研究

依据调查方法、资料的分析方法和调查资料的特点，可以将媒介调查分为两种类型：定性研究和定量研究。这种分类方法能够反映出研究方法的本质，是更具有方法论意义的分类。

1. 定性研究

定性研究是以小样本为基础的无结构式的探索性的调查研究方法，目的是对问题的定义或研究设计提供比较深层的理解和认识。它的主要特点如下：

(1) 只调查少数个案。

(2) 对每一个案作长期深入、细致的调查。

(3) 主要是依靠无结构的、非标准化的观察记录和访问记录了解事实，调查资料无法汇总统计。

(4) 依靠主观的、洞察性的定性分析得出研究结论。

定性研究主要适用于：①深入研究个别有代表性的事件、人物或群体。②了解现象发展变化的具体过程。③了解人们行为、态度的具体表现以及行为动机。④作为定量研究的前奏，帮助研究者理解研究问题。定性研究的主要方法是二手资料分析、无结构的观察或访问、小组访谈等。

2. 定量研究

定量研究是一种对大量样本的少数特征进行定量化调查的方法，它是一种利用结构化（或标准化）的方法调查大量样本、收集数据资料、并对资料进行统计分析的调查研究方式。在西方国家，它是一种最主要的调查研究方式。定量研究的特点如下：

（1）利用标准化、结构化的调查方法收集资料。定量研究往往借助于有结构的调查问卷进行，问卷中规定了要询问的问题以及询问的顺序，甚至回答的类别等。对每一个调查对象都按同样的调查问卷进行调查。

（2）由于定量的调查所提出的问题和回答的类别是标准化的、统一的，并事先规定了记录的格式，因此所收集到的每一个调查对象的资料都能以一种统一的格式汇总起来，并可以方便地转换为电脑数据的形式。

（3）定量研究获得的资料比较精确，可以对汇总的资料进行统计分析，统计分析多借助专门的统计分析软件（如 SPSS、SAS）通过电脑进行处理。

定量研究的主要方法有问卷调查法（又可细分为面访访问、电话访问、邮寄访问、网上调查等不同的方法）、观察法、实验法。

定量研究收集资料迅速，资料较精确、可靠，调查结论的概括性较高。它适用于对调查总体的一般状况和主要特征进行描述，也适用于对传播现象的因果关系作出解释或对各种理论认识进行实证检验。具体来说，定量研究的主要作用如下：

（1）广泛了解情况，概括一般状况。定量研究的范围较广泛，它是一种调查"面"上情况的方法。例如，了解媒介受众的一般状况，了解媒介从业人员的一般状况，了解媒介机构经营管理和经济效益的一般状况等。定量研究只关注总体的状况，不去深入研究个人或个别单位，可防止主观片面性，能够正确地把握全局和一般状况。

（2）客观、精确地解释现象的产生和发展。在对许多传播问题的调查中，往往需要真实、准确地说明现象产生的原因，以便有效地制定解决问题的政策和措施，而对几个事例的研究很难说明真实原因，往往需要进行较大范围的定量调查研究。定量调查能够用精确的、具有普遍性的数据资料来说明和解释现象，这是定性研究所无法做到的。因此，目前在学术性或理论性调查研究中很多都采用定量研究的方式。

（3）较精确地调查人们的意见、态度、内在需求。态度一般是主观的、涉及到个人的意见、看法，它们是复杂多变的，且具有个人的局限性或片面性。只对少数人调查很难真实、准确地概括人们的一般态度，但借助于有效的测量量表、通过对大量样本的调查和统计就可以把人们的意见综合起来，概括性地反映客观的社会舆论。由于这一原因，定量调查已成为了解人们意见、态度的主要方式，而态度量表是适于完成这一任务的有效手段。

定量研究也具有一定的局限性：首先，由于它只是对大量样本的少数特征进行调查，因此很难获得深入、详细的信息。例如，对受众的态度和意见调查一般只停留于表面地了解每个人的意见和态度，而无法深入地询问和交谈，即使有可能去这样做，结果也很难用数据去表达。其次，它无法了解具体的行为过程。问卷调查往往通过大量分发调查问卷收集数据，很难深入了解现场的情况。最后，虽然定量研究试图精确、严格地测量传播现象，它收集的资料标准化程度高，但这些资料的准确程度却受多种因素的影响，如对问卷提问的误解，不认真填写问卷，等等，都会影响资料的有效性。

3. 定性研究与定量研究的比较

定性研究与定量研究是媒介调查研究的两种基本方式，它们不仅在调查方法上，而且在分析方法上都各不相同。这两种方式各具有其优缺点和适用范围。

定性研究的优点在于它能收集到比较深入、详细的资料；能够了解人们行为的具体表现和具体过程；调查方式比较灵活，调查方法简单，等等。它的缺点在于难以对一般状况作出精确描述，难以得出具有普遍性的结论。这是由于它的调查范围较小，对资料只能作定性分析而不能通过统计汇总进行定量分析。另外，它的研究结论易于受调查人员的主观因素影响，从而导致错误的或不可靠的结论。由于研究的主观性，不同的调查员对同一事件的研究会得出不同的结论，因此很难对研究结论进行客观检验。

定量研究则相反，它的优点是能够对总体的一般状况作出精确描述；能够得出概括性的结论；能够发现和解释现象的规律性。由于它是采用标准化、结构化的调查方法，因此能对资料作精确的定量分析，研究结论比较可靠，而且能被重复验证。定量研究的缺点是它收集资料的深度不如定性研究，而且无法了解具体的行为过程。

定性研究和定量研究的比较如表1—1所示。

表 1—1   定性研究与定量研究的比较

	定性研究	定量研究
调查目的	对潜在的理由和动机求得一个定性的理解	将数据定量表示，并将结果从样本推广到总体
调查对象	无代表性的个案或小样本	有代表性的个案组成的大量样本
调查方法	无结构观察与访问、小组访谈、文献研究	问卷调查法、结构化观察、实验法
资料特点	文字资料	数据资料
资料分析方法	定性分析、主观理解法	统计分析
调查结果	获取一个初步的理解	对总体进行描述、对现象进行解释

在媒介调查研究中，定性研究和定量研究这两种方式不是相互排斥的，而是相互补充、相互依赖的。它们各自有自己的优缺点和适用范围，在很多研究中，往往是将两者结合起来使用，在研究的不同阶段，采用不同方法；或两种方法同时采用，形成一种"丅"形结构，其中"一"表示样本的广度，"丨"表示在某些样本点上具有一定的深度，这样两种方法就可以互补长短，既保证了样本的广度，也保证了资料的深度。

第二节　媒介调查的一般程序

进行一项媒介调查研究，首先要解决的问题是：这项研究的一般过程是怎样的？要分几个步骤进行？媒介调查是借用了科学研究的方法，必然会遵从科学方法的基本原理，所以我们将首先介绍科学研究的一般程序；媒介调查不仅是一种科学研究，而且还结合了媒介所特有的内容，所以媒介调查又有自己独特的地方，本节就是要重点阐述媒介调查的基本程序。另外，媒介调查中的定量研究和定性研究是媒介调查最基本和最常用的分类，定量研究和定性研究的进行程序既相互联系，又不完全相同。

一、科学研究的一般程序

科学研究由归纳和演绎这两个逻辑推理过程构成。根据《中国大百科全书》，归纳是从个别性的前提推出一般性的结论，前提与结论之间的联系是或然性的；演绎是从一般性的前提推出个别性的结论，前提与结论之间的联系是必然性的。在科学研究中，归纳是对经验事实的概括，演绎则是对一般性原理的应用。

（一）归纳与演绎

1. 归纳

归纳是从经验观察出发，通过对大量客观现象的描述，概括出现象的共同特征或一般属性，由此建立理论来说明观察到的各种具体现象或事物之间的必然的、本质的联系。归纳过程是由感性认识上升到理性认识，由个别到一般，由具体到抽象，由特殊到普遍。在调查研究中，归纳是以观察到的大量调查事实为依据，然后概括出现象的共性，得出理论结论的过程。

归纳的原理是，如果对某类事物中的许多对象进行观察时发现，所有这些被观察的对象都具有某种属性，那么就可以推论出这类事物的全部对象也都具有这种属性。

归纳是在直接经验的基础上进行概括，它根据许多反复出现的、具有共同特征的事例而得出结论，因此它具有一定的可靠性。在许多时候，这种结论也能反映出现象之间的必然联系。

归纳的局限在于它得出的结论也有可能是错的，如果在以后的调查中又出现了反例，就会完全推翻原来的结论。归纳的另一局限是它很难建立起一种具有普遍意义的、高度概括的理论，可以说，归纳的主要作用是发现事物之间的联系，而不是发现一般原理。

2. 演绎

演绎是从一般理论或普遍法则出发，依据这一理论推导出一些具体的结论，然后将它们应用于具体的现象和事物，并在应用过程中对理论进行检验。如果观察到的事例与理论相符，则证实原有的理论正确；如果不相符，则要对理论作出修改或补充。演绎是从理性认识再返回到感性认识的，由一般到个别，由抽象到具体，由普遍到特殊。

　　演绎的主要作用是将一般理论或普遍法则应用到具体的现象上，以便说明和解释具体现象。但演绎的局限在于一般理论和大前提有可能是错的，那么由它推导出的结论也可能是错的，这样的结论不可能有效地解释具体现象。此外，由单纯的演绎也不可能发现一般理论中的错误。所以在科学研究中，常常将演绎与观察相结合，通过观察到的事例来发现理论是否和观察结果相矛盾。在研究中，如果推理是严格按照逻辑法则，那么，出现这种矛盾只可能有两个原因：一是大前提是错的，二是调查结果是错的。如果经过严密的调查设计和组织而排除了第二个原因，那么就说明原有的普遍结论是错误的或片面的。但演绎与观察相结合的目的，并不限于否定或证实原有的理论，而是在检验理论的基础上，再由大量观察作出新的归纳，得出新的理论认识，这就进入了又一个归纳过程。

　　3. 归纳和演绎的应用

　　辩证逻辑从人的完整的认识过程出发，把认识看做是在实践基础上从个别到一般又从一般到个别的辩证统一的过程，并正确把握归纳与演绎的辩证关系，从而把两者的统一作为辩证逻辑的一种基本方法。

　　归纳与演绎通常被看做各自独立的推理形式和方法。这两种方法在各自所运用的范围内是有效的。但无论是归纳还是演绎都有其不足之处，这是由归纳与演绎本身的特点所决定的。在哲学和逻辑史上，曾出现过把归纳与演绎互相割裂和对立甚至互相否定的倾向。只有马克思主义才真正把归纳与演绎辩证地统一起来。归纳与演绎的辩证关系是二者相互联系；归纳是演绎的基础，演绎则为归纳确定研究的目的和方向；归纳与演绎相互渗透、相互转化。

　　归纳和演绎在科学研究中起着不同的作用：①归纳的作用。归纳可以客观地描述事物的状况，可以为理论建设提供事实依据，可以检验原有的理论认识。更重要的是，它可以使人们从一些新的事实或偶然发现中得到启发，由此产生新的思想或概念，从而推进理论的创新和发展。而演绎的作用是以一般原理或理论假说来指导科学研究。一项研究如果缺乏理论的指导就会是盲目的、不系统的，研究人员对于要观察哪些现象，要收集哪些资料、从何入手调查，要调查哪些对象等，就会心中无数。②由抽象的理论推导出具体的现象。理论一般是抽象的、概括性的，它要通过演绎才能运用到具体的现象上。此外，通过演绎推理还可以预测出一些未知的现象，使我们获得新的知识。③在理论建立的过程中，演绎法还可以帮助我们论证或反驳某一理论。所以，尽管科学是依靠归纳法和实验观察才得到飞速发展的，但它仍然离不开演绎。

（二）科学研究的一般过程

科学研究的逻辑方法是假设演绎法，或称"试错法"，它由演绎和归纳两种推理构成，克服了单纯演绎或单纯归纳的局限性。假设演绎法是从问题出发，为解答问题而提出尝试性的假说或理论解释，由这一理论假说推论出相应的研究假设。根据这些研究假设，科学研究就要通过合理的研究程序，制定科学的、系统的观察方案和方法，进而通过大量的实证观察获取数据和信息。如果观察到的数据和信息与事先的假设矛盾，就认为最初的理论是错误的，就需要修改原来的理论，进而提出新的理论假说，由这一新的假说再推论出新的研究假设，进行新的实证观察。科学研究就是这样周而复始、循环往复地进行的。它始终是处于演绎与归纳的无限循环之中，这一循环过程就是科学研究的逻辑过程，其中各个相互联系的步骤就称为科学研究的基本程序。

从逻辑推理的角度，科学研究的基本程序由以下几个步骤或阶段组成：

1. 提出问题和研究假设

这一阶段首先是确定研究的课题和研究所依据的理论，然后通过对理论的演绎提出研究假设或研究设想。

2. 制定研究方案

这一阶段是将研究课题具体化，确定研究方法和研究计划。

3. 实证观察

即采用最恰当的方法去收集事实资料和数据。

4. 整理和分析资料

即对观察到的事实和数据进行归纳，获取对所研究对象的感性认识，并检验研究假设。

5. 得出研究结论

即通过分析和综合得出对所研究问题及研究对象的理性认识。

科学研究一般是从问题出发，是为了解答特定的问题而进行的，但是对问题的解答可能不是一次能完成的。即使观察数据不能否定事先假定的理论，通过科学研究也得出了研究结论，它们的正确性也只是暂时性的，还需要在实践中具体应用和检验，并要根据新情况、新问题，及时进行新的研究。只有这样才能不断发展理论认识，逐渐认识问题的本来面目。因此，科学研究是个循环往复、无休止的过程。

科学研究的一般过程只是科学研究中最一般性、共同性的程序和步骤。但对于具体的各项研究来说，并不一定与这个基本过程完全一致，也不一定必须经历一个完整的过程。有些研究仅仅停留在理论阶段，它们致力于探讨和澄清一些理论概念，这种情况下并不一定需要收集大量的实证信息；有些研究只是想要描述特定的研究对象是什么样子，往往直接进行实证观察，收集数据资料，而并不需要提出研究假设和检验研究假设；还有些研究不直接去调查，而是利用别人提供的统计资料和文献资料进行分析和概括。各种具体的科学研究在研究目的和研究方式上是不同的，因而它们的具体程序也会有所不同。但科学研究的一般过程可以作为具体研究的操作指导，它可以使研究者了解科学研究的具体步骤或基本程序，了解自己的研究在整个科学过程中的位置和作用。

（三）定量研究与定性研究的程序

定量研究和定性研究是调查研究方法的主要分类方式。这两种类型的研究虽然都基本遵循科学研究的一般程序，但由于其研究目的、研究方法、资料的性质和调查对象范围的不同，在具体的研究程序上存在着很大的差别。

1. 定量研究的程序

定量研究通常采用问卷调查法、结构化观察法或实验法进行，它们的程序与自然科学研究的一般过程比较相近。其中，问卷调查法是媒介调查最常采用的研究方法，我们将以问卷调查法为例来阐述定量研究的一般程序。问卷调查法的具体步骤以及各步骤要解决的任务和要点如图1—1所示，它是对问卷调查的一般过程和主要特征的概括，而一项具体的调查采用的步骤也可以有所不同。

问卷调查的重点和难点是以下几个关键步骤：确定研究课题、建立研究假设；确定调查指标；设计调查问卷；制定抽样方案；资料的统计分析与结果解释。这些关键的步骤我们将在后面的章节中陆续展开来阐述。

定量研究的另外两种方法，即结构化观察法和实验法的主要步骤与问卷调查法的主要步骤非常相似，它们都需要事先经过严密的组织和设计，按照既定的研究构架进行；都需要事先确定调查指标和调查项目，因此需要精心地设计调研方案和调查、观察、实验用来收集数据的调查表格。不同之处在于问卷调查法需要大量的调查员去接触被调查对象，调查的进行需要被调查对象的合作和参与，而结构化观察法虽然也需要一定数量的观察员，但一般不需要被观察对象的参与，有时甚至是在被观察对象不知情的情况下进行的；实验法一般是为了验证因果关系而组织实施的，其理论构架的建立是非常关键的，所以研究设计工作是实验法的核心，一般要采用随机化技术进行实验设计。

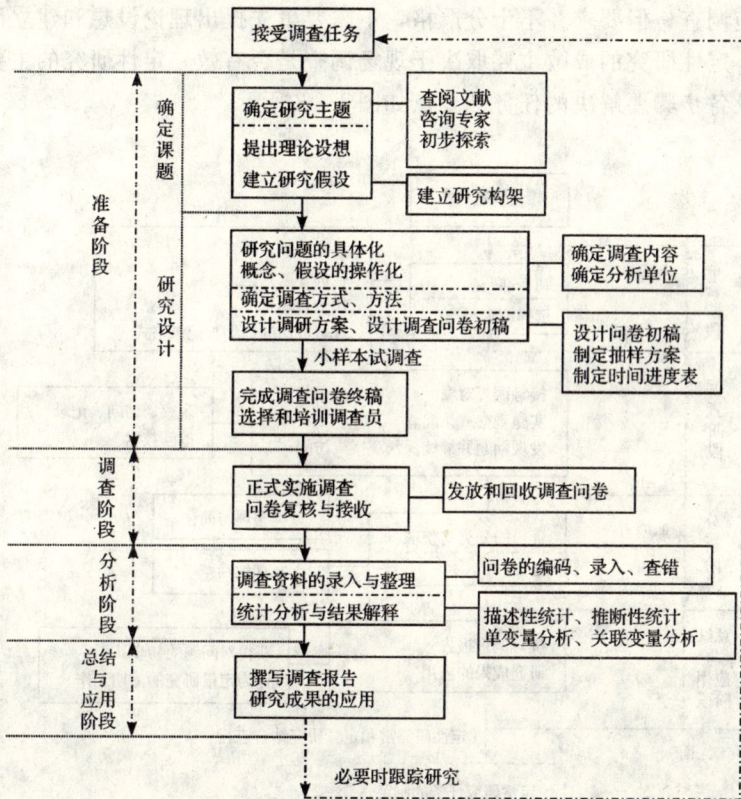

图1—1 定量研究的程序

在定量研究中，研究构架、调查表格、资料收集和资料分析这几个步骤是密切相关的。调查表格是根据研究构架设计的，资料收集是根据调查表格进行的，资料分析针对的是调查表格中收集的数据资料，而资料的分析结果验证的正是研究构架。定量研究的成功很大程度上取决于研究的精心准备与设计，如果准备阶段所进行的工作不够充分、彻底，有可能导致整个研究的失败。

2. 定性研究的程序

定性研究的方法主要有无结构观察、个案研究、深层访谈、小组访谈等。定性研究主要采用归纳法进行，主要目的是从传播现象或传播过程中发现问题、收集资料。与定量研究相比，定性研究虽然也需要经过准备才能实施调查，但要求并不十分严格，不需要事先提出理论设想和建立研究假设，定性研究的成败主要取决于现场调查是否有效。定性研究的主要步骤以及各步骤要解决的任务和要点如图1—2所示。

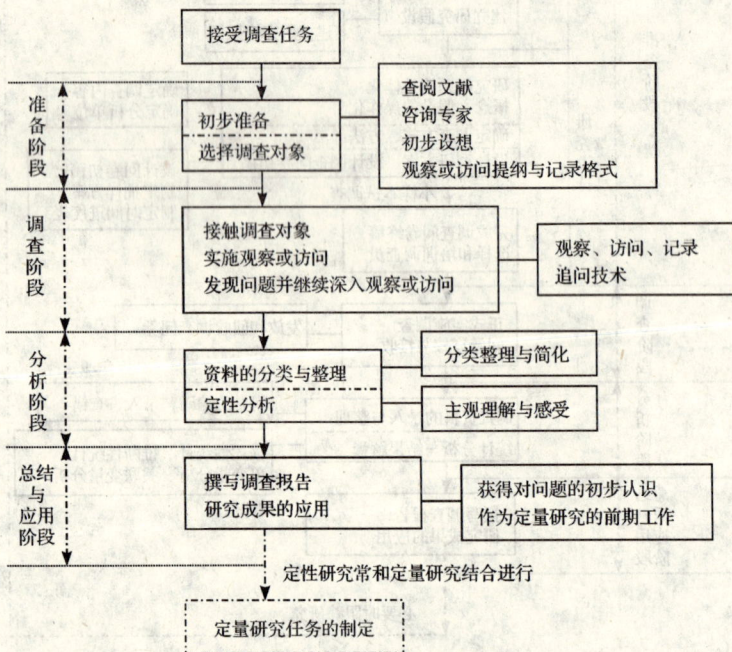

图1—2　定性研究的程序

与定量研究相比，定性研究的程序具有以下几个特点：

（1）准备阶段较短，调查阶段较长。由于定性研究不需要作精心的理论准备和严密的设计，它的准备阶段主要任务就集中在选择调查对象方面。定性研究通常是对少数对象做深入的研究，所选择的调查对象应具有特定的意义，或者是具有代表性，或者是具有特殊性、方便性或可行性。

（2）在调查阶段中要经历一个由观察（访问）—发现—再观察（访问）—再发现……的循环过程。定性研究一般从最基本的点着手进行观察或访问，由最初的观察或访问发现一些问题，得到一些初步的认识；这种认识又指导观察者（访问者）进一步深入观察（访问），以获取新的材料，得出更深入的认识。

（3）由于在观察（访问）中要根据进展过程进行更深入的观察（访问），而每次具体的观察（访问）过程都不完全相同，这个过程难以标准化，因此，观察或访问中研究者的主观因素起着较大的作用，资料的客观性得不到保证。

（4）定性研究获得的资料主要是一些无法统计汇总的定性资料，如观察、访问记录、档案、会议记录和文件等。对这些资料的分析和使用，研究者要发挥个人的洞察力和想像力，从中发掘出重要信息。此外，在分析中往往会结合研究者的主观体验和感性认识。所以，资料分析的科学性也比定量研究差得多。

二、媒介调查的基本程序

媒介调查是随着媒介技术的发展、媒介影响力日益显著，以及科学方法的发展而产生的。我们知道，现代媒介的产生和大规模发展也只是在短短几十年之内的事情，而科学方法本身也是随着社会及行为科学的发展缓慢发展的。[①] 随着逻辑学、统计学、问卷调查技术的发展以及社会科学中态度量表的出现，用科学方法对大众传播媒介进行研究，才从 20 世纪 20 年代开始发展起来。在现代计算机技术、信息技术以及大型统计分析软件的推动下，媒介调查已经基本形成了自己的研究方法体系。

媒介研究属于社会科学研究的范畴（这里所说的媒介研究不包括从技术方面对传播的物理设备和通道等技术要素的研究）。我们已经说过，社会科学的实证研究方法是在借用自然科学研究方法的基础上，结合自身的

[①]　Shearon A. Lowery, Melvin L. De Fleur 著，王嵩音译：《传播研究里程碑》（Milestones in Mass Communication Research），台湾远流出版事业股份有限公司 1993 年版，第 36 页。

特点发展起来的。上述的"科学研究的一般过程"指的是社会科学研究和自然科学研究中本质的、共同的程序和步骤。而由于社会科学和自然科学的巨大不同，社会科学研究具有不同于自然科学研究的特点。媒介调查一方面具有社会科学研究的一般特点，另一方面媒介本身又和其他的研究对象不同，研究的层面和内容也复杂多样。所以，媒介调查在遵循科学研究一般过程的基础上，也发展了自己的基本程序。

（一）媒介调查的特点

1. 研究对象复杂

按照系统论的观点，传播媒介本身并不是一个孤立的事物，它本身是一个复杂的大系统。这个系统由许多互相联系的要素构成，这些要素又可以是一个个子系统，有时子系统中又有次级子系统。例如，按在传播过程中所处的地位，媒介系统包括作为传播者身份的媒介经营机构、媒介传播的内容、媒介传播的受众等子系统；而以媒介经营机构子系统为例，又包含了媒介经营管理子系统、制作编辑子系统等次级子系统，这些次级子系统又可以再细分。而按照传播媒介的类型分，媒介系统可分为电子媒介子系统、印刷媒介子系统，这些子系统又可以再细分。每一个系统内部的要素都是互相联系的，系统本身和其存在的外部环境发生着物质和能量的交换。

可以说，媒介这个复杂的大系统中每一个要素、每一种联系都可以是媒介调查所研究的对象，它们是极其复杂的，相应的研究主题和研究内容也是多种多样的。

2. 媒介调查缺乏传播理论基础

现代自然科学研究和某些社会科学领域的研究，基本上已经不再处于经验观察的阶段，而是处于高度的理论概括和演绎的阶段。人们对于各种自然现象和一些社会现象已有了较深入的了解，而且也建立了较完善的理论。相比之下，人们对于媒介很多方面的认识大多还处于收集资料的阶段，还缺乏经过反复验证的、高度概括的理论。虽然西方的传播学家已经建立了一些传播理论模型，但是这些模型并不能在多种情景下被广泛验证，有的只能适合当时的研究结论，即使有人再重复同样的研究，结论也不一定完全相同，有的模型本身就是一种设想；同时由于传播体制自身的特点，西方的传播理论并不能适合中国的国情，而中国的传播学研究起步较晚，现有的理论研究也多是借鉴西方的做法，所以适合中国国情的传播理论还非常缺乏。因此，现阶段的媒介调查更多地是从归纳和观察入手，即使是从研究假设入手，这种假设也大多不是从理论中严格地演绎推导出来的，而只是一种初步的研究设想。

3. 研究结论的普遍性较差

媒介调查虽然采用科学方法进行研究，但和自然科学的研究结论相比，普遍性相差很大。自然现象是客观的，易于观察和度量，而且所研究对象间具有较大的同质性，易于通过观察或实验得出概括性的结论。而与媒介相关的一些现象很难直接观测，研究对象之间的异质性较高，很难通过对部分个体的研究得到普遍适用的结论，即使通过研究可以概括出一些理论认识，这些结论的科学性和可靠性也常常受到质疑。这个缺陷是由社会现象本身的特点所致，是在社会科学研究中普遍存在的问题。

从另一个方面看，在自然科学的研究中，前人做过的研究，后人对同样的现象可以用同样的方法去研究，以检验前人的研究结论，这是因为自然想像常常会重复出现，而且在成熟的理论指导下，人们甚至可以预测某些现象在何时何地会发生。但媒介现象是稍纵即逝、不会重复发生的，所以媒介调查基本上没有办法完全复制前人的研究，也就不能完全验证前人研究结论及相关理论。

正是这些原因，媒介调查往往会"就事论事"，偏重于了解和描述媒介的客观状况、解决在实践中遇到的一些问题，比较注重数据收集和分析过程，而较少对现有的理论进行检验以及发展现有理论体系，除非是专门的学术研究。

4. 商业性的媒介调查结果一般不公开

媒介调查有两种层面：学术研究和商业研究。学术研究一般由大学和学术机构里的教授、学者们进行，注重理论研究。如学术研究常常会研究传播媒介的作用和功能、传播媒介的效果、不同种类媒介之间的关系、受众如何选择媒介，等等。学术研究的结论用来解释媒介现象，研究成果具有公共性，即其他的研究人员可以参考和引用。

商业性的媒介调查常常由媒介经营机构或其子机构出资，委托专门的媒介调查研究机构进行，或媒介经营机构依靠自己的力量独立进行研究，这种研究一般是应用性研究。如研究受众的兴趣爱好、满意度，研究它们在受众心目中的形象，研究它们的市场份额及竞争对手，等等。商业研究的结果主要用于解决实际的决策问题，研究成果如果不公开发表就是出资机构的私有资料，其他的研究者就不能参阅和使用。

事实上，因为传媒本身就是一种利润很大的产业，所以在传播媒介领域，很多的调查研究都是为了取得竞争胜利而进行的商业性调查；这是由媒介自身的特点决定的，与自然科学研究及其他一些社会科学研究是不同的。正因为这样，媒介调查促成传播理论体系的发展完善作用受到了一定程度的限制。

（二）媒介调查的基本程序和各阶段的主要任务

1. 媒介调查的基本程序

实施一项媒介调查，一般都要经过八个基本的步骤：①

（1）设定研究问题。

（2）参阅相关的理论和以往的研究。

（3）提出假设或模型。

（4）选择合适的研究方法、设计研究方案。

（5）收集数据或资料。

（6）处理、分析和解释数据或资料。

（7）撰写研究报告、以适当的形式发布研究结果。

（8）必要时再次跟踪研究该课题。

媒介调查的这几个步骤是相互依存、为完成研究课题共同发挥作用的；各个步骤之间又是相互作用的，前面步骤的成果是后面步骤进行的基础，但如果进行到后面步骤时发现了前面步骤中的问题，仍可以及时加以补救。

步骤（4）"合适的研究方法"包括定性研究和定量研究的各种方法。商业性研究不一定有步骤（2）和（8），因为多数情况下，他们的研究是为了解决特殊的实践问题，这类研究一般没有先例，而且常常是一次研究就能作出决策，很少需要再次进行研究。当然，如果一次研究的结果不确定，就有必要修正研究方案重新进行研究。描述性研究一般也不需要步骤（3），它只是针对步骤（1）的问题，根据数据资料对研究对象进行描述，而不去解释原因或验证理论。

媒介调查的这些步骤与科学研究的基本程序相一致，它的逻辑过程也是由演绎推理与归纳推理构成的。其中（1）、（2）、（3）、（4）步骤是调查

---

① 柯惠新等著：《传播统计学》，北京广播学院出版社 2003 年版，第 4 页。

前的准备工作。所以媒介调查的基本程序也可以划分为五个阶段：准备阶段、调查阶段、分析阶段、总结和应用阶段以及跟踪研究阶段。

2. 媒介调查各阶段的主要任务

（1）准备阶段。准备阶段的主要任务是：①通过对理论或实践问题的探讨，选择、确定研究课题，明确调查的目的和任务。②通过初步的探索性研究和查阅文献，明确所研究课题的基本要求，澄清研究的基本概念。③提出研究设想或假设，按照媒介调查的目的要求，明确调查内容和调查范围。④确定媒介调查的类型和要采用的调查方法。⑤将调查内容具体化和操作化，确定分析单位和调查指标。⑥设计抽样方案，明确调查地区、对象，选择抽样方法。⑦设计调查方案和调查提纲、调查问卷，培训调查人员。

准备阶段对于一项调查研究有重要的意义，如果准备工作比较充分，就能明确调查的中心和重点，避免盲目性，使调查实施顺利地完成，调查的科学性和有效性得到提高。

媒介调查准备阶段要进行的工作，我们将在本章第三、四、五节中分别进行详细说明。

（2）调查阶段。调查阶段是整个媒介调查过程中最重要的阶段，它的任务是按照调查设计的内容、要求和调查方法，系统、客观、准确地获取数据和资料。常用的调查方法有文献研究、实地观察、小组访谈、深层访谈、个案研究、问卷调查、观察法等。这些方法在运用时都有自己的特点和要求，我们将在本书的第二章展开介绍媒介调查的方法。

（3）分析阶段。分析阶段的主要任务是在全面地占有调查资料的基础上，对资料进行系统的整理、分类、统计和分析。本书的第三章将具体介绍如何进行调查资料的统计分析。

（4）总结与应用阶段。该阶段的主要任务：①撰写调查研究报告，说明调查结果或研究结论，并对研究过程、研究方法以及研究中的一些重要问题或下一步研究的设想等进行系统的叙述和说明。如何撰写调查报告，将在本书第四章具体介绍。②认真检查本次调查在方法、程序、数据、统计分析、研究结论等方面是否有错误或不足，据此对研究成果的理论价值和应用价值进行客观评价。③将研究成果应用到实践领域或理论领域。商业性调查的应用一般是根据调查报告进行决策，学术性调查的应用主要是公开出版、学术讨论和交流等，以便其他研究者查阅和使用。在研究成果的应用和公开发表的时候，要根据②中的评价情况，指出研究成果的使用范围、缺陷和不足，避免对使用者产生误导。④总结调查执行过程中的经验和问题，为今后的调查提供正反两方面的经验。

（5）跟踪研究阶段。跟踪研究阶段实际上是又返回研究的出发点，即当调查结果不能够解决原有问题而必须修正调查设计重新研究时，或当针对同一课题范围内新的情况，要解决新的问题时，重新开始一项新的调查。新的调查可以继续采用原来的方式方法进行，也可以完全采用全新的方式方法进行，但如果要对前后两次研究结果进行比较，新的调查在研究设计上一定要注意和第一次的可比性。

第三节　媒介调查的设计

组织一项媒介调查的目的是解决理论或实践中的问题，而研究设计的任务则是确定要解答什么具体问题、解答问题的途径、手段和实施方案。这项工作必须在调查实施之前进行，而调查要严格地根据研究设计去实施。如果事先不进行严密的设计而直接收集数据资料，这些资料就无从分析，也无法说明什么结果，即使要勉强纳入某个研究构架、运用某种统计分析方法，也常常会导致错误的结论。

研究设计的主要内容有：调查研究主题的确定、调查研究主题的具体化和操作化、选择适当的调查研究类型、制定调查研究方案。其中调查研究的类型在第一章第二节已经作了较详细的说明，本章将解决研究设计其他方面的问题。

一、研究主题的设计

研究主题是一项调查所要解决的具体问题。有的研究主题比较笼统，比如"××电视节目改版意向观众调查"，只是简单地说明了调查的目的、对象。有的研究主题则把调查任务进行了明确化，例如栏目的负责人已经有意要用深度报道的形式做关于时尚的内容，观众的基本定位是白领观众，研究者就可以设定研究主题是："晚间 8:30～9:30 白领观众对用深度报道的形式做时尚内容的收视意向"。研究主题反映了研究者的研究角度，研究设计的其他环节都应根据研究主题展开。

（一）研究主题的选定

研究主题的选定与研究层面有很大的关系。在学术研究中，研究者常常会选择自己感兴趣的主题去研究，这些主题可以是以往既有的某些理论观点，也可以是与传播媒介相关的一些现象；而商业性研究常常是为了回答经营者、管理者的实际问题或解决所面临的困难，研究主题多是针对现实问题，很多时候不是研究者能自行选择的。

1. 研究主题的来源

（1）日常生活的经验。人们每天都在进行着与电视、广播、印刷媒介的接触，并受到它们的影响。研究者本人对传播活动也有着切身的体会，这些经验可以广泛地启发研究思路，这是进行研究很好的来源。比如，一部电视剧能够走红，主要原因是什么？人们会模仿电视中的言语、行为，电视对人们的生活究竟有什么样的影响？广告对人们的购买行为起了什么样的作用？等等。事实上，在传播学的发展过程中，许多里程碑性质的研究主题最初正是来源于现实生活的。比如传播学中有名的议程设置理论的产生正是源于对美国总统大选期间媒介作用的研究。商业性的研究主题大多都是直接来自现实的经验。

（2）与媒介相关的期刊、杂志、书籍、档案。大多数的学术性研究成果一般都会以论文的形式发表在与媒介相关的学术性期刊杂志上，这些研究论文可以为研究主题的选定提供一定的帮助。论文的作者往往会对自己的研究进行评价，指出自己的研究需要改进之处，以及指出需要进一步研究的问题，这都可以启发后来研究者的研究思路。除了专门的期刊杂志外，还有很多以著作形式存在的研究成果，因为其篇幅容量更大，阐述的会更加详细，因而参考和帮助作用就更强。

除了公开发表的研究成果，还有一些以档案形式存在的参考文献，如大学或研究所中相关专业的博士生、硕士生的毕业论文，也可以给出有用的参考。

（3）其他资料。在媒介领域，有很多特定的权威资料，如中央电视台组织的每5年一次的全国电视观众调查资料、中央人民广播电台组织的每5年一次的全国广播听众调查资料、央视市场研究公司定期的收视率监测数据等。这些资料不仅可以供研究者借鉴，而且提供了二手资料分析的基础。通过二手资料分析，研究者可以自己发现一些有意义的研究主题。

2. 确定研究主题的途径

（1）查阅文献资料。文献资料是研究主题的主要来源。查阅文献资料的主要作用：①启发研究思路。前人的研究经验常常可以提供有益的启示。在查阅文献时，可以重点查阅其研究发现、尚未解决的问题以及对未来研究的建议，在充分查阅文献的基础上，可以抓住关键问题或前人未能解答的问题进行深入研究，使得自己的研究主题具有可行性和创新性。②避免盲目性和重复研究。在确定调查主题之前，了解以往的调查研究成果，不仅为确定研究主题和随后的研究设想提供参考，还可以避免研究的盲目性和重复研究，避免人力、物力、时间、经费不必要的浪费。

查阅文献资料可以利用图书馆（电子图书馆）、资料室、互联网提供的检索工具，同时结合自己已有的专业书籍，逐步扩大查找范围。针对研究的目的和任务，从查到的文献中筛选出重要的内容，通过记笔记或直接复印的方法进行摘录。在摘录的时候一定要注明资料的来源出处，以便进行核对和将来引用这些资料的时候加注释。一般情况下应边摘录边对资料进行分类，以明确已拥有的资料和缺乏的资料，有利于进一步的查找。

对查阅到的资料，应该进行具体的分析，从必要性、可行性、创新性等方面给将要进行的研究确定最恰当的、能解决调查任务关键问题的研究主题。

（2）二手资料分析。二手资料分析不同于直接参阅文献，而是在拥有系统的、完整的数据资料（比如收视率数据）的基础上，对数据资料进行分析和描述，如描述收视率是怎样随时间段变化的、收视率较高的节目有什么特征等。因为这些数据不是研究者直接收集的，所以叫做二手资料分析。

通过对相关资料的二手资料分析，研究者可以发现自己的研究主题，例如，研究者通过对收视率随时间段变化趋势的观察，发现从总体来看晚间有两个收视高峰，一个是以晚 8 点为中心的时间段，另一个是以晚 10 点为中心的时间段，研究者就可以提出疑问：这两个收视高峰的收视主体如果不是同一群人，这两个群体的主要特征有什么不同？形成两个收视高峰是电视节目编排本身的原因吗？等等。为了解决这些疑问，研究者可以进一步查阅资料或借助其他途径，最终确定一个合理的研究主题自行进行深入的研究。

（3）咨询专家。所谓专家就是相关领域内有独到见解的权威人士。专家一般分两种类型：一种是媒介调查领域内的专家，研究者可以向他们咨询通过查阅文献或直接生活体验而获得的研究主题的科学性、该研究主题的现状和可以创新的方面以及随后的研究如何进行，等等，这些专家可以凭借丰富的研究经验和充足的研究资料给出有益的指导。另一种专家是研究主题所涉及到的其他领域的专家。媒介研究者不可能是万事通，必有其不擅长的方面，比如要研究受众心理，就要咨询心理学方面的专家；要研究关于汽车的节目，就要咨询汽车行业的专家；等等。虽然都是媒介调查，但由于媒介本身的内容复杂，所以在研究前就要咨询各行各业的专家，避免在进行研究设计时出现外行的说法和做法，这些指导是媒介方面的专家所不能的。

咨询专家一般都是同时咨询这两方面的专家，他们各自发挥所长，从不同角度对研究主题的设计进行指导。

（4）现场初步探索。现场初步探索是指到研究初期的某些场合或对某些调查对象进行初步考察，以便了解调查任务、确定研究主题、明确调查内容、增加感性认识、了解情况、发现问题。一项研究的主题常常是根据研究者的个人体会和主观想像或根据以往的理论文献设定的，它是否妥当，是否符合实际，还需要到现场初步调查和了解。所谓现场，指的是广泛的社会生活空间，指媒介事件和传播现象的发生平台。比如某位研究者偶然听到某个孩子模仿电视中的语言，他就觉得电视对儿童的影响很大，这就是一种个人主观经验，他根据这个事件的启发，从而制定了一项调查任务——调查电视对儿童的影响；如果这位研究者围绕该调查任务，找一些亲戚朋友的孩子了解电视对他们各个方面的发展究竟起到什么作用，这就是一种初步探索；如果经过初步探索，发现电视对孩子有多种正面影响，也有多种负面影响，对不同类型的孩子影响作用也不同，这位研究者就可以据此设定研究主题——电视对孩子不同影响力的决定因素是什么？

初步探索的发现不仅可以帮助设立研究主题，还有助于提出初步的理论假设，而且在初步探索过程中，研究者就可能会初步考虑研究问题的途径和方法了，因而也为制定调查方案奠定了基础。

（二）对研究主题的评价

确定了一项研究主题后，接着就应该评价该主题的研究价值，评价可从八个方面进行。①

1. 研究主题是否有意义

在进行一项研究前，研究人员首先必须确定这项研究是否有理论意义和实践意义。所以设定一项研究主题时就要考虑，这项研究是否是某一理论领域的创新或能够检验原有的某种理论？或者解决了一项实际的问题？如果都没有，研究就没有实际的价值。

研究主题具有意义和价值并不意味着必然会有惊天动地的结果，有时候研究可能只是解决了一个细小的问题，但这也是科学发展的一小步。

2. 研究主题是否太大

许多研究都是从小范围着手的，很少有研究者试图一次就研究某个完整的领域。设立研究主题要注意研究的可行性，研究的范围不能太宽泛，但这样又会影响到研究的理论价值，因为一次研究基本不能形成完整的理论构架。研究主题既要避免大而空，又要兼顾理论价值的最大化，解决这个矛盾的主要途径是把较大的研究主题分成若干个较小的主题分别进行研究或分阶段进行研究。

3. 研究主题是否有可操作性

除了研究主题大而空可能降低研究的可操作性之外，还有一些研究主题是无法借助调查找到答案的，这类主题也不适合研究。例如，某位研究人员想要研究有媒介接触行为的人和从未有媒介接触的人思想观念的差距，想借此说明媒介接触行为是否会影响人们的思想观念。这项研究可以解决长期以来困扰研究者的一些理论问题，如媒介传播的效果是强大的还是有限的。但要实际执行的话，很难找到从来都没有接触过媒介的人。再例如，为了研究看动画片对儿童智力发展的作用，研究者希望把多对双胞胎分成两组（双胞胎可以排除遗传因素的影响），除了一组正常观看动画片、另一组从来不看动画片外，其他的成长条件都保持相同，过几年后测量两组孩子的智力水平，就可以比较动画片的影响。但几乎人人都知道这是不现实的，没有任何一个父母会为了配合研究而剥夺孩子看动画片的权利，甚至是失去发展智力的一个机会。

因此，研究人员在设定研究主题的时候，研究设想的情景要符合实际

---

① Roger Wimmer & Joseph Dominick 著，李天任、蓝莘译：《大众媒体研究》（Mass Media Research-An Introduction），台湾亚太图书出版社 1995 年版，第29 页。

的生活情景，即能够在人们自然生活秩序不被打乱的情况下进行。但如果有些研究主题确实需要某些研究对象作出一些牺牲，就要保证这种牺牲是短期的、没有危害性的，而且需要用较高的酬劳去回报他们的这种牺牲，比如支付一定数额的金钱让一些研究对象一周不看电视。

4. 资料分析是否可行

如何分析将来获得的资料是在研究设计阶段就应该考虑的，而不是事后根据数据再选择分析方法，后者常常会导致计算和解释的错误。在设计研究主题的时候，关于将来的统计分析，要考虑的是该主题所需的资料能够通过信度和效度的检验（测量的信度和效度见本章第四节），也就是研究者根据主题要询问被调查者的问题他们是否会实事求是回答和有能力回答。例如，研究者设定了研究主题是"接触新媒介和接触传统媒介是否会导致人们道德素质的差异？"如果让被调查者回答接触媒介的种类，又同时对自己的道德素质进行评价就很难奏效，几乎不会有人会认为自己的道德素质差，将来统计分析也势必分析不出差异来。

5. 研究结果是否有较大的适用范围

一项调查研究只有符合外在效度才具有真正的意义，也就是研究的结果除了适合当时的研究情景外，还可以延伸到其他情景。所以定义研究主题除了考虑可操作性外，还要注意研究结果的通用性。

6. 分析需要投入的经费和时间

经费问题是决定调查可行性的关键。即使有很多的研究构想和思路，如果没有经费来源，也很难开展研究。所以经费问题要事先周详地考虑：在进行研究计划之前，要逐项列出所有材料、设备和其他所需设施情况一览表。如果没有充分的经费，就得考虑是否能以节约的方式达到研究目的，此外也可以考虑能否从科研或与此项调查有关的机构得到资助。

时间问题也是实施研究计划需要考虑的重要问题。研究计划中要详细计算每个步骤需要的时间以及总的研究时间周期，时间计算要反映出效率和节约，也要能保证研究的完成。许多研究受到截止日期的压力而忙中有错，导致调查质量得不到保证；还有的研究因时间所限不能执行某些步骤而以失败告终。商业研究的研究时间长度往往是在合同中有规定的，如果逾期不能完成，可能会带来商业方面的麻烦。

7. 是否有适合该研究主题的研究方法

好的研究主题有时候会因为研究方法不当而失败。在选定研究主题的时候，就应当考虑到每一步骤最佳的研究方法。研究方法的选定应符合"节约原则"（parsimony principle），即以最简便的途径达成最高的效益。

8. 是否会对被访者造成潜在的伤害

在设定研究主题时，要考虑到研究主题所涉及的内容是否会对被访者造成身心上的伤害。例如，他们是否会受到惊吓？是否会陷入窘迫？是否会持续产生精神压力？等等。如果有这种潜在的可能，就需要调整研究主题。

（三）对研究主题的初步了解

采用科学方法的研究者，一旦选择了研究主题，接下来往往会从文献资料着手进行研究，并把文献研究作为整个研究的一个重要步骤。文献资料可以提供以往的研究方法及研究结果等信息。查阅文献资料可以回答如下几个在调查实施之前需要解决的问题：

该研究主题所在领域以往有过什么类型的研究？

过去的研究采用了什么研究方法？

过去的研究有何发现？

其他研究者对于未来的研究有何建议？

还有哪些问题尚未研究？

如何为该研究领域注入新的见解？

通过认真查阅文献资料，基本可以对以上的问题进行回答，这些答案有助于下一步研究构架的建立。

二、建立研究构架

选定了研究主题，就确定了调查研究要涉及的领域。通过查阅文献对研究主题有了初步了解，研究者的下一步工作就是建立一个由理论支撑的研究构架。

（一）研究构架

研究构架可以说是围绕研究主题的一系列有联系的、有序的研究问题的集合。以一个通俗的例子来说，如果把研究主题比做是"盖一座房子"，那么研究构架就可以是"如何挖地基"、"如何砌墙"、"如何盖房顶"、"如何铺设管道"、"如何铺设线路"等问题的集合。其中有些构架仍可以再细分，比如"如何铺设管道"就可细分为"上水管怎么走"、"下水管怎么走"、"暖气管怎么走"等。

研究者往往会从研究内容的角度建立研究构架。比如为节目改版而设定的"晚间 8:30～9:30 白领观众对用深度报道的形式做时尚内容的收视意向"这一主题，从研究内容角度进行构架可以分解为以下几个问题：

晚间 8:30～9:30 白领观众的生活安排。

时尚是否是观众所关注的内容。

晚间 8:30～9:30 观众理想中的节目形式。

用深度报道的形式做时尚内容是否合适。

如果真的在晚间 8:30～9:30 播出用深度报道的形式做时尚内容的节目，观众的收视可能有多大。

这些研究问题依次从目标观众定位、内容定位、形式定位、内容与形式的结合、收视可能等方面共同形成了研究构架，是这一研究应涉及的不可或缺的内容。

（二）研究假设

一些应用性研究有了研究构架以后，就可以在其基础上细化研究问题，开展调查研究。而大多数学术性、理论性的研究还需要拟定研究假设。拟定研究假设以及通过观测对假设进行检验，是科学研究的基本特点。

1. 研究假设的概念

研究假设是对调查对象的特征以及有关现象之间的相互关系所作的推测性判断或设想，是对问题的尝试性回答，从调查研究中可以检验出假设是否成立。研究假设经常从试图回答问题入手。例如，对研究问题"大众传播媒介对儿童社会化程度有无影响？"可以提出一些尝试性的判断或设想，如"经常接触大众传播媒介的儿童与不经常接触大众传播媒介的儿童的社会化程度有明显的差异"，或"经常接触大众传播媒介的儿童与不经常接触大众传播媒介的儿童的社会化程度无明显的差异"，这就是研究假设。

2. 研究假设的来源

研究假设虽然是在调查实施之前由研究人员提出的，但它并非是主观臆造或凭空想像出来的，它的来源主要有以下两种：

（1）由实践经验或初步探索而得出的假设。对于研究人员从日常生活经验中选定的研究主题，他们基本已初步观察到了一些现象；对于其他来源的研究主题，研究人员也会有意识地在生活经验中留意观察。通过观察，他们对于现象间的关系也有了基本的猜测和尝试性的解释，这些猜测和尝试性的解释就可以形成一些研究假设。

（2）由文献资料中得出的假设。针对所选定的研究主题，研究者通过查阅文献资料，比较不同的认识和说法以及以往的研究得出的研究结论，根据自己的选择和判断，就可以依据某一种或某几种理论得出研究假设。

3. 研究假设的特点

研究假设应具有如下特点：①

（1）研究假设必须是针对所要研究的问题而做出的尝试性的理论解释。

（2）研究假设必须能够由经验事实来检验。例如，如果提出一种假设"人们喜欢看什么电视节目是上天注定的"，这就无法由科学研究来检验。

（3）研究假设必须以明确的概念为基础。例如，如果不事先对"前沿消费"和"传统消费"在概念上做出明确的定义，研究假设"广告对前沿消费和对传统消费的影响力有显著差别"就失去了意义。

（4）研究假设必须与有效的观测技术相联系。例如，对于假设"经常接触大众传播媒介的儿童与不经常接触大众传播媒介的儿童的社会化程度有明显的差异"，如果不能通过有效的手段准确地测量"接触大众传播媒介的频度"和"儿童的社会化程度"，那么就无法证明或否定研究假设。

4. 研究假设的基本形式

研究假设是关于变量间关系的尝试性说明，它的陈述形式主要有以下两种：

（1）条件式陈述。它的基本形式为：

"如果 A，那么 B"。在这种形式中，A 表示先决条件，B 表示后果。例如，"如果家长经常接触大众传播媒介，那么其子女接触大众传播媒介的频度就较高"，"如果儿童频繁接触大众传播媒介，那么他的社会化程度就比较高"，等等。条件式陈述常说明两变量之间因果关系或相关关系。

（2）差异式陈述。其基本形式为："A 与 B 在变量 Y 上有（或无）显著差异"。A 与 B 表示某一变量（X）的不同类别。例如，"男性和女性喜欢看的电视节目类型有显著差异"，"高收入的人和低收入的人受到广告影

---

① 袁方主编：《社会调查原理与方法》，高等教育出版社 2000 年版，第 108 页。

响的程度有显著差异"，"受过高等教育与没有受过高等教育的人对××事件的态度无明显差异"，等等。差异式陈述主要说明两个变量之间有（或没有）相关关系，A 与 B 是表示某一变量（X）的不同取值，如"男性"和"女性"是变量"性别"的两个取值、"高收入"和"低收入"是变量"收入"的两个取值。如果 A 与 B 在变量 Y 上有显著差异，那就说明变量 X 与变量 Y 有相关关系；如果 A 与 B 没有显著差异，则说明 X 与 Y 之间没有相关关系，或不相关。

5. 建立因果关系模型

传播现象是错综复杂的，各种现象之间的相互关系往往不是单一的。有时候，一个变量会受到另一变量的影响，但不仅仅是受这一个变量的影响，而是受到多种变量的影响，其中有的变量产生的是直接影响，有的变量产生的是间接影响；同时，一个变量不仅仅是只影响另一个变量，有时会对多个变量产生直接或间接的影响。研究者在进行解释性研究的时候，往往需要把这种错综复杂的关系一一列出假设，然后进行假设的检验。在这种情况下，把各个因素之间的关系用图示的方法进行直观的表示是非常必要的，这就是因果关系模型。图 1—3 是 David H. Weaver，Jian—Hua Zhu 和 Lars Willnat 在美国的一项关于吸毒问题的研究所建立的因果关系模型。[①]

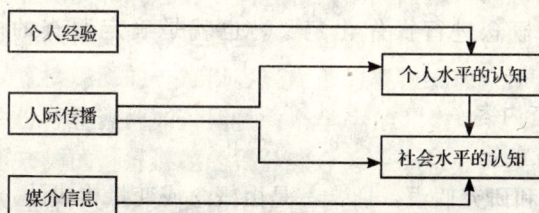

图 1—3　针对吸毒问题的因果关系模型

因果关系模型中两个变量之间如果用单向箭线连线，表示这两个变量有因果关系，箭线所指向的变量是受到影响的变量。该模型实际包含

---

①　David H. Weaver, Jian-Hua Zhu and Lars Willnat：《The bridging function of interpersonal communication in agenda-setting》，Journalism Quarterly，Vol. 69，No. 4，Winter 1992，p 856—867.

了五个假设：

（1）有关吸毒问题的个人经验将会是一个把吸毒问题理解为个人问题而不是社会问题的指示变量。

（2）人际传播会在个人水平认知上影响人们对吸毒问题严重性的理解。

（3）人际传播也会在社会水平认知上影响人们对吸毒问题严重性的理解。

（4）大众媒体对吸毒问题的暴露越多，越会导致人们把吸毒问题看做社会问题而不是个人问题。

（5）在个人水平上对吸毒问题的关注会明显预见在社会水平上对吸毒问题的关注，但反过来不成立。

从该例子可以看出，如果只列出这五个假设，各种因素之间的关系不是十分明显，但通过建立因果关系模型，可以让人对变量间的关系、各个假设所强调的重点一目了然，从而对所研究的问题有更加清晰的认识。

三、调查内容和分析单位

建立了调查研究完整的理论构架，相当于一个建筑物完成了初步规划的图纸，接下来的任务是如何操作的问题，即对研究问题进行具体化、对假设以及各种概念进行操作化定义，也就是确定调查的内容和分析的单位。

（一）调查内容

1. 概念和变量

研究问题和研究假设，通常都是由概念或变量构成的，操作化定义通常应当从各种概念入手。

（1）概念。所谓概念是指人们通过对具体现象的大量观察，从同类事物或现象中归纳、抽象出的共同属性，概念就是综合概括同一类事物或现象的抽象解释。概念的最基本特征是它的抽象性和概括性。在大众传播中，"媒介使用"、"频道忠诚度"、"可读性"、"把关人"、"知识沟"等都是典型的概念。概念都是抽象的，很难直接进行观测，如果要进行测量，首先要把它们定义成相应的变量，即对概念进行操作化定义。

不同概念的抽象化程度是不同的，有的概念抽象化程度高，如上述的

"把关人"、"知识沟",有的概念抽象程度低,如"性别"、"职业"。一般来说,抽象程度较低的概念比较容易操作化。

(2)变量。变量是通过对概念的定义和界定而转换来的,它是对概念的具体化,是在调查研究中可以观测和控制的现象或事件。在媒介调查研究中,变量是十分重要的,它是连接经验观察和理论解释的桥梁。

例如,对"媒介使用"这一抽象概念,可以将其定义为"一个人每天花费在读报、看电视、听广播、看杂志、上网活动上的总时间(分钟)",这一操作定义包含了每天的"读报时间"、"看电视时间"、"听广播时间"、"看杂志时间"和"上网时间"5个变量。这些变量是可以直接测量的。例如,可以直接询问研究对象:"请问您昨天看了多长时间的报纸?"

从这个例子也可以看出:一个概念并不一定只对应一个变量,多数概念往往需要多个变量共同界定。

对概念的操作性定义并不是惟一的,例如对"文化程度"这个概念,可以用受教育的年数来定义,也可以用获得毕业证书的等级来定义。

另外,对有些复杂的概念并不是一步到位定义到变量的,而是先将大的概念解构为若干个次级概念,然后逐步对次级概念进行操作化定义,最终才定义为不同的变量的。

2. 研究假设的操作化定义

研究假设往往是用抽象概念进行阐述的,如"大众媒介的使用导致了朋友关系的淡漠"。这种假设是无法直接检验正确与否的,需要进行操作化定义,即转变为具体的假设。这一过程是以概念的操作化定义为基础的。

下面以研究假设"大众媒介的使用导致了朋友之间关系的淡漠"为例来探讨研究假设如何进行操作化定义。

首先,这个假设中出现了两个概念,即"媒介使用"和"朋友关系",要分别对它们进行操作化定义,转变为相应的变量。

对"媒介使用"的操作化定义仍按每天的"读报时间"、"看电视时间"、"听广播时间"、"看杂志时间"和"上网时间"5个变量进行。

对"朋友关系"的操作化定义可以是"朋友的数量"、"每月与朋友联系的次数"、"每月与朋友见面的次数"和"与朋友之间的互助行为的多少"等指标(变量)。

如果对概念的操作性定义是准确的,研究假设中概念之间的关系也应该存在于这些变量之中，即如果两个概念之间有相关关系，定义这两个概念的两组变量之间也应该具有相关关系。

这样，就可以把原来的假设中的概念逐次替换为不同的变量，从而产生多个具体假设，如：

（1）每天读报时间越长的人，其朋友的数量越少。

（2）每天读报时间越长的人，每月与朋友联系的次数越少。

（3）每天读报时间越长的人，每月与朋友见面的次数越少。

（4）每天读报时间越长的人，与朋友之间的互助行为越少。

（5）每天看电视时间越长的人，其朋友的数量越少。

……

（21）每天使用各种媒介总时间越长的人，其朋友的数量越少。

（22）每天使用各种媒介总时间越长的人，每月与朋友联系的次数越少。

（23）每天使用各种媒介总时间越长的人，每月与朋友见面的次数越少。

（24）每天使用各种媒介总时间越长的人，与朋友之间的互助行为越少。

……

在列具体假设时，并不一定是机械的排列组合，还要注意具体假设有没有意义。同时还要注意具体假设的陈述方式，像"读报时间越长，朋友的数量越少"这样的假设是非常让人迷惑的。

从一个抽象的假设推演出了多个具体假设，这些具体假设都是能够根据经验观察的资料进行检验的。如果这些具体的假设都被证实了，那也就证明了原始的研究假设。

3. 调查内容

在媒介调查研究中，要调查什么方面的内容实际上就是由上述的研究构架和研究假设决定的。概括来说，调查内容涉及到被调查对象的三方面的属性，即状态、态度和行为。

（1）状态。状态是指被调查对象的基本情况，可用一些客观指标来调查。如个人的状态一般包括性别、年龄、职业、收入、文化程度、婚姻状况等；媒介组织的状态有组织结构、人员规模、管理层次、社会效益、经济效益等。研究者可根据研究假设选择其中某些指标。例如，要研究人们的收视习惯受哪些个人因素的影响，可选择个人的年龄、职业、文化程度、经济收入等状态变量。调查对象的状态对其态度和行为可能会有重要影响。在分析和解释调查结果时，常常会比较不同状态的被调查对象的差异之处。

（2）态度。态度是被调查对象的内在主观属性。广义的态度常包括意见、看法、动机、偏好、倾向性、满意度、需求，等等。态度是隐藏在个体内部的，很难直接进行观测。研究者通常会设计态度量表进行测量。关于量表，将在本章第四节专门进行讲述。

（3）行为。行为是一种外在的特征，如购买某一广告产品、转换频道、读者（听众、观众）写信反馈意见等行为，研究者可以通过一定的途径直接观察到。一般来说，个体的行为通常是研究者所要解释的变量，它常受到状态和态度的影响，从而在不同个体之间表现出不同的行为。

根据对研究构架、研究假设的操作化定义，研究者确定了所要调查的内容以及这些内容需要针对什么层次的调查对象进行（即确定分析单位），就可以进行调查问卷的设计工作了。关于调查问卷部分，将在第二章的相关章节中有针对性地详细阐述。

（二）分析单位

分析单位是指最终要对调查结果进行分析时所采用的单位，它往往是由研究目的和调查内容来决定的。一般情况下，分析单位等同于抽样单位，也就是说，只有事先确定了分析单位，才能开始进行抽样设计工作。例如，要研究个人的读报行为，那么"个人"就是分析单位，在抽样中可以以个人为抽样单位进行；要研究居民的订报行为，那么"家庭户"才是一个比较合适的分析单位，抽样时以家庭为单位抽取。但有时分析单位也可能与抽样单位不一致，例如，仍然研究个人的读报行为，抽样设计中选择了到居民区入户访问的方式，那么抽样单位就是"家庭户"。有的研究中，分析单位并不是惟一的，例如研究居民的订报和读报行为，分析时依赖的单位就有"家庭户"和"个人"两种，但抽样单位应该是惟一的。

"个人"和"家庭户"是媒介调查中常用的分析单位，例如中央电视台历次的大规模观众调查，分析单位是观众个人；一些公司早期运用人员测量仪所做的收视率调查，分析单位是家庭户，随着测量技术的发展，目前收视率调查已经把个人也作为分析单位了。除此之外，媒介调查中的分析单位也可以是实体或客观事物，例如电台、电视台、报社、网站这些实体以及节目、版式等事物都可能是研究的分析单位。

在媒介调查常用的内容分析中，分析单位更是多种多样，例如对报纸杂志的内容分析，分析单位可以是文章、段落、句子、词组；对动态图像的内容分析，分析单位可以是整个节目、一个完整的片断、一个镜头等。

四、研究方案的设计

媒介调查设计的最后一项任务是制定一个详细、周密的调查研究方案。调研方案是对一项研究的程序和实施过程中的各种问题进行详细、全面的考虑，从而制定出的总体计划。

(一) 研究方案的重要性

媒介调查是一项技术性强、参与者多的复杂工作，媒介调查的用途往往是为实际的经营管理决策服务，调查结果必须要真实准确。在调查过程中研究者必须要统一认识、统一方法，研究方案会提供一个执行标准，它对调查中的各个环节要解决的问题、解决的方法做出详细的规定，在调查中，每个研究者都应严格遵循研究方案开展研究。

同时，研究方案中详细地规定了调查内容、调查对象、各个环节应采用的方法，把这些内容综合在一起，便于对整个研究设计的可行性、合理性进行全面考察。如果研究设计不是十分合理，可以在研究方案阶段就进行修改，而不是在调查进行一半时半途而废，避免对各种资源的不必要浪费。

(二) 研究方案的内容

研究方案把研究的各个阶段的任务联系起来统筹考虑，并根据总体目标制定每一阶段、每一步骤的详细安排。研究方案通常以简明的语言写成书面的形式，主要内容应包括以下几个部分：

1. 确定调查的目的和内容

确定调查目的，就是明确在调查中要取得什么样的资料，这些资料有什么用途等问题。衡量一个调查设计是否科学、合理，最终要看研究设计能否实现调查目的和要求。在列出调查目的之前，有的研究有必要交待研究的背景情况。例如，研究是为节目该如何改版而进行的，最好在介绍调查目的的同时对该节目的现状进行说明。这样有利于更加全面深入地了解调查目的和调查任务。

确定了调查目的之后，就可以在此基础上详细地列出调查的内容，即说明这一研究要解答哪些问题，应从哪些角度出发提出问题等，即建立一个详尽的研究构架。如果要探讨现象（变量）之间的因果关系，就还要列出研究假设，必要时列出因果关系模型。

对调查内容的说明还应包括研究构架和研究假设中的概念是如何定义的、研究假设的操作化定义是什么。

2. 确定分析单位、调查对象

在研究方案中，要对分析单位进行说明，同时要对调查对象做出说明，即所要调查的总体是什么。

3. 确定研究类型和调查方法

在研究方案中，要对调查的组织方式和如何取得调查资料进行说明，即说明该调查研究是定性研究还是定量研究，是探索性研究、描述性研究还是解释性研究；要采用的具体调查方法是什么，即是采用问卷调查法、观察法、实验法、深层访谈法、小组访谈法还是内容分析法。

4. 制定抽样方案，确定抽样方法

抽样方案应根据分析单位、调查对象和调查方法制定。应说明调查总体是什么、采用概率抽样还是非概率抽样、具体的抽样组织形式怎样、样本量应多大？关于抽样设计，将在本章第五节专门讲述。

此外，根据抽样设计，还要说明调查将要开展的场所和访问方式，是入户调查还是到单位调查、是进行街头拦访、电话访问、还是邮寄访问。

5. 确定调查提纲或调查问卷

根据调查目的、调查内容、调查对象和访问方式，以问题的形式组织调查内容，即详细拟定需要向被调查对象询问的问题以及询问的方式方法。如果是定性研究，一般需要拟定调查提纲，如果是定量研究，需要按照一定的原则，制定标准化的调查问卷，调查问卷中的问题一般是和研究需要的变量相对应的。

调查提纲和调查问卷一般不会一次就非常完美，要经过反复修改、测试、试调查，逐步完善。

6. 确定调查资料的整理和分析方法

根据调查提纲或调查问卷收集的原始资料一般是零散的、不系统的，这些资料应如何汇总、如何条理化、对资料如何做出解释，都应该在研究方案中进行说明。如果是根据定量研究的问卷收集的资料，还要详细列出统计分析计划，即拟采用什么样的统计分析方法进行分析，对哪些变量采用这些统计分析方法，这样分析能做出什么结论。这样就避免了统计分析工作的盲目性。

7. 确定调查的时间进度安排

研究方案要对时间进度分调查阶段做出计划，其目的是保证调查工作能有足够的时间完成且应按时完成。时间进度安排应体现出效率性，即在保证资料准确有效的同时，尽量缩短调查周期。

一般情况下，一项媒介调查的进度安排要考虑以下几个方面占用的时间：

（1）总体方案的设计、论证。

（2）抽样方案设计。

（3）问卷设计、测试和修改。

（4）调查员的挑选与培训。

（5）调查实施。

（6）数据的整理、录入和分析。

（7）调查报告的撰写。

（8）成果的发布。

8. 确定调查的经费预算

不同的媒介调查，经费差别很大，主要根据调查任务的难易程度、调查范围的大小、调查的方法而定。但不管什么调查，费用问题是必须要考虑的问题，它是一项调查得以实施的保证。对调查各阶段所需经费的估算应是研究方案的一部分。

在进行经费预算时，一般应考虑以下几个方面的花费：

（1）调查方案设计费。

（2）问卷设计、测试、印刷、装订费。

（3）调查实施费（这是调查中支出最大的费用，包括培训费、调查员和督导员劳务费、被访者礼品费、交通费等）。

（4）数据编码、录入费。

（5）数据统计分析费。

（6）调查报告撰写费。

（7）通讯、材料等办公费用。

（8）其他特殊费用（需列出项目，如深度访谈的录音设备费等）。

9. 制定调查组织实施及质量控制措施

本项内容包括调查的组织管理形式、管理人员的岗位设置、调查人员的选择标准、人员培训的主要内容、质量控制的主要措施。

（三）对研究方案的评估

对复杂的媒介传播现象进行调查，研究方案并不是惟一的，对研究方案的评估是为了在各种可行的方案之中选择最优的方案。对研究方案的评估一般从可行性、科学性和节约原则几个方面进行，即研究方案是否体现了调查的目的和要求、是否完整、可操作性怎样、能否保证调查的质量、是否在达到目的的同时达到最大节约。

当然，研究方案也不是一次就成功的，也需要经过反复的推敲、逻辑判断，甚至是试点调查，经过反复的修改才能完成。

经过评估最终选定的研究方案，是整个调查研究的核心，调查研究的其他步骤都应按照研究方案的规定进行。

第四节　测量和量表

在媒介调查中，研究者需要从被调查对象一方获得有用的信息，这个过程实际上是对被调查对象进行测量的过程，测量工具就是调查问卷中的一个个问题。本节将就测量的基本知识和测量的过程进行探讨，这将为有效地制定调查问题、选择适当的调查方法和测量手段提供帮助。

一、测量的概念

和广泛的社会现象一样，媒介现象之间以及人与人之间不仅具有同质性，而且具有异质性。同质性是指同类现象之间具有某些共同属性，异质性是指同类现象之间存在各种差异。如作为受众的"人"，可以说"每一个人可以同时接触多种类型的媒介"来描述一种共同的属性，它说明作为受众的"人"的同质性；但是，人与人之间在很多方面是有差别的，如在性别、年龄、职业、价值观、兴趣、爱好、对事物的认识、看法等方面都存在着差别，即异质性。在媒介调查中，对媒介现象之间以及人与人之间的性质差异和数量差异的度量称为测量。正是因为上述的同质性，使得测量成为可能，也正是因为上述的异质性，对它们的测量才有意义。测量可视为对现象进行精确的、有意识的观察，其作用在于准确地描述事物的类型、性质、状态，并对事物之间的差异进行精确的度量与比较。

（一）测量

所谓测量，是指按照某种法则给物体和事件分派一定的数字和符号。这一定义表明，任何一种测量都包含三个不可缺少的要素：测量客体、数字或符号、分配数字或符号的法则。

在自然科学和日常生活中人们提到测量，往往是指借助某种仪器对物体的长度、大小、重量等指标进行度量，测量的结果往往是比较精确的。社会科学研究中的测量与自然科学和日常生活中的测量既有相似之处，也有不同之处。

社会科学研究中的测量是对现象之间的性质差异和数量差异进行度量，测量的三个要素有着不同于自然科学的特定含义。

1. 测量客体

客体（物体或事件）的属性与特征是测量的主要内容。测量首先要有测量客体，即人、事物、事件、现象等。但是很清楚，我们所要测量的并不是客体本身，而是它的特征或属性。例如，我们研究的主要对象是人，这是测量的客体；但我们主要感兴趣或需要测量的并不是某个人，而是他们的状态、意向、行为等特征或属性。

2. 数字或符号

测量即是指按照某种法则给物体和事件分派一定的数字和符号，那么我们可以把测量中的一个数字或符号当做一种物体或事件特征的代表。例如，以1代表把电视作为主要新闻来源的人，以2代表把报纸作为主要新闻来源的人，以3代表以其他媒体作为主要新闻来源的人；以1000元代表一个人的收入；以80分代表某人对所观看节目的满意度评分。这些数字或符号仅仅是代表客体的特征，用以表示各个调查对象在属性、特征上的数量差异或类别差异。

3. 分配数字或符号的法则

法则即测量规则，是把数字或符号分派给调查对象的统一标准，它规定的是一种操作的方法。测量中较为困难的工作就是确定法则，即如何设立一种分派数字或符号的准则。例如，有一种法则是"根据每个人对一种观点的同意程度而分派 1~5 的数字。如果某人同意的程度很高就给他分派数字 5，反之，即不同意的程度很高就给他分派数字 1。介于两者之间的人，仍根据同意程度分派给他们中间的数字 2~4，即同意程度越高，分派的数字越大"。这样 1~5 这些抽象的数字就可以用来表示一个人对某一种观点同意程度的高低了。

由此可以看到，对社会科学中现象的测量，也就是根据一定的法则，将一些数字、符号分别来代表人、事物、事件属性的过程。这一过程，就是将现象精确化或将概念（变量）操作化的过程。当然，法则的确定是至关重要的，只有确定了恰当的测量法则，才可能有准确、客观的测量。

（二）对社会现象测量的特点

与自然科学中的测量相比，对社会科学领域内现象的测量要复杂得多。因为被测现象主要是"人"，而人是有思维能力、价值观和感情的，人与人之间结成了错综复杂的社会关系。对社会现象进行测量的主要特点是：与自然科学相比，对社会现象的测量标准化和精确化程度均较低；由于对许多现象缺乏统一的测量法则，因而对同一现象，不同的人会得出不同的测量结果；尽管社会测量也是用数字或符号来表示客体的属性和特征，但这种测量不完全是数量化的，也可以是类别化的，例如用数字表示的、反映被调查者最喜欢收看的电视节目类型的变量就是类别化的；而即使是数量化的测量，根据所测事物的特征，仍然还可以细分为不同的测量尺度。

二、测量的尺度

在媒介调查研究中，我们可以通过操作化的过程把抽象概念转换成可操作层次的变量。然后通过对变量进行直观的、具体的测量，来探求反映事物本质概念之间的联系。

然而，作为可以取两个或两个以上值的变量来说，它有质的差异和量的不同，有取值离散和连续的区别；同时，根据被测量变量所具有的不同数学性质，对变量的测量也有不同的尺度。

（一）变量与变量的值

在媒介调查中，任何我们想要了解的信息都需要通过操作化定义转化为可以直接用来提问的问答题——提问的过程就是测量的过程。每一个问答题都是和要测量的变量相对应的，有的对应着一个变量，有的对应着几个变量；而某被访者对该问答题的答案或观测结果就是变量对应于该个体的取值，所有被访者的回答就构成了该变量的全部取值。例如"请问您昨天看了多长时间（分钟）的报纸？"就对应着"读报时间"这个变量；某位被访者回答"看了30分钟"，那么30就是"读报时间"这个变量对应于该被访者的取值。而所有的被访者对该变量的取值可能是0～1440分钟之间的任何一个数，所以该变量的取值范围是0～1440。

（二）变量的测量尺度

根据所提问答题的内容和性质的不同，变量的类型是不同的。媒介调查中，一般可将变量划分为四种测量尺度：定类尺度、定序尺度、定距尺度和定比尺度。

1. 定类尺度

定类尺度也称类别尺度、名义尺度。定类尺度是测量层次中最低的一种，它实质上是一种分类体系。定类尺度只能将调查对象按事先规定的类别进行分类，以确定该调查对象的属性是属于哪种类别的。例如，性别、职业、民族、婚姻状况等变量，都是按照事物的性质和类别来区分的。定类尺度的变量取值可以是表示类别的文字，也可以是按照一定法则分派的数字代码，如用"1"代表男性，用"2"代表女性；用"1"代表工人，用"2"代表农民，用"3"代表军人，用"4"代表知识分子等，但这些数字都是人们赋予某类事物的识别标志，并不反映这些事物本身的数量状况，不能作加、减、乘、除等数学运算，而只能作"是"或"否"这样一些回答。但这种分类也是一切测量的基础。

2. 定序尺度

定序尺度也称等级尺度、顺序尺度。定序尺度的取值可以按照某种逻辑顺序将调查对象排列出高低或大小，确定其等级及次序。例如，对人们经济地位和文化程度（以学历作为测量标准时）的测量，对人们对某一事物、某种服务的满意程度（分为很满意、比较满意、一般、不满意、很不满意）的测量，等等，都是定序尺度的测量。定序尺度的变量取值可以是表示顺序的文字，但一般都是用排序或排名次的数字形式来表示。定序尺度不仅能区分事物的类别，而且所分配的数字本身能反映被调查对象在高低、大小、先后、强弱等序列上的差异，它的数学特性比定类尺度高一个层次。也就是说，它不仅能区别异同，而且能确定其大小，可用数学符号

">"或"<"来表示。

定序尺度的变量值可以指出被访者在排序时的相对位置，但不能判断这些相对位置之间的绝对距离。例如作为测量个人月收入的一种方法，可以事先把变量的取值范围限定为：

①800 元以下

②801 元～1500 元

③1501 元～3000 元

④3001 元～5000 元

⑤5000 元以上

这是一种定序尺度的测量，如果被访者 1 的取值是"3"、被访者 2 的取值是"2"，可以说被访者 1 比被访者 2 的个人月收入高，因为 3＞2，但究竟高出多少元是不知道的。

3. 定距尺度

定距尺度也称等距尺度、区间尺度。定距尺度不仅能将变量区分为类别和等级，而且可以确定变量之间的数量差别和间隔距离。如人的智商和温度的测量等都是定距测量。定距尺度的每一间隔是相等的，由于有了相等的量度单位，就引入了数量变化的概念，如去年夏天的日平均温度是 33 摄氏度，今年夏天的日平均温度是 35 摄氏度，35－33＝2，于是可以说今年夏天的日平均温度比去年夏天的日平均温度高 2 摄氏度。因此，定距尺度才开始真正显示了事物在数量方面的差异。

在定距尺度中，不仅可排列出被访者的测量等级（如定序尺度那样），而且也可说明某一等级高出另一等级多少单位。但是，定距尺度没有绝对的零点，因此，这一测量类型所得出的数据只能作加减，而不能作乘除等运算。例如，温度计的零度并不说明没有温度，也不能说 20 度比 10 度的天气热一倍，而只能说 10 度比 10 度高 10 度。

定距尺度的零点是任意选取的，例如测量温度时的华氏温度和摄氏温度就是一个很好的例子。

4. 定比尺度

定比尺度也称比例尺度、等比尺度。定比尺度除具有上述三种尺度的全部性质之外，还具有一个共同的基准——有实际意义的零点（绝对零点），所以它所测得的数据，既能作加减运算，又能作乘除运算。例如身高、年龄、增长率、市场占有率、发行量、收视率、千人成本等都是定比尺度。是否具有实际意义的零点是定比尺度与定距尺度的惟一区别。年龄有绝对零点（零是非任意的），人体重的零点也不是任意设定的，因而年龄和体重都是定比尺度。与定距尺度相比，定比尺度更有利于反映变量之间的比例或比率关系，这种关系一般可以用倍数或比率来表示。

5. 四种测量尺度的比较

四种类型测量尺度的基本特征及其比较如表1—2所示。

表 1—2　　　　　　　　　　　　四种测量尺度的比较

	定类	定序	定距	定比
分类（＝、≠）	√	√	√	√
次序（＞、＜）		√	√	√
距离（＋、－）			√	√
比率（×、÷）				√

由于不同的测量尺度具有不同的数学性质，所以在资料整理和统计分析中，将采用不同的统计方法。特定的分析技术适用于特定的测量尺度。对定类尺度测量的统计，主要是计算落入每一类的被访者人数（个数）及其所占的比例（称为频数分析），以及与其他定类尺度测量间的交互分析等；对定序尺度测量的统计，除了频数分析和交互分析以外，还可以计算中位数、百分位数等；对定距尺度测量的统计，除了适用于定类尺度和定序尺度的所有方法之外，还可以计算算术平均数、标准差、相关系数等统计量，只要不涉及比值的计算，几乎所有的统计方法都可用于定距尺度测量的分析；所有的统计方法，都适用于定比尺度的测量。

6. 不同测量尺度的转换

对于有些变量（如年龄、收入）可按多种测量尺度进行测量。例如对收入的测量方法有：

（1）您的税前个人月收入是否大于2000元？

①是　②否

（2）您的税前个人月收入在下列哪一个收入段内？

①800元以下

②801元～1500元

③1501 元~3000 元

④3001 元~5000 元

⑤5000 元以上

(3) 您的税前个人月收入是（　　　　）元?

如果按第（3）种测量尺度——定比尺度测量，假定某被访者回答4000 元。若统计分析需要，研究者可以很容易将 4000 元转换为第（2）种测量尺度——定序尺度中的取值④以及第（1）种测量尺度——定类尺度中的取值①。反之，如果一开始按第（1）种测量尺度进行，某被访者取值是①，就无法转换为第（2）种和第（3）种测量尺度中的相应取值。

从这个例子可以看出，对于单个变量，高级别的测量尺度可转换为低级别的测量尺度，反之则不成立。这给我们的启示是，在媒介调查的测量设计中，如果变量可以有多种测量尺度，尽可能采用高级别的测量，如果统计分析需要低级别的测量，可以根据需要转换。

(三) 测量的量度原则

不论是何种变量，也不论是哪种测量尺度，它的量度都必须具有完备性和互斥性。所谓完备性，就是说用这种尺度去测量某一变量时，对这一变量中所包括的各种情况都能进行测量。所谓互斥性，就是说变量中所包括的各种情况，在这种尺度下也是互相排斥的不同值。例如，我们在用定类尺度测量职业时，如果设定测量的分类法则是：

(1) 工人。

(2) 销售人员。

(3) 技术人员。

(4) 服务业人员。

(5) 企业管理人员。

(6) 运输行业人员。

(7) 公务员。

(8) 教育工作者。

(9) 学生。

(10) 文艺工作者。

(11) 医务工作者。

(12) 军人/警察。

(13) 个体经营者。

（14）农林牧渔劳动者。

（15）自由职业者。

（16）下岗人员。

如果某被访对象是退休人员，则在这个测量分类中找不到他的合适类别，那么该量度就不具完备性；如果另一位被访对象是下岗后自行经营食品店，那么，在该分类法则中他既属于（4）服务业人员、又属于（13）个体经营者、又属于（16）下岗人员，这个量度也同时不具备互斥性。这样的测量是混乱的和无意义的，必须要重新定义分类法则。

（四）离散变量和连续变量

媒介调查常用到的变量可根据其连续性分为两种类型：离散变量和连续变量。

离散变量的取值范围是一组有限的数值，这些数值不能再分割。例如，家庭人口数就是离散变量，它的取值只能是1、2、3、…、n（n并不是未知的，可以查阅人口统计资料确定），而介于两个取值之间的数如1.5、2.8对这个变量来说都是无意义的。也就是说，如果把这些取值标注在数轴上时，它们表现为一系列不连续的点。

连续变量的取值可以是一定数值范围内的任何一个数值，而且任何两个数值之间的任何数值都是有意义的，例如时间、身高、重量、收入等变量。如果测量工具足够精确，可以精确地测出被访者A某天花在看电视上的时间是3.122457小时，而B花了2.785915小时，如果测量工具更加精确，仍可以更加细分。而对于"家庭人口数"这个离散变量，如果要计算"平均的家庭人口数"，也是个连续变量，因为平均家庭人口数是4.25人的说法是合理的。

以定类尺度测量的变量均属于离散变量；以定序尺度测量的变量一般也是离散变量，在测量人们态度的时候，常常用5代表非常同意、4代表比较同意、3代表一般、2代表比较不同意、1代表非常不同意，这个变量看起来似乎是连续的，但如果我们把这个测量变得越来越精细时，例如取值范围变为1～100或者更大，用来表示态度的得分就不可能是82.54321这样的数值，因此它的取值仍然是受限的，仍然是离散变量，但如果计算态度的平均值，平均值就是一个连续变量。

以定距或定比尺度测量的变量可能是离散的（如家庭订阅的杂志数目），也可能是连续的（如每天读杂志花费的分钟数）。在媒介调查中，多数的测量趋向于使用连续变量。

三、测量量表

　　媒介调查常常需要了解受众的态度、意见、观念、思想倾向等方面的内容，这些内容不能像年龄、报纸发行量这样的内容一样可以直接测量，必须要通过量表才能进行间接的测量。

（一）量表的概念

　　在媒介调查及多数社会科学研究中，测量往往关注的是人的某方面特征，而不是人本身。人的特征包括很多方面，如性别、年龄、受教育年限，这可以通过直接观察或询问得知。而另一些以抽象概念表示的特征，如"读报动机"、"民主倾向"等就无法直接观察，而只能借助于一些指标来推断。如某个人如果对"无条件服从上级命令"持反对意见、对"在决策时少数服从多数"持赞同意见，可以推测此人比持相反态度的人更具有"民主倾向"。

　　从这个例子可以看出，量表是用多个问题来测量一个概念。所谓量表，是多个测量变量的组合，由多种测量指标构建，是测量一个抽象概念的综合指标。量表的作用在于精确度量一个较抽象的或综合性较强的概念，特别是度量态度和观念的不同程度或不同倾向。量表比单一指标或单个变量的测量能获得更多、更真实、更精确的信息，它能通过间接的方式衡量那些难以直接观测的、难以客观度量的事物或现象。形象地说，一个量表类似于一份考卷。例如，衡量一个学生的"数学成绩"，是通过几道或十几道考题来测试，每道题的得分综合为一个总分，这一总分就说明这个人的数学掌握程度。量表的作用正在于此。

　　根据量表的测量尺度，可以把不同测量等级的量表称作相应的定类量表、定序量表、定距量表和定比量表。

（二）量表的类型

　　媒介研究所需的与态度或观念有关的所有信息，几乎都可以用以下介绍的几种量表来获取。因此，媒介研究者在考虑测量抽象的问题时，主要是从几种量表中选择合适的类型，而不是自己再去研究发明新的类型。常用的量表主要有以下几种：

1. 李克量表

李克（Likert）量表也叫累加量表、总加量表，是媒介调查中最常用的一种量表。它的最初形式是给出一组问题，请被调查者做出"同意"或"不同意"的回答。美国社会心理学家李克于 1932 年对它做了改进，增加为"非常同意"、"同意"、"说不准"、"不同意"、"非常不同意"五种回答，各种回答分别记为 1、2、3、4、5 分或 5、4、3、2、1 分，这样，每个被调查者对各道题的回答分数的总加和就得出一个总分，这一总分就说明他的态度强弱或他在这一量表上的不同状态。

李克量表是一种定距量表，常用于测量观念、态度或意见。在设计时，需要围绕研究问题或研究假设构造大量的陈述或说法。构造李克量表的基本步骤如下：

（1）收集和编写大量围绕研究问题的陈述或说法。这些陈述和说法应当比较分散，以覆盖所研究问题的一个足够宽的范围；同时，应当有一定的把握使大部分被访者不至于只选中间点（"说不准"）或者都集中选择同一个数字作答案；另外，有些陈述和说法设计为正向的，另一些设计为负向的。所谓正向的，就是对该陈述被访者的评分越高，表明他的态度或观念越强；所谓负向的，就是对该陈述被访者的评分越高，表明他的态度或观念越弱。

（2）随机地抽取一个小样本进行试调查。

（3）根据试调查的数据进行量表的信度和效度分析。在分析中，需要对负向说法的得分作逆向处理。

（4）根据信度和效度分析的结果，去除影响信度和效度的陈述或说法，从而得到有较高信度和效度的李克量表。

例如，对于一个以时尚为内容的电视栏目，有人认为可以请一些名人参与从而增强引导时尚的效果，另一些人则不同意。观众将是最好的评委。表 1—3 就是针对这个问题所构造的李克量表的一部分，可以利用该量表了解观众对"名人引导时尚"这一说法的看法。使用该量表时，请接受调查的观众用 1～5 的数字对每一个说法进行评分。

表1—3　　　李克量表举例：测量观众对"名人引导时尚"的看法

说　　法	1. 非常 不同意	2. 有些 不同意	3. 无所谓	4. 有些 同意	5. 非常 同意
1. 商业成功人士、歌星、模特等， 不同领域的名人引导的是不同的 时尚，不能错位。	1	2	3	4	5
2. 名人的生活本身就是一种时尚。	1	2	3	4	5
3. 名人做广告，引导了一种时尚。	1	2	3	4	5
4. 名人做的广告，对我没有什么 影响。	1	2	3	4	5
5. 大家都认可的名人，的确能引导 时尚。	1	2	3	4	5
6. 有的名人，反倒会对节目产生负 面的影响。	1	2	3	4	5
……	1	2	3	4	5

　　在数量处理时，根据被访者对每条说法的回答赋予一个分值。例如，如果回答"非常同意"，就赋予该被访者5分（或1分）。因为说法本身是有态度倾向的，即正向或负向的，对于"正向"的说法（如表1—3中的第3种说法）回答"非常同意"和对"负向"的说法（如表1—3中的第6种说法）回答"非常不同意"都应该打5分，即对负向说法赋分时作逆向处理（1←→5、2←→4）。然后就可以累加某被访者对所有说法的总分，从而了解不同被访者对量表所表述的事物态度。

　　2. 舍史东量表

　　舍史东（Thurstone）量表也叫均等出现定距量表，这是以其测量技术命名的。舍史东量表主要用于测量被访者对特定事物的态度。其编制的过程比较复杂，一般应有以下几个步骤：

　　（1）收集和编写大量与所测事物有关的陈述或说法（至少100种），其表述应有正向的、中间的和负向的。

　　（2）选定25~50人的专家，请他们用11级的定距量表对每一种说法表明的态度的正负方向以及态度的强弱进行评价，其中1表示该说法是

"最反对"该事物的，11 表示该说法是"最赞成"该事物的，得分越高，该说法赞成该事物的程度就越强。

（3）计算所有专家对每种说法评价得分的平均值和标准差，然后按平均值大小将这些说法分成 20～30 组。

（4）从每一组中选出一种说法，筛选的原则是评分差异较小（即标准差较小）、同时每组选中的说法的平均值之间的差异间隔是相近的。

（5）以筛选出来的 20～30 项陈述或说法组成新的定距量表，使用时让被访者对各项陈述或说法以"同意"或"不同意"进行回答。被访者对各项说法表示的"同意"实际包含的强烈程度是不同的，在分析计算时，应根据态度强烈程度，给每个"同意"分配不同的分值，例如是以 1 分、2 分、3 分……逐项递增的或逐项递减的。被访者对所有陈述或说法的得分平均值即为该被访者对所测概念的态度得分。

舍史东量表的优点是使用定距量表测量，而且方便被访者回答；缺点是其编制太麻烦，因此在媒介研究中应用得较少。表 1—4 是利用舍史东量表测量人们对电视商业广告态度的一个例子。

表 1—4　　　舍史东量表举例：测量人们对电视商业广告的态度

你同意下列说法吗？（请在相应说法后面的同意格内画"√"）		
1	所有的电视商业广告都应该由法律禁止	□同意
2	看电视广告完全是浪费时间	□同意
3	大部分电视商业广告是非常差的	□同意
4	电视商业广告枯燥乏味	□同意
5	电视商业广告并不过分干扰欣赏电视节目	□同意
6	对大多数电视商业广告我无所谓好恶	□同意
7	我有时喜欢看电视商业广告	□同意
8	大多数电视商业广告是挺有趣的	□同意
9	只要有可能，我喜欢购买在电视上看到过广告的商品	□同意
10	大多数电视商业广告能帮助人们选择更好的商品	□同意
11	电视商业广告比一般的电视节目更有趣	□同意

注：左边一列的数字为各种说法的编号；对应于"同意"的得分分别为 1、2、3、4、5、6、7、8、9、10、11。

例如，某被访者同意第 7 种说法，他的态度得分就是 7，如果同意 7、8、9 三条意见，他的态度得分就是（7＋8＋9）/3＝8。分数越高，说明被访者对电视商业广告越有好感；分数越低，说明被访者对电视商业广告越反感。

3. 语意差别量表

语意差别量表是在 1957 年由心理学家奥斯古德（Osgood）等设计的，用于测量某个项目对某个人的意义。"活力"、"有效"和"评估"就是由语意差别量表测量的。媒介研究者不久就开始利用语意差别量表测量人们的态度以及某种事物、概念或实体在其心目中的形象。例如，测量某个电视台、某个电视节目、某个产品在人们心中的形象，等等。

语意差别量表是定距量表，它把要测量的名字和概念先分解出若干个描述角度，然后用一系列的 7 级或 9 级量表从这些角度进行描述，量表的两端代表两极化的态度。编制语意差别量表的主要步骤如下：

（1）确定描述、判断或评价研究对象的角度。然后在每个角度上找出一对反义词，如愉快—不愉快、有价值—无价值、诚实的—不诚实的、可爱的—可恶的、公平—不公平、好—坏。描述的角度要尽量全面且有意义。例如，麦克汉姆（Markham，1968）在研究电视新闻主持人的可信度时，采用了 13 对描述的形容词，如深度的—肤浅的、有序的—混乱的、烦恼的—喜悦的、清楚的—模糊的等。

（2）将各对形容词分别置于一系列有七个刻度的标尺的两端，代表两个极端的态度；将正反形容词之间的差距分成七个等级，中间的一级表示态度中立。

语意差别量表使用时，让被访者按照对所测对象在心目中的形象，在每一个标尺上勾选出相应的答案即可。

语意差别量表的编制和使用都相对比较简单，而且可以清楚有效地描绘和比较不同实体在人们心中的形象差异，是在媒介调查研究中常用的量表之一。例如，对于香港、台湾、内地拍摄的同一题材的电视剧，研究者希望借助内容分析，通过分析电视剧中塑造的人物形象来比较三地的制作风格。对电视剧中人物形象的测量就可以用如表 1—5 所示的语意差别量表。

表 1—5　　　　　　　语意差别量表举例：测量电视剧中的人物形象

1. 粗心的	1	2	3	4	5	6	7	细致的
2. 易激动的	1	2	3	4	5	6	7	温和的
3. 不安的	1	2	3	4	5	6	7	平静的
4. 果断的	1	2	3	4	5	6	7	不果断
5. 节俭的	1	2	3	4	5	6	7	浪费的
6. 快乐的	1	2	3	4	5	6	7	不快乐
7. 理性的	1	2	3	4	5	6	7	感性的
8. 幼稚的	1	2	3	4	5	6	7	成熟的
9. 正统的	1	2	3	4	5	6	7	放荡的
10. 严肃的	1	2	3	4	5	6	7	不严肃
11. 复杂的	1	2	3	4	5	6	7	简单的
12. 无趣的	1	2	3	4	5	6	7	有趣的
13. 谦虚的	1	2	3	4	5	6	7	虚荣的
14. 谨慎的	1	2	3	4	5	6	7	随便的

四、测量的信度和效度

在媒介调查中，任何一种收集精确资料的方法实际上都是一种测量，而对于任何一种测量手段或方法，必然会涉及到测量的信度和效度问题。

（一）测量的信度

信度即可靠性，是指测量工具能否稳定地测量所测的变量。它包括两方面的含义：第一，它指测量结果的一致性或稳定性，即若对同一对象重复进行测量，其所得结果相一致的程度。反复测量结果的稳定性或一致性可能很高，但却有可能是不准确的，例如，用零点没有调整的体重秤来测量体重，可能多次测量的结果是一致的，但测量是不准确的。所以信度还包括第二方面的含义，即测量的准确度，也就是测量值和测量对象与真实值的接近程度。

要理解测量的信度，可以把测量分成两部分：第一部分表现了测量对象在测量中的真实值，这个值是未知的，是测量的目标量；第二部分代表了测量的随机误差。随机误差的来源有很多种，可能是测量工具本身的缺陷或测量方法的不当引起的，也可能是人为的原因，等等。图1—4（a）和

图 1—4 (b) 分别表示对同一对象进行两次测量中的真实值、随机误差和
测量值的关系。显然，这两次测量的结果是不一致的、测量是不稳定的，
说明测量的信度存在问题。而就每一次测量来说，也可以从测量的真实值
在测量值中的比重来估计测量的信度，例如这两次测量中，图1—4 (a)所
示的测量是信度相对较低的测量，图 1—4 (b) 中所示的测量是信度相对
较高的测量。

图 1— 4 (a)　　第一次测量结果

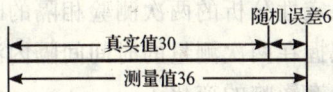

图 1— 4 (b)　　第二次测量结果

　　不具有信度的测量是毫无益处的，甚至是有害的。所以在正式实施测
量之前，必须对测量的信度进行评价。在实际应用中，对信度的估计和评
价是从三个方面分别进行的，即从稳定性分析、内在一致性分析和等价性
分析三个方面来评价测量的信度。

　　1. 稳定性分析

　　稳定性分析也叫做测验—再测验法，是最容易理解的一种方法，它描
述的是对同一测量对象的同一特征变量，前后两次测量的结果是否基本一
致，如果前后两次的测量结果是一致的，这个测量便具有稳定性。

　　在稳定性分析中，常用相关系数 r 来评估测量的信度。关于相关系
数，将在第三章中详细讲述，这里只进行简单的说明。r 的取值范围从－
1 到＋1 之间，用来计算两个变量线性相关关系的强度，当 r 的值接近于
±1 时其相关关系最密切，当 r 的值接近于 0 时其相关关系最不密切。换
句话说，如果两个变量是相关的，则可以说明随着一个变量值的增大，另
一个变量值也有增大（或减小）的趋势。正的 r 表示两个变量是正向的相
关，即随着一个变量值的增大，另一个变量值也会增大；负的 r 表示两个
变量是负向的相关，即随着一个变量值的增大，另一个变量值反而会

减小。

用相关系数确定测量稳定性的方法之一是"再测信度",即用同一测量工具（例如问卷或问卷中的某个问题）对同一组测量对象在两个不同的时间内各测量一次，然后计算两次测量值的相关系数 r。如果 r 接近 +1，就表示两次测量的结果是一致的。注意，如果只测量一个测量对象，则无法计算相关系数，只能通过对前后两次的测量值进行比较来评价。

但是，用这种方法评价测量的信度是有一定风险的，若两次测量时间间隔过短，第一次测量会对第二次测量产生影响，例如在问卷调查中被访者可能记得前一次的回答，从而导致偏高的信度；若两次测量的时间间隔较长，测量对象本身可能已经发生了变化，从而导致前后两次测量结果不一致，这本身跟信度是无关的，可是测量者常常会据此得出测量信度偏低的错误结论。所以，稳定性分析的两次测验相隔的时间不能过短、也不能过长，而且要有一定把握在两次测量的时间间隔内测量对象本身的实际情况没有发生对测量可能有影响的变化。

2. 等价性分析

等价性分析测量的是复本信度。如果测量工具本身有复本，即对某一概念或变量进行测量时，存在两种等价的测量量表或测量问题，则可同时使用它们对同一组测量对象进行测量，然后计算分别用两个测量工具获得的测量值之间的相关系数，并用其评估测量的信度。复本类似于考试中的 A、B 卷，它是根据同一目的，编制出的两种等价的量表或问题。例如，在测量英语水平时同时使用 A 卷和 B 卷，如果一组被测对象在 A 卷和 B 卷得分的相关系数很高，就说明测量具有信度；如果两者差异很大，则测量缺乏信度。

复本信度可避免再测信度的缺点，但测量使用的必须是真正的复本，例如，要求 A 卷和 B 卷在题数、形式、内容及难度等方面都要一致，而如何建构两种真正等价的量表和测量问题又是新的难题。在绝大多数媒介研究中，都因难以构建等价的测量量表而不能采用等价性分析来评价测量的信度，但在媒介研究的重要方法之一——内容分析法中，常常用等价性去评价编码的信度，这将在第二章的第一节详细介绍。

3. 内在一致性分析

内在一致性分析主要用于检验多项目量表的测量信度，即检验量表中各个项目的一致性。一个可信的量表，它的项目必须具有内在一致性。例如，用量表测量某个被访者某方面的态度时，该被访者对各个项目的回答中体现出的态度应该是一致的。如果量表具有内在一致性，把量表中的项目随机分成两部分，被访者在这两部分上的总得分应该是高度相关的。这种估计测量信度的方法称作折半法，只适合于评价量表的信度。

这种评价技术的优点是只需测量一次，但关键是如何把项目随机分成两半。常用的做法是按项目号的前后顺序或按项目号的奇偶性；例如按前半部分和后半部分，或者奇数项目和偶数项目，将量表分成两部分。由于折半法需要计算两部分的总得分，因此要注意先将量表中的反向题先作逆向处理，再分别计算两部分的总得分。

（二）测量的效度

测量的效度指的是测量的有效性，即测量工具能准确、真实、客观地度量事物属性的程度，主要表现在测量项目和欲测的测量属性相一致的程度、概念的操作化定义反映概念的本质定义的程度等。例如，如果想要了解测量对象的文化程度，文化程度是一个抽象的概念，以操作化定义"受教育的年限"或"最后学历"去测量都是有效的，而如果以操作化定义"通过的英语等级"去测量，测量就是无效的或是效度很低的。

测量的效度通常可分为三种类型：内容效度、效标效度和结构效度。

1. 内容效度

内容效度也叫做表面效度，是最简单也是最基本的主观判断的方法，它仅从表面上观察和判断所测量的是否就是应该测量的项目。要判断一种测量方法是否具有表面效度，首先要清楚了解被测概念的定义，其次要判断所测量的变量是否与之紧密相关。例如，我们所熟知的"曹冲称象"的故事，欲测量的是大象的重量，最终测量的是使水位上升到同样位置的那些石头的重量，二者是等价的，所以测量是有效的。需要说明的是，在当时能做出测量有效的判断是建立在对水的浮力有一定认识的基础上。由此也可以看出，对表面效度的评价要求评价者有足够的知识、经验和能力作基础。此外，为了尽量减少判断的主观性，最好的做法是请一些专家来共同判断。

在一般的媒介调查中，评价内容效度较常用的方法：

（1）选择对有关情况比较了解的人或专家来鉴定测量的效度。

（2）在调查以外寻找一些有关的、已经核实的资料来进行比较。

（3）采用逻辑检查的办法来鉴定测量的效度。例如，在问卷调查中，可以多次检查问卷中的问题是不是都测量了所要测量的东西，其测量的准确与精细的程度如何；检查调查问卷中有无自相矛盾的地方以及有无导致被访者做出自相矛盾回答的可能。

　　2. 效标效度

　　效标效度是判断量表测量效度的一种方法。所谓效标就是一个与量表有密切关联的独立标准。我们知道量表多是用来测量一些高度抽象的概念，其所测概念与效标密切相关的量表才是有效的量表。分析的方法是考察所测概念与效标是否有显著的相关；或是对效标的不同取值，量表的取值是否表现出显著的差异。

　　例如，如果研究人员已经证明了人们对电视的态度和他们收看电视的频率密切相关，他们设计了相应测量对电视态度的量表及测量收看频率的问题并进行了测量。如果测量的结果显示，测量到的态度果然与收视频率密切相关，就能证明态度量表的有效性。也就是说，当研究人员发现测量量表与效标的相符程度符合理论的预期，测量就符合效标效度。

　　效标的确定并不是一件容易的事，选择效标一般要根据某种已知的理论或某种已经得到肯定的结论。例如，杨孝濚在台湾实施的一项"兰屿民众传播行为与现代化程度之研究"中，利用有离岛经验的雅美族人和无离岛经验的雅美族人，作为测量现代化程度的独立标准。以有无离岛经验作为效标的前提是它与人的现代化程度确实有密切的关系，这种关系可以从"现代化"的概念（以现代工业、科学和技术革命为推动力，引起传统的农业社会向现代工业化社会的转变，以及在经济、政治、文化、思想各个领域引起相应深刻变革的历史过程，见《中国简明大百科全书》）以及生活常识中去把握。因此，在设计测量人的现代化程度的量表时，有无离岛经验的雅美族人之间，现代化程度的得分应该有明显的差异。只有对效标的不同取值，量表的得分表现出显著差异的量表才有可能是高效度的量表。如果达不到这个目标，就要剔除那些没有显著差异的降低量表效度的题项。

　　3. 结构效度

　　结构效度是判断量表测量效度的一种重要方法，它主要用于评价量表测量的结果是否与理论假设或理论构架相一致。研究者在设计测量量表时，一般都是从所研究问题的理论构架出发，假设某种结构存在，然后按照这种结构来具体设计提问的题项从而形成量表。如果所用的量表的确能反映出这种真正的结构，则说明该量表具有较高的结构效度。

对于结构效度的测量，常用的方法在小样本试调查的基础上采用因子分析法进行评价。因子分析法是一种高级的统计分析法，在此使用的基本思路是将量表中的题项按照相似性划分为不同的类别，使每一个类别中所有题项都共同描述一个概念（在因子分析中叫做公因子）。这些概念就组成量表的实际结构。然后比较量表的实际结构与该量表所要测量的理论结构（理论构架）之间的异同。如果两者非常吻合，则说明该测量量表具有较高的结构效度。

结构效度还有另一层含义，就是评价量表中的各个题项能否有效地区分研究对象。例如，各个题项是否能够有效地鉴别态度或观念不同的被访者；题项内容的难易度是否合适。对于这层意义的结构效度，即测量量表中各个题项的"难易度"和"鉴别度"，常用的方法是项目分析。

（1）难易度。所谓难易度指的是题项（项目）的难易程度，即被访者"通过"该题项"测验"的难易程度，一般用"高分组"和"低分组"在该题项上的平均"通过率"来表示：

难易度＝ $(P_H＋P_L)/2$

其中，P_H 和 P_L 分别表示高分组和低分组的通过率。计算方法如下：按反向题经过了逆向处理后的累加量表，将总分按由小到大的顺序排列后划分成几个组，一般分成人数相等的四个组，分数最高和最低的两个组就分别称为"高分组"和"低分组"。然后计算这两个组的被访者在每个题项上的"通过率"P_H 和 P_L。例如，在常用的李克量表中，这两个组的被访者在该题项中选"非常同意"或"比较同意"的比例（对于反向题，则为选"很不同意"和"不太同意"的比例），分别就是所求的"高分组"和"低分组"在该题项上的"通过率"P_H 和 P_L。因此，在某个题项的"通过率"就表示对该题项持肯定、积极态度的比例（对于反向题，则表示持否定、消极态度的比例），该题项的难易度就是高分组和低分组在该题项上通过率的平均值。难易度越大，表示该题项越"容易通过"。在媒介研究所常用的态度量表中，一般应保留难易度适中（0.5 左右）的题项。

（2）鉴别度。鉴别度用于表示量表中各个题项对所测概念的区分能力。一般用"高分组"和"低分组"在该题项上的"通过率"之差来表示，即：

鉴别度＝$P_H - P_L$

显然，如果"高分组"和"低分组"的被访者对某个题项反应的差异越大，即持肯定、积极（或否定、消极）态度的比例之差越大，则说明该题项的鉴别度越大。一般情况下，希望量表中各个题项的鉴别度高一些为好。

以上列举了效度分析的几种方法。在实际中，关于效度的检验，常常是从几个方面来综合考虑的，内容效度、结构效度和效标效度是应该优先进行考虑的，在保证了这几种效度的前提下进行的项目分析才是有意义的。

（三）信度和效度的统一

信度和效度是一个有效的测量所必备的两个主要条件。信度和效度之间存在着一定的关系：信度是效度的必要条件而非充分条件。换言之，信度高的测量，其效度不一定高；但是效度高的测量，其信度必定也高。

根据测量的信度和效度，一般有以下几种类型的测量：

1. 可信并有效

这是准确测量的必备条件。在这种情况下就可测出研究者真正要测的事物属性和特征。

2. 可信但无效

这是可靠的测量，但在研究者特定的测量目标上无效，它可能在其他目标上有效。研究者也必须调整测量工具，才能准确测量既定的目标。

3. 不可信但有效

这种情况在理论上和实践上都是不存在的，一个不可信的测量工具对任何测量目标都是无效的。

4. 不可信亦无效

这是在测量中所要避免的。

（四）影响信度和效度的原因及改进措施

媒介调查实际上就是一种测量的过程，研究者如果要想了解事物本来的面目，就必须尽力提高调查结果的信度和效度。一般来说，影响调查结果信度和效度的因素有以下几个方面：

1. 调查者

调查者缺乏严谨和实事求是的态度会影响调查结果的信度和效度。例如，在抽样时不是按照科学的抽样方法抽取调查对象，或者没有遵照调查的指示进行，如果这方面的问题较大，整个调查就可能没多大价值。当然，调查者仅有提高调查结果信度和效度的主观愿望还不够，还必须正确掌握调查的具体方法和技术。

2. 调查问卷

如果问卷结构不合理，语言不清楚，或者问题的答案有交叉重合等现象，被访者就较难给出恰当的回答，有时可能作出前后不一致的回答。调查问卷的设计是一门学问，我们将在第二章相关部分专门讲解。

3. 调查对象

调查对象可能由于某种顾虑而抱着敷衍了事的态度，或者将某些情况轻描淡写，或者作不实的回答。这时，为了从逻辑上鉴定调查结果的信度与效度，通常在设计问卷时安排一些可以相互检验的问题，通过检查对这些问题的回答是否自相矛盾来鉴别被调查者的回答是否可信、有效。

4. 其他偶然因素

在调查实施的整个过程以及在资料的编码、录入的过程中，每一步骤都可能出现疏忽或差错，都会降低调查结果的信度和效度。所以在整个调查实施及编码、录入过程中，都应严格遵照事先制定的质量控制措施进行。

第五节　抽样设计

抽样设计将要解决的是调查谁的问题，即如何挑选调查对象的问题。调查对象是媒介调查结果的直接来源。在普查中，可以将符合调查目的和要求的所有个体均作为调查对象，但在媒介调查采用最多的抽样调查中只将其中的一部分作为调查对象。在前一种情况下不存在如何选择调查对象的问题，而在后一种情况下就要解决选择哪一部分作为调查对象，这一部分应包含的个体有多少，用什么样的方法进行选择，以及所选出的这一部分调查对象与总体间的关系是什么等问题。本节将通过对抽样的一般原理、各种抽样方法、抽样程序的讨论对上述问题作出回答。

一、抽样的基本概念

抽样是一种选择调查对象的程序和方法。一般来说，对于由千差万别的个体所组成的总体，如果能做普查，即将总体中所有个体无一例外地全部作为调查对象进行调查，其所得的结果应该是最具有普遍意义，最能反映总体特征的。但是在很多情况下，实施普查非常困难。例如，中央电视台想调查全国电视观众对"焦点访谈"节目的收看情况，由于"全国电视观众"这一总体太大，而且界定不清，很难实施普查。在这种情形下通常代之以抽样调查，即从研究对象的总体中选择一部分代表进行调查，然后用从样本中所得的结果推论总体的特征。这种由总体中选取一部分代表的过程就是抽样，所选取的这一部分代表称为样本。

（一）抽样调查对调查对象的要求

我们已经知道，与普查相比，抽样调查具有下列的优越性：

1. 调查费用较低

由于抽样调查的对象仅是总体的一小部分，因此，所需要的费用比普查要少得多。

2. 速度快

这也是由于抽样调查的对象仅是总体的一小部分，显然要比调查全部研究对象省时得多。在为了决策需要而实施的媒介调查中，时间因素往往是十分重要的，时机往往是稍纵即逝的，所以需要及时了解情况，随时掌握信息，抽样调查在这方面具有很大的优越性。

3. 可获得内容丰富的资料

为了节约费用，减少工作量，以及适合各地区的情况，普查通常只能了解少量项目。抽样调查因调查对象的数目远较普查少，因此，可以设置较多和较复杂的调查项目，并能集中时间和精力做详细的分析。

4. 准确性高

普查的实施需要大批调查员，这些调查员有许多是缺乏经验和专业训练的，这往往会降低调查质量。抽样调查则可以使用少量素质较高的工作人员并对他们进行充分的训练，还可以在调查实施中进行更严格的质量监督。因此，与普查相比，抽样调查的资料更准确、更可靠。

不难看出，抽样调查之所以优于普查，其主要原因在于抽样调查的调查对象数目远较普查的数目少，它只是作为整体的一小部分。但是，这些优越性的成立必须依据下述假设：

（1）部分是含于整体之中的。

（2）更重要的是，部分与整体具有同样的特征、规律、相互关系及变化过程。

（3）部分能够为研究者提供一个有关整体的状态、态度、意见和行为的更加清晰的脉络。

如果没有这几个前提假设，即使抽样调查再省钱、省力，由于其无法获得对总体状况、特征的认识和了解，它也是无意义的，而且也不会发展为目前各个领域调查研究的主流方法。由此可见，抽样调查的成功首先要求所选取的样本能够代表总体。所谓代表，也就是说，抽取出来的样本从调查所要研究的总体特征来看，能够再现总体的结构。但媒介调查的所有研究对象中，任何个体之间都是存在差异的，所以，任何的部分都无法完全代替总体。因此，无论采取什么样的选取样本的方法，无论做得多么仔细，没有也不可能抽出毫无偏差地代表总体的所有特点的样本。也就是说，在用样本来概括和说明总体时必然会存在误差，这一误差的大小可以反映出样本代表性的高低。误差大，样本的代表性就小；误差小，样本的代表性就高。

对于研究人员来说，如果想要排除样本对总体代表的不完全性，只能花费巨大的人、财、物力进行普查，而即使是普查，由于在进行中受到各种人为因素的影响，结果也不可能是完全精确的。因此，完全没有误差的调查是不存在的。抽样要解决的重要问题不是怎样消除误差，而是能知道误差的大小以及如何控制它，并依据结果事先要求的精确程度抽取出相应的样本。也就是说，抽样调查的关键在于如何判断一个样本误差的大小及怎样才能抽到一个符合精度要求的样本。如果无法从理论上和技术上实际抽出这样的样本，那么样本推论总体就毫无意义。

直到20世纪数理统计学中抽样理论的建立，上述两个问题才获得了有效的解决。这一理论指出，遵循随机原则的概率抽样可以保证抽选出代表性较高的样本，并能够计算抽样误差的大小。

（二）抽样的基本术语

抽样中常用到的概念与术语有总体与样本、个体与抽样单位、研究总体与调查总体、抽样框、参数与统计量、抽样误差与非抽样误差、置信度与置信区间，下面分别进行介绍。

1. 总体与样本

总体与样本是抽样调查中最基本的概念。总体指的是所研究对象的全体。例如，在全国电视观众调查中，全国可以收看电视地区所有拥有电视机的家庭中有收视能力的人就构成了研究的总体。

在调查研究过程中，按某种方法从总体中抽取部分个体（单位），这部分个体就构成了调查的样本。例如，在全国电视观众调查中，按照设计的抽样方案抽取到的需要调查的人即构成了样本。

2. 个体与抽样单位

个体也叫元素，是收集信息的基本单位，即分析单位。个体可以是个人，也可以是家庭、组织等。个体与抽样单位在有些研究中是相同的。但是在进行实际抽样时，抽样单位往往是多层次的。例如，要在全国抽取一部分城镇家庭进行调查，可先抽取若干个省，然后在一个省抽取若干个城镇，最后从这些城镇中抽取家庭样本。这时抽样单位分别是省、城镇、家庭三种，分别称为初级抽样单位，次级抽样单位和最终抽样单位。

3. 研究总体与调查总体

研究总体是理论上所有的个体的集合。例如，在全国电视观众调查中，全国可以收看电视地区所有拥有电视机的家庭中有收视能力的人就构成了研究总体。如果未加界定，有收视能力的人只是一个模糊的整体，抽样还不能进行。如果把有收视能力的人界定为 4 岁以上有语言表达能力的人后，才成为可用于抽样的调查总体。实际上，抽样时所用的总体有时不是严格的研究总体，而是调查总体。调查总体是研究者实际抽取样本的个体的集合体。一般地说，样本只能推论调查总体而不是研究总体。但有的研究其调查总体和研究总体是一致的。

4. 抽样框

抽样框指的是包含所有抽样单元的详细名单、地图或其他形式的资料。在抽样框中，每个抽样单元都有自己的对应位置或顺序，这一般通过编号来实现。理想的抽样框应该是完备的，抽样框中的抽样单元既没有重复，也没有遗漏。例如，在全国抽取一部分城镇家庭的例子中，有省、城镇、家庭三个层次的抽样单位，则抽样框也应有三个，全部省的名单，抽中省的所有城镇的名单，抽中城镇中所有家庭的名单。

5. 参数与统计量

参数也叫做总体指标或调查的目标量，是用来描述总体特征的一些指标，它是研究所要了解的最终目标。它是未知的，需要通过样本数据进行估计，但它是一个常数。

统计量则是关于样本中某一变量的描述。常用的参数和统计量有平均数、百分比、标准差、相关系数等。抽样调查的重要内容之一就是通过样本统计量推算总体的参数，从而达到由部分推知总体的目的。

6. 抽样误差与非抽样误差

由于总体中个体的差异性，在用样本的统计量去推断总体的参数时，总会存在着误差，这种误差就是抽样误差。抽样误差是可以根据统计理论估计出来并加以控制的。抽样误差是衡量样本代表性强弱的标准，它主要取决于总体中个体的差异性和样本中所含的个体的多少。一般地说，样本所含个体越多，代表性就越强，抽样误差就越小；样本所含个体越少，代表性就越弱，抽样误差就越大。总体中个体的差异程度越高，含同样数目的样本代表性越弱，抽样误差就越大；反之，样本的代表性就越强，抽样误差就越小。

需要指出的是，在抽样过程中因各种人为的原因违反随机原则而产生的误差并不是抽样误差，而是非抽样误差。非抽样误差不仅存在于抽样环节中，而且存在于调查的全过程，它指的是在调查设计、抽样实施、数据收集和数据分析过程中，由于人为的差错所造成的误差。这一类的误差是无法测量的，只能通过一定的措施尽量减少它们的出现。

7. 置信度与置信区间

置信度（置信水平）是估计抽样误差时必须用到的重要概念。置信度是指总体参数落在用样本统计量所构造的某一区间内的概率；而置信区间是指在某一置信度下，样本统计量与总体参数之间的误差范围。例如，从某市的所有新闻记者中抽取 100 人为样本以估计记者的平均收入，并计算样本的平均收入为 3000 元。根据抽样误差对总体进行估计，总体的平均收入在 2800～3200 元这一范围的可能性是 95％（误差为±200 元），或者说在 95％的把握下，总体的平均收入会在 2800～3200 元这一范围内。本例中 95％就是置信度，2800～3200 元就是在 95％置信度下计算的总体平均收入的置信区间。

（三）抽样的基本程序

抽样设计的主要内容和基本步骤主要有如下几项：

1. 明确研究目的，确定研究所要估计的主要总体参数

抽样设计一般都依赖于研究目的和要估计的目标量，即总体参数。目标量决定着抽样的方向、方法和执行程序。

2. 界定研究总体和调查总体

界定研究总体和调查总体，包括确定调查对象和抽样单位。抽样调查虽然仅对一部分调查对象进行调查，但它的最终目的是从这一部分对象所显示的情况了解其所属总体的特征。因此，抽样应建立在和总体形成对应的基础上。严格的概率抽样，可以选出代表性好的样本，但这要求事先对总体有精确的了解。对于特定的研究课题，如果忽略了总体特征和选择总体的现实依据，尽管也采用随机的方法，也依然会失败。

例如，1936 年美国《文学摘要》所进行的总统选举结果预测的调查就是一个著名的失败例子。这次选举的候选人是民主党的弗·德·罗斯福和共和党的阿·木·兰登。该杂志编辑部将所有选民作为研究总体，它以电话簿和汽车注册簿作为抽样框（它以往也是这样做的，并在 1920 年、1924 年、1928 年和 1932 年大选前作出了准确的预测），根据随机原则从中抽取 1000 万人并寄出模拟选票对其进行调查，最终共收回 230 万张模拟选票。根据调查的结果，57％的人将投票给兰登，因此，该杂志极其自信地预言兰登将当选总统。但出乎意料的是罗斯福获胜，《文学摘要》也因这次失败不久被迫停刊。与此同时，盖洛普考虑了地区、性别、年龄、所支持的政党以及收入等多种因素，采用配额抽样的方法，只调查了 3000 人，就预测出罗斯福将以 55.7％的选票获胜。最终选举的结果是罗斯福以62.5％的选票获胜。盖洛普从此名声大振，逐步发展为今天全球最有竞争力的民意测验机构。

《文学摘要》失败的原因除了邮寄的方式外，主要就在于它对总体的错误了解上，它是以电话簿和汽车注册簿上的选民作为调查总体的，忽略了没有家庭电话和私人汽车的选民。而早在 1936 年，拥有住宅电话和汽车的人数比例都很低，仅限于社会的中上层阶级。在早几次选举中，中下层阶级大多数未参加投票，这些选民大部分没有汽车和电话，因此用家庭电话簿和汽车注册簿作为抽样框进行预测没有太大的问题，这是前几次调查成功的原因。1933 年，美国严重的经济危机使大量人口滑落到了中下层阶级，改变了选民的成分，研究总体发生了变化。另外，在经济萧条时，劳动阶层的选民希望一个民主党人为总统，因而很多人都出来投票。这个例子说明了对总体精细、全面的了解是多么重要。

有些调查看起来像是随机样本，例如，借助杂志或报纸进行的读者调查，其调查的总体就是所有读者，但是由于事先并不了解这个总体的特性，加上往往不知道其范围的大小，因此从中选取的不可能是随机样本，因而就不能够确定样本是否代表了总体。这时就不能用样本的数据推论总体，否则就会发生错误。

因此，为了组织高质量的抽样调查，首先必须根据研究对象的特点去界定研究总体、调查总体和抽样单位，并尽量掌握有关总体的各种情况。

3. 确定或构造抽样框

在确定了调查总体和抽样单位以后，应将总体按抽样单位划分为各部分，这些部分还必须互不重叠且加合后能完全还原为调查总体，这些部分共同构成了抽样框。在复杂的多阶段的抽样中，每个阶段都有相应的抽样框。

定义一项研究的抽样框是容易的，但要真正得到抽样框却经常是困难的甚至是不可能的。例如，受众研究中全体受众的名单几乎是不可能得到的。常用的解决办法之一是采用多级抽样法，例如，受众研究中获得前几级抽样单元的抽样框（如城市名单、居委会名单等）并不困难，而在最后一级或两级的抽样中，则可以仅对抽中的单元构造"抽样框"，比如只对抽中的居委会列出住户的名单、或画出该居委会的结构图，也可以很好地满足抽样设计的要求。

4. 选择适当的抽样方法以及确定样本量的大小

具体的抽样设计包括两个部分：一是选择抽样的具体方法，二是确定样本所含个体数目即样本量的大小。具体的抽样方法和样本量的大小对样本代表性都有重大的影响。

1936 年，盖洛普所用的抽样方法是配额抽样，虽然已经正确地预测了罗斯福当总统，但预测的比例 55.7％和实际比例 62.5％相差还是很大的。随着抽样理论的发展，科学的抽样方法被越来越多地采用。1984 年，美国总统选举的前一天，盖洛普民意测验根据对 1985 位选民的调查结果，预测里根将会以 59％的选票获胜，第二天选举结果是里根获 59.1％的选票，预测结果和实际结果只相差了 1‰。至于后来几届的总统选举预测，多家机构的预测结果都能和实际结果相吻合。这正是科学的抽样方法的功劳。

在科学的抽样理论日臻完善的今天，可选的抽样方法很多。而抽样设计的难点和关键即是根据研究的目的、内容、总体情况、研究的精度要求和经费的多少等，选择和设计适当的、既符合科学性又具有可操作性的抽样方法。

选择了恰当的抽样方法以后，就要确定抽取多少样本才是合适的。影响样本量大小的因素是复杂的，单纯地从统计理论来考虑，主要是根据抽样方法、对主要目标量的精度要求以及置信度等来确定适合的样本量。

5. 制定抽样方案的实施细节

只给出抽样方法是不够的，还要给出实现这些方法的具体措施。例如，假定要求最后一级抽样中采用等距抽样法抽取住户，那么实施细节还必须给出如何排列住户顺序、如何抽取第一户、拒访或家中无人时如何处理以及必要时如何调换样本等具体的规定，以保证抽样方案的实现。

6. 对样本进行评估

样本抽出以后，在开始调查之前还应对样本进行评估，评估样本的目的是初步检查样本对于总体的代表性，以免由于各种失误使样本偏差太大。评估样本可以采取收集若干容易得到的资料对总体和样本进行比较。下面举例说明具体评估的方法。

1999 年，北京广播学院调查统计研究所设计的中国人民银行城镇储户调查抽样方案中，采用了分层抽样的方法在全国 655 个城市中分 5 层共抽取 50 个城市，然后根据《中国城市统计年鉴》所提供的资料对各层中七个指标的样本均值与总体均值进行比较，发现两者十分接近，如表1—6 所示，可以认为所抽取的 50 个城市能较好地代表全国 655 个城市的情况。

对样本评价的结果，如果样本对总体具有代表性，就可以用之进行调查；如果评价中两者资料相差很多，则表明抽样步骤存在问题，要对其进行检查和修正，并重新抽样和评价。

（四）概率抽样和非概率抽样

在抽样调查的具体应用中，有的研究并不需要推知总体的状况，而只需要了解调查个体的状况，这时对抽样的要求就明显降低。根据抽样任务是否要保证对总体的代表性，抽样的方法一般可分为两大类：一类是依据

表 1—6　　　　　　　　7 个指标的样本均值与总体均值的比较

层编号	均值	1996 年城乡居民储蓄年末余额（万元）	年末市区人口数（万）	人口密度	职工平均工资（元）	社会消费品零售总额（万元）	保险保费（万元）	1996 年GDP（万元）
一	总体	18151574	849	3143	10386	7236447	520000	16095300
	样本	18151574	849	3143	10386	7236447	520000	16095300
二	总体	4158224	353	1592	7645	2829480	170196	5774856
	样本	5035920	471	1783	7416	3481531	264953	6783258
三	总体	675642	78	2875	6242	413030	13524	1007207
	样本	730962	95	2813	5438	412541	9472	1021495
四	总体	566378	81	744	7211	332537	10509	1009328
	样本	579913	87	848	6949	421055	11194	978205
五	总体	177759	65	424	4670	113518	2804	351621
	样本	178913	55	497	4754	118843	3206	320459

概率理论，按照随机原则选择样本，完全不带调查者的主观意识；另一类是依据研究任务的要求和对调查对象的分析，主观地、有意识地在研究对象的总体中进行选择。前者称为概率抽样（也叫随机抽样），后者称为非概率抽样（也叫非随机抽样）。概率抽样是以一定的统计原则和一定的程序进行选择，每一个单元被选择的概率是已知的；而非概率抽样并不遵循统计规律。两者之间的主要差别在于概率抽样可以计算抽样误差，从而可以推断总体；而非概率抽样是无法计算抽样误差的，因此无法推断总体。

确定一项研究是采用概率抽样还是非概率抽样，主要考虑以下四个方面的因素：

1. 研究目的

一些调查的目的并不是推断总体，只是为了了解变量之间的关系，或是为设计问卷收集探索性的资料。这种情况下，常常采用非概率抽样的方法。而另一些调查的目的是要推断总体，如在选举预测中，关心的是全体选民的投票结果；在收视率调查中，关心的是全体电视观众的收视行为，所以要采取概率抽样的方法。

2．成本与价值

概率抽样的成本一般比较高，如果一项调查的意义非常重大，花费一定数额的钱在抽样上是值得的，那么可以选择概率抽样；如果调查的意义和投入的成本相比不是那么突出，则可以选择非概率抽样以降低成本，当然所收集的资料的质量也会受到相应的影响。

3．时间限制

多数情况下，研究者在收集资料时会受到来自客户、经营时机或提交成果的时间压力。概率抽样所需的时间周期往往较长，当调查时间特别紧迫时，也常常选择非概率抽样。

4．误差的容许范围

在一些初步的或探索性的小规模研究中，误差的控制并不是严格要求的，这时可以考虑采用非概率抽样的方法。

二、概率抽样

在抽样方法中，概率抽样最具科学性，也最有操作难度。概率抽样包括简单随机抽样、等距抽样、分层抽样、整群抽样以及结合使用上述两种或两种以上抽样方法的多阶段抽样。下面我们分别予以介绍。

（一）简单随机抽样

简单随机抽样（SRS）是最基本的概率抽样方法。从有 N 个单位的总体中抽取 n 个单位作为样本，抽取方法是从总体中不放回地逐个抽取单位，每次抽取都要保证所有未进入样本的单位都有相同的被抽中的概率。

1．抽签法

人们在日常生活中经常采用的抓阄、抽签等方法都是简单随机抽样。在运用抽签法进行简单随机抽样时，先将抽样框中的 N 个单位编号，将每个单位的号码写在签上，将签充分地混合均匀后，从 N 个签中随机地（等概率地）抽取一个签，签上的号码即为入样单位的号码；不把这个签放回，接着在其余的 N−1 个签中再随机地抽取一个签，也不放回；以此类推，直至抽足 n 个元素为止。

如果抽样是有放回的，即保证总体中每个单位被抽到的概率都相等，这种抽样方法为非常简单随机抽样（VSRS）。例如，在抽签法中，每次将抽到的签登记完号码以后又放回总体，使从中抽样的总体保持不变，总是包含有 N 个元素，这样得到的就是非常简单随机样本。非常简单随机样本中可能包含重复的单位，但每个单位被抽取的概率始终不变，总等于 1/N。而简单随机样本中每个元素被抽取的概率实际上是不相同的，按 n 个元素被抽取的顺序，它们从总体中被抽中的概率分别是 1/N、1/（N−1）、1/（N−2）等。非常简单随机样本主要是在理论中使用，由于各个单位的抽取是相互独立的，因此在推导有关的计算公式时比较方便。当总体很大时，非常简单随机样本和简单随机样本几乎没有什么区别。

　2．随机数字表法

　　当总体很大时，用抽签这样的办法抽样很不方便，因此，在调查研究中的简单随机抽样通常是使用随机数字表（见附录 I）进行的。随机数字表是由数字 0～9 组成的表，每个数字都是完全随机排列的。

　　随机数字表法是先将抽样框中的 N 个单位编号，然后从随机数字表上的任何一个随机位置开始，横向（或纵向）连续地读取数字组，每读取一个数字组，总体中对应的单位就进入样本。如果有重复的或超出范围的号码，则丢弃重新读取，这样直至抽足 n 个数字组为止，得到的就是一个样本量为 n 的简单随机样本。

　　例如，表 1—7 是给出的随机数字表的一个片断，利用该表从 N＝300 户的一个居住小区中抽取一个 n＝10 户的简单随机样本。首先将总体抽样框中的 300 户按 000～299（或按 001～300）编号，从表中的任意一个位置（如第 4 行、第 10 列）开始，向右连续地以三个数字为一组读取数字，从而得到 10 个三位数字组的简单随机样本，进入样本的单位编号分别是：

　　~~977~~、~~316~~、195、~~462~~、044、~~903~~、264、~~597~~、174、173、248、~~387~~、~~593~~、297、~~337~~、~~320~~、~~405~~、~~876~~、~~393~~、~~951~~、~~781~~、~~838~~、~~304~~、~~497~~、~~745~~、~~855~~、051、086、174

　　想一想，这里为什么会有这么多丢弃的数字组，理想的丢弃比例应该是多大？

表 1—7   随机数字表（部分）

34	18	04	52	35	74	13	39	35	22	68	95	23	92	35
11	20	99	45	18	76	51	94	84	86	13	79	93	37	55
27	37	83	28	71	79	57	95	13	91	09	61	87	25	21
10	65	81	92	5 9	77	31	61	95	46	20	44	90	32	64
59	71	74	17	32	48	38	75	93	29	73	37	32	04	05
87	63	93	95	17	81	83	83	04	49	77	45	85	50	51
08	61	74	51	69	92	79	48	89	79	29	18	94	51	23
08	52	85	08	40	48	40	35	94	22	72	65	71	08	86
89	85	84	46	06	64	71	06	21	66	89	37	20	70	01
42	29	72	23	19	06	94	76	10	08	81	30	15	39	14

3. 对简单随机抽样的评价

简单随机抽样是最基本的概率抽样，其他概率抽样都可以看成是由它派生出来的。它比较直观，比较容易让人理解什么是随机原则。

但是在实际应用中，特别是在大规模的抽样调查中，简单随机抽样是很少真正被采用的，原因是它具有明显的局限性，主要表现在：

（1）对总体中的所有元素编号几乎不可能，因此难以得到抽样所必需的抽样框。

（2）简单随机抽样得到的样本单位往往十分分散，在实施过程中操作起来非常困难。

（3）虽然从平均意义上来说简单随机样本对目标总体具有代表性，但是有时抽出的样本会非常集中，这样的样本与总体的差距则可能很大，代表性较差，特别是在样本量较小的情况下。

（4）简单随机抽样没有利用已知的总体信息，当构成总体的个体差异不大时用之比较有效；但当总体的差异性较高时抽样误差较大，特别是当总体内个体分类明显时，它不是最有效的抽样方法。

（二）等距抽样

等距抽样是简单随机抽样的一个变种，又称系统抽样或机械抽样，这种抽样的具体做法是：将总体中的 N 个单元按照某种顺序排列编号；求出抽样间距 k，假定要从含有 N 个单元的总体中抽取含 n 个单元的样本，一般将抽样间距取作最接近 N/n 的一个整数；随机抽取一个编号为起始单元，每隔 k 个单元就抽取一个作为入样单元，直至抽足 n 个单元为止。即抽中的样本单元的编号为：

i，i+k，i+2k，i+3k，…

如果求出的单元编号超过了 N，则将该编号减去 N，再依次计算。或者将总体的单元按照首尾相接的形式排列成圆圈型，在 1 至 N 的范围内随机确定一个起点，然后按照顺时针方向，每隔 k 个单元抽取一个人样单元，直至抽足 n 个单元为止，如图 1—5 所示。

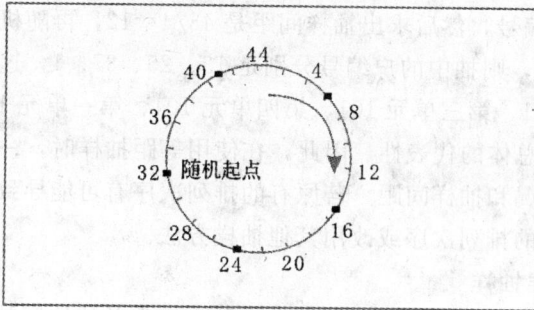

图 1— 5 等距抽样示意图

图 1—5 中，N=44，要求 n=5，N/n=44/5=8.8，k 取 9。在 1～44 的范围内确定一个随机起点 i=32，则编号为 32、41、6、15、24 的五个单位被选入样本。按这种方法抽样，抽样过程中的首尾两个单位的间隔可能大于 k，也可能小于 k。

如果总体中所有单元的排列编号都是随机的，而且样本量 n 与总体大小 N 相比又是小得多的情况下，等距抽样和简单随机抽样的精度是很接近的；如果总体中所有单元的排列顺序不是随机的，而是与调查所关注的变量相关，例如是按时间顺序或某个变量值由低到高来排列，等距抽样的精度会比简单随机抽样的精度高。等距抽样可以将各种层次的单位比较均匀地包括在样本中，从而可以增强样本的代表性。

等距抽样简便易行，在实施中往往不需要严格的抽样框（准确的地址、名单等），只要有一个抽样单元的顺序即可。这个顺序既可以是实际排列的顺序，也可以是假想的按某个规则排列的顺序，有时也可以是总体已有的某个顺序。这种抽样方法很容易被非专业人员所理解和掌握，也便于现场实施管理人员的监督和检查。因此，等距抽样是各类调查中最广泛采用的一种抽样方法。

等距抽样是以总体的随机排列为前提的，如果总体的排列出现有规律分布时，而抽样间距又恰好和这种规律性重合，等距抽样就会产生极大的误差，降低样本的代表性。例如，要在一个 6 层的居住楼抽取 4 户作为调查样本。已知该楼一共有 4 个单元，每个单元每层有 2 户，则该楼一共居住着 48 户。首先按照第一单元 101、102、201、202、……，第二单元 101、102、……，第三单元 101、102、……，第四单元 101、102、……、602 的顺序来编号，然后求出抽样间距 $48/4=12$，再随机确定一个起点编号例如是 13，则抽中的户编号分别是 13、25、37、1，这些编号分别对应第二单元 101、第三单元 101、第四单元 101、第一单元 101，这样的样本就失去了对总体的代表性。因此，在使用等距抽样时，一定要仔细考察总体的排列状况和抽样间距，若原有的排列次序有可能导致抽样失败，就应该打乱原有的排列次序或改用其他抽样方法。

（三）分层抽样

分层抽样也叫分类抽样。其特点是首先要将总体按照某些重要的指标分成若干个互不重叠的、穷尽的子总体，使总体中的每一个单位都属于且只属于一个子总体。这样的子总体叫作层或类。然后在每个子总体内分别抽取一个子样本，再将各层的子样本综合成一个总样本。

分层抽样中最常用的是按比例分层抽样，所谓按比例分层抽样就是要求各层子样本在总样本中所占比例与本层在总体中所占的比例相同。图 1—6 是一个按比例分层抽样的简单示意图。

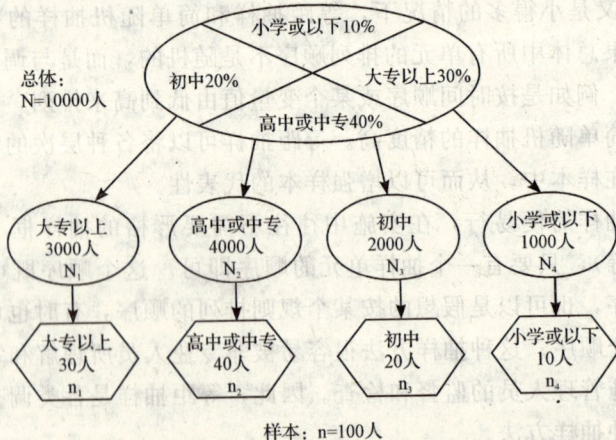

图 1—6 按比例分层抽样示意图

1. 分层指标的选取

在分层抽样中，应选用什么样的指标作为分层指标呢？研究者一般是选择与调查中欲测变量高度相关的指标，即把对所要研究的变量有很大影响的因素作为分层变量。如果选择的分层指标与欲测变量相关性很小，那么样本的精度就会降低。应注意不要遗漏任何重要的指标，同时还需限制指标的个数使之尽可能地少。有效的分层应该尽可能满足以下几个条件：同一层内的个体具有较好的同质性、不同层间的元素具有明显的异质性、对总体的分层和层内的抽样都易于操作和管理。有时，层是自然形成的。例如，当研究对象具有较广的地理分布，作为分层标准的常常是不同的地理区域，如不同的省市或者人口规模。

1999 年，央视—索福瑞媒介研究公司为了在全国范围内建立一个新的、利用先进的人员测量仪技术测量的、能推断全国电视人口收视率的调查网络，需要抽取一个 2000 户的有代表性的样本。前两级抽样采用的就是分层抽样。根据以往的研究，"非农业人口比例"是一个对收视率具有显著影响的指标，即城市人口集中的市辖区与农村人口较多的远郊区、县及县级市中观众的收看行为是有明显差异的。此外也考虑到单独推断和操作上的便利，因此首先将全国电视观众总体划分为三层：

（1）城市域。城市区划中的所有地级市（地级市中只含有非农业人口在 50％或以上的市辖区）的家庭户。

（2）中间域。行政区划中所有地级市的非农业人口在 50％以下的区的家庭户。

（3）农村域。行政区划中所有县和县级市的家庭户。

然后，在三个层中按对收视率有显著影响的 6 个指标再进行分层，将城市域分成 6 小层，中间域分成 4 小层，农村域分成 10 小层，共计 20 个小层。这六个分层指标分别是人口规模、0～14 岁少儿的比例、65 岁以上老人的比例、非农业人口的比例、识字率、年平均气温。

2. 分层抽样的优点

（1）当一个总体内部分层明显时，分层抽样能够克服简单随机抽样和等距抽样的缺点。由于它是按群体的特征分布，从不同层获得尽可能均衡的样本数，这就使样本结构更接近于总体，从而改善了样本的代表性。

（2）分层抽样可以提高总体参数估计的精确度。由于它可以将一个内部差异很大的总体分成一些内部比较相似的子总体，从每一个子总体内抽取一个小样本就能较好地代表总体，因此，在样本量相同的情况下，分层抽样比简单随机抽样精确度高，或在同样的精确度要求下，分层抽样的样本量要求较小。

（3）有些研究不仅要了解总体的情况，而且还要了解某些类别的情况。分层之后每一层都可以看做是一个总体，对其中某一层状况的了解，可以通过对其对应的子样本研究获得。此外，对总体的不同部分可根据具体的情况用不同的次级抽样方法，从而使抽样设计获得整体更优效果。

（4）便于现场的实施和管理。每一层可看做一个子总体，每层可分别由专人进行负责。

（四）整群抽样

整群抽样又称聚类抽样。所谓整群抽样就是将总体按照某种标准划分为一些特征比较相似的子群体，把子群体作为抽样单位，从中随机（如简单随机抽样、等距抽样等）抽取若干子群，将抽出的子群中所有个体合在一起作为总体的样本。图1—7就是一个整群抽样的示意图。

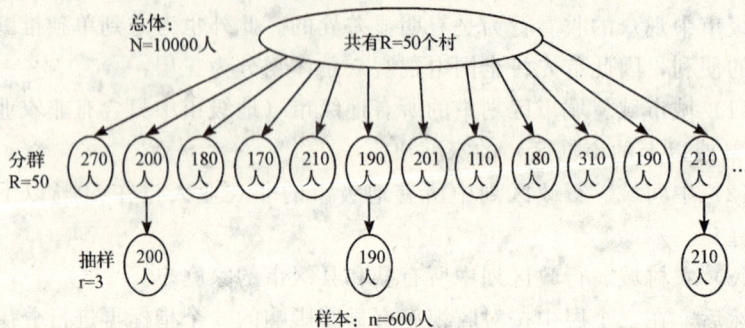

图1—7　整群抽样示意图

图1—7所示的整群抽样是在农村进行调查时常采用的抽样方法的一部分。把一个乡（镇）的所有村庄作为群，然后采用简单随机抽样抽取几个村庄，对抽中村庄内的所有村民进行调查，这样实施起来会方便很多，抽样框的构造也很简单，只需要得到该乡（镇）所有村庄的名单就可以了，而不需要村民的名单。试想一下，如果能获得该乡（镇）所有村民的名单，从中随机抽取600个样本，会是什么情况？

　1. 整群抽样群的划分标准

　　整群抽样与分层抽样有相似之处，即它们的第一步都是根据某种标准将总体划分为一些子群（层），但两者的分群（层）原则完全不同。分层抽样是在所有层中都抽取一个子样本，作为总样本的一部分，即在总样本中每层均有自己的代表，因而它要求层的划分具有较高的代表性，即各层之间差异性尽可能大，而层内差异性尽可能小。整群抽样是抽取若干子群，并将抽出的子群中全部个体作为样本，因此，总样本只分布在几个群中，如果子群间差异显著，且每个子群内差异很小，那么抽取的子样本显然无法代表全部总体。因此，整群抽样的分群标准是群间差异性尽可能小，群内差异性尽可能大。当一个子群能够包括总体的各种特征的个体时，即每个群都是总体的一个近似代表时，分群抽样可以获得与简单随机抽样差不多的精度。

　2. 整群抽样的优缺点

　　整群抽样的优点在于它可以通过变换抽样单位扩大抽样的应用范围；它可以节省人力、财力、物力。首先，使用整群抽样获得抽样框要容易很多；此外，即使是有总体的抽样框，为节约人力和费用，也常常用整群抽样。

　　整群抽样的最大缺点是样本分布不均匀，样本的代表性较差。与其他抽样方法相比，在样本量相同时，整群抽样的抽样误差较大。如果要提高整群抽样的精度，首先，群的划分应该使群与群之间的差异尽可能小，而群内的差异尽可能大；其次，增大样本量以减少误差，即增加群的抽取个数。由于整群抽样的抽样费用和调查费用要省得多，有时也可能做到增加了样本量，而总费用仍比采用其他抽样方法节省很多。

　　因此，在综合考虑总体的分布情况、调查费用限制和抽样误差要求之后，研究者可根据实际情况确定是否采用整群抽样。

　（五）多阶段抽样

　　在上述整群抽样的例子中，抽中的子群（3个村庄）内部个体（村民）的数目都较多，因而总样本量为600人。该例中群的划分是按地理位置进行的，抽中村子的所有村民彼此间的差异性并不一定很大，实际上并不需要全部对其进行调查，而常常采用更加经济的方法，即从抽中的群（村庄）中再随机（如简单随机抽样、分层抽样、等距抽样或再次整群抽样）抽出部分个体（村民）作为样本，因最终获取的样本是经过了两次抽样，这种抽样方法称作二阶段抽样（或两级抽样）。以同样的方法，也可进行三阶段抽样，四阶段抽样，……，统称多阶段抽样。图1—8是两阶段抽样的示意图。

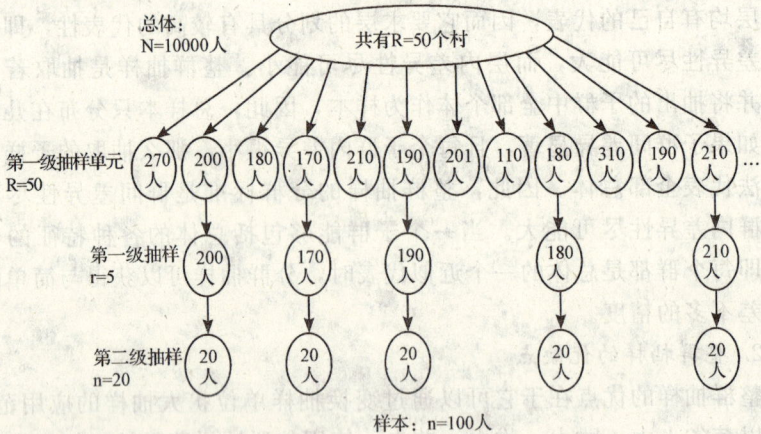

图1—8　两阶段抽样示意图

实际上，分层抽样和整群抽样都可以看成是多阶段抽样的特例。分层就相当于在第一级抽样中抽取了全部初级单元，而每层内的抽样就相当于第二级抽样。对于整群抽样，相当于在第二级抽样中抽取了全部次级单元。因此，多级抽样既具有整群抽样简单易行的优点，又比整群抽样效率高，可使所抽取的单元在总体中分布得更广泛，因而精度更高，更有代表性。

多阶段抽样通过采用由多级抽样单位过渡到最后一级抽样单位的方法，解决了最后一级抽样单位不易获得的抽样框的问题，并且可以使样本的分布较为集中，从而大大节约了调查所需的人力与费用。此外，多阶段抽样可以在各阶段抽样时根据具体情况灵活选用不同的抽样方法，因而能够综合各种抽样方法的优点，提高样本的质量。因此，它特别适用于调查范围广、情况复杂的调查对象。但是，多阶段抽样由于在每一阶段抽样时都会产生误差，因此，经多阶段抽样得到的样本误差也相应增大，这是它的不足之处。

在多阶段抽样中，如果某一阶段中抽样单位的大小或地位相差很大，那么在这一阶段抽样中，往往并不是给每个抽样单位相同的被抽中机会，而是给它们一个与它们的大小或地位成比例的抽中概率，因而这一阶段的每个抽样单位被抽中的概率是不完全相同的，我们把它叫做不等概率抽样。不等概率抽样中，最常用的也是最重要的一种方法是 PPS 抽样。

（六）PPS 抽样

在分层抽样和多阶段抽样前几个阶段的抽样中，由于抽样单位的大小（即包含下一级抽样单位的数量）往往相差很大，因此常采用 PPS 抽样，具体的做法是按与抽样单位"大小"成比例的概率来抽取下一级抽样单位，但保持最后一级抽样的样本量固定。

例如，1999 年北京广播学院调查统计研究所设计的中国人民银行城镇储户调查抽样方案中，第一阶段采用分层抽样的方法在 655 个城市中随机抽取 50 个城市。首先，把全国 655 个城市按照"城乡居民年末储蓄余额"、"年末市区人口数"、"职工平均工资"、"社会消费品零售总额"、"人口密度"这 5 个和储蓄行为有紧密关系的指标把全部城市分为 5 层，如表1—8。

表 1— 8　　　　　　　　　将 655 个城市分作 5 层

层	特　　征	所包含城市数
一	特大城市	2
二	大城市	13
三	人口密集的大中城市	49
四	经济活跃的中等城市	156
五	经济欠发达的中小城市	435
合计		655

现在要在各层共抽取 50 个城市，每层应分配多少个抽样名额呢？如果要保证 655 个城市被抽中的概率是相同的，就应该按各层包含城市数量的比例分配。但是各层中的城市状况相差非常大，这样做实际上是不公平的。考察一个城市最重要的指标之一是城市的大小，如果根据城市的大小给予每个城市不同的被抽中机会，这是合理的。根据这个思路，考察每层中各城市的市区人口总数并决定每层应抽取的城市数，如表 1— 9 所示。

表 1—9　　　　　　　　　　按与市区人口数成比例确定每层

层	所包含城市数	市区人口数（万人）	每层占全部的％	应抽取的城市数
一	2	1689.42	3.3	2
二	13	4599.08	9.0	5
三	49	3822.44	7.5	4
四	156	12772.74	25.1	12
五	435	28066.03	55.1	27
合计	655	50958.71	100.0	50

　　然后是确定如何在每层中抽取相应数量的城市。在每一层，各个城市的状况仍然有很大的差别，如果简单随机抽样，也是不合理的。如果仍按与市区人口比例相同的概率去抽取，也是可以的。但是考虑到这次抽样的目的是要研究储户，所以最终是按与"城乡居民储蓄年末余额"大小成比例的方法在每层中分别抽取城市，即储蓄余额越大的城市，被抽中的可能性就越大。在抽取完城市场后，又在每个抽中的城市随机抽取 8 个储蓄所，在每个抽中的储蓄所随机调查 50 名储户。

　　由此我们也可以看出，PPS 抽样作为不等概率抽样，只是在抽样的某一阶段表现为不等概率，但它真正地保证了最后一级抽样单位（例如要最终抽取的储户）被抽中的概率是相同的。

　　在实际调查的随机抽样中，往往将各种抽样方法结合起来使用，根据具体情况灵活地选择抽样方法，并把它们巧妙地进行配合。

三、非概率抽样

　　概率抽样能够排除调查者的主观因素，保证样本的随机性，但它对抽样过程要求严格，往往需要花费大量的时间和经费。因此，如果调查的目的仅是对某个问题做初步探索和获取感性认识，并不需要由样本推论总体，往往采用非概率抽样。非概率抽样的主要特点是样本的抽取是根据主观判断、有目的、有意识、根据方便的原则进行的。非概率抽样不能计算抽样误差，抽样的效果往往依赖于抽样者的主观判断能力和经验。但非概率抽样操作方便，省时省力，统计分析也非常简单，因此常在定性的研究中被采用。非概率抽样主要有方便抽样、主观抽样、配额抽样、滚雪球抽样、自愿者抽样几种类型。

（一）方便抽样

方便抽样又称偶遇抽样，是指研究者把在一定时间内、一定环境里最容易接触到的人作为样本的方法。"街头拦访"是典型的方便抽样，它通常的做法是在路口、车站、商场等人流量较大的地方拦住过往行人进行访问。新闻记者常使用这种方法迅速了解公众对某些刚刚发生的重大事件的看法。

方便抽样的优点是节省费用、实施方便、速度快。但其样本有很大的偶然性，代表性较差。

（二）主观抽样

主观抽样的第一种情况是根据研究者对总体的了解，事先设定一些标准，然后根据这些标准去衡量和筛选样本。这时主观抽样又叫做判断抽样，即研究者依据主观判断选取可以代表总体的个体作为样本，这种样本的代表性取决于研究者对总体的了解程度和判断能力。当总体规模小，所分布的范围较窄时，样本的代表性较好，但当总体太大且分布的范围较广时，其代表性将显著降低。

主观抽样的第二种情况是"有目的地"选择样本。例如，在问卷设计阶段，为了判断调查问题设计是否恰当，常有意地选择一些观点差异较大的人作为调查对象。研究者有时还去找那些偏离总体平均水平的人作为调查对象，目的是研究这些调查对象偏离总体平均值的原因，以便于在解释性研究中建立假设或因果关系模型。

主观抽样的优点是研究者可以根据自己的知识、经验、技能有目的地选择样本，抽样过程非常简单；缺点是样本的选取依赖于研究者的主观判断，在多数情况下，不能代表总体。当研究不是为了推知总体时，可以采用主观抽样。

（三）配额抽样

配额抽样又称定额抽样，它是指根据研究的目的，找出与研究目的关系密切的特性作为配额指标，抽样时保证样本中具有某种特性的比例与总体中具有这种特性的比例相一致。配额抽样一般可以看做有两个阶段：第一阶段是分配份额，即将总体中的个体按照某些重要的指标或特性分类，然后规定样本中所应包含的对应比例的个体数；第二阶段就是根据所分配的份额选取样本，可以采取方便抽样或主观抽样的方法，也可以用随机抽样或等距抽样的方法。

1. 独立控制配额抽样

比如一项研究要调查 400 名北京市区 18～42 岁的白领阶层对时尚的看法，配额的重要指标是城区、性别、年龄、职业。根据已知的资料得知总体中这四个指标的大致比例，则 400 人的样本也应与总体中各指标的比例相一致。如表 1—10，这是配额抽样的第一阶段工作。

表 1—10　　　　　　　各配额指标与总体比例相一致的份额数

城区	东城	西城	朝阳	海淀	宣武	崇文	合计
	50	50	100	100	50	50	400 人
性别	男			女			400 人
	200			200			
年龄	18～28 岁		29～35 岁		36～42 岁		400 人
	100		200		100		
职业	国家机关工作人员	企业管理人员	公司从业人员	科教文卫等事业单位从业人员	大学生		400 人
	80	60	140	80	40		

第二阶段的工作就是在总体中按各指标既定的份额数抽取样本。类似于这样的配额抽样叫独立控制配额抽样。可以看出，配额抽样与分层抽样有点相似，也是按调查对象的某种属性或特征将总体中所有个体分成若干层，然后在各层中抽取一定数量的样本，并保证样本中各层所占的比例与它们在总体中所占的比例一致。但不同的是，分层抽样中各层的子样本一定是随机抽取的，而配额抽样中各层的子样本不一定是随机抽取的；配额抽样往往要求同时满足多个指标的配额要求。

因为配额抽样选取样本时可以是方便抽样或主观抽样，这种配额方式在开始选取样本时可能非常容易，例如找到一个身边的人，只要在 4 个配额指标的范围内，就可以去调查。但在选取了一定数量的样本后，会发现剩下的配额数很难甚至不可能组合成实际的样本，例如可能出现要求年龄在 36～42 岁而职业是大学生的人，或有的配额抽样中要求年龄在 20～30 岁但职业是退休的人。另外，这种配额方式容易使样本非常集中，例如，研究者位于朝阳区的高校内，最方便的做法是在本校内找 40 个年龄在 18～28 岁的大学生；在海淀区找一个熟悉的公司调查其 100 个员工，即"公司从业人员"，等等。这样做的结果是大学生全部集中在一个学校，而他们本身的生活环境很类似；大部分"公司从业人员"都集中在同一个公司，他们的工作性质和生活规律也是类似的。这样配额的结果是样本明显集中为几种类型的人，失去了对分布广泛的真实总体的代表性，而调查太多相似的人也是没有必要的。

2. 交叉控制配额抽样

为了避免独立控制配额抽样的上述两个缺陷，在实际应用中，常常采用交叉控制配额抽样。所谓交叉控制配额抽样是要求样本按比例同时满足几个配额条件，并能够保证任意配额指标与总体的分布相一致。例如，按照上述的 4 个配额指标进行配额时，样本的分布必须同时满足表 1—11 和表 1—12 的要求，这种配额方式就是交叉控制配额抽样。

表 1—11　　　　城区、年龄和性别的交叉控制配额

城区＼年龄	18～28 岁	29～35 岁	36～42 岁	合　计
东城区	20	20	10	50
西城区	20	20	10	50
朝阳区	20	60	20	100
海淀区	20	60	20	100
宣武区	10	20	20	50
崇文区	10	20	20	50
合　计	100	200	100	400

注：各城区男性和女性应各为一半。

表 1—12　　　　　　　城区、职业和性别的交叉控制配额

城　区 ＼ 职　业	国家机关工作人员	企业管理人员	公司从业人员	科教文卫等事业单位从业人员	大学生	合计
东城区	10	10	15	10	5	50
西城区	10	10	15	10	5	50
朝阳区	20	20	30	20	10	100
海淀区	20	10	40	20	10	100
宣武区	10	5	20	10	5	50
崇文区	10	5	20	10	5	50
合　计	80	60	140	80	40	400

注：各城区男性和女性应各为一半。

　　配额抽样简单易行，如果控制较好可以保证总体的各个类别都包括在所抽的样本中，所以它虽然是非概率抽样的一种，但也往往能够代表所研究的总体。但是，这必须建立在研究者事先对总体的性质充分了解的基础上。我们在前面提到，1936 年，美国著名的民意测验者乔治·盖洛普采用配额抽样的方法，只调查了 3000 人，就预测出罗斯福将在大选中获胜。他在配额抽样中以地区、性别、年龄、所支持的政党、收入等多种因素为配额指标，样本的分布基本和总体的分布是一致的。事实上，1936 年之后，盖洛普采用配额抽样的方法在 1940 年和 1944 年同样准确地预测了总统的大选结果。

　　配额抽样的主要缺点是在各类别中选取调查对象时常常是主观的，这会影响样本对总体的代表性，如果按尽可能多的指标细致分类，这种影响就会减小，但配额抽样往往都不能兼顾太多的属性，而只能考虑其中最重要的几种；另外，配额抽样依赖于对总体的了解程度，而有关总体的最新变化资料往往很难获得，配额的合理性就难以保证。1948 年，盖洛普仍采用配额抽样的方法预测大选，却遭到了失败。这次失败的最重要原因是此次配额样本的代表性出了偏差。因为"二战"以来，美国大量人口从农村流向城市，总体的人口结构发生了很大的变化，而盖洛普在配额抽样时用的有关总体的资料仍是 1940 年人口普查时的状况。

（四）滚雪球抽样

　　滚雪球抽样适用于调查对象十分稀有或难以接触的情况。其做法是先

选取少量的调查对象，在访问了这些调查对象后，再请他们提供一些类似的目标研究对象，这样一步步地扩大样本范围，形成了一种滚雪球的效果。

滚雪球抽样多适用于一些专项调查，研究的目的不是推知总体，是只关心某一特殊群体的情况。例如，某研究希望访问报纸的高级编辑以了解报业的发展前景，效率比较高的方法就是先寻找一个高级编辑进行访问，访问之后让他介绍更多的高级编辑，然后通过对这些人的访问，再要求他们介绍更多的人。

滚雪球抽样可以高效地有针对性地找到符合条件的调查对象，避免了在人力财力上的浪费，通过调查也可以获得一些有用的信息。其缺点是所有被访对象之间具有某种联系，他们是相似的，即使获得了关于他们的很多信息，这些信息也不一定能全面地反映研究所关心的群体的状况。

（五）自愿者抽样

自愿者抽样是指调查对象是自愿参加的，例如邮寄调查，以及在报纸、杂志上刊登一份调查问卷，自愿的读者可以通过邮寄、传真的方式寄回调查结果，或者在网页上登载调查问卷，自愿的网民可以通过点击进行回答，等等。

以类似在报纸上刊登问卷这样的方式组织调查可以大大地节约研究的费用，但是对调查结果的使用必须要十分慎重。

自愿者抽样的样本有时可以达到很大，给人一种可以推断总体的假象。事实上，这样得到的样本对总体的代表性往往不是很好，这是可以理解的。例如，通过报纸刊登的调查问卷，寄回问卷的读者应该是传播中"积极的受众"，他们本身和另一些读者在态度和行为上有着很大的不同，因此不能代表所有的读者。

1936 年美国《文学摘要》在总统选举预测中的失败，除了以电话簿和汽车注册簿作为抽样框之外，还与其采用邮寄调查（自愿者抽样）的方式有着很大关系。它当时从电话簿和汽车注册簿中随机抽取 1000 万人并寄出了模拟选票，最终共收回了 230 万张。事实上，如果样本不能代表总体，样本量越大时，越容易产生误导。

四、样本量的大小

样本量是指样本中所含个体数量的多少。样本量不仅会影响样本对总体的代表性，而且还直接影响着调查的成本。太大的样本会造成人力、财力的浪费；太小的样本则会降低调查的价值。因此，确定最恰当的样本量是非常重要的。

（一）决定样本量大小的因素

样本量的大小是根据研究的目的、总体的性质和客观条件而确定的。

1. 研究目的

开展一项调查，其主要目的是看是否为了推知总体的状况。如果要推知总体的状况，就需要开展定量调查，就需要从统计学意义上确定较大的样本量；如果不是为了推知总体，而只是关心某一部分人的观念和态度，或是希望获得对某个问题的初步认识，就可以开展定性调查，这时一般抽取一个小样本进行调查就可以了。同时，从另一个角度，如果开展调查是为了重要的决策，就需要较大的样本量；反之，样本量就可以稍微小一些。

对于定量调查，不同的调查对样本的代表性有不同的要求，一般用估计的精度来衡量。所谓精度就是用样本去估计总体时所允许的最大误差。对样本的精度要求越高，所允许的误差就越小，样本量就要越大，反之亦然。

此外，样本量的大小还与研究中所涉及的变量个数和结果汇总要求有关。一般来说，涉及的变量越多，所需的样本量也就越大；在结果汇总时所需的分类越多，所需的样本量也就越大。

2. 总体的性质

总体的性质主要指总体的大小、总体内个体间的差异程度、总体的分布特性等。

在一定的精度要求下，总体越大则样本量也应该越大，但当总体增大到一定规模后，样本量基本可以不再增加。

确定样本量的大小除了考虑总体规模的影响外，还要考虑总体内部个体差异程度的影响。如果总体内个体间差异不大，抽取少量的个体就可以代表总体；但一个同样大小、而内部个体间差异很大的总体，就需要一个较大的样本才能保证总体中的各种情况都能在样本中被代表。

此外，在同样的精度要求下，样本量的大小还因抽样组织方式的不同而不同。而选择哪种抽样组织方式是根据总体的分布特征确定的。每一种概率抽样方法都有自己的计算样本量的公式，因此，在考虑总体分布特征的前提下确定了恰当的抽样方法后，需专门计算这一抽样方法所要求的样本量。

3. 客观条件

所谓客观条件就是能够用于研究的人力、财力、时间。样本量越大，所需的费用也就越多，所以确定样本量时不得不兼顾研究费用的限制。当费用过于紧张时，有时不得不放弃较高的精度要求而适当减少一些样本量。

（二）样本量的确定

在统计学中，一般将少于或等于 30 个个体的样本称为小样本，大于或等于 50 个个体的样本称为大样本。定性研究的样本基本都是小样本，比较容易确定。而媒介研究范畴的定量研究，其总体一般比较大，总体中个体的差异性也很大，一般来说，其样本量都在几百人和几千人之间。

1. 当总体很大时

要精确地确定定量调查的样本量需要有概率论和数理统计的知识，需要进行复杂的计算，这里从略。表 1—13 给出了当总体很大时非常简单随机抽样的样本量要求，这是根据估计的精度要求来推断的。例如，要估计某一电视栏目在北京地区观众的比例，本研究的总体是北京地区的所有观众。精度要求是在 95％ 的把握（置信度）下，用样本推断总体时误差控制在 3％ 的范围内，也就是说，如果通过对样本的调查获得样本中该栏目的观众比例是 P，则总体中该栏目观众的比例有 95％ 的把握在 P±3％ 的范围内，这时样本量必须达到 1067 人。

表 1—13　　　　　　　非常简单随机抽样所需的最小样本量

置信度 误差范围	90%	95%	99%
1%	6806	9604	16641
2%	1702	2401	4160
3%	756	1067	1849
4%	425	600	1040
5%	272	384	666
6%	189	267	462
7%	139	196	340

　　如果在估计全部观众比例的同时还要以同样的精度估计总体中儿童观众的比例，则样本中儿童的人数就要达到 1067 人，若已知北京地区 4 岁以上儿童（有收视能力）占全部人口的 1/8，则随机抽样的总样本就应该是 $1067 \div 1/8 = 8536$ 人，这时在估计全部观众比例时的误差范围实际比 3% 小得多。

　　从这个例子可以看出，当很多估计指标的估计精度对样本量同时提出了不同的大小要求时，如果要满足所有的精度要求，就要把样本量设置为要求最高的情况，即样本量最大的情况，这样在估计其他指标时的实际精度比要求的要高。

　　以上讨论的是非常简单随机抽样以及总体较大的简单随机抽样的最小样本量要求，其他抽样方式的样本量会有不同。一般情况下，在保证相同的精度要求下，分层抽样的样本量可小于非常简单随机抽样，整群抽样的样本量应大于非常简单随机抽样。

　　2. 当总体不太大时

　　当总体不是足够大而且总体中个体差异较大时，样本量应该随着总体的增大有一定程度的增大。表 1—14 给出了在置信度为 95%、最大误差范围为 3% 的精度要求下非常简单随机抽样的样本量随总体大小的变化情况（在总体中个体的差异较大的情况下）。

表 1—14　　　　　　　　**不同大小的总体样本量的要求**

（置信度 95％、最大误差范围 3％）

总体大小	1000	2000	3000	4000	5000
样本量	350	460	480	520	550
样本占总体的比重	35％	23％	16％	13％	11％
总体大小	10000	20000	50000	100000	500000
样本量	600	640	650	680	700
样本占总体的比重	6％	3.2％	1.3％	0.68％	0.14％

以上两种确定样本量的方式是通过单纯的计算进行的，没有考虑各种复杂的社会因素，而实际情况远非这么简单。因此，具体的抽样常常需要专业抽样人员的指导。

（三）关于样本量的讨论

1. 样本量越大，代表性越好的原因

相信很多人还记得 1936 年美国《文学摘要》预测总统选举时的样本量是 230 万人，可是并没有正确地预测大选结果，这就是一个很好的说明。样本对总体的代表性取决于抽样的方法是否科学、是否能保证随机。如果抽样方法是偏的，那么样本量越大，代表性可能反而越差，从而造成错误结论的可能性也就越大。

2. 样本量越大，估计的精度越高的原因

对于随机样本来说，这种说法在一定程度上是对的。但抽样误差的大小并不是与样本量 n 成反比，而是与样本量的平方根 $\sqrt{n}$ 成反比。在实际操作上，当样本量增大到一定程度（如 3000 人）后，再继续增加样本量，精度提高的幅度将越来越小，而成倍地增加调查的费用获得这样的收益是得不偿失的。一般的抽样调查样本量总是取 1000～3000 之间，这样既能达到足够的精度，又能够保证费用的节约。

3. 总体越大，所需的样本量也要越大的原因

对于不是无限大的总体，这是对的，我们确定样本量时需要参考总体的大小。但是对于同样是无限大的总体，例如全国调查和全省调查，是否全国调查的样本量应当远远大于某省全省内调查的样本量呢？不少人的确会这样想。事实上，不管是全国调查还是全省调查，总体的大小 N 对样本量的影响是很小的，这两种情况下的 n/N 都几乎为 0，而确定样本量时对总体大小的考虑实际上考虑的是 n/N，所以两种情况下的样本量是基本没有差别的。因此，只有当总体很小，即 n/N 比较大（超过 10% 时）时，总体的大小对样本量的影响才有明显的意义。如果不考虑其他因素，在全国、全省和全市进行抽样调查所需的样本量基本上不应有太大的差别。

第二章　媒介调查的方法

本章将介绍媒介调查的具体方法，即对媒介现象进行观察、测量，从而获得关于研究对象有效信息的执行过程。这些方法包括文献研究法、定性研究法、问卷调查法、实验法等，在介绍这些方法时，都列出了它们的优缺点和适用范围。研究者在选择调查具体方法时，应当根据各种方法适用的研究形式和研究领域以及各自的优缺点，而采用与研究主题和研究目的最匹配的方法；另外，这些方法不是互相排斥的，而是互相补充的，所以许多研究在不同的研究阶段会同时采用不同的方法，以克服单一方法的局限性，从而收集到关于研究对象更加准确的信息或资料。

第一节　文献研究法

文献研究与其他研究方法的显著不同是资料来源不同。它不是直接从研究对象获取研究所需要的资料，而是去收集和分析现存的某种文献资料，即文献研究是研究第二手资料。文献研究是媒介研究的基本方法之一，它由于资料来源上的特点而有自己独特的操作程序。

一、文献的来源及特点

文献，指的是现存的与我们的研究对象相关的任何形式的信息。根据文献来源的不同，可以把文献资料分为个人文献、官方文献和大众传播媒介三大类。个人文献主要指个人的日记、自传、回忆录及信件等；官方文献主要指政府机构和有关组织的记录、报告、统计、计划等；大众传播媒介主要指书籍、报刊、电影、电视等。

（一）文献的主要来源

在媒介调查领域内，常用的文献主要来自于现存的出版物，或可以通过计算机进行检索的电子数据，或是由专业的调查机构提供的有用信息。

1. 公开出版物

媒介调查常用到的公开出版物有报纸、杂志、书籍、影视光盘、磁带等。这些资料可以通过购买获得，或者从图书馆获得。

例如，北京广播学院调查统计研究所曾对中国内地、香港地区、台湾地区报纸关于 1999 年台湾 "9·21 大地震" 的报道进行的比较研究，就是基于文献的研究，该研究所需的报纸来源于北京广播学院图书馆和国家图书馆的馆藏资料。

公开出版物中有一个重要的类别，就是各级政府部门发布的普查数据或统计数据，例如《中国统计年鉴》、《中国城市年鉴》、电话号码簿以及人口普查资料，这些年鉴或资料在抽样设计时往往是离不开的，它们可以帮助研究者明确研究总体的特征，从而制定科学的抽样方案。

2. 计算机数据

目前很多方面的资料都可以通过计算机检索获得，例如国家统计局、北京市统计局等都可以提供相应的服务，另外，很多图书馆也提供全文检索系统。计算机检索分为联网检索和不联网检索两大类。联网的系统有一个中心数据库，各台终端通过网络进行信息传递，只要支付一定的费用，就可以方便地使用联网的检索服务。不联网的检索主要是通过 CD 光盘来存储信息，用户可以通过购买获得数据。与印刷出版的数据相比，计算机数据具有信息量大、更新及时、检索过程简单快捷等多种优点。

例如，北京广播学院调查统计研究所 2001 届研究生曹培鑫曾通过对《读者》20 年来人物专栏的分析，来研究《读者》的价值取向，分析的文献来源就是一张包含《读者》20 年来全部文章的光盘。

3. 由专业调查机构提供的数据

目前国内有多家提供共用数据库的商业调查或信息咨询机构。他们提供的数据不是为了专门的调研问题收集的，而是包含方方面面的信息，用户如果需要，可以从中找出对自己有用的信息。例如，央视—索福瑞公司通过自己的收视率调查网络获得的全国电视节目的收视率数据就是一个典型的例子。收视率是电视栏目决策者重要的参考数据，但他们往往不是自己调查获得，而是使用现成的数据。另一个例子是北京广播学院 IMI 市场信息研究所从 1995 年起开始出版的《IMI 生活与消费形态年鉴》，调查的内容非常广泛，使用者可以通过购买获得，并从中发现有用的资料。

（二）文献法的特点

文献法主要有二手资料分析和内容分析法两种研究方法。总的来说，文献法的特点如下：

1. **文献法的优点**

（1）文献法具有无接触性的优点。由于各种形式的文献研究都不需要直接同人打交道，而只是研究已经存在的文字数据资料以及其他形式的信息材料，所以，在整个研究过程中，研究对象不会受研究者的影响而发生变化。虽然在收集资料过程中有可能受到研究者主观偏见的影响，但收集资料方法本身不会使正在收集的资料发生变化。

（2）文献法的费用较低。文献资料是第二手资料，与第一手资料相比，它的收集过程较为迅速。尽管不同的文献分析费用根据研究的难度有所不同，但是，一般来说，它比其他的研究方式所需的时间和费用要少得多。有些二手资料，如人口普查资料是研究者自己不可能按第一手资料直接收集的。

（3）文献法可以研究那些无法接触的研究对象。例如，要研究某一历史时期中的人们或事件，要采用其他的方法，比如调查、实验、观察等都已不可能。文献法则可以达到这一研究目的，只要研究者能够找到足够的与这些人们或事件有关的文献材料就可以了。

（4）文献法适于作纵贯分析。由于调查、实验、观察等方法所研究的都是当时的情景，往往难以用来进行纵贯研究或趋势研究。文献法在这方面有特别的优势。它可以通过记录下来的文献研究各个不同历史时期的社会现象和社会生活。

2. **文献法的局限性**

尽管文献研究可以对研究者关注的问题提供较大的帮助，但是在使用文献资料时，必须要谨慎，因为它具有一定的局限性和缺点。

（1）许多文献的质量往往难以保证。这主要表现在现有的文献资料都是为了其他目的而收集的，而不是针对当前所面临的问题。以各种形式存在的资料，都避免不了由于个人的偏见、作者的主观意图以及形成文献过程中客观条件限制所形成的各种偏差，从而影响到文献资料的准确性、全面性和客观性，即影响到文献资料的质量。另外，还要注意文献是否来自于可靠的出处。

（2）有的文献资料是不易获得的。虽然许多公开的文献都是可以随意获得的，但是文献法有时也需要一些未公开的资料，这些资料有的涉及到个人隐私而不会公布于众，有的属于某些机构或组织的内部机密，研究人员通常不易得到。

（3）许多文献资料由于缺乏标准化的形式，因而难以进行分析，这主要表现在内容分析中。研究对象的内容千差万别，表达形式各不相同，这给研究人员编制编码表等工作带来了很大的困难，即使可以找出一些共同的特征去编码研究，这种研究也容易缺乏深度。

二、二手资料分析

二手资料分析指的是对那些为其他目的而收集的资料所进行的新的分析。二手资料分析所用的资料常常是其他研究者或研究机构通过调查所得到的原始数据，以及各种统计部门所编制的统计资料。从 20 世纪 60 年代开始，这种研究方法开始逐步发展起来，这主要由于计算机的普及和应用，使得人们利用已有的大量数据资料成为可能。

（一）二手资料分析的目的

二手资料分析主要有两种不同的研究目的：一种是针对自己现有的研究问题，利用别人为其他问题所收集的资料，通过分析找到现有问题的答案。另一种情况则是针对与资料收集者相同的研究问题，用新的方法和技术去分析当时的资料，以对别人的研究结果进行检验，即用不同的分析方法处理同一种资料，看是否能得出同样的结论。在实际应用中，为第一种目的而展开二手资料分析的比较多。

（二）二手资料分析的步骤

从理论上说，任何研究都应该在取得资料之前就明确要研究什么问题，然后寻找合适的资料并对其进行评价，最后通过分析获得结论。

1. 选择研究的主题

在媒介研究领域中，适用于二手资料分析的主题是很多的，例如研究电视事业的发展速度。一旦明确了研究主题，就必须仔细地考虑操作化的问题，例如电视事业的发展速度可以通过考察电视台的数量和规模、受众人数和覆盖率等指标随时间的变化而获得。应当注意的是，二手资料分析的研究设计要留有一定的余地，如果最终不能找到预想的资料，就可以稍微修改研究设计，以保持与可用资料的一致性。

在二手资料分析中，虽然从理论上讲应该首先明确研究问题，再选择与之对应的数据资料。但实际上，也有研究主题去适应所获得的资料的，即研究者首先发现一组认为特别有用的数据，然后再构造一个能利用这些数据资料进行研究的主题。这主要是因为数据资料是既定的，它无法根据不同的研究目的而变动，研究者只能根据数据的特点，在资料的处理和分析方法、技术上产生创造性思维，从而充分地利用二手资料。

2. 寻找合适的资料

从理论上讲，这是二手资料分析根据研究主题明确了要寻求的资料之后的第二步工作。资料的来源非常丰富，如何去寻找呢？有经验的研究者往往会通过查阅过去一段时期某一领域的期刊而查找相关研究的论文，一般大规模的调查研究结果往往都会以相应的论文发表或者这些结果被其他研究者引用在论文中。在论文中，他们会对所使用的资料进行详细注释，包括收集时间、收集者、收集方法等。通过对这些论文的仔细阅读，往往能够发现目标数据资料的线索。有的研究结果会以著作的形式发布，这种书中一般都有介绍资料收集方法和过程的专门章节；在书后的附录中，往往还可以找到如问卷、计算方法等详细的内容。

当研究者认为所发现的这些线索对研究确实有用时，便可与原始资料的收集者联系，向他们索取原始问卷、原始数据，并了解收集资料的具体细节。

3. 对二手资料的评价

获得二手资料之后，有经验的研究者往往先对数据抱着怀疑的态度，因为它毕竟不是为了现有的研究目的而收集的。在对二手资料的可用性做出判断之前，研究者应当先针对这个资料回答下面的问题。

(1) 资料是谁收集的？首先要问数据是谁收集的，特别是对收集数据的机构信誉要有所了解，它有可能会影响数据的质量。另外，还要考虑资料收集者与使用者的关系，这也可能是影响数据质量的原因。例如，某个媒介组织为了竞争广告而自行组织的受众调查数据，广告商往往会谨慎地看待，因为媒介很容易不自觉地选择那些有利于自身利益的方法和问题，而不太可能把那些不利于自己的结果公布于众。即二手资料的收集者除了了解原始资料收集者信誉外，还要了解另外一些相关的问题，如数据收集者花费多大的成本去完成这样的数据收集工作？是否有故意将数据过高或过低报告的动机？等等。

（2）怎样收集的？如果不了解收集数据所用的全部方法，是不可能评价二手资料质量的。因此，如果没有对收集数据所采用的方法进行描述，使用者马上就会对数据的来源表示怀疑。收集数据所采用的全部方法包括问卷、样本的性质和大小、回收率、实施的组织管理情况以及其他任何有可能影响调查结果的方法。使用者要考虑的关键问题是这些方法中有无可能导致非抽样误差的因素。

（3）内容适用性如何？即使通过上述讨论，二手资料的质量是可以让人接受的，但这些资料也可能在内容上不适应研究的需要。例如，原调查内容的侧重点与现有的侧重点不吻合，即使是调查同样的内容，概念的操作化定义、测量的单位、分类方法可能会与当前的问题不符。常见的问题主要是二手资料的原有分类太宽，而当前应用时需要更细的分类；或者二手资料的测量尺度太低，而当前的研究需要较高的测量尺度等。

（4）什么时候收集的？数据的时效性是决定数据价值的另一个重要方面。在任何情况下，研究者都应当知道原始数据是什么时候收集的。一般情况下，调查结果发表的时间与数据收集的真正时间常常相隔很长，所以多数情况下，研究者发现二手资料时，已经距收集数据有较长的一段时间了。在使用二手数据时，研究者应该首先了解收集资料至今的时间间隔有多长，当然是越接近收集的数据越可靠。同时也要看是哪方面的数据，它决定着数据是否真正过时了，即研究者要权衡在这个时间差内实际情况发生变化的可能性是多大？如果数据已经不能反映最新的情况，它的利用价值就会受到较大的影响。

（5）与其他同类资料的一致性如何？即使经过上述种种评价，二手数据资料还可能存在不少难以发现的问题，要完全识别这些是很不容易的，最好的办法是再找一个另一来源的同类研究数据，并对两者进行比较。一般情况下，针对相同的研究总体对同一问题进行调查，即使所使用的方法不完全相同，只要抽样方法都是科学的，两种来源的数据最后得到的应该是相似的结果。用这种方法评价的是二手数据与其他同类研究数据的一致性状况。如果两者相差不大，使用者似乎就可以有信心；如果两者相差甚远，就要评估哪一组资料更接近真实情况。如有可能，也可收集多组资料同时进行比较。但是，在实际使用时往往不容易找到针对同一总体、同一研究问题的两组或多组数据资料。

4. 分析二手资料

经过评价，发现所得到的二手数据资料确实是有价值的，就可以对其重新分析。但在分析之前往往要对原有资料进行一些加工才能更好地为自己的研究服务。首先，重新定义变量或根据多个变量生成当前研究需要的新变量；其次，剔除一部分数据资料，例如现有资料是关于所有收入阶层的人，而当前的研究只关心高收入者，就可以过滤掉其他收入阶层的样本数据。在变量加工过程中，一定要注意其现实依据，即保证其是合理的和有意义的，切忌盲目、机械。

通过对二手数据资料的加工和整理，获得了可以用于新研究目的干净的数据，就可以采用各种统计分析方法去分析它了。具体的资料分析方法和技术将在第三章中进行介绍。

（三）二手资料分析的优缺点

通过了解二手资料分析的方法和步骤，可以更清楚地认识这种方法的实质。研究者不是根据自己的研究目的去收集第一手资料，而是根据自己的研究目的在别人已收集的、现成的大量原始资料中寻找合适的资料并进行分析。

1. 二手资料分析的优点

二手资料分析具有省时、省钱、省力的优点。它把研究人员从复杂的原始资料收集过程以及从单调、枯燥的数据录入工作中解脱出来，从而使他们能集中更多的时间和精力来分析资料。

二手资料分析的另一个突出优点是适合于比较研究和趋势研究。例如，可以通过对不同的研究者在不同的地区分别收集的资料进行二手资料分析，来对比不同地区的情况；或者把不同的研究者对不同的群体进行调查所取得的资料进行二手分析，来对比不同群体的情况；还可以把其他研究者在不同时期对于同一问题所作的若干次研究的资料聚集在一起进行二手资料分析，以便研究事物发展的趋势。

2. 二手资料分析的缺点

二手资料分析的主要缺点在于其资料的准确性或适用性。某个研究者为其特殊的目的所收集的数据资料不一定与另一研究者的研究目的相符，有时研究者所需要的资料有可能完全找不到。最常见的情形是，二手资料分析研究者发现某原始研究中的某个问题基本上是在测量他所感兴趣的某个变量，但却不是以他想用的方式测量的，所以他只能凑合着用这样的数据了。从这个角度来说，二手资料分析的效度是较低的，即原始问题所测量的并不正是二手资料分析的研究者所希望测量的变量。

二手资料分析的另一个缺点是不能控制数据的质量，如果原始数据的收集过程具有导致误差的极大隐患，二手资料分析者即使有再好的解决办法，也无用武之地。除此之外，现有数据的时效性也会影响二手资料分析的价值。

三、内容分析法

在研究大众传播媒介的诸多方法中，内容分析法是用得较多的一种方法，可以说它是媒介调查中与调查法、实验法相并列的三大研究方法之一。它提供了研究媒介内容的有效方法。美国的一本杂志《广播与电子媒介》(Journal of Broadcasting and Electronic Media)，其 1977～1985 年间发表的定性研究报告中，有 21% 的研究都运用了内容分析法。[①]

(一) 内容分析法的定义

内容分析主要用来描述各种传播渠道（如报刊、书籍、广播、电视、人际对话、群众集会等）中传输的信息（如新闻、娱乐、广告、评论等）的内容（如何人、何时、何地、何事、何因等）及表现手段（如正面褒扬、客观报道、批评贬责等）。

不同的传播学者对内容分析有不同的定义，其中受到较为普遍认可的定义是：内容分析是一种系统、客观、定量的研究分析方法，目的在于测量传播媒介的内容中某些可测量的变量。这个定义从三个方面对内容分析进行了说明：

第一，内容分析是系统的。即在整个内容分析过程中始终贯彻同一个分析评价的标准，选择分析内容的原则是明确的，对不同对象的分析方法和过程是一致的。这意味着在内容分析中，样本的选择必须按照特定的程序，使满足条件的所有对象接受分析的机会相同；分析过程要系统化，所有的研究内容都要用相同的方法处理；编码和分析的过程必须一致，编码

---

① Roger Wimmer & Joseph Dominick 著，李天任、蓝莘译：《大众媒体研究》(Mass Media Research-An Introduction)，台湾亚太图书出版社 1995 年版，第218页。

员间具有信度。

第二，内容分析是客观的。研究的结论不能受到研究者自身主观因素的影响，即如果有不同的研究者进行重复的研究，两者的结论应当是相同的。这要求在内容分析设计时，概念的操作化定义是明确的，变量取值的分类规则是全面、合理的。研究者需要建立一套明确的标准和程序，对抽样设计、分类法则以及每一步的具体操作过程都进行详细的说明，否则很难保证真正的客观。尽管这样要求，有时候要做到完全客观也还是不容易的，因为分析单位的设计、对研究问题的合理构架、对概念的操作化定义、对分类标准的说明，本身就和研究者的知识、经验和能力密切相关。

第三，内容分析是定量的。内容分析的主要目的是对所研究的媒介内容做出准确的描述。为达到这个目的，借助数量进行描述是非常必要的，确切的数值比"大多数"、"大部分"这样的词语要准确得多。借助数字的量化研究，也使得资料的分析和解释过程变得简单。另外，除了对单一现象的分析解释外，还可以分析不同现象之间的关联性。

（二）内容分析法的步骤

1. 内容分析的阶段

内容分析在操作上可分为几个独立的阶段，这些阶段按顺序依次是：

（1）提出研究问题或假设。

（2）确定研究范围。

（3）从研究范围中抽取适当的样本。

（4）选择并确定分析单位。

（5）编制内容分析的编码表。

（6）培训编码员。

（7）进行编码员信度分析。

（8）依据编码表对所有的分析内容编码。

（9）数据的录入和查错。

（10）对数据资料分析并进行解释。

在理论上，内容分析应该遵循这些步骤进行，但在实际操作中，根据研究者准备工作的情况，也可以把几个步骤合并进行。

2. 提出研究问题或假设

进行一项内容分析，要避免纯粹的"为了分析而分析"，必须要有清楚的研究目的和思路，这样在资料的收集中才不会漫无目的。

　　与媒介调查的其他方法一样，内容分析需要首先确定研究主题和研究方案，这将是整个研究的指导。研究主题的确定正如第一章中所讲的，可以通过对文献的阅读找到研究的思路，也可以对现存的理论进行验证，或者对社会生活的某种现象进行研究，总之是研究者感兴趣的而同时具有理论意义和实践意义的一个主题。例如研究者初步觉得电视广告中男性多是以事业成功的形象出现，而女性多是以家庭主妇的形象出现，便心中产生"电视广告中是否存在一种男女地位不平等的价值导向"的疑惑，针对这个疑惑，他就可以确定一个研究主题"电视广告中男性和女性形象研究"，并提出相应的若干假设。然后通过对电视广告的内容分析，以实证的数据解答自己的困惑。

　　确定了研究主题之后，研究者要认真思考一下这一研究最合适的研究方法是不是内容分析法。研究主题是"内容"，研究方法是"形式"，最终是形式服从内容的。虽然研究者可能一开始就确定了采用内容分析法，但如果它不能完成研究主题所规定的任务或者它不是最好的方法时，就要根据实际情况确定是调整研究主题还是调整研究方法了。

　　3. 确定研究范围

　　确定研究范围就是要详细说明所分析的内容界限，即需要对研究的总体进行明确的定义。例如，研究者想要研究电视广告，"电视广告"的内涵是什么，是指包括商业广告、公益广告等所有的广告，还是专指商业广告？是只研究国内的，还是研究国际的？是否要对不同地区的情况进行横向比较，如果要比较的话，如何界定研究范围才能保证具有可比性？是研究所有电视台播出的广告，还是研究规模较大的电视台播出的广告，如何界定"规模较大"这个概念？是否要比较不同地位的电视台的差异，如果要比较，"不同地位"又怎么界定？是研究过去 6 个月、3 个月还是多长时间的？是否要进行趋势分析，如果要进行趋势分析，要划分为几个时间阶段，如何划分时间阶段？等等。

　　研究范围不能确定得太宽，否则可操作性比较差，而且必须要投入更多的经费和人力，也不能定义得过窄，要保证所研究的现象有足够的出现机会，要能够呈现研究内容所规定的现象发生、变化的数量规律性。需要注意的是，研究范围不能与研究内容本身的时间周期相关。例如，仍是要研究电视广告，确定了研究范围是 3 个月，而这 3 个月恰好包含了男足世界杯比赛时间，可以想像得出，研究的结论将会产生某种夸大的效果。

确定了研究范围之后，研究者就应该在研究方案以及最后的研究报告中明确指出这个范围，例如"这是对 2002 年中央电视台和各省台卫视黄金时段播出的电视广告的研究"，这样做就指出这项研究的适用性。

4. 从研究范围中抽取适当的样本

确定了研究范围以后，就要进行抽样。关于抽样的方法，在第一章中已经比较详细地介绍了，内容分析的抽样多数要求对总体具有代表性，即要求采用概率抽样。在抽样的操作上，内容分析可能有些特殊的地方。首先，某些研究所要求的研究范围不大，其数量是有限的，因此对研究范围内的所有内容进行普查是可行的。例如，曹培鑫（2001 年）为了研究《读者》价值观的变化，选取了"人物"栏目中从 1981～2000 年 20 年间的全部文章共 622 篇进行分析。其次，有的研究所对应的研究范围不能普查，需要进行抽样时，其抽样方法基本上都有固定的模式可参考。

大多数的内容分析都采用多阶段抽样，这个过程包括两个或三个典型的阶段。第一阶段常常是对包含研究内容的载体抽样。例如，要研究 2002 年中央电视台和各省台卫视黄金时段播出的电视广告，研究者首先要抽取目标电视频道，即确定研究哪几个电视台或频道。再如，北京广播学院调查统计研究所的柯惠新教授运用内容分析对中国内地、香港地区、台湾地区报纸关于台湾"9·21 大地震"的报道进行比较研究中，要分别从中国内地、香港地区、台湾地区每天出版的数百种甚至数千种报纸中各抽两份报纸来代表三地的情况。在这一阶段的抽样中，可以采用分层抽样，例如按报纸的发行量分层，按电视台的类型分层等；有的研究者在这个阶段会采用主观抽样，这样做省去了大量工作，而且获得了更多与研究相关的信息，也是可以的。

当确定了研究内容所在的载体后，接下来就要抽取研究时间。根据研究目的，如果要进行趋势研究，就要事先依据某种法则把研究范围划分为几个时间段，然后再确定每一个时间段内要研究哪些时间点的情况。例如，对中国内地、香港地区、台湾地区报纸关于台湾"9·21 大地震"的报道进行比较研究，在三地已经各抽取了两份报纸。那么研究每份报纸哪些天的报道呢？研究者根据自然发生的时间，先把研究阶段划分为地震前（1999 年 9 月 16 日～9 月 20 日）和地震后（1999 年 9 月 21 日～10 月 15 日），由于本研究的范围不是很大，因此研究的是 1999 年 9 月 16 日～10 月 15 日的全部报纸。又如，陈凯（2002 年）研究《纽约时报》内容在

1990～1999 年十年间的变化时，先把每年都划分为 4 个季度，然后在每个季度中抽取一天的报纸，共抽取了 40 天的报纸进行研究。再如，对 2002 年电视广告的研究，该研究在事先不划分时间段的情况下，从这一年 365 天内随机抽取若干天，对这些天的黄金时段的广告进行研究。

由于研究范围内的所有时间点本身就有一种排列的次序，可以考虑采用等距抽样进行，但抽样间距一定要避开研究对象本身的固有规律，例如对电视和报纸抽样时，都应该避开 7 天这个间距，否则抽中的会全是星期一、全是星期二或全是其他一星期中固定的一天，这种样本一般都不具有代表性。

有的研究不采用等距抽样，而是采用抽取"混合周"的方法，即把某个时间段内的所有星期一都放在一起，并从中随机抽取一个；把所有星期二也放在一起，从中随机抽取一个……这样该时间段内一周的所有日期都齐全了，而且又能够保证随机，这些日期就组成了一个"混合周"。但研究究竟要抽取多少个日期，是需要事先根据研究主题确定的。

当确定了研究的日期之后，便进入了下一阶段的抽样，即研究者在限定的日期中选择研究内容。如已经选择了分析数十期的报纸，分析报纸的哪些内容呢？是所有版面都分析，还是只分析头版，或是只分析头版头条？已经选择了研究某些日期黄金时段的广告，是黄金时段全部的广告都分析，还是再从中进行选择？

关于内容分析的抽样，有的研究主题确定得比较明确，抽样就可以简单。例如，曹培鑫（2001 年）为了研究《读者》价值观的变化，首先就确定了研究的杂志是《读者》，时间段选取的是从 1981～2000 年 20 年间，研究的内容是"人物"栏目的全部文章共 622 篇。

5. 选择分析单位

内容分析法中的分析单位，指对传播信息进行分类或测量的最小计数对象。传播学研究者通常将信息按其载体渠道分为"文字"、"音响"、"图像"（静态）及"影像"（动态）等四类。用于各类信息的分析单位有所不同。如对文字信息（如一篇文章）的分析，分析单位可以是整篇文章，也可将文章拆成更小单位，如章、段落、句子、词组、字等。

音响信息的分析单位与文字信息类似，如广播新闻，可用文章、段落、句子、词组等不同的分析单位计量；不同之处在于音响信息是以播出的时间长短（小时、分钟、秒钟等）计量，而文字信息则以刊出的版面大小（或文字多少）来计量。

静态图像（如照片、漫画、图表等）的分析单位较少变化，一般均以整个图像为计量的分析单位。如陈凯（2002 年）在研究《纽约时报》报道风格变化时，对图片的分析就是以每张图片为分析单位，计量的是每份报纸图片的张数、图片的面积等信息。

动态影像（如电影、电视、录像等）的分析单位，因其信息内容在每一节目内连绵不断而成为所有各种信息中最难以界定的。研究者在对影像信息作内容分析时，经常采用整个节目或其中的完整片断（即一个没有被打断的镜头）为分析单位。如祝建华（1996 年）在分析美国总统候选人在电视辩论中的表现时，以"发言机会"（包括指定的和抢来的发言机会，可长达几分钟或短则半秒钟）为分析单位，来描述各候选人的进取性。

分析单位越小，所收集的信息就越具体、统计结果也越精确。更重要的是，小的分析单位可在事后根据需要合成大的分析单位；但如果一开始就用较大的分析单位，在以后就无法将所收集的数据再细分成较小的分析单位。不过，采用小的分析单位会需要更多的时间、人力和资金，研究者需要在资料的精确程度与现实条件之间作出平衡。

不管设定多大的分析单位，其操作化定义必须要明确，分类标准要清楚易辨。这似乎是内容分析中较难的工作了。在操作时，可以先有个初步的操作化定义，然后选择一定数量的分析内容进行对照，这样就可以发现存在的问题，通过不断修改最终获得明确的定义。

6. 编制内容分析的编码表

内容分析的核心问题就在于建立一个用于对媒介内容进行分类的编码表。编码表是对媒介内容进行测量和记录的工具，研究者需要为每一个分析单位准备一份编码表。

建立编码表首先确定要收集关于分析单位的哪些方面的信息，即确立欲测量的指标，然后给出该指标的取值范围，并划分为不同的类别。在有效的分类系统中，所划分的类别应该是互斥的、穷尽的、具有信度的。例如，如果以节目为分析单位分析某电视频道一个"混合周"内每天播出的所有电视节目，研究者想知道播出类型最多的节目是什么，就要建立"节目类型"这个指标，然后建立分类体系。该分类体系应该使所有的节目都能找到合适的类别，即类别是穷尽的；也应该使每一个节目只属于一个类别，而不是多个类别都适合它，即类别是互斥的。比如，如果把分类系统建立为：

　　①新闻　②体育　③综艺　④电视剧　⑤电影
　　⑥少儿　⑦教学　⑧访谈　⑨纪录片　⑩艺术

　　这个分类系统是否合适呢？可以试着通过找反例的方法来否定它。很明显，天气预报和广告就不能找到自己合适的类别，那么它不是穷尽的；另外，体育新闻节目既可以把①作为合适的类，也可以把②作为合适的类，这个分类又是不互斥的。解决穷尽性似乎好办，可以在原有分类后面添加新的类别；解决互斥性的问题就要从分类本身的特点来看了。在本例中，新闻、综艺、电视剧、电影、访谈、纪录片等类别是按照电视节目的形式来划分的，而体育、少儿、教学、艺术是按照电视节目的内容来划分的，同时采用两种分类标准，就会产生交叉，研究的结果也毫无意义。解决的办法就是事先确定统一的分类标准。

　　确定一套统一的分类标准听起来似乎容易，但在实际操作中很有难度。例如，仍然要对电视节目的类型进行分类，并确定按照形式来分类。针对形形色色的电视节目，这可真不是一件容易的事，需要做大量的基础工作。所以，可以说内容分析中最难的地方就是建立编码表。正因为这种难度，建立编码表时存在两种可能，一种是分类太粗，另一种是分类太细。如果分类太粗，可能掩盖了研究者关心的特征；如果分类太细，最终落到每个类别的分析单位都很少，统计的结果就会失去意义。

　　建立编码表应该注意的另一个问题是分类系统应该具有较高的信度。所谓信度，指的是不同的编码员用同样的方法对相同的内容进行编码时，他们判断其归入哪一个类别的意见应该是一致的。这种一致性在内容分析中叫做"编码员信度"。对类别的准确定义可提高编码员信度，而模糊或模棱两可的分类会降低编码员信度。在进行正式的内容分析之前，应该选择一定数量的分析内容让不同的编码员去编码，目的是对分类系统的信度进行检验，如果信度很低，就要对分类进行调整。

　　测量共有四种尺度。建立定类尺度的测量变量如上所述，具有一定的难度；定比的测量尺度，常常用来测量诸如文章长度（字数）、节目长度（分钟）等数量的多少，这种测量变量很容易就可以建立。另两种测量尺度，即定距尺度和某些定序尺度，在测量一些抽象程度较高的概念时，常常被用在测量量表中。例如，测量女性在电视广告中的形象，"形象"是一个很抽象的概念，就可以用一个量表来测量，如表2—1。

表 2—1　　　　　　　　　　电视广告中女性形象的测量量表

独立的	1	2	3	3	5	6	7	依赖的
支配地位的	1	2	3	3	5	6	7	顺从地位的
事业的	1	2	3	3	5	6	7	家庭的
冷漠的	1	2	3	3	5	6	7	可亲的
坚强的	1	2	3	3	5	6	7	柔弱的
自尊的	1	2	3	3	5	6	7	自怜的
内在修养的	1	2	3	3	5	6	7	虚荣的
成功的	1	2	3	3	5	6	7	失败的
…	1	2	3	3	5	6	7	…

不过，这种形式的测量量表常常是产生编码员误差的根源，因为在判断其取值的时候完全是根据编码员的主观感受进行的。通过对编码员进行严格培训，可以减小一部分误差。

下面是一个编码表的实例。它是曹培鑫（2001 年）在分析《读者》20 年来价值观变化时对"人物"栏目的文章进行编码时使用的。

＊　＊　＊　＊　＊　＊

《读者》价值观研究的标准化编码表

总编号：＿＿＿＿＿＿＿＿＿＿＿＿

一、文章基本资料

1. ＿＿＿＿年（1981～2000）＿＿＿＿期（1～12，2000 年 1～24）＿＿＿＿页（材料上的页码）

2. 文章标题：＿＿＿＿＿＿＿＿＿＿＿＿＿＿＿

3. 文章长度：约＿＿＿＿字（2000 字/页）

4. 稿件来源：＿＿＿＿＿＿＿＿＿＿＿

5. 原稿发表时间：＿＿＿＿年

6. 作者国籍：（附表）

7. 体例：＿＿＿＿①自传　②别人描写

8. 文章主题：＿＿＿＿①情感　②成就　③性格　④命运　⑤道德　⑥事件
⑦轶事　⑧观念　⑨其他：＿＿＿＿（请注明）

二、所记述的人物

9. 文章中主要记述了＿＿＿＿个人物（此项为 1 则不用回答 10、11 题）

第一个的 9.1.1 身份（附表）：＿＿＿　9.1.2 性别：＿＿＿（①男　②女）　9.1.3 国籍（附表）：＿＿＿　9.1.4 评价：

①完全正面、崇拜　②正面评价为主　③不明显、难判断　④负面评价为主　⑤完全负面、批判

第二个的 9.2.1 身份：_____　9.2.2 性别_____　9.2.3 国籍_____　9.2.4 评价_____

第三个的 9.3.1 身份：_____　9.3.2 性别_____　9.3.3 国籍_____　9.3.4 评价_____

第四个的 9.4.1 身份：_____　9.4.2 性别_____　9.4.3 国籍_____　9.4.4 评价_____

第五个的 9.5.1 身份：_____　9.5.2 性别_____　9.5.3 国籍_____　9.5.4 评价_____

10. 人物之间的关系：_____

①亲子　②家族　③朋友　④夫妻、爱人　⑤对立　⑥名人之间

⑦名人与普通人　⑧师生　⑨无明显关系　⑩其他：_____（请注明）

11. 人物之间的关系的性质：_____

①同质关系　②异质关系　③混合关系

三、主题分述

12. 文章涉及的主要时间：_____

①"文革"之后　②"文革"期间　③建国到"文革"之前　④1912～1949 年　⑤1840～1912 年　⑥1840 年之前　⑦跨时间段

13. 对于"文革"期间这一段时间的表述：_____（12 题选②答此题）

①中性描述　②控诉　③反思原因　④忏悔　⑤未提到　⑥其他：_____（请注明）

14. 情感的类型：_____（当第 8 题选①时答此题）

①爱情　②友情　③亲情　④宗教感情　⑤其他：_____（请注明）

15. 成就类型、领域：_____（当第 8 题选②时答此题）

①经济型　②政治型　③学术型　④艺术、竞技　⑤道德型　⑥其他：_____（请注明）

16. 人物的性格可以算做：_____（当第 8 题选③时答此题）

①理想主义的　②现实主义的　③其他：_____（请注明）

17. 什么是决定人物命运的最主要因素：_____（当第 8 题选④时答此题）

①政治因素　②经济因素　③人物性格　④人物观念　⑤时机　⑥其他：_____（请注明）

18. 人物命运的主要方向：_____（当第 8 题选④时答此题）

①积极正向的　②中性的无方向性的　③消极负向的

19. 人物的道德可以归入：_____（当第 8 题选⑤时答此题）

① 传统的　② 现代的　③其他：_____（请注明）

20. 文中的事件是_____事件（当第 8 题选⑥时答此题）

① 经济　② 政治　③其他：_____（请注明）

21. 观念种类：_____（当第 8 题选⑧时答此题）

① 经济　② 政治　③学术　④生活　⑤艺术、竞技　⑥道德　⑦其他：_____

（请注明）

四、人物的追求与特征

22. 文中体现了主要人物对以下哪些方面的重视与追求？（最多可以选 6 项）

①舒适、自在的生活（富裕的生活）

②令人兴奋的生活（富于刺激的、活跃的生活）

③成就感（做出持久的贡献）

④和平的世界（没有战争和冲突）

⑤美丽的世界（自然和艺术的美）

⑥平等（四海之内皆兄弟，所有的人都赋予相同的机会）

⑦家庭安全（照顾自己所爱的人）

⑧自由（独立、有选择的自由）

⑨幸福（满足）

⑩内心的和谐（没有内心冲突）

⑪成人的爱（性和精神上的亲密）

⑫国家安全（不受攻击）

⑬快感（一个快乐、闲暇的生活）

⑭得救（被拯救而得永生）

⑮自我尊重（自尊）

⑯社会认可（尊敬、钦佩）

⑰真正的友谊（亲近的同伴关系）

⑱智慧（对生命有成熟的理解）

23. 文中的主要人物有以下哪些特征？（最多可以选 6 项）

①有抱负的（努力工作、有志向）

②心胸开阔的（胸怀开朗）

③有能力的（有才能、有效力）

④欢愉的（轻松、欢快）

⑤干净的（整齐、井井有条）

⑥有勇气的（信念坚定、不怕困难、挫折）

⑦宽容的（愿意原谅他人）

⑧愿助人的（为他人的福祉而努力）

⑨诚实的（真诚、真实）

⑩富于想像的（大胆、有创造力）

⑪独立的（依靠自己、自给自足）

⑫智识的（聪明、内省的）

⑬有逻辑的（稳定、理性）

⑭有爱心的（热情、温柔、善良）

⑮服从的（顺从、尊敬）

⑯礼貌的（彬彬有礼）

⑰负责的（可依赖的、能依靠的）

⑱有自制能力的（拘谨、有自我约束力的）

24. 编码员：＿＿＿＿＿＿

附表：

身份、职业编码：

①政治家、官员、革命家　②军事家、军人　③文学家、学者

④画家、雕刻家、书法家　⑤音乐家（作曲）　⑥科学家

⑦演艺人员　⑧工人、农民　⑨经济、商业、金融、经济管理

⑩医生、医务人员　⑪教师、教练　⑫行政管理人员

⑬领袖人物　⑭社会工作者　⑮运动、武术

⑯单纯名人或与名人有关联　⑰怪才、奇人

⑱皇室成员、历史上大臣、大将

⑲侦探、警察　⑳航海家、探险家　㉑思想家、哲学家

㉒法官、律师　㉓记者、新闻从业人员　㉔宗教、神职人员

㉕学生、孩子　㉖建筑从业人员　㉗其他

国家、地区编码：

①中国　②美国　③法国　④俄国　⑤英国　⑥德国

⑦中国台湾　⑧意大利　⑨印度　⑩日本　⑪（古）希腊　⑫匈牙利

⑬西班牙　⑭比利时　⑮波兰　⑯挪威

⑰中国港、澳　⑱加拿大　⑲巴基斯坦　⑳新加坡

㉑荷兰　㉒瑞士　㉓瑞典　㉔奥地利

㉕爱尔兰　㉖以色列　㉗约旦　㉘泰国

㉙巴西　㉚南非　㉛埃及　㉜马其顿

㉝缅甸　㉞斯里兰卡　㉟菲律宾　㊱罗马尼亚

㊲尼日利亚　㊳丹麦

＊　＊　＊　＊　＊　＊

7. 培训编码员

建立了编码表之后，似乎就可以用其进行内容分析了。在编码时，常常需要由编码员主观判断某个分析单位归入哪一类，这个过程中会产生误差，这种由于编码员的主观理解产生的误差叫做编码员误差。如果一项研究的编码员误差太大，将会影响测量的信度和效度。

为了控制编码员误差，对编码员进行严格培训是十分必要的。尽管研究者可能有严格的操作化定义和明确的分类系统，但编码员的知识和能力可能达不到研究者的水平，而对编码员的培训有助于他们准确了解定义、明确各个类别的界定，可以使他们熟练掌握研究的技巧和编码的特殊需求。编码员的培训往往会花费较长的一段时间，培训的详细内容、编码须知、编码实例也应该以文字方式提供给编码员。

下面是曹培鑫关于上述编码表的编码须知实例：

* 　* 　* 　* 　* 　*

《读者》价值观研究的编码须知

一般注意事项：

1. 请常常参考本说明。

2. 总编号不用编码员编写。

3. 每一个编码题选项中都有"不确定"，"不明确"，"未及"，如果归入此项，则数据的实用价值就不大了，所以请尽量将数据归入确切的选项，当然这也不是绝对的，要真实的纪录。

4. 编码中遇到的不能解决的问题，请找研究者协商。

5. 很难定夺的问题、设计中未想到的问题，请在编码表的备注或者编码表背面做简要的说明，说明的时候请一定要注明无法归类的原因。

6. 凡是选择"其他"选项的，请注明具体内容。

特别注意事项：

1. 本编码表包括三个部分：

a) 编码说明。

b) 编码表。

c) 录入表格。

其中编码表是在编码之前对各个编码项的详细解释，在编码过程中的参照。熟悉了编码表的结构之后，就可以进行编码了，同时将编好的数字录入到录入表格之中。

2. 除了编码表中指定的不要在编码表上留空隙，不能填充的请注明原因或"不详"。

3. 字数：以500字为最小单位，每页按2000字计算，分成1/4页，1/2页，1页等。

4. 对编码表中各个题的解释：

A：关于"主题"，分成了九种选项：情感、成就、性格、命运、道德、事件、轶事、观念、其他。主题可以理解成文章的中心，即文章在表达什么？有时文章可能同时表达了几个主题，这种情况下就要仔细思考、判断，将其归入其中最适当的一类。

情感：描写一人或者多人之间的感情为主，可以是父母之爱、情人夫妻之爱、同志感情等等以描写情感经历为中心。重点是通过事件描写感情。

成就：以描写各行业、领域的人物的成功经历为主，有时会描写从平凡走向成功的过程，或者描写成功过程，或叙述事业的进展，或者探讨成功的原因都归入此类。

性格：或通过言论、或通过一系列事件而中心都是围绕着性格展开，各事件无不说明性格的方方面面。如果有一系列的事件，但并不围绕着一个固定的性格中心，则不能归入此类，往往要归入"轶事"类别中。

命运：此类文章常常会描写主人公的一生，多变起伏的命运，这样的文章不太关注主人公内在的部分，而是更加强调外在环境的变化及其影响，这种文章往往会描述一次以上的影响人物人生道路的事件。

道德：人物一切行为的动因都是出于对高道德标准和理想的追求，尤以利他主义为特征，常常得到赞美和起到精神鼓舞的作用。

事件：这类文章常常描述在历史事件中的人物，并不完全以人物为中心，文章常常具体详细描写一两个事件，而事件本身的起因很可能是非人为的，所以事件本身成了重点。

轶事：常常是名人生活中的小事，这些事如果不是因为事件的主人公是名人可能并没有什么记载价值，事件也并不反映人物的很深层次的特征，常常是日常小事、小习惯，等等。

观念：文章很少描述事件，或者简单概括事件，而把重点放在了阐述表达人物的观念上面，这些观念可以包括各个方面的主题，往往是人物对于特定主题的看法，追求的理想，等等。

B：关于文章中出现的人物编码方法：

(1)"9题"人物个数：并不是所有出现在文章中的人都算在内，而是那些单独构成了文章记述部分的人物，比如"林肯和他的母亲"，"将军与诗人"题目中的人物都是。还有"二战名将录"，"开国将军们"等描写完全相似的人物的文章都算描写了一个以上的人物。只有以上两种情况算作两个人物以上。

(2)"10、11题"：人物间关系（的性质）只适用于两个以上的人物的情况，其中同质关系是指人物的身份、职业、生活年代几乎完全相同（比如，"二战名将录"，"开国将军们"等），异质关系则是人物的身份很不相同，将几个人物放在一处不是因为相似，而是因为人物之间的关系（比如，"林肯和他的母亲"，"将军与诗人"等）。

C："12、13 题"文章涉及的主要时间，是指文章描述的主题部分事件所涉及的时间段，如果很难归类则选7，即跨时间段。

D："14～21 题"各题是分别对应情感、成就、命运、事件、观念的题，比如在第"9 题"文章"主题"时选了"情感"，就对第"14 题""情感类型"编码，其他的"15～21 题"则不用编码，另外几题以此类推。其中：

"16 题"现实主义的性格与理想主义的性格区别在于行动的标准是常常以现实状况为先决条件，还是往往不太考虑现实条件，以理想的状态为奋斗目标。宗教的、乌托邦的以及对各种主义的追求；反传统的，反权威的，往往是理想主义的性格特征。现实的、顺从的、保守传统的往往是现实主义的性格特征。

"19 题"传统的道德指中国以儒家为中心的道德体系所推崇的观念，包括经济上的济贫救荒、政治上的德治教条、社会上的尊老敬贤、文学上的文以载道、宗教上的孝思观念等。现代的道德观念则是以西方道德框架为主的自由、平等、博爱、尊重个体、提倡竞争等等观念。

"22 和 23 题"为人物的追求与特征，回答此题时不需要经过严密的、逻辑的推理，而应该将判断的标准停留在文章比较明显表达的地方或读者的直接感受。

E：关于职业的编码：

(1) 各职业均为人物最主要的身份，比如一个人既是军事家又是政治家时，要看他的军事才能是否比他的政治表现（比如参加革命、担任政府官员等）更显著。

(2) 一个人的身份要以与文章中的行为最接近的为准，比如一个官员在从事文学创作中有很高的造诣，文章又正好在描述此事，则此时可能应该将其归入文学家类。

(3) 科学家：物理、化学、数学、天文、地理等专家都算作科学家。

(4) 音乐家专指作曲、作词、指挥。

(5) 单纯名人是指该人物的出名、成就主要是由于他们与名人的某种关系，否则以相同的境遇与表现是没有被介绍的必要的，即使本人的成就很突出，仍要看是不是他们单纯名人的实质是更大的影响力量。例如：有一篇美国总统林肯回忆他母亲的文章，中间讲到了他母亲伟大的爱，实质上，与他母亲相似的有很多母亲，而这位母亲由于与一位名人有这样的关系才被记载和介绍。

(6) 演艺人员包括歌唱演员、影视演员、戏曲、曲艺、舞蹈演员等以表演为主的职业。

(7) 领袖人物，专指马、恩、列、斯、毛、邓、孙中山、周恩来。

(8) 思想家、哲学家包括各哲学流派的思想家。

＊　＊　＊　＊　＊　＊

8. 进行编码员信度分析

培训可以解决编码员操作方法上的问题，但即使经过了严格的培训，仍不能保证不同的编码员对相同问题的理解是一致的。一项内容分析的编码工作常常需要几个编码员共同完成，这刚好给检验编码员误差提供了便利条件。

检验编码员误差需要一个实验性的小样本研究，即在分析的内容对象中随机选择一个小样本，让所有编码员进行试编码，即通过多次测量来评价信度。研究者常常通过计算编码员的信度系数来评价编码员信度。计算的方法有多种，其中比较简单的两种计算方法如下：

（1）霍斯提公式。霍斯提提出了一种用一致性百分比的形式来评价两个编码员间信度的方法。假定两个编码员分别同时做了 m_1 和 m_2 个单位的编码，其中一致的编码数为 m，则：

编码员信度 $= 2m / (m_1 + m_2)$

例如，两个编码员同时对 50 个单位的内容进行编码，其中有 40 个单位归入了相同的类，则信度的计算结果是：

编码员信度 $= 2 \times 40 / (50 + 50) = 80\%$

这种计算方法简单、易于操作，但是这种信度的大小可能与编码时所用的类别数目有关。一般来说，类别的数目越少，一致性的可能概率就越大。例如，假定编码指标有两个类别时，即便是编码员用完全随机的方式判断归类，也可能会有 50％的信度；但是编码指标有 5 个类别时，随机的编码就只可能有 20％左右的信度。

（2）史考特指数。针对霍斯提公式存在的上述问题，史考特在既考虑所使用类别的数目，又考虑每个类别可能出现的频率的情况下，提出了 π 指数计算法。用 π_o 表示观测到的一致性或叫实际一致性，可用霍斯提公式计算得到；用 π_e 表示纯粹由随机性而造成的一致性或叫期望一致性，它等于每个类别出现的相对频率的平方和。那么编码员间信度是：

编码员信度 $\pi = (\pi_o - \pi_e) / (1 - \pi_e)$

例如，对于上例中的第 17 题"什么是决定人物命运的最主要因素"，一共有 6 个类别，每个类别的选择比例分别是：

①政治因素　　　　　　　　30％

②经济因素　　　　　　　　20％

③人物性格　　　　　　　　20％

④人物观念　　　　　　　　　　15％

⑤时机　　　　　　　　　　　　10％

⑥其他　　　　　　　　　　　　5％

则期望的一致性 π_e 为

$0.3^2 + 0.2^2 + 0.2^2 + 0.15^2 + 0.1^2 + 0.05^2 = 0.20$

如果按照霍斯提公式计算的两个编码员的实际一致性 π_o 是 80％的话，那么 π 值就是：

编码员信度 $\pi = (0.80 - 0.20) / (1 - 0.20) = 75\%$

一项内容分析的信度当然是越高越好，但实际上很难达到 100％的一致性。在某些情况下，把分析单位归入哪个类别中可能不需要编码员的判断，编码就成了机械性的工作，这种研究可能达到很高的信度；如果在编码时需要编码员的理解和判断，信度可能就比较低。很多内容分析的研究报告表明，利用霍斯提公式计算时，最小的信度要求一般是 90％或以上；在利用史考特公式计算时，最小的信度大约在 75％或以上。上述《读者》价值观研究的例子中，编码员信度高达 96％。

评价编码员信度的目的有两个：一是找出分歧太大的编码员，二是找出定义不清楚的分类。为了找出分歧太大的编码员，需要考察编码表中的所有问题，可以通过霍斯提公式计算。例如一份编码表中一共有 20 道题，A、B、C 三位编码员各对 5 个分析对象进行编码。因此，每个人需要编码 100 个。其中 A 和 B 有 80 个编码是相同的，一致性是 80％；A 和 C 有 60 个编码是相同的，一致性是 60％；B 和 C 有 50 个编码是相同的，一致性是 50％。从这个分析结果看，编码员 C 和其他编码员的分歧比较大。研究者需要帮助他找出出现偏差的原因，再次向该编码员讲解编码的原则。如果问题仍得不到解决，就要让该编码员退出编码工作。

为了找出定义不清楚的分类，需要根据编码的结果对编码表上每个问题逐个进行信度分析。对某个具体问题而言，如果已经不考虑意见分歧较大的编码员后，用史考特公式计算的编码员两两之间的信度都比较低，对该问题的分类就要进行重新定义和调整。

除了不同编码员的理解和判断能力会导致编码员误差外，同一个编码员在对同一个内容前后两次编码中，也可能会产生不一致。编码员的疲劳、粗心是编码中出现差错的一个原因；另外，分类的界限不明显，编码员前后两次都是模棱两可的判断也是误差的主要来源。所以，有的内容分析中除了测量编码员间信度外，也需要考察编码员内信度，即让同一个编码员在不同的时间内对同一个资料编码两次，然后计算编码—再编码信度，这实际上是属于评价测量稳定性的测验—再测验信度。计算的方法和计算编码员间信度相同。

9. 依据编码表对所有的分析内容编码

所谓编码就是将分析单位按其自身的特点划入编码表中各题的相应类别中。这是内容分析中最费时但最有意义的部分。经过对编码员的严格培训，以及对编码员的信度评价，只要编码员确实理解编码的原则并保持严谨的态度，编码工作就变得简单。

为了便于编码工作的有序进行，以及有利于后续的数据录入和查错，一般在编码中使用标准化的编码表，有经验的研究者在设计编码表时就已经考虑到了这一点。有了这样的表格，编码者就可以将资料整齐地记录在相应的位置。在编码前，需要事先把所有分析样本集中起来并一一分配编号，在编码时也需要在对应的编码表上记录这个编号，这是编码表和编码内容进行对应的重要线索。进行编码时，每一个分析单位都应该分配一张独立的编码表，编码的结果就可以直接记录在编码表上。

以下是北京广播学院 2003 届硕士毕业生陈晓华在对《北京青年报》"精确新闻"文章进行内容分析时对 024 号文章编码的记录，其中带□的数字是编码员记录的内容。

＊　＊　＊　＊　＊　＊

编号：024

Q9—1. 用了几种抽样方法　1

Q9—2. 主要抽样方法　20　（大类）、　201　（小类）

（只用一种抽样方法的跳至 Q10 题）

Q9—3. 其他抽样方法＿＿＿＿＿（大类）、＿＿＿＿＿（小类）

大类：10. 非概率抽样　　20. 概率抽样　　99. 无说明

小类：101. 方便抽样　　　　201. 简单随机抽样（SRS）

　　　102. 判断抽样　　　　202. 系统抽样

　　　103. 配额抽样　　　　203. 分层抽样（PPS）

　　　104. 滚雪球抽样　　　204. 整群抽样

　　　199. 其他　　　　　　205. 多级抽样

299. 其他

Q10—1. 是否有样本量的说明 ☐1 1. 有 2. 没有（跳至 Q11） 3. 含糊说

Q10—2. 样本量为 ☐634

Q11. 是否有代表总体的说明 ☐2 1. 有 2. 没有 3. 含糊说

Q12—1. 是否有成功率（问卷回收、电话访问的成功率）的说明 ☐2 1. 有 2. 没有（跳至 Q13）

Q12—2. 成功率＿＿＿%

Q13. 是否说明抽样误差？ ☐2 1. 有 2. 没有 3. 含糊说

Q14. 是否列出样本结构（年龄、文化、性别）等 ☐1 1. 有 2. 没有 3. 含糊说

Q15. 是否列出主要问题的原始问卷 ☐2 1. 有 2. 没有

＊ ＊ ＊ ＊ ＊ ＊

　　需要指出的一点是，如果是对已保存的资料进行编码，可以不限时限地地进行，如果是对无法留存的资料编码，例如对电视节目进行内容分析而又没有录下所有欲分析的节目，而是边收看边编码，就对编码时间和操作过程有非常严格的要求，因为编码者没有重新再来的机会。

　　如果分析资料是以电子文字的形式存在，编码工作中可以充分利用电脑进行帮助。例如，数一篇文章的字数或计算某个词出现的频数等，都可以充分利用电脑的优势。

10. 数据的录入和查错

　　编码工作完成之后，要把所有的编码表集中起来并把编码结果录入电脑中，从而可以利用统计分析软件对数据进行分析。这个工作需要由懂得统计分析软件或数据库技术的人来完成。在数据录入前，首先要根据编码表建立相应的变量，并限定变量的类型、长度、取值范围等，然后再根据编码表录入各变量的取值。一般情况下，一份编码表对应着数据中的一条记录，而这条记录就对应着该分析内容在各个变量上的取值。数据录入的最终结果是一个关系型的数据表。

　　例如，上例中的 024 号编码记录以及另外 4 份编码记录输入电脑后的结果就是表2—2所示的数据表。

表 2—2　　　　　　内容分析的数据录入举例

变量编号	...	q91	q92a	q92b	q93a	q93b	q101	q102	q11	q121	q122	q13	q14	q15
022	...	99	.	.	.	.	1	300	1	2	.	2	2	2
023	...	2	20	203	20	201	1	997	1	1	99.7	1	1	2
024	...	1	20	201	.	.	1	634	2	2	.	2	1	2
025	...	1	20	201	.	.	1	200	2	1	40	2	2	2
026	...	1	20	201	.	.	1	200	2	1	30	2	2	2

在数据录入过程中，有时难免会出现如按错键、串行、串列等人为差错，所以必须要对数据进行查错。查错的方法很多，如最有保证的一种方法是核对原始编码表和录入的数据。

11. 对数据资料分析并进行解释

这一步骤的工作和其他任何方法的最终工作一样，就是通过统计分析软件对电脑数据进行统计分析，并对数据结果进行文字的解释。这将在第三章进行详细讲解，这里不再赘述。

（三）内容分析法的应用

内容分析常常被用来描述媒介所传递的信息在一个时间点或多个时间点的特性，并可以进行不同时间点的趋势分析，即研究媒介对某一问题报道的变化趋势。另外，很多研究者比较关注媒介内容的真实性，即媒介内容和"真实世界"的一致性。他们常常会比较媒介对于某个团体、某种现象、某个事件的报道和事实真相之间的差距，从而评价媒介的社会表现。另外，很多研究者在进行传播效果的研究中常采用内容分析和受众调查两种方式。例如，著名的"议程设置"理论，研究者就通过受众调查获知公众关心的事件，并通过内容分析获知被媒介大量报道的事件，然后研究它们的关系，结果发现二者存在着较大的一致性。另一个例子是传播效果研究中的"涵化理论"，研究者对媒介信息进行系统的分析，并结合受众调查，他们试图了解媒介的信息是否会使接受这些信息的受众产生类似的态度。有的研究者发现，看电视时间过长的人产生某种态度可能来源于电视而不是真实的世界，比如，电视节目中经常出现暴力和犯罪的内容会使受众夸大了对真实世界中犯罪的认识而充满不安全感。另一项研究发现，在儿童教学电视节目中适当加入与教学内容无关的幽默，是达到教学效果的最有效方式。

（四）内容分析法的优缺点

内容分析是媒介调查中广泛运用的方法之一，它具有如下的优点和缺点：

1. 内容分析法的优点

（1）内容分析的最大优点是节省时间和人力。它往往不需要大批调查人员，编码员也常常在 2～6 人之间就可以了。

（2）内容分析研究的主题非常广泛。它研究的是记录下来的内容，只要存在记录，就可以研究，因而不受时间和地域的限制。比如，几十年前的资料它可以研究，世界各地的资料它也可以研究。通过抽样，内容分析也可以研究一个长时期中所发生的过程。

（3）内容分析的研究结果可靠性大。假如运用调查法或实验法的结果不理想，如果重做一遍，则无疑要耗费双倍的时间和经费。有的研究即使有条件重做一次，有时也是不可能的，因为当时的事件环境已不再存在了。而在内容分析中，弥补过失比起其他研究来就容易得多。只需要对资料进行重新界定分类标准和编码，重新进行分析就可以了。

（4）内容分析是一种非接触性的研究方法，即研究者不会直接接触到研究对象，不会对研究对象的身心发生影响，也由此避免了来源于研究对象方面的误差。

2. 内容分析法的缺点

（1）内容分析可能带来时间和人力上的节约，而总费用并不一定少。例如，要购买或复制所有的分析资料，如果分析的内容是电视节目，往往需要有录像机和大量的磁带以进行节目的复制。

（2）由于媒介内容是经过人为选择的，因此，它不能代表真实世界的状况。所以，内容分析的结果不能作为研究传播内容对受众影响的惟一资料，而是常常要结合其他方面的研究（例如受众调查）才能得出结论。

（3）不同的研究者可能对同一个问题的研究结论不同，因为这与研究的构架、操作化定义、分类标准的界定都有关系。不同的研究者一般不可能会构造相同的测量方法去测量同一个概念，所以在使用内容分析结果时，首先要注意该研究是怎样构架的。另外，所研究的资料本身缺乏标准化，如分析报纸文章，文章有长有短、格式不一给编码工作带来了较大的困难。

（4）它只局限于对有记载的资料进行分析和研究，对现实生活有意义的很多研究因为不存在相关的资料而无法进行。例如，想要比较中国的电视广告中欧洲人和美洲人的形象就比较困难，因为相关的资料太少了。

第二节　定性研究法

媒介调查应用最多的还是研究者直接收集原始资料并进行研究，这些方法基本上可以分为两大类：定性研究和定量研究。定性研究是以小样本为基础的无结构的探索性的调查研究方法，目的是对问题的定义提供比较深层的理解和认识。定量研究是基于大样本的研究，致力于对研究对象的数量描述。

定性研究法和定量研究法有三大区别：

第一，这两种方法所依据的哲学体系不同。对于定量研究者，研究对象是客观的，并能被所有人看见；对于定性研究，并没有客观的研究对象，每一个研究者都把研究对象当做研究过程的一部分，它是主观的，它的存在只与研究者有关。同时，定量的研究者认为他们的研究对象可以分成几个部分，通过对这些组成部分的观察可获得对整体的认识；而定性的研究者认为研究对象是不可分的，它们研究的是全部或全过程。

第二，这两种研究方法的使用者常有着不同的观点。定量的研究者认为所有人基本上都是相似的，他们力图对人的行为和态度做出概括的分类；而定性的研究者则认为人都是互有差别的，不能划分出所谓的类别。

第三，定量研究的目的在于发现人类行为的一般性规律，并对各种环境中的事物作出解释；而定性研究试图对特定的情况或事物做特别的解释。定量研究关注的是研究结果的广度，而定性研究关注的是研究的深度。

定性研究和定量研究具有各自适用的研究领域和研究主题，它们是互为补充的。常用的定性研究方法主要有实地观察、小组访谈、深层访谈和个案研究，本节将对这些方法一一进行介绍。

一、实地观察法

观察法是调查研究的最基本的方法之一。所谓观察就是观察者根据研究课题，借助眼睛、耳朵等感觉器官和其他仪器与手段，有目的地对研究对象进行考察，以取得研究所需资料的一种方法。

（一）科学观察的特点

作为科学研究方法之一的观察法与人们日常生活中的观察是不同的，科学的观察具有如下的特点：

（1）观察者必须根据研究目的或假设去收集资料。也就是说，科学的观察是在研究目的和假设的指导下进行的观察，而不是盲目的。

（2）科学的观察一般都要求有系统、有组织地进行。它要求在观察之前，对观察对象、观察环境和观察方法制定详细的计划，进行系统的设计。观察员也要经过系统的训练，掌握对观察对象进行系统观察的科学方法。

（3）科学的观察除了利用人的感觉器官如眼睛、耳朵以外，还经常借用科学工具如仪表、仪器等将观察结果详细地记录下来。

（4）观察的结果必须是客观的、能被检验的。也就是说，观察的结果可以通过对研究对象反复观察进行验证，或可以采用其他收集资料的方法对观察结果加以检验。

科学的观察根据观察的环境可分为实验室观察和实地观察（或称自然观察）。实验室观察是在实验室中对研究对象、观察情景与条件作严格控制后进行观察，即在一种人造的环境中进行观察。而实地观察是对研究对象在自然状态下的行为进行观察。这两种类型的观察中，实地观察是用得最多的，也是操作起来最复杂的。可以看出，实地观察观察到的现象更准确地反映真实的情况，但观察的实施常常需要等待时机，而且测量观察现象的难度很高。基于这种讨论，以下的内容只针对实地观察进行讲述，实验室观察可参考相应的内容进行。

（二）实地观察的分类

为了取得合适的资料，研究者可以根据不同的情况，采取不同类型的观察方法。观察方法可以根据不同的标准划分为不同的类型。

1. 隐蔽的观察和公开的观察

这是根据观察时观察者的身份是否公开而划分的。在隐蔽的观察中，被调查者并不知道他们在受到观察。这使得被调查者能够自然地表现自己，而人们如果知道了他们在被观察之中，就会有不自然的举止行为。隐蔽观察可能通过采用单向镜、隐蔽照相机、摄像机以及其他难以觉察到的设施来实现，或者是观察者隐蔽在被观察者中直接用感官观察。

在公开的观察中，被观察者知道他们正在受到观察。公开的观察可能会使被观察者的表现或多或少地不真实，但这种影响究竟有多大，研究者们仍没有达成一致的意见。有的研究者认为这种影响只是很小的，而且是短暂的。另外一些研究者则认为公开的观察会使研究的结果发生严重的偏差。

在这两种观察方式中，隐蔽的观察收集的资料更具有真实性，但是常容易引起欺骗等道德上的问题。所以，究竟采用哪种方式，就要考虑研究主题的具体内容、被观察者的可能合作程度和道德的因素。

2. 非参与观察和参与观察

这是根据观察者是否参加到被观察群体中、是否参与被观察者的活动而划分的。所谓非参与观察是指观察者以旁观者的身份置身于观察对象的活动之外的观察。而参与观察是指观察者不仅仅承担观察的任务，而且以内部成员的角色参与被观察者的各种活动，并在活动过程开展观察。

非参与观察获得的资料比较客观，观察时间较短；但是它只能观察到表面的现象，不能了解到被观察者的内心世界，不能深入到现象的背后。所以，它常被用来作为探索性研究的方法，即通过对一般现象的观察，为后续更深入的研究收集感性的资料。

参与观察常可以观察到较深度的资料，但它花费的时间很长，操作起来难度也较大，所以它常只用于有深度的专题调查中。

3. 结构式观察和无结构式观察

结构式观察是事先制定好观察计划并严格按照规定的内容和程序实施的观察。这种观察方法的最大特点是观察过程标准化，它对观察对象的范围、观察的内容和程序、结果的记录格式等都有严格的规定，因而能够得到比较系统的观察资料。不过，要制定一个既实用又科学的观察计划很不容易，这本身就需要先进行多方面的探索性研究。结构式的观察适用于已明确规定所需信息的研究问题。

无结构式观察是指对观察的内容、程序事先不作严格规定，依现场实际情况而定的观察方式。无结构式观察的优点是比较灵活，调查者在观察过程中可以在事先拟定初步提纲的基础上充分发挥调查者的主观性、创造性，认为什么重要就观察什么；其缺点是得到的观察资料不系统、不规范，受观察者主观影响较大。无结构式观察的结果只能当做假设，而不能当做结论。从这个意义上说，无结构式观察是最适用于探索性研究的，即它适用于调研问题仍未明确定义的情况，观察的目的之一就是帮助确定研究问题和制定研究假设。

4. 人员观察和机器观察

这是根据观察者的"身份"来分类的。在人员观察中，由人来观察实际发生的行为，人为地记录所看到、听到的现象。例如在超市内观察人们购物的决策过程。

在机器观察中，是机器设备而不是人在记录观察到的现象，它们可以连续地记录发生的行为，但需要研究者在事后进行分析。

通过机器设备进行观察最有名的例子就是测量收视率的人员测量仪。它安装在通过随机抽样抽取到的居民家的电视机上，用于连续地记录该居民家中收看电视的情况，它不仅可以记录正在观看的频道，也可以记录是谁在观看。通过对所有记录资料的分析，可以方便快捷地得出最新的收视率数据。

其他的研究用的较多的机器设备是照相机或摄像机，例如用它们记录某电影放映前后以及放映中进入或离开电影院的人，在街道上记录通过某一地点车辆的数目等等。

此外，在广告研究中，发达国家常借助以下现代化的测量仪器。

（1）视向测定器。又称眼睛照相机，这种仪器可以在一秒钟内拍摄十几个视线的动作，测出视线停留的位置和时间，用以探测被调查者对广告的反应，由此来分析构成广告的各要素被注意的程度。

（2）瞬间显露器。此机器可向被调查者作瞬间性的广告提示（提示的时间可以从千分之五秒至十秒间作适度调整），然后询问对广告的记忆程度，逐步对提示时间进行增减调整，由此决定构成广告的各要素所需的记忆时间。

（3）心理反应记录器。人感情变化的强度与脉搏跳动的速度、血压的高低、呼吸的快慢以及出汗的多少息息相关。利用这种机器，可以根据被调查者的感情变化，测定出他们受到某种信号刺激后心理反应的状况，由此来发现广告的优缺点。

（4）记忆鼓。用于测定被调查者在一定时间内对广告的记忆程度。

5. 直接观察和间接观察

以上介绍的各种观察方式都属于直接观察，它们都是直接对作为观察对象的"人"进行观察的。而间接观察（也叫踪迹分析）是指观察者对自然物品、社会环境、行为痕迹等事物进行观察，并通过它们间接了解人的状况和特征。

踪迹分析中较有特色的两种类型是"损蚀物观察"与"累积物观察"。以下是国内外所做过的"损蚀物观察"的例子：

（1）通过观察博物馆内展品周围地面瓷砖的磨损和腐蚀程度及裂缝的大小来估价博物馆中不同作品受人喜爱的相对程度。

（2）根据图书馆中书籍的封面、书页的磨损情况（如书中记号的多少）或通过检查其流通记录来判断各类书籍受欢迎的程度，由此来反映读者的兴趣和爱好。

（3）记录送到维修厂的汽车的收音机调台位置，可以用来估计各个广播电台听众的比例。

损蚀物观察是一种对磨损程度的观测，累积物观察则与此相反，它是观察某些堆积物或积聚物，正如考古学家通过观察岩石层来推测地理现象一样。例如，美国亚得桑那大学有一项著名的科研项目，研究者通过观察居民的垃圾，来了解人们消费的商品、品牌和消费数量。

类似的例子还有很多，例如通过观察旅游点、公共厕所的墙壁上、教室课桌上等地方人们随便涂写的内容来分析人们的某些思想和行为倾向等。

从以上例子看出，踪迹分析也是调查研究中收集资料的一种重要手段。但它的缺点是由"物"的迹象来推论人的行为或思想倾向是不可靠的，而且也很难进行客观检验。它常作为其他调查方法的补充或辅助手段。

（三）实地观察的实施过程

典型的实地观察研究至少有七个步骤：选择研究地点、进入观察环境、选择样本、确定观察内容和观察计划、收集资料、离开观察环境、分析资料和撰写观察结论。

1. 选择研究地点

研究地点的选择取决于研究课题的性质。一旦确定了研究领域，就要选择所研究的行为或现象具有一定发生频率的观察环境。这种环境要能容纳观察者计划使用的记录方式和设备，并可以保持相对的持久和稳定，使研究者足以观察一段时间。有的研究者建议同时选取几个可能的观察地点，然后分别加以评估，找出不同观察地点的优越和不足的地方。

2. 进入观察环境

观察地点一旦确定，观察者就要按计划进入观察环境，并根据需要和被观察者建立适当的关系。进入观察环境的困难程度由观察环境的公开性和研究对象接受观察的意愿决定。最容易进入的观察环境是向公众开放的地点，而且人们对自己的行为没有保密的必要，例如在机场、车站的大厅看电视；最难进入的观察环境是限制进入的地点，而且被观察者有保密自己行动的理由。

如果观察的地点是有关单位或组织内部，一般要得到管理部门或领导者的允许。在必要时可以解释研究的目的和意义，但没有必要全面解释研究的设计和假设，除非涉及到某些敏感的问题。

到了观察现场后，如果是参与观察，就要逐步融入观察的群体中，培养与研究对象相同的习惯，与观察对象共同参与各种活动。无论是参与观察还是非参与观察，都不要打扰观察对象的正常生活和活动。

3. 选择观察样本

与其他研究方法相比，实地观察中样本的代表性不是十分明显。首先，在确定接受观察的个人或团体数量方面，没有标准的答案。其次，进入观察环境之后，观察者不可能无所不在、无所不能地观察一切活动和行为，所观察到的行为只是观察对象全部行为中的一个样本。究竟观察哪些行为是最有意义的呢？在许多情况下，研究者没有抽样原则可以遵循。虽然这两个方面的原因使得抽样不是完全随机，但研究者心中对样本的代表性应该有一个整体的构想。

实地观察选取样本时较多地采用主观抽样。研究者会根据研究的目的和主题，并利用对于观察对象已有的认识进行主观判断。

4. 确定观察内容和观察计划

观察内容应根据调查的目的来确定，一般可包括四个方面：

（1）情境条件。即被观察者活动的舞台及其背景，包括自然条件和社会环境两个方面。

（2）人物活动。实地观察最主要的内容是人的活动，包括被观察者的饮食起居、服饰打扮、禁忌喜好、礼仪应酬、言谈举止等。

（3）人际关系。这是实地观察较为重要的观察内容。研究者应该观察各类人之间的关系。例如，有没有形成非正式群体，群体中谁是核心、谁最活跃、谁较孤立，决策的过程是怎样的，等等。

（4）目的动机。要了解人的活动目的及动机相对来说比较困难，但只要深入观察还是可以有所收获的。在这方面，通过实地观察可以了解被观察者的某种行为是否有明确的目的或深层动机，各观察对象的目的和动机是否一致等。

根据已制定的观察内容，研究者需要事先有一个较为完善的构思，即这些内容应该在什么情况下进行观察，观察的细节是什么，等等。例如，要观察一个节目制作机构选题策划的过程，那么就不要漏掉他们在工作会议上的讨论以及在办公室、餐桌边的闲聊。

5. 收集资料

有了比较明确的观察内容和观察计划后，就可以进入实际观察收集资料的阶段了。在实施观察时，如果采用传统的笔记本和笔来记录，最主要的问题就是考虑如何做好观察记录。这里涉及两个方面的问题：一是观察者应在什么时候、什么场合进行记录；二是记录应该如何累积和保存。观察记录如果能在当时当地记录最为理想，这样可以避免记忆的错误。但是在不少场合，不宜当场或公开做观察记录。例如，对于一连串急剧发生的事件或当时有许多活动同时进行，要一面观察一面做记录就很不容易，而且记录会妨碍观察的进行。另外，对于隐蔽的观察，如果不断地在笔记本上记录肯定会引起注意和怀疑，并且可能暴露研究者的真实目的；观察对象如果意识到正在被观察，会使他们感到不安和受侵犯。要解决这一问题，比较好的办法是在现场用简短的文字和一些特殊符号迅速记下所观察到的结果，然后在事件过后再立即把观察到的东西详细整理出来，或者是在心中默记后，一有机会就把它们写下来。

不过，现在很多的观察已经由全新的仪器取代，这是近年来电子技术发展的结果。观察可以用到的仪器前边的内容已提到，它们可以克服传统记录方式的不足，但是他们也带来了新的问题。例如，在测量收视率时，要考虑抽取的家庭是否愿意安装人员测量仪，以及他们在收看电视时是否会按照要求操作；利用照相机或摄像机进行拍摄时，拍摄所要求的光线不一定能够得到保证，机器的视角不如人的视角广阔，等等。机器观察的资料最终都需要额外的人工处理，例如编制目录、建立索引、编辑等，使得研究的时间比较长。

在实地观察中，研究的主要内容就是观察的记录。从最终分析的角度来说，记录的内容多总是比记录得少好。为此，观察者不仅需要记录发生的事件和人们的语言、行为，也要记下人们的表情，甚至是观察者自己当时的感受以及对观察到的现象的说明。所以，事先制定完整的观察计划是一个较好的办法。

6. 离开观察环境

观察结束后，观察者要离开观察环境。如何离开，应该事先有一个计划。当然，如果观察者的身份是公开的，观察结束后直接离开一般没有什么问题。但是，如果调查是隐蔽的，退出时就会有些困难，尤其是参与观察的情况下，这时观察者已经融入到某个组织中，而且除了领导之外别人不知道他的目的。如果他突然离开，可能会对组织产生消极的影响；如果组织的成员事后忽然知道自己被观察，某些人会感到不愉快或焦虑。从职业道德上来说，研究者有责任尽最大努力防止造成研究对象在心理上、感情上或物质上的伤害。所以，离开观察环境时要比较机智地处理。

7. 分析资料和撰写观察结论

在实地观察中，对资料分析的目的是为了对研究对象全面理解，解决最初提出的问题并发现新的研究问题。结构式观察的资料分析工作比较简单，直接按照事先设计好的观察表格把资料录入到电脑中借助软件进行汇总和统计就可以了。而对于事先没有严格计划的观察，资料分析主要包括归类和内容分析，即需要根据记录下来的内容建立归类系统，把原始资料组织成有序的信息。有时，对观察的记录直接采用文本分析，找出主要的关键点就可以了。

根据资料分析的结果，应该及时把观察到的主要结果形成文字即观察结论，这是实地观察的主要成果形式。

（四）实地观察的优点和缺点

把实地观察与其他各种媒介调查方法进行比较，可以发现它有其许多显著的优点，但也有其不可避免的局限性。

1. **实地观察的优点**

（1）实地观察的最大优点在于可以实地观察现象或行为的发生。观察者到现场观察现象或事件的实际过程，不但可以了解事情的来龙去脉，而且可以注意当时当地的特殊环境和气氛。这些宝贵的资料都不是在事件发生过后用访谈法或其他方法所能得到的。正是因为如此，许多关于媒介的问题不能用其他方法进行研究，因为媒介现象是很复杂的，会受到很多因素的影响，其他方法很难发现这些因素。例如，收看电视时转换频道的现象是受到多种外在因素影响的，实地观察可以通过参与观察获得详细观察的机会，从而可以发现一些新的未知因素。所以，研究者在定义一项大规模研究的主题、构建研究假设以及规定需要收集哪些资料时，实地观察是最好的先驱性的研究方法。

（2）实地观察可以对一些特殊的群体进行研究。例如，对缺乏语言能力的儿童和哑巴（在问卷调查法中，他们常常是被排除在调查总体之外的），通过实地观察就可以获得相应的资料。又如，对于特殊工作性质的群体，他们不愿意接受访谈或没有空闲时间进行访谈，也可以通过实地观察获得资料。

（3）实地观察简便易行，可随时随地进行，灵活性较大，观察人员可多可少、观察时间可长可短。如果不需要特殊的设备，所需的费用通常比较低。在多数情况下，一些文具或一部小型录音机就足够了。

（4）因为实地观察是在自然的情境中进行的，可以了解到被观察者在自然状况下的真实行为；而且由于所收集到的是第一手资料，资料的准确度比较高。

2. **实地观察的缺点**

（1）实地观察最难以克服的是观察对象的代表性以及抽样的问题，观察结果也不易被量化处理，不易被重复验证。所以，实地观察的结论常常不能推论总体，这也是把实地观察作为定性研究方法的主要原因。

（2）实地观察依赖研究者的感觉和主观判断，不可避免地会影响研究结果。例如，大家很熟悉的一个心理学实验：在一次心理学会议上，突然从外面闯进两个人，后面的人拿着手枪追赶前面的人，他们在会议厅中央混战时响了一枪，然后两个人又一起冲了出去，从进来到出去一共约 20秒。等他们走后，会议主席立刻要求与会者每个人都写下目击的经过。当然，这件事是事先安排的，当时的情景已经被全部录下来，只不过与会者事先并不知道。结果，在与会者写的 40 篇报告中，只有 1 篇在主要事实上的错误少于 20%，有 14 篇有 20%～40% 的错误，其余 25 篇有 40% 以上的错误；半数以上的报告有 10% 甚至更多的情节完全是臆造的。这次试验的观察者都是受过良好训练的心理学家，他们的观察竟有这么大的误差，可以想像观察过程中的主观错误会有多大。

（3）虽然观察者本意不想干预被观察者的活动，但在通常情况下，观察者的参与在某种程度上往往会影响被观察者的正常活动。在这方面，其他的研究方法也存在同样的问题，不过实地观察却更明显。美国的一位研究者在 1985 年利用对家庭电视收看行为的观察研究，同时研究了观察者对被观察者的影响情况。结果他发现大约有 20% 的父母和 25% 的儿童指出，他们所有的活动受到了研究者在场的影响。大多数人认为，研究人员在场时，他们会表现得较好、较有礼貌和拘谨。

（4）一些特殊的现象往往是可遇不可求的，而且很多现象的发生是偶然的、没有预见性。例如，观察车祸、失窃、大火等现场人们的行为，使用实地观察是不现实的，研究者只能在事件发生后迅速赶到现场进行询问。

（5）在某些情况下，使用观察法可能会涉及到道德问题。即在未经观察对象同意的情况下，对其行为进行记录或借助摄像机、照相机拍摄，常常会引起道德上的麻烦，有时甚至会产生法律上的责任。

3. 提高实地观察信度和效度的途径

尽管实地观察的研究方法不是十全十美的，但研究者常常采用多种途径和方法来提高观察的准确性，提高观察的信度和效度。其中主要的方法如下：

（1）要提高观察者本身的观察能力。观察能力包括良好的感知能力、敏锐的注意能力、优良的记忆能力、快速的记录能力、正确的识别能力，等等。所以，在观察前要严格挑选观察员，并对他们实施专门的训练，使他们在观察过程中不加入个人的情感。同时，在条件允许的情况下，应尽量采用结构式的观察，事先制定周密的观察计划，确定具体的观察指标，减少观察中的主观性和随意性。

（2）可以通过改善实地观察的组织方式来提高观察的信度和效度。例如，可以安排两个以上的人同时观察某一事物，使他们的观察结果互相补充；也可以对同一事物反复观察，然后对观察结果作对比分析，从中发现问题。

（3）在允许的情况下，应该利用现代化的观察工具来提高观察的效度和信度。照相机、录音机、录像机等现代化的观察工具可以弥补观察者的主观性判断，也会大大提高观察结果的准确性。也可以同时运用人员观察和机器观察两种方式互为补充。

（4）可以根据条件，同时通过其他研究方法（例如问卷调查）收集资料并和观察到的资料互为补充。运用多种收集资料的方法可以获得较精确的结果，但是会带来工作量和费用的成倍增长。

二、小组访谈法

小组访谈法（Focus Group）也叫集体访问法或小组座谈会法，常常用来测量受众的态度、意向等方面的信息。一般是 6～12 人作为一个小组，在特定的场合下，由主持人引导他们针对某个主题进行自由讨论，即它是一种受控的集体讨论。小组访谈一般用来收集有关研究计划的初步资料，或找出某种特殊现象背后的原因。

（一）小组访谈的特点

1. 被访者的人数一般是 8～12 人

人太少了讨论不容易开展起来，人太多了则不易形成集中的讨论。

2. 小组的成员具有同质性

这里的同质性是指小组访谈的被访者在人口状况和社会特征方面的相似性。这样就可以控制被访者对同一问题的不同态度不是来源于社会背景的不同，而且也避免讨论者在其他问题上发生争执，甚至是矛盾和冲突。

3. 访谈的环境是非正式的、放松的

这种气氛有利于被访者自由地、不受约束地发表评论。为此，研究者可以为被访者准备少量的点心和饮料，从而达到放松的目的。

4. 小组访谈的时间长度一般在 1～3 小时之间

当然，访问的时间根据研究主题的复杂性而不同，最合理的时间长度是 1.5～2 小时之间。访谈的初期，需要留出一定的时间来建立主持人和被访者之间以及被访者相互间的和睦关系；访谈中，需要对被访者深层的思维，如信念、感情、观点、态度、动机等进行挖掘，这都需要花费较长的时间。但是如果时间过长，则容易引起被访者的疲劳和精神不集中。因此，主持人要有效控制访谈时间，如果讨论太偏离主题，就要用新的话题去打断它。

5. 小组访谈需要结合多种记录方式

对访谈内容的记录不是要求重点记录，而是全过程的记录，包括记录谁在说话以及被访者的面部表情和身体动作等。完全笔录常常是不能胜任的，需要结合录音和录像进行。

6. 访谈随着主持人的引导进行

小组访谈不是依照事先设计的问卷或提纲机械地一问一答，而是不停地根据讨论的话题提出新的问题进一步讨论。因此，主持人对小组访谈的成功起着关键的作用。主持人应当与被访者建立友好的关系，并具有探索被访者内心的能力。

(二) 小组访谈的实施过程

小组访谈一般都有八个基本的步骤。

1. 界定研究问题

这一步骤与各种类型的科学研究相似，即建构一个界定明确的研究问题。例如，广告设计者希望了解某广告设计得是否成功，就可以通过小组访谈的方法，了解目标消费者对该广告的评价。

2. 确定召开小组访谈的组数

小组访谈的研究范围一般较小，为了改善样本代表性的问题或为了了解不同特征的人的看法，研究者一般会组织两组以上的座谈会。例如，对关于老年保健品的广告，就需要招募一些老年人（目标消费者）、一些中年人（主要购买阶层），这就需要至少召开两组座谈会。同时，对同一类的研究对象，由于抽样的问题，只召开一组座谈会往往比较缺乏代表性，有时也需要召开不同的几组，以确定它们之间的相似或不同之处。基于这样的原因，研究者运用小组访谈的方法研究某一问题，常常需要事先根据研究问题的复杂性和经费等客观条件的限制确定一个合理的组数，以及每组被访者应具有什么共同的特征。

3. 抽样

小组访谈的规模比较小，每组的被访者都应具有研究问题所关注的共同特征，所以抽样一般采用主观抽样，即研究者判断由谁来参加。例如，关于奢侈消费品的广告，一般会招募一些高收入的人，洗涤用品的广告一般会招募一些家庭妇女等。

4. 准备小组访谈的材料

和其他方法类似，小组访谈的每个细节都应该有详细的计划。其中最重要的计划是主持人的提问提纲，以及准备各种辅助材料，例如在访问时需要展示实物、图片或影音资料的，要事先按照展示顺序准备好；在访问时需要对被访者通过问卷进行测试的，应事先准备所需的问卷。

严格来说，主持人的提问提纲是一种无结构的问卷，它规定了小组访谈要讨论问题的范围。在小组访谈的实施中，主持人可以提问其他更多的问题，小组访谈最重要的目的就是对调查对象的评论作进一步探究。有经验的主持人经常在开始前提出一些热身问题，以及在被访者讨论时就他们的讨论提出一些新问题，这些问题往往能够获得极其重要的信息。相反，当讨论的问题一步步脱离访谈提纲内容，而主持人判断后继的讨论无益于研究主题时，就要把讨论引到调查提纲中的问题上来。

5. 选择合适的访谈场地

小组访谈是在比较轻松的环境中进行的，这一点类似于普通的座谈会。但它又不是松散的座谈会，而是在主持人的引导下按照提纲进行的，主持人需要知道每位被访者的姓名以及看到他们的表情，主持人还要能和整个小组融为一体。从这一方面考虑，小组访谈最好是在一张椭圆形的会议桌边进行，主持人坐在一端，被访者分列两边以及坐在主持人的对面。如果在访问时需要幻灯投影，投影屏幕最好设在主持人身后，这时需要有助手在某个角落帮助放置欲展示的物品或幻灯片。

小组访谈的全过程随时都可能提供对研究者有益的信息，因此需要有完整的记录。要求不仅仅记录下被访者的语言，还要记录下他们的语气、表情、动作等各种细节，这在分析访谈结果时是非常有帮助的。在这种要求下，小组访谈的记录方式常常是同时采用笔录、录音、录像三种方式。笔录需要有专门的记录员。记录员的座位需设在访谈现场不引起被访者特别注意的地方，同时也要让记录员能看到被访者的表情。

对访谈过程进行录音、录像一般是事先不告诉被访者的，主要是为了避免他们刻意的表现和不自然的状态，这就需要另一个专门摆放设备的房间。录音话筒、摄像头一般都巧妙地安装在会议现场，如常把录音话筒藏在会议桌中心的花丛中或桌子下面，常把摄像头隐藏在屋顶。话筒和摄像头是通过连接线和另一个房间的设备相连的。访谈结束时，主持人应当向被访者告知做了录音和录像，并征得他们的理解和同意。

　　除了通过即时的录音、录像了解现场外，有的研究者想要实地观察访谈的进行，但他最好不出现在现场而是坐在放有设备的房间通过单向镜观察并通过耳机听到声音。所以，这就要求录音、录像的房间和访谈的房间中间有一定面积的单向镜，从被访者看来只不过是一面普通的镜子，从另一面看则像玻璃，可以清楚看到对面的情况。观察室可以和记录设备设在一起，也可以是单独两个房间，但它们和访谈室之间不留可以通过的门，而是各自有单独进出的门。

　　以上讨论的是小组访谈对场地的要求，但并不绝对，可根据具体情况而选择较合适的场地。专门从事调查研究的机构一般会具有专业的小组访谈房间，一些会议中心也会有类似的房间。

　　6. 聘请主持人、招募访谈对象

　　这两项工作可以在准备访谈材料开始时就同步进行。小组访谈对主持人的要求很高，常常要求有经验的专业研究人员来充当。当然，聘请有经验的主持人需要更优厚的报酬。小组访谈的主持人应该具备下面的特征：①

　　（1）中立。主持人应具有训练有素的态度（不偏不倚），在交谈中能理解对方并投入感情。

　　（2）容许。主持人必须容许小组讨论的焦点偏离了研究主题，但必须保持警觉性，使得偏离不会太远。

　　（3）介入。在谈论中，主持人自身要融入氛围，而不是一种高高在上的、格格不入的或别人的讨论与己无关的感觉。

　　（4）不完全理解。主持人必须通过摆出自己对问题不完全理解的态度来鼓励被访者更具体地阐述自己的看法。

　　（5）鼓励。主持人要积极鼓励其他人的发言，尤其是能促使性格内向的、不爱发言的被访者积极表达自己的观点。

　　（6）灵活。在小组访谈的过程出现混乱时，主持人必须能够随机应变解决突如其来的问题。

　　（7）敏感。主持人应该足够敏感，能够发现谈话中的关键点，以便能够引导小组进行更有价值的讨论。

　　招募访谈对象主要是根据特定的要求选择参加小组访谈的人，即抽样

---

① 柯惠新、刘红鹰编著：《民意调查实务》，中国经济出版社1996年版，第115页。

的过程、抽样的方法主要是非概率抽样。一般常采用的方法是主观判断某个人是否具备研究所要求的特征并进行核实，如果满足则邀请其参加，这样的对象常常是通过亲戚、朋友介绍的。也可以采用滚雪球抽样的方法让小组访谈的被访者帮忙找另一些合适的人，但相互认识的人不要出现在同一组内。

在招募访谈对象时，一般要明确访谈的时间、地点以及计划的报酬。在研究开始的初期，研究者就应该确定给予被访者报酬的数额。报酬的数额与研究的主题有关，也与对被访者的要求有关。一般来说，有社会地位的人或不易发现的人报酬会高一些。

7. 小组访谈的实施

在做好了各项准备工作之后，小组访谈就可以按规定的时间就约定的被访者进行。在访谈过程中，为了应付可能出现的各种情况，需要有场外的助手随时帮忙。例如，在访谈的前一天打电话提醒约定的被访者，以及在访谈开始前确认他们正在路上；在访谈当天得知某位被访者因故不能到，需要立即重新招募一位被访者，等等。

8. 分析资料并撰写报告

小组访谈最终需要书面的总结报告，它建立在对访谈资料的主观分析基础之上。根据调查目的以及经费限制，研究者可以就讨论的内容写一份简短的内容提要，描述不同被访者对某一问题的回答，以及所有被访者集中的意见和态度是什么。而更详尽的报告需要对访谈的内容进行内容分析，即建立一套合适的分类系统，并把每项内容归纳到适当的分类中，然后再根据数字、语气等内容对研究结果进行描述。

（三）小组访谈法的技巧

小组访谈在收集初步资料方面可能是有用的工具，但在小组访谈执行的全过程，都存在着不利于研究的因素，如果研究者不注意，将会得出错误的结果。为了便于实施和避免误差，在利用小组访谈法进行研究时，要注意一系列的问题，并通过各种技巧来解决。这些问题听起来会有些琐碎，但对于成功的小组访谈是至关重要的。

1. 实施小组访谈的日期

首先，小组访谈应该避免在重大的节假日进行。对于较长的假期，如"五一"劳动节、"十一"国庆节和春节等，很多人会外出，招募被访者常常会面临困难，即使可以召集到人，也可以想像它是一个有偏差的样本，会带来有偏差的结论。

其次，小组访谈也应避免在重大的日期进行，这是为了避免讨论的内容错误地集中于和日期相关的内容上。例如，在进行世界杯足球赛的日子，被访者讨论的焦点会不自觉地转到足球上，这就不能了解被访者在正常状态下的想法。

2. 实施小组访谈的时间

在付给被访者适当报酬的基础上，小组访谈应该在普通周末的白天和工作日的晚上进行，这是为了协调被访者的时间，否则很多工作的人因为时间的不凑巧而不能参加，就会带来研究结果的偏差。但是最好避开星期五的晚上，在一周疲劳的工作之后，许多人心中更希望能够放松一下精神。如果在这个时间组织座谈会，被访者可能会心不在焉或急躁，从而达不到预定的效果。不过这也不绝对，如果是对家庭主妇的访谈，则最好是在工作日的上午晚些时候和下午早些时候。

如果要连续组织两场小组访谈，中间要留出足够的时间（一般是半小时）清理桌面、整理访谈材料、重新设置录音和录像设备，主持人也要有一定的休息时间，从刚刚讨论的话题中解脱出来，以便不把前一组访谈中形成的印象带入下一组的访谈中。

为了确定最佳的访谈日期和时间，研究者最好能够把自己置身于访谈对象的地位，设身处地地衡量一下何时为最方便的时间。

3. 访谈场地的选择

选择访谈场地最主要是看设施情况是否能满足访谈的各项要求。例如，座位分布是否合理，座位之间的空隙是否可以让小组成员之间能够轻松地讨论；记录设备、展示设备是否完好可用，录音话筒是否灵敏到能够录到房间中所有人的谈话；观察室是否能给观察者提供舒适的座位，等等。此外，访谈的场地应是干净整洁的，如果在破旧的房间里进行访谈，被访者的态度就会受到影响。在选择场地时，不仅仅是在电话里了解，更需要研究者亲身去观察并试用设备，才能保证万无一失。

还要注意其交通位置和易找寻性。如果所招募的被访对象位于全城的各个方位，则易找一个位于市中心的地点进行访谈，以免有的被访者需经过长途跋涉才能到达。另外，还要注意访谈场地周围的标志性建筑物，因为很多被访者是第一次到访谈场地，如果他们不清楚具体位置，就会浪费很多的时间。在访谈场地的附近，最好悬挂路标指示，方便被访者进入场地。

4. 招募访谈对象

在招募访谈对象时，先列出所有要求的条件，并事先对不同特征进行组合（这些特征主要是年龄、性别、职业、地理位置，等等），根据这些组合列出招募对象一览表，这个过程类似于配额抽样中的交叉配额，是招募小组访谈的对象时常用的方法。这样一份表格可以明确该访谈会允许谁参加（他的情况与列表的一项相符，并且具有该项特征的人仍有招募名额）、不允许谁参加（他的情况在列表中不存在，或分配给这种特征的名额已经用完）。有了事先的配额，就不会在招募的初期信手拿来，而到最后却找不到满足条件的人。

在具体的招募过程中，可以采用如下的方法：

（1）通过朋友发现满足列表中条件的人，然后打电话确认，核实后邀请其参加访谈。

（2）超额招募。因为招募是在事先进行的，常常会出现已经答应参加的人临时失约的情况。为了避免临时找不到人，最好事先多招募几个名额。但对于备用名额不必明确访谈的时间，直到发现需要他们来替换时，尽快通知他们时间和地点。但如果整个访谈都没有用到这些额外的名额，需要事后向其致歉。

（3）可以通过被访者介绍他们的朋友作为访谈对象，但避免让他们在同一小组中出现。避免他们在参加讨论时有所保留。

5. 在小组访谈正式开始之前

在准备阶段，研究者必须以书面形式明确列出在小组访谈开始之前应当再次确认的项目列表，而不要过于相信记忆。这些项目也即访谈开始之前要确认的。

（1）准备主持人的提纲。主持人使用提纲以确保所有相关的问题都能问到。在访谈中，主持人虽然可以根据讨论进展而提出新的问题，但主持人也应该照顾到提纲的要求而不致漏掉重要的问题。同时，主持人也不必受到提纲的局限，他如果判断后面的问题已经讨论过了，则可以直接跳过去问其他的问题。

（2）再次检查录音、录像设备。在保证提前试用正常的情况下，再次看一下它们是否已经打开电源开关、连线是否都到位、是否放入了空白磁带随时准备工作。

（3）检查小组访谈过程中要用到的所有电器和机械装置，如投影仪、展示台等。不要太相信直觉，往往就是那些以为没问题的地方却出问题的。

（4）尽管已经多次提醒被访者小组访谈的时间，而且在前一天也刚刚提醒过，在访谈开始前两个小时到一个小时之间最好再挨个确认这些被访者已经出发在路上或马上就出发。如果这时发现有人不能参加，应马上用备用名额进行替换。另外，即使被访者都能来，也总会有一两个人会迟到。如果迟到的时间很短，访谈可能因他们而耽误几分钟才开始，影响不太大；如果经电话联系确认他们已经在路上，但仍需要一定时间才能赶到，访谈往往就会不等他们而开始进行。在他们迟到的时间里，如果已经开始展示供讨论的资料，迟到者的参与就没有意义了。在这样的情况下，最好付给迟到者一定的合作费用并允许他离开，或者是在不影响同质性的情况下安排其参加下一场的访谈。

（5）为了避免被访者疑惑，监控记录设备的人员以及观察人员应该提前进入各自的房间。对于他们来说，最重要的原则就是不要大声喧闹。观察室和访谈室之间是一面薄镜子，如果从屏障后面发出谈笑的声音，对主持人和被访者都是干扰。另外，亮光有可能被镜子外面的被访者发现，所以观察者也应克制住自己不抽烟。

6. 小组访谈实施中

小组访谈开始进行时，主持人往往会先简单介绍研究是如何进行的。如果在讨论中会出现一些概念，这些概念也需要事先进行解释。然后，大多数的小组访谈都会以每个被访者进行简短自我介绍开始。进入正式的讨论时，主持人应该有如下的表现：

（1）告诉被访者对所有问题的回答没有对错之分。不论评论是积极的还是消极的，被访者都可以自由地表达自己的观点。

（2）提醒被访者可以把这个讨论当做一次非正式的聚会，在回答时没有必要犹豫，最好是能够积极主动地回答。

（3）仔细倾听被访者的回答，并从中发现有价值的线索，组织更深入的讨论。

根据访谈的主题不同，有的访谈在开始不久主持人就提醒被访者正在录音、录像和受到观察，这种提及的影响与主持人的解释方式有关。如果处理得非常巧妙，大多数被访者会逐渐淡化它们的存在。但有的研究者认为没有必要一开始就告诉被访者真相，而是在正式的访谈内容结束时才告诉他们，这样得到的资料才会更真实，不过这样有时候会面临道德甚至法律方面的压力。

7. 对被访者的协调

参加小组访谈的人，一般可以分为 6 种：

（1）有兴趣对主持人的问题提供答案的积极被访者。

（2）因某种原因讲话窘迫或感觉不习惯的腼腆人。

（3）懂得太多或对每一问题都抢着回答的人，这样的人试图领导整个小组。

（4）侃侃而谈并且每一次回答都长篇大论的人。

（5）有恶意目的的人。他们并不真正希望参加访谈，而只是为了获得报酬，因此在访谈中发表与研究主题不相关的言论或批评研究方法的言论。

（6）不了解所谈论主题的人。这本应该在招募时就排除在外，很少的时候也可能由于招募时疏忽而出现在小组中。

在一个小组访谈中，前两类人是比较容易协调的。如果主持人进行巧妙的鼓励，即使是一个腼腆的人也可以提供有价值的信息。但是后面的几类人对小组访谈是不利的，他们太容易影响其他被访者。在这种影响发生之前，主持人必须有足够的魄力制止这种影响。例如，提出一个问题之后马上指明让别人回答就避开了总抢着回答的人，当长篇大论的人发表观点时，打断他并提醒他"概括地说"。对于有恶意目的的人和不了解所谈论主题的人，则最好将他们从小组中排除出去，但排除的方法应该比较巧妙，不应该影响其他被访者的情绪和整个访谈的气氛。

（四）小组访谈的优缺点

以上我们详细讨论了小组访谈的实施过程和应注意的问题，从中也可以看出，小组访谈具有一定的优点和缺点。

1. 小组访谈的优点

（1）小组访谈的优点之一是可以探讨现象后面的原因，而且主持人可以提出广泛的、细微的问题，这就可以为研究主题提供相关的有价值的初步资料。

（2）将同一组被访者放在一起讨论，则可以使访问产生滚雪球效应。即一个人的论述会启发其他被访者的灵感，从而可以产生一连串的讨论。

（3）当一个人发言时，主持人可以通过其他人的面部表情和其他非语言行为，观察和判断出表达能力不强的被访者的意见和态度。

（4）被访者置身于地位类似的一个团体中，在表达观点时具有一种安全感，而且回答不要求固定的模式，因此他们可以准确表达自己的看法。随着小组讨论的进行，被访者的兴奋水平不断被激发，也更增强了他们表达自己想法的愿望。所以对于调查来说，他们是较合作的。

（5）科学的监视和记录。小组访谈允许对实施的过程进行密切地监视，研究者对资料的真实性比较放心。而且可以通过设备将讨论的过程完整记录下来，后期可以深入分析。

（6）实施的时间很短。小组访谈在同一时间内同时访问了多个被访者，数据的收集和分析过程都是相对比较快的。当然，组织小组访谈也有一定的时间周期，它大部分的时间用于招募被访者，但招募工作可以和其他准备工作同时展开，所以一项小组访谈一般能在 10 天左右完成。

（7）费用相对较低。对于常规的研究主题，如果招募的被访者没有特殊的要求，同其他的调查方法相比较，小组访谈的费用与获得资料的价值相比是比较低的。

2. 小组访谈的缺点

（1）小组访谈的结果容易产生偏差。正如在讨论小组访谈的技巧中提到的一样，如果不注意细节问题，就会导致错误的结果。

首先，小组访谈过于依赖主持人的技巧。虽然事先准备了提问提纲，但访谈并未严格按照提纲进行，主持人主观控制什么时候该深入进行探讨、什么时候该阻止一个话题的继续。这种能力和主持人的专业知识、经验和智慧密切相关。所以，访谈的结果受到主持人的影响很大。

另一个主要的错误来自于小组的团体动力，即一些成员的观点受到其他人的影响，或者有些成员认为自己处于少数的地位而不发表意见。主持人有效地控制局面是消除因团体动力引起误差的常见方法。

大多数专业的小组访谈运用一种"持续小组访谈"（Extended Focus Group）的程序，即在访谈开始前，先让每个调查对象完成一份调查问卷。这份问卷基本包括了访谈过程所要讨论的内容，这样就"迫使"调查对象在不受别人干扰的情况下明确自己的观点或立场，消除了由主持人或团体动力引起的潜在问题。

（2）小组访谈收集的是定性的资料，它主要是回答"为什么"的问题，而不能回答数量上的多少，即使对访谈内容进行内容分析可以得到一些数字，这些数字也不能误用。因为调查的是小样本，而且是采用非概率抽样招募被访者的。如果一项研究很需要量化的资料作依据，则需要用其他研究方法（如调查法）补充小组访谈的不足。

（3）小组访谈对场地的要求很高，不是随时都可以进行的。此外，记录仪器和观察者的存在会使被访者感到拘束。但如果不事先告知又可能会引起道德或法律方面的麻烦。

三、深层访谈法

深层访谈（In—depth Interview）是依据开放的访谈提纲进行一对一访问的形式。与小组访谈一样，它主要是用于获取对研究主题的理解和深层的了解。由于深层访谈是一对一的，它可以更详细地探究每个被访对象的想法，也可以克服被访者在小组访谈中随着群体的反应而态度摇摆不定的现象。同时，深层访谈可以针对一些保密的、敏感的话题进行讨论，这些话题无法通过小组访谈进行讨论，例如，了解一组竞争对手的态度，就只能一对一地进行。

（一）深层访谈的特点及实施过程

1. 深层访谈的特点

深层访谈的主要特点是：

（1）访问样本的数量较少。

（2）对每一个被访者，都力图深入地探究他的意见、观点、价值观、动机、信念、态度、感情等抽象的方面，在访谈时，可以借助被访者的非语言反应进行理解。

（3）访问时间通常很长。一个样本的深层访问常常持续几小时。即使非常有经验的深层访问员，一天也做不了几个访问。

（4）访问是无结构的，这点同小组访谈相同。虽然事先准备了访谈提纲，而且每个被访者都使用同一个提纲，但实际访问的问题因人而异。深层访问允许访问员根据被访者的回答提出新的问题，以及改变提问的方式或提问的顺序。

2. 深层访谈的实施过程

深层访谈的主要步骤和本章第三节中要详细讲述的问卷访问的步骤很

类似，即由确定调查问题、招募被访者、实施访问及分析资料几个阶段组成，这些过程在此不再赘述，请参看第三节中的内容。但深层访谈的本质和一般问卷访问差别是很大的，这些差别主要在于：

（1）深层访谈属于无结构式访问，对访问员的要求比较高，他们决定着访问是否成功。对访问员的要求和对小组访谈中主持人的某些要求是类似的，例如中立、灵活、敏感，等等。

（2）访问的时间很长，针对研究主题不断深入进行访问。在访问过程中，访问员和被访者都可能产生疲劳，有时访问需要分阶段进行。

（3）由于时间上的限制，安排深层访谈比较困难，特别是当目标访谈对象是专家和具有一定社会地位的人时，预约访问常常以没有时间而被拒绝。

（4）深层访谈的记录方式除了用笔进行记录以外，还常常需要进行录音。访问员在访谈过程中必须要专心访问而不能作记录，所以深层访谈一般由两个访问员同时在场，另一位访问员主要是作访谈的记录，同时帮助照顾录音设备。

（5）访问员和被访者的报酬都较高。

（6）资料的量很大，而且由于是无结构的资料，进行分析难度很大。常常要花几周到几个月的时间用来分析资料。

（7）访问的样本量小，不能做出概括性的结论。

（二）深层访谈的技巧及优缺点

1. 深层访谈的技巧

深层访谈是一对一的无结构式访问，即虽然根据访谈提纲的线索进行提问，但在访问的进行过程中，访问员需要根据被访者的回答和形体反应不断引出新的问题，以便对被访者的态度和观点进行深入地探索，因此在访问中适当采用一些技巧是必要的。下面就举出一些常用的技巧：

（1）当被访者的回答比较笼统，希望他更深一步具体阐述时，可以用如下的方法：① 同样的措词重复提问引出他更深入的回答。② 重复被访者的回答，刺激他进一步进行评论。③ 不急于发言，适当地沉默或停顿，这表示期待他进一步发表看法。④ 结合被访者前面的回答，适当地归纳和总结主要意思，并用欲进一步确认的语气问出，例如，"您是说……?" ⑤利用中性的探索语进行追问。例如，"您可以再多谈一些吗?" "您指的是什么?" "还有其他的吗?" 等等。

（2）当被访者谈论的话题偏离了研究的范围，访问员要用合适的言语把话题重新引入研究主题，但又必须注意礼貌。这时，可以用一些话语巧妙完成，例如，"那么，关于……，您的看法又是如何呢？""回到刚刚提到的……主题上，您的观点是……"等等。

（3）在录音的同时，深层访谈也要作书面记录，记录要求在访问的同时进行，不能事后补记，且需记录与问题有关的全部内容，包括提出的问题和回答。记录常用的技巧如下：① 借助速记符号快速记录；② 记录被访者的原话，不要归纳总结。

　2. 深层访谈的优缺点

（1）深层访谈最大的优点是提供了丰富的详尽资料。与传统的调查方法相比，深层访谈能够提供被访者对敏感性问题的精确回答，访问员通过与被访者建立融洽的关系，可以介入到其他研究方法中受到限制的话题。此外，一些研究只能运用深层访谈方法。例如，了解某位成功的经营管理者的管理理念，虽然接触的一开始会有些难度，不过通过一定的技巧，他还是可能接受访问的，但是用其他的研究方法就无能为力了。

（2）深层访谈的缺点。首先，深层访谈是典型的非随机抽样的小样本调查，调查结论不能用作推论总体。其次，深层访谈没有统一的标准，虽然采用同一个访谈提纲，但每个被访者回答的问题都有细微的差别，甚至所有的被访者回答的是完全不同的问题。此外，深层访谈容易受到访问员个人偏见的影响。在长时间的访问中，访问员可能在无意中通过选择问题、非语言的暗示或说话的重音将自己的态度传达给被访者，从而使被访者的回答受到影响。同时，深层访谈的完成情况在很大程度上依赖于访问员和被访者建立的关系是否融洽。

四、个案研究法

　个案研究法（Case Study）是另一种常用的定性调查研究方法。简单地说，个案研究是通过系统地研究个人、团体、组织或事件，尽可能多地获取资料的一种方法。研究者常通过个案研究深入了解和探索某种现象。例如，当某个机构在资本运营或市场营销方面获得了成功，研究者就可以到该机构内部了解其管理的经验和创新的理念，并可以获得大量的一手实证资料。

（一）个案研究的特点

概括来说，个案研究具有四个主要特点：

1. 特定性

这是指个案研究不是就宽泛的主题进行研究，而是着重于某种特定的情况、事件、现象或某个特定的节目、机构，研究目的常常是深入、细致地描述一个具体事物的全貌。

2. 描述性

个案研究的最终成果是一份关于研究课题的详细描述报告，其中可能出现一些量化的数字，但这些数字并不是研究者第一手收集的，而常常是引用现成的数据。

3. 启发性

当对一些新现象、新事物进行研究时，用其他的研究方法似乎无法下手，而个案研究可以帮助人们了解被研究的主题究竟是什么。个案研究的主要目的就是发现新的解释、新的观点、新的见解等。通过个案研究获取了初步的感性认识之后，才可以运用其他研究方法进行下一步的研究。

4. 渐进性

多数个案研究在逻辑上是归纳推理的过程，即通过掌握的现存资料，提出一种理论或归纳出一种原理，即个案研究试图发现事物之间新的关系。但是，个案研究并不能证明这些理论或原理就是正确的，它们只能作为进一步研究的假设。

（二）个案研究的实施过程

与其他研究方法相比，个案研究并没有标准的执行方法，研究者可以根据研究对象的特征选择最好的切入点并逐步深入去研究。但执行一个个案研究基本上也有 5 个明显的步骤：研究设计、试验性研究、收集资料、分析资料和撰写报告。

1. 研究设计

个案研究首先要考虑的是研究问题。个案研究常常以如何（How）或为什么（Why）为问题的开始。事先清楚地确定研究问题可以使个案研究集中在最有利的焦点上。第二个要解决的问题是要分析对象是什么，即"个案"是怎么构成的。一个个案可能是一个人或几个人、一项特殊的决定、特殊组织、一个节目或其他独立的事件。当个案指人时，个案的界定比较容易；但在其他情况中，个案的明确界线较难确定，具体要收集什么样的相关资料呢？这需要先确定个案研究的分析单位，例如研究一个公司成功的经验，分析单位主要是该组织的主要相关人员（了解管理理念）、员工（了解员工的满意度、对单位的忠诚度和整个公司的凝聚力）、各种会议和工作文件（具体的实施措施），等等。个案研究的设计可以参考过去的同类研究。

在进行研究前，研究者应该写出一份研究方案。这份方案包括研究的程序、收集资料的方法、仪器和设备，还应该包括接近特定人物或组织的方法以及记录的步骤、收集资料的时间表及总结方法等问题。例如，对于会议和工作文件，方案中应写明是用复印机去复印资料，还是需要记录或借阅。方案中也应列出调查的中心问题及回答这些问题需要的资料来源。如果个案研究中将进行深层访谈，则方案中应包括访谈的问题。

2. 试验性研究

试验性研究的作用是确定研究设计和实际的研究过程。通过试验性研究可发现在研究设计阶段没有考虑到的因素，研究方案中的问题就会暴露出来。另外，当研究者面临如何在几种方案中选择收集资料的方法时，或者不同的研究者持有不同的观点时，试验性研究可以允许研究者尝试不同的资料收集方法和以几种可行性的观点进行研究。

经过试验性研究之后，研究者可以根据具体情况对研究设计进行修改，最终确定以一种系统的方法和思路去收集资料。

3. 收集资料

个案研究中至少有四种资料来源：文献是丰富的资料来源之一，包括信件、备忘录、会议记录、记事簿、历史记载、小册子、标语等形式，可采用文献研究的方法进行分析。第二个资料来源是访问，有些个案研究运用问卷调查的方法，要求调查对象完成一份问卷；另一些个案研究则较多使用深层访谈的方法。观察法是第三种收集资料的方法，它可以得到关于人的活动、人际关系等的资料。最后一个资料来源是一些实物，如一件工具、一套设备，等等。

多数个案研究者会同时使用几种资料来源，以便从多方面了解所研究的问题。另外，多种资料来源有助于研究者提高研究的信度和效度。研究发现，对于使用多种资料来源的个案研究的评价，要比使用单一资料来源的信度和效度高。

4. 分析资料

与定量研究方法不同，个案研究的资料没有统一的格式，对它们的分析没有标准的程序或规则，所以资料分析可能是个案研究方法中最困难的步骤。虽然很难总结出适用于所有个案研究的资料分析方法，但个案研究的资料分析一般可采用以下的技巧。

（1）对比技巧。对于要研究的事物，研究者需要事先做一个估计的假设。例如，对于一项营销成功的公司，事先可假定管理者具有较好的学历教育背景、具有较先进的管理理念、有高效的管理层级、有定期的例会或活动、有明确的规章制度、上下级的关系融洽、员工有非常强的凝聚力、工作满意度很高，等等。如果个案研究收集到的资料并没有出现这些结果，那么对这个公司"成功"的理解就要打折扣，它所谓的"成功"很可能是一次机缘巧合的"暴发"。

（2）解释技巧。研究者通过对大量现象的原因进行分析，最终做出一种解释。研究者可以通过已获得的一个方面的情况，提出一些基本理论或可能原因，然后带着这些基本理论和原因，再分析第二种类似的情况，看这些理论或原因是否说得通，如果说不通就要重新修正。在分析中多次重复这一过程，通过反复的验证，直到建构出完整而令人满意的答案为止。

5. 撰写报告

研究报告的撰写应考虑到研究的目的和读者的特性。个案研究的报告有几种形式。有些可以依照传统调查研究的方式，即提出问题、实施方法、得出什么发现和结论；有些个案研究报告适于按年代顺序组织；为了比较而进行的个案研究，可以从所比较事物相互关系的角度撰写研究报告；为管理进行策划的个案研究报告与准备在学术刊物上发表的报告有着不同的风格。

（三）个案研究的优缺点

当研究者想要获得与研究课题相关的丰富资料时，个案研究是可行的方法之一。

1. 个案研究的优点

个案研究能提供翔实的资料，特别有利于研究者发现进一步研究的线索和概念。个案研究也能用于收集描述性和解释性的资料，从而对事物进行详尽的描述，以及解释事件发生的原因，而其他的调查方法在深入了解现象背后原因方面不及个案研究。

此外，因为个案研究集中力量在一个点或几个点进行，使研究者有能力讨论更大范围的现象。文献研究、系统性的访问、直接观察和传统的问卷调查都能成为个案研究的主要工具，从而获得多方面的资料。

　2. 个案研究的缺点

对个案研究的批评意见主要集中在三个方面：

第一个方面是个案研究缺乏严谨的科学性。进行严谨的个案研究需要大量的时间和精力，而简单的个案研究可能相当粗糙，个案研究者可能带有偏见，而又不去进行细心的推敲，往往依据模糊的证据得出有片面性的结论。

第二个方面是个案研究不容易进行推论总体。这一点和其他定性研究方法一样，因为研究的主要目的就不是推论总体，如果滥用研究结果，可能会带来严重的错误。

第三个方面是个案研究要花大量的时间，它得到的常常是大量的难以分析总结的资料，很多研究人员经常是研究数年而得不到非常有价值的结果。

第三节　问卷调查法

媒介调查另一类重要的研究方法是定量研究方法，具体来说，主要是指问卷调查法和实验法，这两种方法将在本节和第四节详细介绍。和定性研究方法相比，定量研究方法具有显著的不同，可以概括为以下几点：

第一，定量研究的研究者力求研究结果的客观，因而在研究过程中采用各种措施避免引入个人主观偏见的成分。

第二，在定量研究中，详尽的研究计划必须在正式的研究开始之前确定，在研究执行过程中，一般不允许再随意改动。

第三，测量工具的标准化程度高。在定量研究中，测量工具（如调查问卷）独立于研究者之外，不一定是研究者本人去收集资料，而可以让其他人用标准化的测量工具去收集资料，收集到的结果是一致的。

第四，定量研究可以最终得出支持或反对假设的结论，而定性研究的结论只能作为假设。

　　问卷调查法是媒介调查最常用的定量研究方法。1982年，由北京新闻学会发起的一次大规模受众调查就是采用问卷调查法，这次调查被公认为我国内地受众研究的起点。

　　定量研究方法是最能严格遵循科学研究程序的方法。从操作的层面上讲，问卷调查法主要有如下几个步骤：

　　第一步，根据研究目的，建立研究的构架。

　　第二步，设计调查问卷。

　　第三步，实施问卷访问。

　　第四步，把调查资料录入电脑。

　　第五步，对数据进行统计分析，对假设进行统计检验。

　　第六步，撰写调查研究的报告。

　　关于如何建立研究构架，在第一章已经进行了阐述，这里就不再赘述；如何对调查资料进行统计分析，以及如何撰写调查研究报告，将在第三章、第四章中详细展开。本节将主要讨论如何设计调查问卷、如何进行问卷访问，以及如何对调查资料进行整理和录入。

一、调查问卷的设计

（一）调查问卷的功能及分类

1. 调查问卷的功能

　　所谓调查问卷，是指为了调查和统计而设计的包含一系列问题的表格。在媒介调查中，调查问卷往往是必不可少的（定性研究中用到的问卷，常常被称做调查提纲）。一般来说，调查问卷具有以下的功能：

　　（1）调查问卷将调查主题规定的信息翻译成被访者可以回答且愿意回答的一系列具体的问答题。

　　（2）调查问卷以可以理解的语言与被调查者沟通，从而能够促进、激发和鼓励被访者参与、合作并完成整个调查。

　　（3）在利用问卷进行访问时，调查问卷可以使回答误差减至最小。

　　（4）调查问卷易于管理、方便记录，且有利于问卷检查、编码和录入。

　　（5）根据调查问卷，调查的结果就可以转换为能回答研究者问题的结论。

2. 调查问卷的分类

对于不同的研究主题，媒介调查可以采用不同的具体方法，所需的问卷也必须与之相适应，因而调查问卷具有不同的分类。

（1）按照调查的方式分为"自填式问卷"和"访问式问卷"。自填式是指通过发放、邮寄、刊登到报纸杂志上、发布到网站上等方式将问卷送到被访者手中，由被访者自行填写；访问式是指在面访访问或电话访问中由访问员把问卷逐题念给被访者听，并由访问员根据被访者的回答填写问卷。在问卷设计上，自填式问卷的形式要尽可能简单明了，填表说明要更详细。

（2）按照问卷中问题的回答方式可分为"开放式问题的问卷"和"封闭式问题的问卷"。开放式问题，指的是只提出问题，而不规定答案的选择范围，被访者可以根据自己的情况自由回答，这样的答案大多只能作定性分析，所以开放式问题常用在定性研究的问卷中。封闭式问题是指不仅给出了调查的问题，而且对该问题可供选择的答案作了精心的设计，被访者只能在规定的答案范围内进行选择。封闭式的问卷既便于被访者回答，也便于资料的统计分析。问卷调查法中用到的问卷一般都采用封闭式的问题，但有时候可以在问卷的最后加上一个或几个开放式问题，用于收集一些封闭式问题中未能包含在内的资料。

（3）按照问卷的结构，可分为"无结构的问卷"和"有结构的问卷"。无结构问卷指的是对问卷中所提的问题没有在组织结构上进行严格的设计和安排，只是围绕着研究目的来提一些问题，这些问题一般都是开放式的。在访问时，无结构的问卷允许访问员打乱这些问题原有的排列顺序提问，也允许访问员根据被访者的回答提出新的问题，以便深入了解被访者的想法。有结构的问卷是根据研究目的和主题而精心设计的有具体结构的问卷。问卷中的问题一般都是封闭的，问题的排列次序有严格的规定。在访问时，访问员必须严格按照规定的顺序进行提问，也没有访问员自行提出新问题的余地。无结构的问卷一般在定性研究中使用，如深层访谈和小组访谈中的访问提纲就是典型的无结构问卷。在定量的问卷调查中，问卷一般都要求是有结构的。

综合以上分类可以看出，大规模的定量调查中常用的问卷一般是封闭的、有结构的问卷，这也是问卷设计中最难设计的类型。一份设计得完美的问卷可以说是科学＋艺术、经验＋智慧的结晶。

（二）问卷设计的总原则

调查问卷是测量研究者所需信息的工具，可以类比尺子和长度的关系。如果尺子有缺陷，测量长度就会不准确。不过和尺子相比，问卷的客观性和标准化程度要远远低于尺子，它常常会带有研究者主观局限的烙印。问卷设计是创造性思维劳动的结晶，研究主题千差万别，每个研究者都可以凭自己的知识和经验进行巧妙的构思，目的都是使测量的信息尽量接近真实世界的情况。因此，对问卷设计工作很难做出具体的理论指导，而只能在原则的层面上指出问卷设计应该努力的方向。

问卷设计总的原则如下：

1. 保证测量的效度

效度是指问卷中测量的正是研究者想要的信息，而不是与之相关联的另一个信息。举一个简单的小例子可以很好地说明这个问题。例如，研究者想要了解海尔电视机的知名度。下面给出两种问法。

第一种问法：

• 你知道海尔电视机吗？

　　1. 知道

　　2. 不知道

第二种问法：

• 一提到电视机，你首先会想到哪个品牌？ ＿＿＿＿＿＿＿＿＿

　　还会想到哪些品牌？ ＿＿＿＿＿＿＿＿＿＿＿＿＿

对第一种问法，研究者的分析思路是通过调查得到被访者回答"知道"的人数，最终计算出回答"知道"的比例就是海尔电视机的知名度。

对第二种问法，研究者会统计被访者提到的各种品牌被首想提及的比例，从而得出每个品牌的首想知名度。当然，海尔品牌也会有自己相应的比例。研究者也可以结合第二个空格中出现的品牌，计算各个品牌的综合知名度。可以想到，被访者提及的顺序正反映了不同品牌对于该被访者的知名度，因此，可以根据某被访者提及的次序对各品牌进行加权。例如，基准分设为1分，首想的品牌就是20分、第二出现的品牌就是19分，依此类推，出现的次序越靠后，分值就越小，最终汇总各品牌对于所有被访者的总得分。这个总分除了用于排序，也可以计算指数（即各得分对于某一基准品牌的倍数）。如果研究者担心加权的依据不足，分析时可以直接统计各品牌被提及的综合比例。最终，研究者结合首想知名度和综合知名度两个指标共同衡量海尔电视机的知名度。

比较这两种提问的方法，第一种方法显然便于编码和统计计算。但是带来了严重问题，它测量的信息已经不是海尔电视机的知名度，而是被访者的记忆被唤起的程度。在提问的一瞬间，被访者就会在记忆库中寻找关于"海尔电视机"的记忆，而大多时候这种记忆是会被唤起，从而导致了被访者有很高的比例回答"知道"。

从这个例子看出，想要测量某个指标，往往是不能直接去询问的，因为直接询问的过程已经带来了严重的误差，甚至测量的信息对目标信息是无效的。

2. 提高测量的信度

信度是指测量是准确的和稳定的。提高测量信度的具体方法，就是在问卷设计时考虑周全，尽量避免由于问卷引起的各种来源的误差。为了避免误差，在问题的措词上以及问卷的结构编排上，都有很多具体的要求和技巧，这些要求和技巧将在后面专门讲述。

3. 鼓励被访者的合作

问卷调查的完成依赖于被访者的合作，因此设计问卷时，应尽量站在被访者的立场上考虑，避免出现让被访者产生敌意的问题以及有可能对被访者造成心理影响的问题。具体来说，应该在问卷的开场白中诚实地向被访者征求合作；如果不是筛选对象的需要，尽量不要刚开始访问就询问被访者的地址、电话、年龄、收入等基本资料，而是在访问快结束时再问；问卷访问的时间不能太长，一般以小于 40 分钟为宜；尊重被访者的隐私和表达意见的权利，被访者的回答是完全自愿而不是被逼迫的；如果涉及令被访者尴尬的敏感性问题，应以一定的技巧设计问卷和获得答案，等等。

4. 便于访问、记录和整理

为了避免访问中和访问后整理中引入误差，每个问题的访问指导和问卷的排版也是很重要的。一般除了问题之外，每个问答题都应在适当的位置以不同于正文的格式清楚地标明访问员指导语，即指导访问员如何对该题进行访问。这样就能够提高访问过程的标准化程度，即尽量使得每个访问员的访问方法是相同的，从而避免由于使用不同的访问员引入的误差。例如，在题干后面加括号注明是"只选一项"还是"可选多项"，等等。

在问题的编排上，尽量是采用从前向后访问的次序，避免让访问员在访问时反复前后翻找，一个完整问题之间最好不要分页。

考虑到访问员记录的准确性，一定要在问卷中留出访问员准确记录的空间，例如，如果多个问题可以共用一套答案，则每题的答案都应记在专门的地方而不能在答案中圈画，否则就不知道哪个题选的是哪个答案了。如果某个问题的答案不能封闭，要加"其他"选项，要留出访问员记录的空间。

考虑到资料整理的方便性和准确性，问卷中尽量给每个问题提供封闭的选项。例如，对上面讨论过的"海尔电视机"知名度测量的问题，虽然不是让被访者从答案中选择，而是让他们自发地回答，但问卷中最好也列出其他品牌，并给每个品牌一个编号，让访问员记录时只记录品牌的编码即可，即采用事前编码的方法。这样做将会大大减少事后编码的工作量。例如：

　• 一提到电视机，你首先会想到哪个品牌？ _____ （请记录被访者提及的品牌的编号；如列表中没有该品牌，请直接写出）

　• 还会想到哪些品牌？ _____ （请按被访者提及的顺序记录品牌的编号；如列表中没有该品牌，请直接写出）

　1. 海尔　　　2. 康佳　　　3. 长虹　　　4. 熊猫
　5. 金星　　　6. 海信　　　7. 创维　　　8. TCL
　9. 日立　　　10. 东芝　　　11. 索尼　　　12. 松下
　13. 厦华　　　14. 厦新　　　15. 飞利浦　　　16. 三星

（三）问卷的基本结构

问卷的基本结构一般包括三个部分，即问卷封面、问卷正文和结束语。其中问卷正文是问卷的核心部分，是每一份问卷都必不可少的内容，而其他部分则可以根据研究者需要取舍。

1. 问卷封面

问卷封面按位置一般可以分作以下几部分内容：问卷编号、问卷标题、封面信、筛选问题、辅助信息等。

（1）问卷编号。问卷编号是一个非常重要的信息，一般在访问实施之前就应当给每份问卷以统一的格式打上编号，这个编号也应统一在醒目的位置上，例如问卷首页的右上角。这样做一方面便于对访问的管理；另一方面，问卷访问结束后需要进行数据录入工作，电脑数据和问卷一一对应的关键变量就是问卷编号。

（2）问卷标题。作为一份标准的问卷，一般都应当有一个正式的问卷标题，标明这是关于什么研究的问卷，以及在问卷标题下方注明研究进行的时间。

（3）封面信。封面信是印刷在问卷上，供访问员在接触被访者时进行语言沟通使用。主要内容就是介绍将要进行的工作是什么性质，是关于什么主题的研究，以及被访者回答的方式。

对于一份标准化的问卷，封面信是必不可少的。为了减少各种人为的误差，问卷访问尽可能采用标准化的访问流程，即减少由于使用不同的访问员而引起的误差。如果每个访问员在介绍研究目的时不是统一口径，尤其是没有经验的访问员上来就说出了委托方，就可能会对调查的结果产生影响。例如，对于中央电视台的一个受众调查项目，访问员如果这样介绍：

"您好，我们正在给中央电视台做一个受众调查项目，想要对您进行一个访问。"

这样的介绍，一开始就给整个访问带来了诱导性误差。对于不了解这种研究方法的被访者来说，过早识别了"中央电视台"，可能会对他们产生心理上的压力（有的被访者会把"访问"当做电视"采访"来对待），或者在回答问题时产生方向偏离。

出于这样的考虑，一般的介绍都只用通俗的语言（尽量不要出现专业词语）告诉被访者调查的主要内容，而不作更深入的解释。例如：

"您好，我们正在进行一项研究，想就收看电视的行为问您几个问题，您平时是怎样想的就怎样回答好了，答案无所谓正确和错误，您的意见对我们是非常重要的。请相信我不是在推销，这确实只是一个研究项目。"

如果研究者反复推敲认为这样介绍是最合适的，就把它印刷在问卷首页一开头的位置，这就是封面信。封面信一方面可以保证访问员的口径一致，避免了误差；另一方面，可以有助于打消被访者的顾虑而达成成功的访问。

（4）筛选问题。对于一些需要筛选访问对象的调查，需要把筛选问题放在封面上，而且是紧靠着封面信，这样访问员在介绍研究之后，马上就可以开始筛选。如果不是合适的访问对象，就可以终止访问。

筛选问题有时不止一个。例如，为了避免诱导误差，一般的访问都要求不对三个月内接受过类似访问的人进行；也不对在市场调研机构工作的人访问；而研究者考虑到研究的内容是关于电视的，也不能对在电视部门工作的人进行访问。考虑到家庭成员互相间的影响，对有这三类人的家庭都不访问，筛选的问题就可以是：

S1 请问在最近三个月内，您家接受过有关收看电视情况的调查吗？

1. 接受过　　　　　　　　　（终止访问）

2. 未接受过

S2 请问您家有在这些单位工作的人吗？

1. 电视台　　　　　　　　　（终止访问）

2. 广播、电视事业管理部门　（终止访问）

3. 市场调研机构　　　　　　（终止访问）

4. 其他

　　（5）辅助信息。一般的问卷都需要记录一些辅助的信息，但记录哪些信息和具体的访问要求有关。例如，一项跨城市进行的入户访问，就需要记录以下信息：所在城市、访问员姓名或编号、被访者住址（包括区、街道、居委会）、访问的起止时间、被访者的姓名和电话、复查员姓名、复查日期、复查结果，等等。

　　辅助信息是研究者评判访问质量的重要依据。例如，按抽样设计的规定每个居委会访问 5 户，研究者如何才能知道访问员是否按要求做了，就可以查阅被访者的住址；一份问卷估计的最短访问时间是 30 分钟，可是某访问员只用了 10 分钟，这就值得怀疑；某访问员 10 点钟刚结束一场访问，而在同一天的 9 点 50 分已开始了另一场访问，这一定是访问员在作假。所以，问卷上也一定要记录是谁作了这份访问，一方面是为了质量控制，另一方面便于比较不同访问员做的访问结果是否相差很大。

　　对于访问员已经知道的信息，可以在访问正式开始前就填写，同时需填写访问的开始时间。而另一些辅助信息如被访者的姓名、住址和电话，最好是在访问结束时填写（避免由于被访者的戒备心理而引起拒访），之所以把它们也放在问卷封面上，一方面是为了整齐，另一方面便于复查的进行。访问结束时同时需要填写的还有结束的时间以及访问的总时间。

　　结合上述的各项内容，下面给出一份问卷封面的例子以帮助理解。

　　2. 问卷正文

　　问卷正文是调查问卷的主体，主要包括有固定排列顺序的各类问题、问题的答案及访问指导语，这也是问卷设计的主要任务。从形式上讲，封闭式问题是问卷中出现最多的，也是最难设计的。下面是一项针对电视从业者调查中的一个完整的封闭式问题的例子：

Q1［出示卡片］在未来的十年，数字电视将逐渐在我国普及。在目前的转型时期，您认为电视台面临的最重要的问题是什么？（读出，轮换顺序，只选一项）

1. 组织员工学习数字电视的知识和技能

2. 加强人事结构调整力度，完善激励机制

3. 加强以观众为核心的服务意识

4. 以电视为依托，拓展服务的种类

5. 提高电视节目的质量

问卷编号：☐☐☐☐

全国城市电视观众收视行为研究

2002 年 11 月～2003 年 1 月

　　您好，我们正在进行一项研究，想就收看电视的行为问您几个问题，您平时是怎样想的就怎样回答好了，答案无所谓正确和错误，您的意见对我们是非常重要的。请相信我不是在推销，这确实只是一个研究项目。

　　首先，请问您两个小问题：

S1　请问在最近三个月内，您家接受过有关收看电视情况的调查吗？

1. 接受过　　　　　　　　　　（终止访问）

2. 未接受过

S2　请问您家有在这些单位工作的人吗？

1. 电视台　　　　　　　　　　（终止访问）

2. 广播、电视事业管理部门　　（终止访问）

3. 市场调研机构　　　　　　　（终止访问）

4. 其他

城市：1. 北京　2. 上海　3. 沈阳　4. 武汉　5. 杭州　6. 广州　7. 成都
8. 西安　9. 郑州

＿＿＿＿＿＿区＿＿＿＿＿街道＿＿＿＿＿居委会

访问时间：2002 年 12 月＿＿＿日上/下午＿＿＿点＿＿＿分开始，＿＿＿点＿＿＿分结束，共计用时＿＿＿分钟（以下三项在调查完成后填写，以备复查时使用）

被访者姓名：＿＿＿＿＿＿＿＿＿＿

被访者住址：＿＿＿＿＿＿＿＿＿＿

被访者电话：＿＿＿＿＿＿＿＿＿＿（家庭/单位/手机）

访问员姓名：＿＿＿＿＿＿＿＿＿＿

复查员姓名：＿＿＿＿＿＿＿＿＿＿

复查日期：＿＿＿月＿＿＿日

复查方式：1. 电话　2. 再面访

复查结果：1. 合格　2. 不合格

6. 节约和降低成本

7. 集思广益，探索新的发展模式

8. 其他（请详述_____）

9. 不知道/无回答

　　该问题是一个封闭式问题。[出示卡片]，（读出，轮换顺序，只选一项），（请详述_____），这都是访问的指导语。其中包括了对回答方式的要求"只选一项"，也包括了对访问员的要求。

　　所谓"出示卡片"是指在访问式的访问中，如果备选答案过于复杂，只凭访问员念出，被访者很难根据记忆来做出选择，为了访问的方便，可以把答案单独做在一张卡片上。访问时，访问员先向被访者提问，然后出示卡片给被访者看，并同时念出各个答案，最终让被访者在其中做出选择。

　　所谓"轮换顺序"是指由于备选答案的出现次序可能影响被访者对各个答案重要性的理解，因此更倾向于选择先出现的答案，为了避免被访者产生同样的"先入为主"的理解，对不同的被访者提供的答案次序进行轮换。例如，对占样本总数约1/7（这个比例的大小是根据选项的数量决定的）的被访者按照问卷中1、2、3、4、5、6、7的次序出示和读出答案；对另1/7的被访者按照问卷中2、3、4、5、6、7、1的次序出示和读出答案；另1/7按照3、4、5、6、7、1、2的顺序，依次类推。这样就能够保证所有的选项出现在第一、第二、第三……第七位置的机会是一样的。一份问卷往往有多道题都需要按不同的规律轮换顺序，所以分别印刷问卷往往是不现实的，因此所有的访问用同一份问卷，但访问时要求访问员轮换顺序，至于如何轮换，事先已经给每个访问员进行了规定，他们所携带的卡片也是不同的。

　　对于封闭的选择题，答案必须具有完备性和互斥性，即分类是明确的和全面的，每个被访者都能在提供的答案中找到自己合适的类别，而且是惟一一个合适的类别。实际应用中，答案的编制是工作量最大的环节，尽管这样，也不一定能够达到完备性的要求。所以，可以在答案中加一个选项"其他"，但有经验的研究者往往要求访问员记录"其他"所代表的具体内容。这样即使答案的设计有较大的缺陷，导致有相当比例的人回答"其他"，研究者也可以通过事后编码重新规定类别；如果没有"请详述"这个要求，则即使回答"其他"的比例非常大，也没办法分析这些"其他"究竟是什么，而分析结果中统计"其他"这一类别出现的比例是没有意义的。

考虑到也许会有少数的被访者因不了解或其他原因而不能回答或不愿回答，为了编码的完整性，最好每个选择题都设一个选项"不知道/无回答"，供访问员记录使用。但这个选项不能出现在卡片中，访问员也不能念出，只能在被访者确实无回答时才使用。

3．结束语

结束语一般放在问卷的最后面，用来简短地对被访者的合作表示感谢，并提醒访问员留下给被访者的礼品。

（四）问卷设计的流程

在媒介调查中，调查问卷是资料收集的工具，它决定了整个调查质量的高低。因此，问卷设计是一项调查的最有挑战性的工作。一般情况下，问卷设计应遵从以下的流程：

根据研究构架以及概念的操作化定义，规定所需信息；确定调查的方法和问卷的类型；确定每个问题的内容；确定每个问题的结构；确定每个问题的措词；确定问题的备选答案；确定问题的排列顺序；问卷的格式和排版；对问卷进行评估；通过试调查对问卷进行测试；问卷的印刷和装订。

1．规定所需信息

确定所需信息是问卷设计的前提工作，研究者必须在问卷设计之前就明确这些信息。这可以通过研究构架和对概念的操作化定义来完成，所有为达到研究目的和验证研究假设需要的信息，问卷中都必须有与之相应的问题。在这一步中，还要对将来如何使用和分析这些信息做到心中有数，这样才能按分析方法所要求的形式来收集资料。如果不是用和统计分析方法相适应的形式收集的资料，就无法进行有效的分析和利用，研究目的就不一定能够达到。

2．确定调查的方法和问卷的类型

问卷调查的具体实施方法有面访访问、电话访问、电脑辅助电话访问（CATI，Computer Assistant Telephone Interview）、邮寄调查、报刊刊登问卷调查、网上调查以及分发问卷现场填写或留置等方式。其中前三类访问的问卷是访问式问卷，后几类是自填式问卷。

（1）面访访问是指访问员当面把问卷逐题念给被访者听，同时将被访者的回答记录在问卷上。根据访问的地点不同，面访访问又可分为入户面访和街头面访。①入户面访是指访问员到被访者的家中（或单位）直接与被访者接触。入户面访具有标准化程度高、访问的时间可以稍长、可以针对较复杂的问题进行访问、可以在访问中展示辅助的材料、可以对开放题进行访问等优点，是目前在我国最为常用的调查方法。②街头面访指的是在某些特定场合（例如街道、商场、车站、公园、咖啡店等）拦截在场的一些人进行面访调查。这种方式适用于对特定目标群体进行研究，例如到使馆地区拦截访问了解外国人收听中国广播的情况。拦截式访问的问卷一般很短、不能出现开放题（因为不便于进行复杂的记录）。无论是入户面访还是街头面访，问卷中都不便于涉及敏感性问题，问卷设计的核心工作是如何让访问员自由、有效地和被访者进行交流并收集到准确的信息。

（2）电话访问也是由访问员来访问，只不过不是当面进行，而是通过电话中介来进行访问。电话访问一般应用于调查问题相对简单明确，但需及时得到调查结果的研究。电话访问的问卷要求简单明了，在问卷设计上要充分考虑几个因素：通话时间的限制、听觉功能的局限性、记忆的规律、记录的需要，等等。

（3）电脑辅助电话访问是利用设计在电脑中的问卷进行电话访问。访问时，访问员坐在和总控电脑相连的屏幕终端，头戴小型耳机式电话，电脑屏幕代替了问卷、鼠标和键盘代替了传统的笔，打电话往往也是通过电脑拨出的。电话接通以后，访问员就按照屏幕上显示出的问题进行提问，并根据被访者的回答直接在电脑上作标记，访问的结果就直接存储到电脑中。在访问中，电脑会指引访问员的工作，一般一个问题只在屏幕上出现一次，该问题访问完就刷新为另一个问题；电脑会控制访问的逻辑次序和检查答案的一致性；不再需要单独的数据编码、录入工作，数据的质量得到了保证；调查的总时间大大缩减，访问结束后，几乎立刻就可以得到报告。电脑辅助电话访问所需的问卷一般通过专门的软件进行设计，问卷以封闭的选择题为主，一般不出现开放题。

（4）传统的邮寄调查是通过邮局将事先设计好的问卷邮寄给选定的被访者，并要求被访者按规定的要求填写后回寄给研究者。一个典型邮寄调查的邮包包括以下几个部分：封面信、问卷、回邮信封、表示致谢的小礼品。现在有很多邮寄访问是通过电子邮件进行的，研究者将电子版的问卷打包并按照选定的电子邮件地址发出，要求被访者填写后再打包发回。邮寄访问的匿名性较好，在研究者和被访者之间没有语言上的交流，访问涉及的内容可以是十分广泛的，甚至是对一些敏感的问题和悖于社会传统道德的问题来征求被访者的意见。但问卷的回收率一般比较低，样本的代表性差。

（5）报刊刊登调查是通过把调查问卷刊登在报纸或杂志上传达给被访者，并鼓励报刊的读者对问卷如实作答并回寄给报刊的工作部门，为了刺激读者寄回问卷，很多调查都设抽奖的方式，即回寄的人具有抽奖的资格。报刊刊登的方式有稳定的传递渠道、匿名性好、省费用，但回收率不高，样本不具代表性，不能推断总体，只能作为了解问题的参考。在问卷设计上，出于报刊版面的考虑，问卷不能太长；考虑到不同读者的理解能力，问卷中不应涉及复杂的问题和测量深层态度的问题，测量量表也比较少用。

（6）网上调查是随着互联网的应用而新兴的一门调查技术。它可以分为两种情况，一种是把调查问卷链接到网页上，让浏览该网页的人直接点击作答，这种问卷一般只包含几个简单的选择题。另一种情况是借助于聊天室关于一个主题，让人们发表观点进行讨论，是一种借助网络进行的小组访谈，属于定性研究的方式。网上调查不受时间、空间的限制，匿名性好，便于获得大量信息，特别是对于敏感性问题，相对而言更容易获得满意的答案。但是有些研究主题不适合作网上调查，因为上网的人群是特定的。据中国互联网信息中心（CNNIC）的第 12 次《中国互联网络发展状况统计报告》（2003 年 7 月），我国上网用户总数 6800 万，和全国总人口相比，这只是一小部分。上网行为对用户的年龄、学历、收入都有一定的要求，网上调查对于一些有关消费行为的调查是比较有效的，但对于某些媒介调查并不很适宜。例如，想要了解老年人最喜欢看什么电视节目，最好不要借助网上调查，上述报告显示，上网的人中 60 岁以上老人只占 0.8%；再如，电视台想要在网上投票表决是否有必要开辟"少儿频道"，也是不可取的，因为"少儿频道"的目标观众群很少能参加表决。

（7）分发问卷现场填写是指由访问员把问卷发给选定的被访者，并让他们现场填写，填写完毕再由访问员统一收回；如果问卷较长，则可以把问卷留给被访者并讲明填写的方法，过一段时间再来收取，这是一种留置的方式。这两种访问方式适用于涉及日常生活宽泛内容的调查主题，但因为被访者有不同的阅读和理解能力，问题都不能太复杂，问题的要求、措词和回答的方式都应该简单明了。

以上讨论了各种调查的具体方法。可以看出，在一项研究的问卷设计前，必须根据研究目的和所需的信息，首先选择调查的方法。调查的方法不同，对问卷设计的任务要求也就不同。只有先选定了合适的方法，才能确定问卷设计总的原则和思路。

3. 确定每个问题的内容

如果在第一步已经详细地规定了所需的信息，确定每个具体问题的内容似乎是一个比较简单的问题。不过这里也需要注意以下细节：

（1）考虑个体的差异性问题，即确定问题的内容时，最好与被访者联系起来。也许研究者认为容易的问题对被访者来说是困难的问题；研究者认为熟悉的问题对被访者来说是生疏的问题。

（2）考虑调查的内容和调查对象是相适应的，例如想要事先了解某个新开播少儿节目的"意向观众比例"这一信息，如果直接转化为问题"××节目开播后，你会看吗？"这就会显得有些草率。首先要注意"意向观众比例"是基于谁进行计算的，这个比例应该是目标观众群（即少儿）中意向收看人数的比例，而不是所有观众中意向收看的比例。所以对该内容的调查最好事先确定调查对象是谁，是家长还是儿童？如果被访者是儿童，似乎可以这么问。如果研究者考虑到儿童的理解能力而调查家长的话，则可以询问"××节目开播后，你的孩子有可能会看吗？"因此，在确定问题内容的时候，应该结合被调查群体的特征，而不是盲目就问题论问题。

（3）在调查中，有的信息需要设多个问题。例如上述对少儿节目收视意向的调查，确定了调查对象是家长。如何能判断被访者一定是家长呢？就需要先设一个问题询问接触的对象是不是家长，同时，如果研究者担心家长的回答不准确，可以再询问一些其他问题以便比较和验证，如"你的孩子看电视时，你是否常和他一起看？""你的孩子平时喜欢看什么节目？""你的孩子看什么节目要征求你的同意吗？""××节目开播后，你会鼓励孩子看吗？你会阻止孩子看吗？"从家长对这些问题的回答中，可以判断出家长认为孩子是否会看的可靠性。

再例如，时尚节目的制片人想了解"目标观众感兴趣的时尚是什么"，这可以细分为两组信息："什么是时尚？""什么时尚是目标观众感兴趣的？"调查的对象是来自于该节目的目标观众群的一个样本。那么，要调查一些什么内容呢？研究者需要作前期探索性研究，以开放题的方式了解人们是如何理解时尚的。在确定封闭问卷的内容时，就可以从各种表达中选择一些说法，让被访者判断它们中哪些属于时尚，就可以对"什么是时尚"进行调查；同时，可以把对"什么时尚是目标观众感兴趣的"调查结合到同一问题中。例如，对某种说法，被访者认为它是时尚，接着就可以询问他是否对其感兴趣；或者向被访者询问列出的说法中，哪些是他认为时尚的，哪些是他感兴趣的。如果用后一种方法，不仅可以了解"目标观众感兴趣的时尚是什么"，还可以获得"时尚"和"兴趣"是否相关的信息。

4. 确定每个问题的结构

除了开放式问题、封闭式问题的结构还可以分为如下几种：填空题、两项选择题、单项选择题、多项选择题、矩阵式列表题、测量量表题，等等。

（1）填空题。填空题一般多用于定距尺度或定比尺度的测量，例如年龄、收入、家庭人口数等，就可以采用填空的方式提问。

　·请问您的出生年份：＿＿＿＿＿＿＿＿年

　·最近三个月，您全家的税后月收入（包括工资、奖金及其他的一切收入）大约是多少元？＿＿＿＿＿＿＿元

　·您家一共有几口人，请只计算户口和您在同一个户口本上的人。
＿＿＿＿＿＿＿人

此外，如果定类尺度的可能类别不容易确定，或存在多种分类标准时，也可以采用填空式，把分类的工作留在访问后进行，这时就可以同时采用各种分类标准进行编码和分析。

（2）两项选择题。两项选择题一般只设两个供选择的答案，如"是"与"否"、"会"与"不会"、"有"与"没有"等。有时也可以加一个选项"不知道"，以供确实不了解情况的人选择。例如，对于上面提到的关于少儿节目收视意向的问题，最终可以形成如下的两项选择题：

　·××节目开播后，你的孩子有可能会看吗？

　　1. 会

　　2. 不会

两项选择题的特点是简单明了，但是获得的信息量太小，两种极端的回答类型有时往往难以了解和分析调查对象群体中客观存在的不同态度层次，有时也难以让被访者作答。例如，家长往往会在判断孩子绝对"会

看"和绝对"不会看"之间面临难题。这种时候最好是变换为有多个供选择答案的单项选择题。但是如果让被访者对已经发生的行为进行判断，是可以采用两项选择的，例如：

• 你看过电影《花样年华》吗？

1. 看过

2. 没看过

这时，被访者往往能够快速做出回答。

（3）单项选择题。单项选择题是指问题有多个供选择的答案，但被访者回答时，只能选择一项作为答案。这是问卷中最常见的形式。例如，想要确定时尚内容在节目中的展现方式，可以构造如下的问题：

• 你最希望时尚的内容在节目中以何种方式展现？（只选一项）

1. 播报式的　　　2. 讲述式的

3. 聊天式的　　　4. 游戏式的

5. 专题片式的　　6. 纪录、纪实式的

有的两项选择题可以通过对答案进行适当的调整变为单项选择题。例如，对上例的两项选择题，如果变为下面的形式，效果会更好。

• ××节目开播后，你的孩子有可能会看吗？

1. 一定会看

2. 有可能会看

3. 不太可能看

4. 一定不会看

与上述两项选择题相比，这种定序尺度（如果当做评分，则可以看做定距尺度）的结构可以获得更加详细的信息。不仅仅可以了解"会看"（选择1或2的人）、"不会看"（选择3或4的人）的比例，而且还可以知道程度是怎样的，从而给研究者带来了更有用的信息。

（4）多项选择题。多项选择题是从供选择的答案中选择出多个答案。其中又分为不限定选项数量的多选题和限定选项数量的多选题。

不限定选项数量的多选题一般要求选择所有合适的答案，这一般用于对被访者状态的描述。例如：

• 您家是否拥有下列物品，请指出所有的物品？

1. 电视机

2. 收音机（包括车载收音机）

3. VCD/DVD

　　4. 摄像机

　　5. 照相机

　　6. 高级音响

　　7. 个人电脑

　　8. 手机

　　限定选项数量的多选题一般会在问答题后面的括号中给出选项的数量。例如：

　• 请问您收看电视的主要目的是什么？（限选三项）

　　1. 了解时事

　　2. 了解政府的政策

　　3. 了解国家发展动态

　　4. 了解商品信息

　　5. 学习各种知识

　　6. 增长见闻

　　7. 娱乐消遣

　　8. 借鉴别人的成功经验

　　9. 追求艺术享受

　　10. 消磨时间

　　11. 其他（注明）＿＿＿＿＿＿＿＿＿

　　限定选项的目的是要通过被访者的回答找出最主要的原因。在本例中，因为人们看电视的目的本身不是惟一的，在不同的情况下有不同的目的。对于一个被访者而言，上面所有列出的选项都可能是他看电视的原因。如果不加选项限制的话，大部分被访者都可能会选择全部的选项，那么该题就失去了意义。

　　另一种限定选项数量的方法是要求按重要程度排序，而问题中暗含了限定的选项数量。例如：

　• 您获知有关伊拉克战争情况的最主要的媒体是什么？第二主要的媒体是什么？第三主要的媒体是什么？

　　1. 广播

　　2. 电视

　　3. 报纸

　　4. 互联网

　　5. 同事/同学/朋友

　　选择题的优点是便于回答，便于编码和统计。但不管是多项选择题还是单项选择题，供选答案的排列次序可能引起偏差。首先，对于没有强烈偏好的被访者而言，选择第一个答案的可能性大大高于选择其他答案的可能性。而如果根据不同的排列次序制作多份调查问卷同时进行调查，会加大制作的成本。其次，如果被选答案是表现态度强烈程度的，没有明显态度的人往往选择中间的数字而不是偏向两端的数字。例如对少儿节目收视意向的例子中，选择"1. 一定会看"和"4. 一定不会看"的就可能是少数，大多数被访者倾向于表达模棱两可的态度。如要解决这个问题，就要改变提问的方式或答案的形式，例如让被访者在 100 分制的刻度上打分。

（5）矩阵式列表题。问卷中还常常可以借鉴测量量表的形式把一组类似的问题组织在一个矩阵中，使问卷看起来干净整齐。例如，研究者欲比较几部有关"孝庄皇太后"的历史题材电视剧，可以设计如下的问题：

• 就各种不同的说法，请您对以下几部电视剧进行评价：

	《孝庄秘史》	《康熙王朝》	《少年天子》
1. 剧情设计合理	□是	□是	□是
2. 人物感情刻画细腻	□是	□是	□是
3. 主要演员选择得当	□是	□是	□是
4. 故事情节精简不拖沓	□是	□是	□是
5. 演员动作自然、不做作	□是	□是	□是
6. 演员台词与身份相称	□是	□是	□是

这张表实际上包含了 18 个类似的问题，但显然视觉上比较整齐，也便于数据的整理和录入。

（6）测量量表题。当测量人们的态度以及抽象的概念时，常常采用测量量表，这些量表通常借助于表格的形式体现。常用的测量量表如李克量表、舍史东量表、语意差别量表等已经在第一章中进行了说明，在问卷设计时可以根据测量的概念选择最合适的量表类型。

在实际的问卷设计中，因为调查欲获得的信息是多种多样的，几种结构的问题往往会同时存在。对于具体的一个问题而言，需要通过判断、比较才能选择一种最合适的结构。

5. 确定每个问题的措词

问卷设计的最主要任务就是针对目标信息，用恰当、合理的问题提问。问题措词不当会对被访者的回答产生很大的影响，从而可能导致答案和真实情况不一致，这是调查非抽样误差的主要来源之一。因此，可以说问卷设计不仅仅是指构造一组问题和答案，更重要的是尽最大能力建立一种能避免误差的、标准化的测量工具。为了达到这个目标，问题的措词一般要遵照如下的几个原则：

（1）不要提一般性和不具体的问题。一个问题要清楚地知道要问的是什么内容，而不是"也许"、"大概"像什么内容。例如，下面的问题：

• 你一般看什么电视节目？

表面看来，这个问题似乎没有什么太大毛病。但可以试想一下被访者听到这样的问题后，首先，是否会对所问的内容产生一致的理解？其次，是否容易很快做出回答？最后，回答是否是明确的、惟一的？

可以按照一个描述完整情形的 5W（谁、什么、何时、何地、怎样）原则来评价该问题。

谁：这里好像是指被访者本人，但看电视可以是一家人一起在看，有的被访者会把问题翻译为"我们家……"，这里没有明确不指"被访者全家"。

什么：这里的"电视节目"也没有明确指出是"哪一类"、"哪几类"、"哪一个"、"哪几个"节目还是"哪个频道"，被访者会产生不一致的理解。

何时：问题中没有提及，是指最近一个月、最近一年、还是全部时间？是早上、中午、晚上、还是白天？周末还是平时？时间因素是影响看什么节目的重要因素，如果不加以明确，被访者不会理解成同一种情形，即使做出了回答，对研究者也是没有分析价值的。

何地：这里暗指了"在家"，即很多被访者都能想到是"在家"，但也应该清楚地说出来，要考虑到一些特殊的被访者。

怎样：这里的"看"字对不同的被访者含义也是不一致的，是"看过"、"最喜欢看的"还是"最常看的"，等等。

这样一考察，就可以发现该问题相当不具体，很难让被访者产生明确的理解并做出统一的回答。这个问题可以用如下问法：

• 最近一个月，你本人在家中最常看的是哪个电视频道的哪个节目？（在横线上记录）_____频道_____节目

由于电视节目的分类方式有多种，如按节目内容、节目形式、节目播出时段、节目长度等分类以及可以粗略分类和精细分类等，可以采用填空的形式访问，最后再根据分析需要进行分类。

（2）问题的陈述应尽量简洁。问卷是访问员和被访者沟通交流的工

具，问题的设计应该简洁明了，且避免给被访者带来回答的压力。例如，下面的问题：

> • 如果您家拥有一台或多台电视机，请从最新的那台开始，列出每一台的购买时间、尺寸大小、目前主要是谁在使用。

本问题中完全可以不出现"如果您家拥有一台或多台电视机"这样的话，如果被访者家中没有电视（考虑到这是极少数的），则直接回答"没有"就可以了。另外，"请从最新的那台开始"这句话实际上是在要求被访者排序，这增加了被访者的回答压力。实际上没必要让被访者排序，因为回答中有"购买时间"，研究者可以事后排序。对该问题可以简化如下：

> • 请列出您家每一台电视机的购买时间、尺寸大小、目前主要是谁在使用。

可以看出，它虽然比较简单，但是可以获得与上一问法相同的信息，而且方便被访者的回答。

（3）不要提有双重或多重含义的问题。双重（或多重）含义指的是在一个问题中，同时询问了两件（或多件）事情，或者说，一句话中同时问了两个（或多个）问题。例如：

> • 当您看到电视广告时或某节目不符合您的期望时您会换台吗？
>
> 1. 一定会换台
>
> 2. 常常会换台
>
> 3. 有时会换台
>
> 4. 从不换台

这个问题其实是两个问题：其一是问被访者"看到电视广告时"会不会换台，其二是问被访者当"某节目不符合期望"时会不会换台。而一题两问，就使得一些被访者无法进行回答，因为他们对两个问题的答案不一定是相同的。例如，有的人看到电视广告时"一定会换台"，而节目不符合期望时"有时会换台"。

解决这类问题的方法是把原问题拆分为两个问题分别进行询问；或者虽一起询问，但回答是分开的，在结构上可做成矩阵式列表的形式，例如：

> • 当您看到电视广告时或某节目不符合您的期望时您会换台吗？

	1.一定会 换台	2.常常会 换台	3.有时会 换台	4从不 换台
看到电视广告时	◯	◯	◯	◯
某节目不符合期望时	◯	◯	◯	◯

（4）避免提有倾向性的问题。问题应能保证中立的提问方式，以使被访者客观地进行回答。如果问题本身就有一种潜在的压力，让被访者感到这个问题是想得到他的某种特定的回答，或是在鼓励他、期待他作出某种回答，就得不到真正的答案。因此构造问题时要使用中性的语言，要排除诱使被访者朝某个方向回答的各种因素。

首先，问题中不要出现结论性和断定性的词语和句子，例如：

• 加入 WTO 之后，我国的媒介产品市场会逐步走向规范化，是吗？

这种提问方式带有明显的肯定倾向，它容易诱导回答者选择肯定的答案。如果改成：

• 加入 WTO 之后，我国的媒介产品市场会有什么变化？

这样就能消除这种倾向性，不过对备选答案的构造就产生了较高的要求。

其次，提问时不要举例子，否则就会让被访者产生思维定势。例如：

• 你在电视上看到过哪些公益广告，例如关于保护环境的广告？

这样的提问在较短时间的交流中，容易把被访者对公益广告的理解固化在了"保护环境"这一个方面。

再次，不要用反问形式提问，它不仅带有倾向性，而且从语气上加重了这种倾向性。例如：

• 您不认为我国的电视节目质量需要大幅度提高吗？

• 我国的电视节目质量需要大幅度提高，不是吗？

"我国的电视节目质量需要大幅度提高"本身就是一种结论性的句子，这句话已经向被访者传达了提问者的看法，导致了被访者顺着提问者的思路想问题，而反问的语气有可能导致被访者 100％回答"我国的电视节目质量需要大幅度提高"。

最后，要注意避免问题的从众效应和权威效应，因此，问题中不要出现"很多人都认为……"或"专家说……"这样的词句。例如：

• 很多人都说广告给生活带来了方便，你是怎么评价广告的？

（5）不要用否定的形式提问。在日常的交流中，除了某些特殊情况外，人们往往习惯于肯定陈述的提问，而不习惯于否定陈述的提问。例如：

• 您是否赞成不进行频道专业化改革？

• 您是否不赞成进行频道专业化改革？

这两种问法都不符合人们的习惯，很多被访者在理解时常常漏掉"不"字，并在这种理解的基础上来进行回答。这样得到的答案就恰恰和被访者的意愿相反。

因此，在问卷设计中不要用否定形式提问。应采用符合人们语言习惯的方式，如：

- 您是否赞成进行频道专业化改革？

（6）考虑被访者的回答能力。被访者的回答能力包括两方面的内容：一方面，指被访者对所问的问题一无所知；另一方面，被访者虽然经历过，但无法进行准确的回忆。

例如，一项对现有周末娱乐电视节目的评价研究中，研究者列出了很多周末娱乐节目让被访者评价：

- Q8 下列节目最吸引你的是什么地方？（备选答案略）
- Q9 同时，你认为它们最需要改进的是什么地方？（备选答案略）

	Q8 最吸引你的是什么地方	Q9 最需要改进的是什么地方
1.《幸运 52》		
2.《开心辞典》		
3.《快乐大本营》		
4.《欢乐总动员》		
5.《非常男女》		
……		

如果某位被访者都看过这些电视节目，逐一的评价是没有问题的；但有的被访者只看过其中的一二个，或者一个都没有看过，那么对于他没有看过的电视节目，他是没有办法评价的，这就是他没有能力回答的问题。

问卷设计的一个重要原则就是不要问被访者所不知道的问题。在设计问题时，常常会遇到类似于本例中的情况：有的问题只适合一部分被访者回答。对于这种情况，解决的方法是构造一组相倚问题。即在目标问题之前构造一个新的问题（筛选问题），某位被访者是否需要回答目标问题，依据他对于筛选问题的回答而定。例如：

- Q8 你是否看过《幸运 52》？

　　1. 没看过

　　2. 看过 → | • Q9《幸运 52》最吸引你的是什么地方？
你认为它最需要改进的是什么地方？ |

- Q10 你是否看过《开心辞典》？

　　1. 没看过

2. 看过 →｜• Q11《开心辞典》最吸引你的是什么地方？
｜你认为它最需要改进的是什么地方？

……

不过，这样做的结果使得问卷在结构上比较松散，这时就可以针对所要评价的节目统一构造一个筛选问题，然后通过指导语对访问过程进行控制，如：

• Q8 以下列出的电视节目，哪些是你看过的？请选出所有你看过的。

1.《幸运 52》

2.《开心辞典》

3.《快乐大本营》

4.《欢乐总动员》

5.《非常男女》

……

• Q9 你所看过的节目中最吸引你的是什么地方？（备选答案略）

• Q10 同时，你认为它们最需要改进的是什么地方？（备选答案略）

（访问员请注意：根据被访者在 Q8 中的回答，只针对他们看过的节目进行提问）

	Q9 最吸引你的是什么地方	Q10 最需要改进的是什么地方
1.《幸运 52》		
2.《开心辞典》		
3.《快乐大本营》		
4.《欢乐总动员》		
5.《非常男女》		
……		

例如，某位被访者回答只看过《幸运 52》，那么他便只需对该节目进行评价，对其他节目进行评价的问题就略过了。不过，相倚问题的规则要根据研究者的目的而定。如果研究者只想比较全部看过这些节目的人的态度（实际上是配对样本间的比较，比较的结果会更准确），那么只能对筛选问题中所有节目都看过的人进行访问，这仍需要通过访问员指导语进行控制，如"访问员请注意：只对看过上述所有节目的被访者逐一提问"。

有时，一连好几个问题都只适用于一部分被访者回答，设计时往往采用跳答指示的方法来解决，有时候跳答之中又有跳答。例如：

- Q9 您是否看过内地拍摄的电视剧《笑傲江湖》?

　　1. 是

　　2. 否（跳答至 Q15）

- Q10 下列哪一项能够表达您对该电视剧的总体评价?（备选答案略）

- Q11 您认为该电视剧中塑造最成功的是哪个角色?（备选答案略）

- Q12 您认为该电视剧中塑造最失败的是哪个角色?（备选答案略）

- Q13 您是否看过原著小说《笑傲江湖》?

　　1. 是

　　2. 否（跳答至 Q15）

- Q14 您认为电视剧《笑傲江湖》和原著最主要的差距体现在以下哪个方面?

（备选答案略）

- Q15 你认为武侠电视剧最应该重视的是以下哪个方面?（备选答案略）

　　考虑被访者的回答能力还面临另一方面的问题，即被访者是否能准确地进行回忆。例如下面的问题：

- 最近半年，你有几次是参考广告进行购物的?

- 你上个月看电视时，有几次是按照收看计划来收看电视节目的?

　　这两个问题要求被访者通过回忆作答，而由于记忆本身所限，几乎不可能做出准确的回答，所以问卷中不要出现类似于这种情况的问题，而可以采用以下的变通方法：

- 最近半年，你购物时参考广告的情况是怎样的，是常常参考、偶尔参考、还是从未参考过?

　　（7）考虑被访者的回答意愿。对于一些敏感问题和带有侵略性的问题，在问卷设计时往往不能直接询问，而需要朝社会准则倾斜或运用一定的技巧。如下面的例子：

- 你因为起床晚了而上班迟到时，会撒谎说是别的原因吗?

　　1. 会　□ 你撒谎主要是因为下列哪一个原因?（答案略）

　　2. 不会

　　类似于这样的问题，如果直接询问，被访者往往会出于"面子"上的顾虑而倾向于回答"不会"，因此并不能反映真实的情况。这种情况下需要运用一定的技巧，例如采用第三人称的方式提问：

- 假如你的同事因为起床晚了而上班迟到，你认为他会撒谎说是别的原因吗?

　　1. 会　□ 你认为他撒谎主要是因为下列哪一个原因?（答案略）

　　2. 不会

　　这样用第三人称的方式，被访者有置身事外的感觉，回答就会真实得多；而被访者在回答的时候，其实仍是从自己的角度进行回答的。

　　除了这种形式外，也可以把被访者置于"建议者的"位置，例如：

　　• 在大街上你会随手扔垃圾吗？

　　• 你在大街上走，手中有一个废纸团，附近没有垃圾箱，你会怎么做？

　　1. 先放进包中，有机会再扔进垃圾箱

　　2. 没人看到时，随手扔在地上就行了

　　3. 一直握着，直到看到垃圾箱再扔进去

　　这两种问法都是敏感问题，很难得出真正的回答，其中第一种问法非常不具体。如果设计一种情景，让被访者去建议，似乎被访者承担的社会责任就降低了，回答的真实性会提高，而仍然可以反映被访者的真实想法。如：

　　• 你和朋友在大街上走，他手中有一个废纸团，附近没有垃圾箱，你会建议他怎么做？

　　1. 先放进包中，有机会再扔进垃圾箱

　　2. 没人看到时，随手扔在地上就行了

　　3. 一直握着，直到看到垃圾箱再扔进去

　　敏感问题除了在设计问题时考虑，在设计答案时有时也要考虑。例如：

　　• 您的婚姻状况是：

　　1. 已婚　2. 同居　3. 未婚单身　4. 丧偶　5. 离婚　6. 分居

　　答案"2. 同居"和答案"6. 分居"都涉及了敏感问题，前者和社会传统道德、法律相悖，后者涉及了个人隐私，因此可以估计到即使被访者正在"同居"或"分居"，他们选这两个选项的可能性也很小。而这么细的分类对于研究问题来说也是没有必要的，因此答案中可以把"同居"和"已婚"归为一类，把"分居"和"离婚"归为一类。如：

　　• 您的婚姻状况是：

　　1. 已婚/同居　2. 未婚单身　3. 丧偶　4. 离婚/分居

　　5. 确定问题的备选答案

　　对于封闭式问题，问答题和答案是一个不可分割的整体，事实上，设计问答题的同时就需要同时考虑设计问题的备选答案。由于大多数问卷往往由封闭式问题构成，而答案又是封闭式问题非常重要的一部分，因此答案设计得好坏就直接影响到调查的效果。

　　答案设计的基本要求是要和问题所询问的信息相对应；答案具有答案

穷尽性和互斥性；要足够把握被访者的选择不会集中在某一个选项上，等等。答案设计也是问卷设计的关键内容，往往需要经过大量的探索性工作才能设计出合理、完整的答案类别。

设计答案第一应考虑的是答案的内容和形式与问题相对应。例如下面的一个例子，问题和答案就不匹配：

• 你最喜欢看哪个周末娱乐节目：

	非常 喜欢	有些 喜欢	无所谓	有些 不喜欢	非常 不喜欢
1.《幸运 52》	☐	☐	☐	☐	☐
2.《开心辞典》	☐	☐	☐	☐	☐
3.《快乐大本营》	☐	☐	☐	☐	☐
4.《欢乐总动员》	☐	☐	☐	☐	☐
5.《非常男女》	☐	☐	☐	☐	☐

这样的问题就会让被访者产生困惑，难以针对问题进行回答。因为按照对问题的理解，备选答案中只能出现一些节目的名称。答案和问题不匹配的类型可以有很多种形式，可以通过自问、试测、专家审查等多种方式避免。

构造封闭式问题的答案最难的就是如何建立分类。分类的目标是所有列出的类别具有穷尽性和互斥性；分类不能太粗也不要太细。所谓穷尽性，指的是答案包括了所有可能的情况，如果目标调查对象范围内的某个被访者的情况不包括在所列出的答案中，那么这一问题的答案就一定不是穷尽的。解决这类问题的办法是，如果没有十分的把握所列的答案可包含所有的情况，就在类别的最后加上一个"其他"类。不过，应该注意的是，如果调查中，有相当数量的人选择"其他"一栏，就说明答案的分类是不恰当的。有些非常重要的类别没有列出，调查的有效性就受到了很大的限制。

所谓互斥性，指的是答案相互之间不能相互重叠或相互包含。即类别之间的区别是清楚的。实现这个目标的重要原则是在一个统一的标准上分类。例如，对于电视节目的分类，根据调查需要如果按内容分，就只按内容的性质划分类目；如果按形式分，就只按形式的性质来划分类目；切忌有的类别是按内容分的，另一些类别按形式分的，这样势必会产生交叉。

分类不能太粗，但也不要太细，这是一个相对的要求，要视具体的问题而定。如果分类太粗，很多实际不相同的情况都归到了同一个类别，这样达不到研究应有的目的；如果分类太细，有些类别之间的区别不很明显，被访者容易产生判断误差且不方便回答，对于研究者来说，过于分散的结果，不利于突出重点。类别的划分最好和人们的普遍习惯相符。

对于较复杂的选项，在将来的访问中如果仅读出一遍被访者不可能记忆并做出选择，最好同时制作出相应的卡片，即把这些备选答案单独放在一张卡片上，供访问时出示给被访者看。

7. 确定问题的排列顺序

问卷中的问题应遵循一定的排列次序，问题的排列次序会影响被调查者的合作积极性和答案的准确性。所以，一份好的问卷应对问题的排列做出精心的设计。

（1）问题排列的一般顺序。在问卷的最开始，一般是一两个预备性的问题，目的是让被访者了解访问是如何进行的，并逐渐开始考虑调查的主题。预备性的问题应当简单且能提高被访者对访问的兴趣。然后，再逐步过渡到正式的问题上。

对于正式的问题，其排列顺序一般是由简单到复杂、由一般性的问题到具体的问题。具体来说：① 把被访者熟悉的问题放在前面。② 把简单易答的问题放在前面，把较难回答的问题放在后面。③ 把能引起被访者兴趣的问题放在前面，把容易引起他们紧张或产生顾虑的问题放在后面。④ 先问事实性的行为方面的问题，再问需要思考的态度、意见、看法方面的问题。⑤开放式的问题放在问卷的最后。

从问卷的结构来说，问卷的开头部分应安排上述原则中比较容易回答的问题；核心的问题应该妥善安排在问卷的中间，在被访者已进入访问状态且未疲劳或厌烦时询问；涉及敏感性的问题应该放在问卷的最后，一方面是因为通过前面的回答，被访者已显得比较友好，降低了敏感性；另一方面，即使被访者拒绝回答，其他的主要问题已经询问完毕了。

询问职业、年龄、收入等的个人背景资料虽然也属事实性问题，也十分容易回答，但有些问题，如收入、年龄等同样属于敏感性问题，因此一般安排在问卷的最末尾部分。当然，在不涉及敏感性问题的情况下也可将背景资料安排在开头部分。

（2）考虑问题的逻辑顺序。调查问卷要在一般顺序的基础上按逻辑顺序排列，即考虑问题所询问内容的本质，按照人们的习惯去排列。类似主题的问题要合并在同一个部分，在开始另一个主题之前，所有与该主题相关的内容要询问完毕，即使是打破了上述一般规则。例如一份关于媒体接触的问卷，应把关于电视的问题放在一起作为一个部分，把关于广播的问题作为另一个部分，可以在每个部分中注重问题由简单到复杂的排列顺序，而不是整个问卷中为了照顾一般规则而一会儿问电视方面的，一会儿问广播方面的，一会儿又问电视方面的问题。不同问题段落之间的转折要清楚且符合逻辑，变换主题时，应采用一些简短的语句帮助被访者调整思路。

（3）考虑对后继问题的影响。对于一组问题，如果先询问了某个问题会对其他问题的答案产生影响（称为污染），这个问题就要放在所有问题的后面；相反地，如果一个问题很容易受到其他问题的影响而自己本身不会对其他问题产生影响，这个问题就要放在最前面。例如下面的两个问题：

问题1：你对《时尚装苑》的收看情况是怎样的？是常常收看、偶尔收看、还是从未收看过？

问题2：一提到电视时尚节目，你最先想到的是哪个节目？

显然，问题1如果放在问题2的前面，就会造成污染，导致问题2中出现《时尚装苑》的比例偏高，因此，问题2应该放在前面。

问题排列时要求的从一般性问题到具体问题，其实也是为了防止具体问题对一般问题造成的影响。再例如下面的两个问题：

问题3：大多数情况下，你决定收看某个电视节目是出于下列哪个原因？

1. 按计划收看

2. 没有收看计划，碰到哪个节目，有吸引人的地方就看下去

问题4：你决定收看某个电视剧通常是出于下列哪个原因？

1. 形成收看习惯，按计划收看

2. 没有收看计划和收看习惯，碰到哪个电视剧，有吸引人的地方就看下去

问题3是在一般的层面上询问被访者选择电视节目的原因，属一般性问题；问题4具体到选择电视剧上，是具体问题。如果问卷中同时出现这两个问题，问题3应放在问题4的前面。如果顺序反了，被访者在回答问题3的时候，因思维定势，很容易把一般的电视节目局限到电视剧上。

综上所述，确定问题的排列顺序实际上是一个灵活机动的过程，要根据具体情况具体对待。

8. 问卷的格式和排版

问卷的格式设计也是很重要的因素。问卷的条理性差也容易带来访问

员误差，形式难看、制作粗糙的问卷很难营造和谐的访问气氛。例如，一页有 40 多个问题、字体小而拥挤的问卷，会使被访者感到疲劳和厌倦。

从表面上看，问卷的格式应整齐、大方、明朗，段落和字符格式要从头到尾统一。字体要大小得当，问题之间留出一定的空隙，答案清晰易辨，开放式问题留出足够的记录空间。

从问卷记录的角度，问卷中要给每个问题留出清晰准确记录的位置。例如：

- 您认为我们国家今天所面临的最重要的问题是什么？第二重要的问题是什么？
  1. 环境质量/污染/自然资源问题
  2. 人口爆炸/人太多/拥挤/缺乏空间　　　　　　第一重要：□□
  ……
  10. 犯罪/暴力/道德沦丧/价值观滑坡/目无法纪　　第二重要：□□
  11. 社会安全保障/社会福利/退休金/对老年人的关照
  12. 移民/难民/人口迁移
  ……

问题中的四个方框分别留出了答案记录的位置，而且照顾了数据录入时的位数。例如，某被访者认为第一重要的问题是选项 2，第二重要的问题是选项 10，则方框的对应位置就应该记录为：

第一重要：⓪ ②

第二重要：① ⓪

也有一些问卷不考虑录入时的位数，记录位置直接用一个括号给出。例如，上述问题的记录格式也可以是：

第一重要：（　　）

第二重要：（　　）

还有的问题，例如单项选择题和量表式应答的问题，可以直接在选项上作标记。例如，在单项选择题的选项上画圈"○"，在量表的对应选项上画"√"或"×"。

问卷排版时还应注意的是，对于提示性的访问员指导语，应该用不同于一般正文的特殊格式标明，例如同时加括号、用斜体和粗体表示等。

9. 对问卷进行评估

问卷初步设计完成后，在自评的基础上，最好邀请一些专家参与问卷的评估。问卷评估主要从以下方面入手：

（1）问卷是否包括了调查目的所需要的全部信息，即问卷对于该项调查来说是否是完整的。

（2）问题是否有必要，即考察问题是否和调查目的所需的信息有关。

（3）评价问题的表面效度，即问题所能测量的是否正是要测量的指标。

（4）问卷逻辑上的一致性，即问卷各部分的划分以及排列次序是否合理。

（5）考察具体问题的排列顺序，综合评价问题的现有排列是否会带来污染。

（6）评价问题选项的封闭性以及答案分类的合理性。

（7）检验跳答是否合理以及跳答的位置是否正确。

（8）评价问卷的访问时间。访问时间由问卷的长度和与访问相关的因素决定，其中问卷长度和调查目的、调查问题的类型等相关，访问时间本身和被访者的年龄和文化程度、访问员的专业程度、访问的场地都有关系。一般情况下，访问的时间都不能太长，否则会使被访者感到疲劳或厌烦，导致访问的成功率较低。根据经验，一般面访访问的时间应少于 60 分钟、电话访问的时间应少于 25 分钟、自填式访问的时间应少于 20 分钟、拦截式访问的时间应少于 15 分钟。

（9）评价问卷的外观设计是否美观大方，是否有足够的记录空间。

在问卷评估过程中，根据情况，可对问卷进行多次修改和完善，但仍不能保证问卷就不存在问题，因此还需要借助于被访者进行评估，也就是进行小样本的试调查。

10．通过试调查对问卷进行测试

检验一份问卷是否设计得当，最好的办法就是用它进行试调查，试调查的样本不需随机抽取，有时特意找一些特殊的被访者进行访问。试调查的访问员则需要是专业的、优秀的，能很快找出问题的所在。试调查的目的在于检验问卷的逻辑性、一致性，问题的措词是否产生了歧义、答案是否封闭、跳答控制是否正确、能否清楚准确进行记录，等等。

试调查不仅在访问过程中了解问卷设计的情况，在访问结束后，访问员也可和被试者就问卷和访问进行讨论，了解他们是否理解问题、回答起来是否方便、问卷是否激励他们做出了真实的回答，也可直接向被试者直接征询他们对问卷的看法。

有时试调查不是一次就能完成的，而是需要逐步改进、完善。在一次试调查之后，根据反馈情况应对问卷进行修改，再去进行试调查，直到最终得到一份满意的问卷。

11. 问卷的印刷和装订

问卷应当用较好质量的纸张印刷，而且应正规地进行装订。一方面是让被访者有一种专业的感觉，有利于提高回答的质量；另一方面是保证在问卷的传递和流动过程中不散开、不缺页、不破损。

问卷印刷的份数要在既定样本量基础上留出一定数量的富余，这是考虑到访问培训过程中访问员需要用到一些，以及在访问中有不合格问卷作废时需要重新访问的情况。同时需要印刷的还有访问所需的卡片。

问卷印刷完成后，整个问卷设计的工作就全部结束了，接下来的工作就是利用问卷进行访问了。

二、问卷调查实施的程序与技巧

问卷调查实施的方法有多种。事实上，在设计问卷的前期，就应该明确将采用哪种方法来实施访问，因为针对不同的调查实施方法，问卷设计的要求有所不同。

目前，国内最常用的调查方法有访问式的面访访问（包括入户面访访问和街头访问）、电话访问（包括 CATI）等，还有自填式的邮寄调查和网上调查等，我们将通过介绍这些方法来介绍问卷调查实施的程序和技巧。

（一）入户面访访问

顾名思义，面访访问就是访问员与被访者面对面地进行访问，也叫做一对一的访问。入户面访访问是指访问员到被访者的家中（或单位），直接与被访者接触，利用结构式问卷逐个问题地询问，并记录下对方回答的一种调查访问方式，这是一种运用结构式问卷进行的结构式访问方式。

1. 结构式访问的特点

结构式访问又称标准化访问，它是一种高度控制的访问，即按照事先设计的、有一定结构的问卷进行的访问。访问时，访问员必须严格按照问卷上问题的顺序去提问，并严格地、丝毫不差地按照问卷中的措词来提问。在结构式访问的实施中，选择被访者的标准和方法、访问中所提出的问题、提问的方式和顺序以及对被访者回答的记录方式都是统一的，即使当被访者不理解问题时，访问员也只能重复问题或按统一的口径作出解释，不能随意按自己的理解对问题进行解释。通常结构式访问都有针对访问员的访问指导，对问卷中有可能引起理解偏差的题目逐一进行说明，并规定访问员在访问时应该如何做。

结构式访问的最大优点是能够对访问过程加以控制，从而提高调查结果的可靠程度和一致性，调查结果便于量化并可以进行统计分析。但是结构式访问非常依赖于访问员，它的成败与访问员的水平密切相关。在需要大量访问员共同参与调查的情况下，结构式访问常常产生一些人为的误差，从而使调查的信度和效度受到影响。

2. 入户面访访问的实施过程

入户面访的实施主要包括以下过程。为了保证调查质量，在每一个过程都有质量控制的具体要求。

（1）挑选访问员。访问员是否能严格按要求实施访问，是决定一项调查成功与否的重要因素，而访问员的挑选和培训是一切访问工作的基础。

访问员一般可分为专职访问员和兼职访问员。专职访问员是指专门以实施访问为职业的人，一般在一些调查实施项目繁多的公司有专职访问员。对于其他的实施项目不是很多的公司，一般都是针对某个具体的项目，招募临时的访问员，即兼职访问员。

调查访问是一项完全和人进行沟通交流的工作，沟通技巧和心理缓释能力是一个成功的访问员所必备的，尤其是在面临大量拒访（即目标被访者拒绝合作接受访问）的情况下。因此，不是每个人都可以去做访问员。不管是专职访问员还是兼职访问员，在挑选聘用时都要经过认真地评价和挑选。

虽然不同调查项目对访问员的具体要求可能有所不同，例如对访问员性别、年龄、教育程度、民族、地区等的特殊要求，但对访问员的基本要求一般是一致的。访问员必须具备以下的条件和素质：

第一，诚实且认真。这是访问员必须具备的最基本的品质。调查结果的准确性和访问员的工作息息相关，访问员要充分认识到自己工作的重要性，要有高度的责任心，客观公正，不存偏见。大部分样本是由访问员独立去完成的，如果访问员不按照要求执行访问或在访问中作弊，将大大危害调查结果，甚至导致错误结论的得出。同时，访问员也要忠于访问的实际情况，不敷衍了事。对访问结果的记录必须十分详细和准确，不能按自己的推测给被访者强加答案。

第二，对调查研究工作有兴趣，且具备调查访问所需的知识和能力。对于访问员来说，做访问工作应该不仅仅是为了赚钱，而应该具有对调查访问工作必要的兴趣，这种兴趣可能来自于对自我的挑战、对接触和了解社会的兴趣等。一般经过几次访问后，访问工作会变得机械、枯燥起来。如果对访问工作没有兴趣，访问员就不可能认真地把工作做好，自己的能力也不会充分发挥出来，就会影响访问的结果。

除对调查访问本身有兴趣之外，访问员还必须具备一定的知识和能力，这首先是指必要的文化素养。研究表明，教育水平高的访问员在访问时造成的误差最小，且善于应用必要的访问技巧，能较为敏感地理解被访者的反应。因此，挑选访问员时应适当提高对学历的要求。国内很多的调查公司常常聘用大学生作为兼职访问员，除了考虑文化素养之外，还兼顾了给被访者的可信任感。另外，访问员还需要对抽样调查知识有基本的了解，对访问工作最好有一定的经验，有经验的访问员能真正理解访问指导的细节要求，不太会犯被访者甄别、记录等方面的错误，在访问时善于打开场面以及对被访者进行启发。此外，访问工作的过程就是和合适的人进行交流，访问员需具备较高的观察能力、辨别能力、表达能力及交往能力。

第三，勤奋且不怕困难。访问工作除了往来奔波、体力消耗之外，有时还有精神上的痛苦，例如受到被访者的冷遇、拒绝等。若不能吃苦耐劳，就可能会知难而退，完不成访问任务。

第四，性格开朗，善于和人沟通交流。访问员接触的被访者一般都是陌生人，访问员要具备在很短的时间内与陌生人建立友善关系的性格和能力。在和人交流时，吐字清楚、有条理性、讲礼貌、有一定的谈话技巧，善于倾听，抱着虚心求教、尊重对方的态度进行访问。在访问时要有耐心，能耐心讲解问题，甚至是需要反复讲解。

第五，有令人愉快的外表和形象。访问员的身体外表形象要带给人一种愉快、可信任、平易近人的感觉，着装打扮要符合身份，不要过于张扬，也不要毫不讲究。否则，接触被访者时容易受到拒绝，即使能成功地接触到被访者，收集到的数据也可能是有偏差的。

根据上述诸项条件，以及不同项目的特殊条件要求，就可以招募、面试和挑选合适的访问员了。

（2）培训访问员。不管是对有经验的专职访问员，还是对临时招募的兼职访问员，针对具体访问项目进行的培训是必需的一个环节，有时培训工作还可能会持续一段较长的时间。一项调查常常需要几十个甚至更多的访问员共同完成，培训是访问标准化的一项关键工作。

培训一般是把访问员集中到同一个地点、在同一时段内进行的，当然如果是多个实施地区并在当地招募访问员时，可在各实施地区分别组织培训。培训一开始，要给每个访问员分发一份访问必需的问卷、卡片、访问中需出示的材料等物品。培训一般包括常规培训和项目培训两个阶段。

常规培训。常规培训可以帮助访问员理解访问的任务和完成方法，尤其是对于初次做访问工作的访问员，需要通过培训讲解增加他们对访问的感性和理性认识。常规培训的内容主要包括以下几个方面：①本调研项目的总体方案介绍，包括调查的目的、对象、方法、时间进度安排、访问实施在整个研究中的地位和重要性，介绍负责调研的主要联络人员等。②对访问员的职业道德要求，要求他们保持诚实、客观、认真、负责的态度，不弄虚作假；为被访者和调查结果的最终使用者保密；在访问中不要和被访者闲聊，保持中立的态度，不要对被访者进行暗示或误导。③如何保证访问样本的代表性，包括讲解本项目中如何实施具体的抽样、怎样确定合适的被访者门牌号等。④怎样和被访者进行接触，包括怎样敲开被访者家的门、怎样问候、怎样进行开场白、怎样找出合适的被访者。⑤如何避免拒访，面对拒访时应如何对应。⑥目标被访者不在家中，应如何处理；拒访发生时，如何对样本进行随机替换等。⑦怎样引导进入访问、怎样询问和追问、怎样记录，以及访问中其他应该注意的问题。⑧怎样结束访问，怎样离开访问地点。

项目培训。在常规培训的基础上，项目负责人要针对问卷中的每一个问题逐个讲解访问指导，即项目培训。项目培训以每个问题的指导语为核心，让访问员理解跳答、顺序轮换、记录等要求是如何具体操作的；还要针对每个问题访问时可能出现的情况分别给出处理的方法，例如，如果被访者做出某种回答应归入哪一类等。项目负责人把每个问题的访问要求和注意事项全部讲解完毕后，接着应该主持现场的模拟，以加深对这些要求的理解。可以以现场的任何一个人为访问对象，让某个访问员进行模拟访问，并对问卷进行试填写。其他的访问员在观看了访问过程后，逐题评价其访问方式是否正确，如果错误，则用正确的方式再访问。如此进行几次，确保所有的访问员都真正理解每个题应该怎样访问，并熟悉所有的细节。

访问的一些技巧。在培训中，培训人员可以根据经验介绍一些在访问中有用的技巧。对于访问的技巧，各个调查公司在操作时会有自己具体的要求。下面列举出几种行之有效的方法，仅供参考。① 确定访问的时间。访问一般在周末和晚上进行，可以保证访问的成功率；避开可能打扰被访者的时间段，例如早上太早、晚上太晚，或被访者午休、吃饭的时间。② 按照问卷上的封面信进行开场白。③ 提问。访问员要对问卷十分熟悉；提问时说话要慢而清楚；被访者不理解时可以重新提问一遍问题；如果需要出示卡片，一般在问答题陈述完以后再出示。④ 被访者答案不具体时或面对开放题时的追问技巧。常用的追问技巧有重复提问、重复被访者的回答、沉默或停顿以鼓励被访者进一步阐述意见、从被访者的言语中引出新的问题等。⑤ 记录答案。在访问期间随时记录回答，可以边记录边重复所记录的回答。⑥结束访问。在确认所有应问的问题都已经问到，其他辅助信息也记录完毕时，方可结束访问。需要记录被访者的地址、电话时，要解释记录这些信息是为了复查访问员的工作，并承诺为被访者保密。然后赠送访问礼品，并对被访者表示感谢。离开访问现场之前一定要再次检查，以确认有关的所有材料（包括问卷、卡片、展示物品等）没有遗忘在被访者家中。

（3）访问的实施和监督管理。对访问员培训之后，一般留出一定的时间让他们练习和充分熟悉问卷及访问流程，然后组织统一领取访问所需的问卷、材料、给被访者的礼品、访问佩戴的胸卡、证件等物品。访问实施周期不能太长，这是为了尽量减小因时间变化导致情况发生变化，从而才能保证收集到资料的同期可比性。访问的具体实施一般集中在一个周末完成，因为周末入户访问的成功率能够得到保证。

在访问实施的全过程，都要有一定的监督管理措施，目的是保证访问员严格按照培训要求的方法实施访问，具体负责监督管理的人常常被称为督导员。一般情况下，一项调查研究项目的主管是几位高级研究人员，他们负责项目的整体设计和宏观管理。对于访问的实施，由一定数量的督导员协作完成。访问实施中是由督导员直接对访问员进行管理，并直接对项目主管负责。督导员对访问的管理主要体现在以下几个方面：

第一；对访问实施质量的全面管理，具体来说包括以下的工作：①为了保证访问员确实是按培训要求进行访问，有的督导员要对自己所负责的访问员每人都至少陪访一次。所谓陪访，就是督导员和访问员一起去访问，这样督导员就能对访问的过程进行全面了解。②每天回收当天完成的问卷，对所有回收问卷逐题进行检查和校订，有缺项、漏项或填写错误的找出错误原因并让访问员重新入户补填。③每天都和所有的访问员联系一次，随时了解问卷执行过程中发生的各种情况，以及样本是否符合条件。④为了对抽样进行控制，即保证访问员严格按照抽样方案去抽取样本，而不是根据方便或容易执行去挑选样本，督导员应要求所有访问员随时记录接触人数和接触时间、拒访人数及拒访原因、不在家人数及处理情况、完成人数。督导员需要对这些数据进行分析和汇总。⑤对所有回收的问卷进行一定比例的复核，即从问卷中抽取一定的问题重新询问被访者，通过核对答案来检查访问员是否有作弊行为。可以按照问卷上所留的被访者的电话进行电话复核，或者按照问卷上的地址进行再次入户面访。

第二，随时解决访问员遇到的各种问题，包括问卷中的问题和问卷以外的问题。

第三，保持对访问进程的最新准确记录，每天都向项目主管报告访问的进展情况。

第四，负责回收所有的问卷，包括有用问卷、作废问卷以及空白问卷。

访问的质量除了靠督导员监督控制以外，有的调查公司直接在问卷中加入控制性问题来反映调查的可靠性，或者是在被访者之中安插隐蔽的监督人员直接了解访问员实施访问的全过程。

（4）验收复查问卷。一般的调查实施都要求访问员每天都上交完成的问卷，因此问卷的验收复查工作实际上是和访问实施同步进行的。对于已经完成的问卷，督导员一般要求访问员先自查，自查可以从以下角度进行：①完整性。是不是该填写的项目都填写了，有没有做到不缺不漏，是不是严格按照访问指导语进行的访问，有跳答控制的地方跳答得是否正确。②准确性。主要看是否按要求进行了记录，记录得是否清楚准确，有没有需要辨认的地方。③一致性。即被访者的回答中有无逻辑错误。例如，被访者年龄处填写的是 55 岁，职业是学生，就可能是填错了。

访问员自查中如果发现有上述问题，需要找出原因进行补救。例如发现有填写不清楚或手误的地方，可以根据当天的回忆进行改正。如果不能准确进行回忆，则需要打电话给被访者进行核实，必要时再次入户访问。

如果访问员自查无误后，方可上交给督导员。督导员需逐份问卷进行检查，检查除从上述三个角度进行之外，还要考察访问员有没有认真进行访问、有无作弊行为等。督导员要认真审核被访者的回答，并根据实践经验和常识进行辨别，一旦发现有疑问，就要找到访问员进行核实以及向被访者复核该份问卷。有的调查为了质量控制的需要，在问卷设计时就放入了控制性问题，问卷核查时就可以通过检查控制性问题来判断访问的可靠性。例如，问卷中可以有这样的问题："您看过××电视节目吗？"但所列的名称是虚设的，实际并不存在，如果答案选择"看过"，那么该份问卷的所有回答都是不可靠的，访问员可能根本没有认真进行访问，这样的问卷就应该作废，同时对该访问员所做的其他问卷加大检查和复核的力度。

督导员在接受问卷时，有下列情况的问卷不予接收：

①问卷明显是不完整的，如缺页或破损。②问卷的回答是不完全的，有相当多的部分没有填写。③回答的模式说明访问员或被访者并没有理解或遵循要求去访问或回答，如没有按要求跳答、没有按要求记录等。④访问员没有按要求筛选被访者，问卷是由不合要求的被访者回答的。⑤问卷中有明显的错误或前后矛盾的地方。⑥问卷完成得非常不认真、不严肃，字迹潦草难辨，问卷被涂画得非常乱。⑦答案几乎没有什么变化，例如，在用5级量表测量时，不管正向的或反向的说法都选同一个答案，如选2，等等。⑧问卷是在事先规定的截止日期以后上交的。

对出现以上情况不能接收的问卷，通常有3种处理的办法：

①没有按培训要求实施访问，或有明显的作弊嫌疑，经过证实后，该份问卷作废。如果时间和其他条件允许，可以更换访问员重新进行抽样和访问。②如果某份问卷仅仅是填写不合格，就应该将这份问卷退回实施现场，让访问员再次去接触被访者，把不完整的部分补齐。③如果问卷只有很小的一部分填写不合格或者缺项，没有太大必要或没有条件将问卷退回实施现场补充时，要求访问员认真回忆或给被访者打电话进行补充。

对于已经接收的问卷，督导员需要按一定的比例随机抽取一部分问卷，亲自复查或组织复查人员进行电话或入户复查。复查的比例一般在10%～50%之间。如果复查时发现有不合格的问卷，就要根据情况，认定作废重做或者采取一定的补救措施，并加大复查比例和力度。

复查结束后，应将合格的问卷分类摆放整齐并数出数量，等待进行编码和数据录入工作，访问实施的过程就算结束了。

3. 入户面访访问的优缺点

入户面访是一对一的进行交流，它是获取被访者资料最灵活的方式，也是访问实施最常用的方式。

（1）入户面访访问的优点。各种类型的调查广泛地采用入户面访访问，主要在于它的突出的优点。这些优点是：

①入户面访要求访问员按事先设计好的系统的方式提问，可以获得准确的资料，答案的记录也是统一的，资料的标准化程度比较高。②采用严格的抽样方法，样本的代表性强。③入户面访的问卷回收率是所有访问方式中最高的。④可以出示卡片和其他展示材料，对于形象化或复杂的概念测试比较理想。⑤访问时间相对来说可以较长，问卷也可以相对复杂，获得的信息量比较大。⑥调查对象的适用范围广，由于访问主要依赖于口头语言，因此，它适用的调查对象范围十分广泛，既可以用于文化水平较高的调查对象，也可以用于文化水平低的调查对象。⑦在访问过程中，可以控制被访者的身份，保证问卷是由被访者独立完成的，而不允许家庭的其他成员参与意见。⑧可以通过观察来判断被访者的背景以及被访者所给答案的真实性。⑨可由访问员控制跳答题或开放式问题的追问。⑩访问一旦开始，被访者一般不容易提出中途结束访问。

（2）入户面访访问的缺点。入户面访也有一定的局限性，不是任何调查都可以轻易采用的，这主要表现在：

①费用、时间和人力的花费较高。在费用方面，访问员的培训费、交通费、工资以及问卷及调查提纲的制作成本等是一笔相当高的费用；在时间上，入户面访访问需要的时间周期比较长，要经过充分的准备工作才可以实施；在人力上，访问花费的人力资源较多，而且招募、培训一大批访问员并对访问进行监督的管理工作相当复杂。②入户访问对抽样技术和抽样所需的基础资料要求比较高。入户面访常常需要采用多阶段抽样，例如在某一个城市，抽样常常是先在全市随机抽取若干街道，在抽中的街道随机抽取若干居委会，在抽中的居委会随机抽取若干住户，在抽中的住户中随机抽取一个被访者。③对访问员的要求较高。可以说，调查结果的质量很大程度上取决于访问员的访问技巧和应变能力。④存在访问员相关误差，即使经过严格的培训，访问也不可能是完全的复制。虽然要求按统一

的方式提问，但访问员的外貌特征、表情和肢体语言都容易影响被访者的回答。而且，如果访问员对某个操作方法理解错误，对访问的结果影响很大。⑤因入户面访需要进入被访者家中，很多人因为戒备心理而拒绝访问，所以拒访率比较高。而且目前很多居民住宅小区都有较高级的安全防护措施，很难进入楼中，一些收入层次较高的居民难以接触到。⑥访问结果的匿名性较差。对于一些敏感性问题，往往难以用面访访问来收集资料。

就目前的情况而言，很多居民仍然不了解调查访问这种研究方法，往往认为是在搞推销，甚至有的城市还发生过不法分子借社会调查入室犯罪的事件，导致人们戒备心理大大加强，拒访现象比较严重。同时由于城市居民小区管理逐步完善，通过入户访问接触被访者的难度逐年上升，而入户访问在时效性上也不够理想。由于上述的这些原因，电话访问的方式正在被越来越多地采用；而对于一些要求不是十分严格的随机抽样研究项目，有很多的调查公司都倾向于用街头访问的方式进行实施。

（二）街头访问

街头访问是面访访问的一种，是指访问员在某个特定的场所寻找并拦截现场的目标人群进行访问的一种方法。拦截的地点一般是目标访问对象比较集中的地点，如街道、商场、医院、公园、车站、停车场、餐厅、咖啡馆等。街头访问又包括街头定点访问和街头拦截访问两种方式。

街头访问的实施过程与入户面访访问的过程类似，即招募和培训调查人员、实施访问、问卷验收，但具体操作上有不同的地方。

1. 街头定点访问

街头定点访问一般是选择在人流或者车流比较多的路口附近租下一个几十平米的地方，邀请被访者到此固定地点进行访问。

（1）场地划分和访问实施。典型定点访问场所一般划分为拦截区、二次甄别区、等候区、访问区、复核及礼品发放区，分别负责访问实施的不同工作。

拦截区。拦截区是拦截员对过往对象进行拦截并初步甄别的地段。其长度应在50～100米之间，宽度可以尽量宽一些，可以让拦截员均匀错落地分布实施拦截。拦截区离访问区不能太远而且最好不要隔着马路，以免被访者中途改变主意。

二次甄别区。此区域主要是负责二次甄别和记录配额，目的是不让不合格的被访者进入访问区接受访问，它是定点街访质量控制的一道防线。二次甄别主要通过问卷进行。二次甄别合格的被访者会被邀请到访问区进行访问。

等候区。考虑到与被访者同行的人，他们不能随被访者一起进入访问区，以免影响被访者的回答，所以划分区域时往往会在访问区的最外围放置一些椅子和读物，供与被访者同行的亲友在此休息等候。

访问区。此区域是对经二次甄别合格的被访者进行问卷访问的地点。访问区一般都是和其他区域有一定的屏蔽而相对独立的空间。如果有多个访问员同时在进行访问，桌子和椅子的摆放位置应该有一定距离的空隙，以免访问相互干扰，也要方便被访者进出。访问员和被访者应该面对面坐下，其中被访者背部朝向门外，以减少外面人的干扰。访问结束后，访问员应请被访者暂时留在座位上，自行检查问卷后，将问卷交给访问区的督导进行检查。督导员如果发现有不完整或前后矛盾的地方，让访问员立即补问。

复核和礼品发放区。街头访问的样本一般都不可再现。在入户面访中，如果需要再次入户，可以按照记录的地址找到。街头访问虽然也可以要求被访者留下电话和地址，但如果相处和交流时间太短，还没有完全信任和形成融洽的关系，很多人会拒绝留电话或地址，或者随意编造。因此，对访问结果的事后复核往往是不容易的。为了更好地控制问卷访问的质量，要在访问刚一结束就进行多次复核。考虑到礼品发放工作需要一定的时间，如果有条件，可借这个机会对被访者的问卷进行再一次复核确认。因此，礼品发放区可设一个督导进行问卷的再复核。

访问员在完成访问并请访问区的督导初步复核后，邀请被访者进入礼品发放区，同时把问卷交给另一位督导审核。礼品发放员应尽量采用灵活的方式拖延时间，例如通过进行登记、让被访者挑选礼品、讲解礼品的功能和用途等，督导则利用这段时间审核问卷，在保证数据的完整性及准确性后方可让被访者离开。

（2）街头定点访问的质量控制措施。参与街头定点访问的工作人员主要有四类：拦截员、二次甄别员、访问员和督导员。其中除督导员之外，都有可能是兼职人员，而他们和调查的质量是息息相关的。对不同的岗位，都要按照一定的条件进行选择，并按岗位分别进行培训，严格各自的操作规程。各兼职人员应在项目实施过程中始终担任一项工作，不要一人多职。在实施时，可以参考以下的方法：

第一，拦截区是街头定点访问最关键的区域，让不合格的人参加访问会直接影响调查的质量。但由于拦截的难度，拦截员倾向于给被拦截者讲解访问内容从而造成诱导，更严重的是拦截员和被访者串通，为了符合条件让被访者编造虚假的个人信息。

为了有效防止这种现象的发生，拦截区要派督导进行巡视，现场严格监控拦截员的操作过程，因此，在划分拦截区时就要考虑到督导巡视的方便，一旦划定区域就要求拦截员必须在指定的区域内活动；此外，还会出现拦截员欠缺拦截技巧导致拦不到被访者的情况。面对类似的问题，巡视的督导都要极积去帮助解决；拦截员由专人担任，而且拦截员除了了解一次甄别的条件以外，对项目其他具体信息一无所知；如果有条件，对拦截的过程进行全程录音，拦截员就不太可能会作弊。

第二，甄别员要严肃认真、一丝不苟，有丰富的访问经验，有很高的洞察力和观察力，如果被访者编造虚假的个人信息，要敏感地发现并巧妙地进行识破，所以如果人手充足，最好由督导员担任甄别员；甄别员与拦截员应当互不相识，以免他们相互串通作弊，达不到二次甄别的效果。

甄别过程采用二次甄别问卷，而且问卷与一次甄别的问卷完全不相同，例如一次甄别时询问年龄，二次甄别时就要询问属性，如果被访者是和拦截员串通好的，回答时就会犹豫或者回答与一次甄别的结果不符，甄别员就可以发现问题，从而询问更多更深入的问题进行证实。当甄别员对被访者资格感到强烈怀疑但又无法证实时，出于质量方面的考虑，就放弃这个被访者。

拦截员将被访者带到甄别区后应立即离去，不能站在旁边听见二次甄别。若被访者太多，来不及甄别时，拦截员应将他们先带到等候区等候甄别。

第三，由于街头定点访问是集中访问，为现场监督访问过程提供了便利。一般情况下，访问区都至少要设一个督导员，实时监控访问员整个访问过程，并及时解决访问遇到的问题。

在访问前，督导员应给每个访问员分配一个固定的座位，一是方便访问员一进来就可以马上带领被访者入座，提高访问效率；二是当督导想仔细监听某个访问员的访问时可提前坐到那个位置的附近，这样既不会引起该访问员的警觉，又不会给他们造成压力。督导重点监听的是以下几个方面：访问员是否按要求进行提问；开放题有没有追问；有无漏问或故意跳问；有无对被访者造成诱导等。

第四，每天访问结束后，督导员都必须检查整理一遍所有的问卷。有时访问的配额要求比较复杂，现场操作时间紧，有可能会出错，复查就显得非常重要。如果及时发现有出错的地方，还可以在第二天补做或调整，如果等到所有访问都结束时再统一检查问卷配额就为时已晚了。

2. 街头拦截访问

街头拦截访问是指没有固定的访问场地，访问员在街头随机拦截被访者进行访问的一种形式。实施时，访问员分散在街头某个区域附近，手里拿着问卷，只要甄别到合格的被访者，当场就可以进行问卷访问，不必带到某一个固定地点。

(1) 街头拦截访问的特点。街头拦截访问的优势在于它的灵活性，它可以不规定固定的区域做访问。但它的最大缺点是难于进行管理与质量控制。街头拦截访问的主要特点：①没有固定的访问场地，没有"拦截区"、"甄别区"、"等候区"、"访问区"、"复核及礼品发放区"等严格的场地划分，拦截、甄别和访问在同一个地点完成，而且访问的地点常常是流动的；访问场地也不一定惟一，例如可以同时在多个商场进行拦截访问。②访问员一身兼三职，集"拦截员"、"甄别员"、"访问员"的工作于一身。③访问完成后，不太容易留住被访者等待问卷复核后才让其离开，因此其质量控制的要求更高。

(2) 街头拦截访问的质量控制。由于街头拦截访问的上述特点，很难像定点访问那样从流程上进行全过程的质量控制，其质量控制的重点在于拦截访问的过程管理。

首先，街头拦截访问一定要有足够的督导员，对访问员进行分组并按组进行控制管理。访问员最好是采用分组的办法，每组 4～5 个访问员，集中在一个地点进行拦截访问，由一个督导员负责监控访问的质量。分组时要注意：①新老访问员的比例，尽量让老访问员起到示范作用，提高拦截的成功率。②每组都有一定的男女比例，以便更好地针对不同性别的被访者进行拦截。③同一组内的访问员应互不熟识，避免联合作弊。

其次，督导员要有很强的控制访问员的能力。包括：①严格限定访问员的活动范围，不能离开督导员的视线范围内；未经督导员同意访问员不得随意更改访问场地。②遇到特殊情况一定要得到督导员的指示才可进行访问，不得擅作主张。③可以用辅助性工具（如采访机）来保证访问质量，要求访问员在拦截被访者的那一刻起就开始录音，保证全过程都有录音凭证，以此来杜绝作弊的发生。④要求访问员及时整理已经完成的问卷、录音资料，及时交督导员复核。

3. 街头定点访问和街头拦截访问的比较

街头定点访问和街头拦截访问各自有优势和不足的地方。

（1）街头定点访问的优点。相对而言，街头定点访问的优势主要如下：

第一，保证了被访者的合格身份。在定点访问中，经过二次甄别后合格的被访者才可以进入访问区，接受正式访问。通过这一系列的操作过程，最大限度地保证了被访者的合格率。而在拦截访问中没有二次甄别这个过程。

第二，访问的环境好。在定点访问中，被访者会在专门设置的访问区单独接受访问，被访者的注意力会更加集中，答案也会更加详细。而拦截访问没有固定的访问地点，不可避免会有一些不可控的因素对访问过程产生干扰，例如过往行人和车辆、噪音等。

第三，更容易进行质量控制。在定点访问中，有专门的访问区，访问员一般都有固定座位，便于督导员现场监控访问的实施情况；而在拦截访问中，访问员比较分散，流动性大，不容易进行控制。

在定点访问中，被访者接受完访问后，可以先坐下等待一会，由访问员将问卷先自审一遍，再交给现场督导员复核问卷，如发现问题可以及时补问。而在拦截访问中，被访者接受完访问后，由于受环境的影响，大多没有耐性等待，所以访问员自审和督导员的复核几乎没有时间进行，如果问卷有漏问的问题，则无法进行补问。

第四，更容易控制样本配额。街头定点访问的样本虽不是随机抽取的，但如果按照自然人口比率控制配额，并在数据分析时进行加权，研究结论也是有一定可信性的。

在采用配额抽样的方式时，在定点访问中，更容易控制和及时调整配额。因为每个被访者的情况都会被甄别员和督导员及时记录和控制。而在拦截访问中，尤其是有多个访问点的拦截访问，只能等访问告一段落后才能进行配额的汇总统计，配额的调配工作就会滞后。

第五，访问时间可以稍长。街头定点访问因有固定的访问地点，可以对较长的问卷进行访问，也可以要求访问员向被访者出示卡片等物品，还可以出现需要复杂记录的开放问题。因此，它是入户面访访问的一个较好的替代方案。

街头定点访问虽具有上述优势，但它也具有明显的局限性。首先，要选择一个可以划分几个区域的合适的访问场地不十分容易，有时也需要花费一定的费用；其次，访问花费的人力成倍增长，调查工作人员的挑选和培训工作也需要按岗位分别进行，管理工作也比较复杂。

（2）街头拦截访问的优点。相对定点访问，拦截访问也有独特的地方，主要的方面如下：

第一，拦截访问简单方便，易于操作。拦截访问不需要太多的人员和固定的场地，在培训方面可以节约时间，在寻找和租场地、布置场地等方面可以免去许多工序。但拦截访问一般也需要和拦截地点所属部门事先打好招呼，服从安排，有时也需要付一定的费用。

第二，访问时效性强，周期短。与定点访问相比，拦截访问的准备工作可以节省一定的时间；在访问进行中，拦截访问的被访者在经过拦截甄别后，可立即开始访问，不需要再经过更多的环节，使访问时间大大缩短，从时间上考虑被访者也更容易接受访问，访问实施的整个周期也相应缩短，访问的时效性较好。

第三，访问实施成本低。拦截访问省去了拦截员、甄别员等许多人力，节省了一部分劳务费，而且在租场地及布置场地方面也节约了一大部分费用。

4. 街头访问的局限性

综合街头定点访问和街头拦截访问两种方式，和入户面访访问相比较，街头访问的不足之处如下：

（1）抽样的方法显著不同。入户面访常常是在访问前事先已经按照随机原则抽取好样本或者前几级抽样单元，拦截访问不是随机抽样，而常常是从方便的角度选择被访者，最好的样本也只是配额样本。在拦截访问对象时，虽然很多公司都设定了抽样间隔，即规定每隔几个人就拦截一个人进行访问，但这个间隔的确定往往没有科学的依据。而且访问员在选择拦截对象时往往有主观判断和挑选的倾向。因此，街头访问的样本代表性不足，无法计算抽样误差，即不能通过访问的结果去推断总体。

（2）访问员的主动地位受到限制。例如，要在商场进行拦截，需要事先和商场的管理人员打招呼，具体的拦截地点还要服从商场的安排。

（3）拒访率比较高。很多人对于被拦截感到不满，觉得受到打扰，有的人甚至看到是拦截员就躲避或改变路线。

（4）天气状况对街头访问的影响较大。寒冷的冬季和炎热的夏季就不适合进行露天的街头访问。

（5）大多的街头访问几乎不太可能做到事后回访复核，街头访问的质量控制是一个难题。

即便是街头访问有上述诸多的缺点，但由于它数据的采集工作非常集中，可以快捷地获得研究结果，而且所需的费用不高，近来得到了广泛的使用，特别是对于一些目标对象比较清楚的研究项目。

（三）电话访问

电话访问是以电话为中介与被访者进行交谈以获取信息的一种问卷访问方法。虽然访问员和被访者未见到面，它也是通过口头交流进行访问并由访问员记录答案的，因此它和入户面访访问有很多相似的地方，也是一种结构式访问，可以通过培训访问员实现标准化的访问。

根据信息产业部 2003 年第二季度公布的数字，北京、上海、天津的城市电话普及率分别为 67.73（部/百人）、67.51（部/百人）、53.65（部/百人），已达到较高的普及水平。其他省份内各城市之间发展不平衡，对于一些经济发达的、开放的城市，都已经有较高的电话普及率。对于如西藏这样地广人稀的地区，城市电话普及率高达 97.86（部/百人）。在这样的基础上，通过电话进行调查访问的条件已经比较成熟。虽然还并未达到一人一部的普及程度，但以家庭为单位统计的大中城市电话普及率一般都在 80（部/百户）以上，有的城市高达 90（部/百户）以上。事实上，从 20 世纪 90 年代开始，已经有很多调查公司开始尝试电话访问的方式，并逐步发展电脑辅助的电话访问系统。目前，国内的电话访问技术以及质量控制的措施已经发展得相当完备。

目前，电话访问和入户面访访问是仅有的两种可以通过随机抽样使调查结果能够直接进行总体推论的调查方式。但入户面访访问存在相当高的拒访率，例如北京、上海、广州等城市的入户面访访问拒访率平均都高达80％以上，在这种情况下样本的代表性就存在一定问题，而且入户访问对最后一级的抽样往往难以进行控制以保证它完全的随机。电话访问采用随机拨号技术，可以使样本对总体的代表性加强，而且电话访问具有操作简便、速度快、容易进行质量控制等许多优点，所以目前针对城市居民开展的调查项目更倾向于采用电话访问的方式进行。

1. 传统的电话访问

传统的电话访问仅仅是通过电话实施访问的过程。一般是从电话号码簿中随机抽取一些电话号码进行拨打，或用简单随机抽样抽取电话局号并用随机数字表产生电话号码进行拨打。访问所用的电话就是普通的电话、所用的问卷就是普通的印刷问卷。访问时，访问员一手执电话听筒或用免提功能进行访问，另一只手随时在问卷上记录答案。访问的地点可以是集中的场地，便于督导人员监控访问质量；也可以是分散的地点，只要有电话的地方就可以开展访问，甚至是在家中进行。

传统的电话访问仍然需要进行后续的问卷复核、数据录入等环节，访问过程不便于进行质量控制；访问时，访问员翻转问卷和记录都不方便。随着电脑在调查研究领域的应用和普及，很多调查公司都建立了借助电脑进行电话访问的 CATI 系统。

2. 电脑辅助电话访问（CATI）

电脑辅助电话访问系统（Computer Assisted Telephone Interviewing System）是一个硬件系统和软件系统的综合。

（1）CATI 系统的硬件要求。CATI 系统首先要求有专门的机房，至少有一台总控服务器，有若干台和服务器相连的电脑终端或工作站，终端或工作站之间要用隔板隔开，形成一个个独立的访问空间。终端或工作站的数量决定着 CATI 同时进行访问的能力。

每一台电脑终端或工作站上，一般都应该连接以下的设备：①进行访问记录的鼠标和键盘。②拨出和访问用的若干条电话线。③耳机式或耳塞式电话机，以便使访问员的双手空出来。④用于对访问全过程进行录音的双向录音设备。⑤有的系统还要求有调制解调器才能拨号。

为了便于进行访问的质量控制，CATI 系统应设一个专门的监视用电脑，可以随时查看任意一台终端或工作站的内容；还要配备一个可以监听任意访问员访问过程的耳机。督导员同时通过监看和监听来实现对访问质量的控制。

（2）CATI 系统的软件要求。CATI 的软件系统一般都要求实现以下的功能：①问卷设计生成。软件系统应有专门的问卷设计模块，访问时每个问题按照顺序显示在屏幕上；该模块应当支持跳答判断和逻辑判断功能。②随机抽样。按照给定的原则，电脑自动进行电话号码的抽取；为了保证各终端或工作站抽取的号码不重复，由服务器随机产生电话号码并在终端之间随机进行分派。③自动拨号。每个终端和工作站一旦完成一个访问，就由服务器自动分派一个新的号码，并随即进行自动拨号，如果遇到占线或无人接听时定时自动重播。④线上访问。访问员直接面对电脑显示屏进行访问。屏幕可以按顺序显示所有的问题，也可以问完一个问题再显示另一个问题，对每一个问题，都应该对访问规则进行提示。访问时，随时用鼠标或键盘把答案记录到电脑中，电脑自动进行逻辑判断，如果答案中有逻辑错误则自动提示；如果有跳答控制则自动进行跳答。完成一份问卷后，问卷中的答案应直接进入数据库，不再用人工录入数据。⑤双向录音。系统要支持对访问员和被访者交谈过程的全程双向录音功能，双向录音一方面给访问员施加压力，保证访问质量；另一方面，可以根据录音对访问结果进行复核。⑥即时监控。督导员可以随时对任意一个访问的访问过程进行监看和监听。⑦即时分析。软件系统应支持对完成的访问结果进行即时的简单统计分析，尤其是要求按配额进行访问时，可以及时了解配额的情况。此外，系统应能自动记录每个访问员完成访问人数、拒访情况、访问时间并进行分析。⑧其他功能。不同的软件系统还各自有一些其他的功能，例如约访迟到时提醒功能、通过监看电脑发出对某个访问员的文字警告信息等。

（3）CATI电话访问实施的过程。电话访问也是结构式访问的一种，要求实施标准化的访问，访问实施过程主要包括如下几个步骤：

第一步，确定访问对象和样本量。电话访问首先要求明确规定访问对象所在的地理区域，以及一个家庭中接受访问的人应具有什么特征；确定访问的样本量。

第二步，确定随机拨号原则。决定采用电话访问的方式时，应明确规定电脑随机拨号的范围以及用何种方法保证所拨的号码在调查要求的地理区域内。

第三步，问卷设计。问卷设计总的原则和前面所讲过的是一致的，但考虑到访问员和被访者将通过电话进行交流，问卷中的问题尽量简洁明了，语言通顺且尽量口语化，避免使用听起来产生歧义的字词。由于访问中不能出示卡片，备选答案一定要简短易于记忆。问卷的长度不宜太长，一般的访问时间规定在25分钟左右，最长不能超过45分钟。

第四步，问卷上线。在问卷经过设计、评估和试调查之后，把最终版的问卷放入计算机系统中，作为访问员电话访问的依据。同时，需要在电脑中设计跳答转换要求和逻辑判断要求，访问时才能按照这些要求进行跳答和逻辑判断。

问卷上传后，研究人员还需要规定问卷访问结果的回传数据格式，以便在访问后，数据能按照正确的格式存入服务器中。

第五步，对系统进行整体测试。在正式访问之前，项目主管要组织人员对整个 CATI 系统进行全面的测试。测试的重点主要是随机拨号功能正常、问卷中的问题能正确跳转和控制、访问的结果能正确传到服务器、访问的录音系统功能正常、监控系统工作正常。

第六步，挑选和培训访问员。测试整个 CATI 系统工作状态无误后，就要挑选访问员并组织访问员的培训。电话访问对访问员的要求主要是口齿清楚、语气亲切、语调平和。培训的内容和其他访问方式的培训类似，主要是关于访问操作规程的讲解。在逐题讲解完访问的要求后，组织访问员在 CATI 机房进行模拟访问。如果培训中发现问卷的问题有不明确、念起来不顺畅的地方，可以及时进行修改。

第七步，访问员实施访问。访问应该在规定的时间集中进行。一般来说，访问的时间应该是人们都在家而又不影响被访者休息的时间，如工作日的晚上、周末和节假日的上午、下午、晚上，上午的访问不要开始得太早，晚上不要结束得太晚，且要避开人们吃饭和午休的时间。

访问时，自动随机拨号系统会根据研究人员事先设计好的拨号方案，自动拨号并保存拨号记录。访问员坐在终端或工作站的屏幕前，头戴耳机式或耳塞式电话。如果拨号成功，对方有人应答，应根据培训的要求进行开场白，包括问候语、自我介绍、调查目的、合格被访者的条件。如果被访者同意接受访问，访问员就开始按照屏幕上显示的问题和访问指示进行访问，同时利用鼠标和键盘随时把答案记录到电脑中。访问的全过程都有录音设备进行录音。

如果电话占线或无人接听，随机拨号系统会隔一定的时间自动重播。如果所拨号码是办公电话、空号或接传真机，系统会按照预定的替换原则生成新的号码，例如原随机号码加 1 或减 1 形成新的号码。

如果电话接通但符合条件的被访者当时不在家或不方便接受访问时，可以约好另一个时间再打电话访问，并将约好的时间记录到电脑中，

CATI 系统会自动储存约访的电话号码和约访时间，并及时进行访问提醒，到了既定的时间，拨号系统会自动拨号。

在访问进行的全过程，访问机房都有督导员进行现场质量控制。

第八步，访问结果传到服务器。每完成一个访问，访问的结果就自动以数据库的格式回传到服务器中。为了防止意外的情况导致数据丢失，要求每天都对访问的数据进行备份，有的 CATI 系统本身有数据自动备份功能。

由于访问的结果直接就上传为可以分析的数据格式，研究人员可以对数据进行实施分析，及时了解访问的进程。

第九步，数据的复核。录音和现场的质量控制措施使电话访问的质量比较好。但从更严格的角度，应当随机抽取一定比例的访问记录对照录音进行复核。

所有的访问进行完毕，并且复核的结果比较满意，整个访问实施工作就算结束了。电话访问接下来就可以直接进行数据的统计分析工作了。

（4）CATI 电话访问的质量控制措施。如上面提到的那样，借助 CATI 系统进行的电话访问比较容易进行质量控制。其主要的复核技术就是通过对 CATI 系统的实时监听与访问后的抽听。

访问现场的监看和监听。在访问的进行期间，随时都有专门的督导员负责对现场进行监控。如果发现有可疑的现象（如某个访问员在谈笑风生），或想要详细了解某个访问员是否按要求进行访问，可以立即把监看电脑的屏幕切换到该访问员的终端屏幕上，同时通过耳机进行监听。如果督导员认为有必要对某个访问员进行提醒，可以不用打扰到被访者，通过监看电脑发送提醒的文字到该访问员的屏幕上。

借助访问录音进行复核。重新听一遍录音需要花费和访问一样的时间，一般复核都是抽取一定的比例。复核的重点一是访问员的操作规范，二是问卷的独立性和完整性。

复核访问员的操作规范其实就是要听访问员有没有出现不问甄别题目，故意跳问或漏问，以及不把题目或答案念完整，诱导被访者作答等情况。甄别题目保证了访问的是合格的被访者，是复核中最重点的部分。一般的项目都是要求拨打家庭电话进行访问，所以一开始就要注意听访问员有没有问被访者所拨的电话是不是家庭电话，如果缺少这样的甄别，又从录音中听不出确实是家庭电话，有时就要再打电话进行确认。另一些甄别题目通常是问被访者的年龄、收入等客观的个人信息，可以根据录音核实访问员所记录的是否正确，同时还要注意听访问员有无故意诱导的迹象。

复核的第二个重点是问卷的独立性与完整性。问卷的独立性是指问卷由被访者独立完成，访问中途没有更换被访者。如果被访者中途有事中断访问，访问员是否约访，再次访问时是否从断开处继续访问。问卷的完整性除了要保证问卷从开始到结束都问到之外，还要听访问员有没有故意诱导被访者回答可以跳问的选项、有无漏问的情况。

听录音进行复核不一定要听完完整的录音，而是随机挑选几个题目进行复核。如果发现问题，则要求听完整的录音，并尽量复核该访问员所做的所有访问。

这两种质量控制方式是相互补充的。实时监听可以马上发现访问员的问题，及时督促访问员用正确的方式提问，而且由于事后不能把所有的录音都听一遍，所以现场控制是必不可少的。访问现场同时有多名访问员进行访问，监看和监听也不能做到面面俱到，所以事后有针对性地通过录音进行复核也是很有必要的，尤其对研究最为关注的问题可以重点复核。

3. 电话访问的抽样过程

电话访问的样本很难像入户面访访问那样事先抽取好前几级抽样单元，而是随着访问的进行同时实施抽样。基于这种特殊性，下面简单介绍一下电话访问常用的抽样过程。一般来说，电话访问只针对住宅电话进行，抽样过程可分为两个阶段：抽取住宅电话号码和抽取被访者。

（1）住宅电话号码的抽取。在美国等一些国家，有公开发行的住宅电话号码簿。电话访问时，可以利用其作为抽样框进行随机抽样，所拨打电话是空号或是办公电话的情况很少发生。在中国，住宅电话号码是受到保护的，基本上很难找到这样一份抽样框，调查公司在抽取电话号码时往往采用随机生成的方法进行。

我们知道，电话号码的排列有一定的规律性：区号（由 3 位或 4 位数组成）＋电话局号（由 3 位或 4 位数组成）＋4 位数字。每个城市都有一个固定的公开区号，这个区号是划分各城市地理区域的依据，例如一项访问只对北京的居民进行访问，就可以通过区号来控制：如果访问地点也在北京，就不需要拨区号；如果访问地点在其他城市，则所访问的每个电话号码都要拨区号 010。

每一个城市，都有一定数量的电话局，例如，北京朝阳区的一个电话局的所有电话都是以 6571、6572、……、6579 开头的，这些号可叫做电话头，电话头后面的 4 位数字是随机分配的，但也不是把所有的号都分出去，而是有一定的预留，不过每个电话头下面电话号码的数量可以通过与电信部门联系获得。

电话号码的这种排列规律给随机拨号带来了方便。例如，要在北京地区进行随机拨号，可以先按与用户数量成比例的概率抽取电话头。对于抽中的电话头，按电话头下的用户数量分配将要抽取的电话号码的数量。确定了电话头和要抽取的电话号码数量之后，就可以让电脑按照规定的数量自动随机产生一组组 4 位数字，和电话头一起组成一个个电话号码。

很明显，用这种方法抽中的电话号码可能是空号，即使是存在的电话号码，也可能是办公电话。解决这个问题的方法是要求访问员在接通电话之后，甄别所拨打的电话是否是住宅电话，如果不是，则重新产生一个号码，或者是按一定的法则（例如号码＋1）在原号码的基础上形成一个新号码。

（2）被访者的抽取。如果随机生成的电话号码确实是住宅电话，就可以在这个家庭中选择一位合适的人作为被访对象。确定谁作被访对象的最简单方法就是不加选择，即谁接电话就访问谁。这种方法最容易操作，但有可能导致样本偏差，因为许多家庭中谁接电话的机会并不是均等的。有研究发现，女性接电话机会比男性多，年轻人接电话机会也比年长的人多。

因此，用不加选择法得到的最终样本要和城市总人口的分布情况进行比较，如果比例差别较大，数据分析时就对样本进行相应的加权，否则难以代表总体的情况。

由于上述方法的局限性，很多的调查公司都要求按一定的原则去选择最合适的被访者。常用的方法有随机数字法和选择最早过生日者的方法。表 2—3 是采用当前访问序号的尾数和被访者家中符合访问条件的人数共同随机确定被访对象的一个示例。访问开始前首先要明确对家庭中成员进行编号的规则，如年龄最大的编号是 1，年龄其次大的编号是 2，依次类推。假如某个访问员当前正在进行的是第 11 个访问，则当前访问序号的尾数是 1；被访者家中共有 3 个人，夫妇两个和一个 6 岁的孩子，访问要求对 18 岁以上的人进行，则孩子不算在内，符合条件的人数是 2 人。符合条件的人数和当前访问序号的尾数交叉之处的数字 2，就是应接受访问的人的编号。即，如果丈夫的年龄大，则丈夫的编号是 1，妻子的编号是 2，就应该对妻子进行访问。

表 2—3　　　　　确定被访对象时所用的随机数字表片断

		当前访问序号的尾数			
		1	2	3	……
符合条件的人数	1	1	1	1	……
	2	2	1	2	……
	3	1	3	2	……
	4	2	1	4	……
	……	……	……	……	……

用随机数字法确定被访对象额外增加了访问的问题，例如需要询问全部家庭成员的年龄情况，就延长了通电话的时间，也比较容易引起接电话者的反感而导致挂断电话。

选择最先过生日者（或最近过生日者、下次过生日者）是另一种常用的选择被访对象的方法。具体来说，就是向接电话的人询问符合访问条件的家庭成员中谁是一年中最先过生日的（或谁刚刚过完生日、谁将要最早过生日），并对符合要求的人进行访问。大量研究表明，这是一种行之有效的选择被访者的方法，能够保证样本的随机性，这种方法不仅在电话访问中常用，在入户面访访问中也是非常常用的。

4. 电话访问的优点和缺点

与其他调查访问方式相比，电话访问具有明显的优点，主要表现在：

（1）电话访问的实施周期短，能够迅速获得研究结果。利用 CATI 进行的电话访问省去了问卷印刷、路途奔波、数据录入和查错等环节，大大缩短了访问周期，可以迅速获得有代表性的数据。对于一些突发事件，想要迅速了解公众的反应，通过电话访问的方式往往在事件发生之后几个小时之内就可以得到准确的调查结果。例如，中央电视台现场直播的春节联欢晚会，央视市场研究公司可以在晚会开始的一个小时之内通过电话访问得到其在全国范围内的收视率。

（2）节省调查经费。不考虑建立 CATI 系统的一次性投入，电话访问的主要花费集中在访问员的劳务费和电话费上，一般没有问卷印刷等其他各项费用。尤其是在跨城市的访问中，电话访问显示出突出的优势。由于电话访问可以在一个地点对任何城市的访问对象进行访问，不需要研究人员和督导人员出差，因此不需要耗费大量差旅费，同时也节约了要和当地的调查公司合作的成本。一般来说，对于相同的项目，电话访问的费用一般都比入户面访访问低。

（3）样本的代表性好。采取随机拨号的方式，可以保证每个电话号码被抽中的机会均等，因而样本对总体的代表性较强，调查结果可以直接推论到总体。

（4）访问数据的质量较高。电话访问比较容易实现质量控制。所有访问员都在督导员的直接监督之下进行访问，督导员可随时监看监听访问的进程，同时又有全部的访问录音，访问员作弊的可能性极低，数据的质量得到保证。同时，电脑具有逻辑判断的能力，会对访问过程进行引导和提示，因而可以完全避免问卷中的逻辑错误和跳答位置错误，不会因跳答的错误导致数据丢失。

（5）电话访问的拒访率低。电话访问中，被访者的匿名性比较好，较容易接受访问，拒访率一般比较低，尤其是在多次拨打电话的情况下。

（6）可以对特殊的群体进行访问。对于比较不容易接触的群体，电话访问有较高的成功可能性。例如，对某些名人的访问，面访几乎是不可能的，而采用电话访问则有可能取得成功。

同时，电话访问也有一定的局限性，主要表现在以下几个方面：

（1）电话调查的适用范围有一定的限制。并不是任何调查都可以通过电话访问进行。是否可用电话访问要根据访问对象的特点决定。首先，要看对调查对象的总体要求，当目标群体是某个城市或地区的全体成员时，抽样的效果会较好，如果只局限到某一个特定的群体，抽样效果就较差。其次，是对电话普及率的要求，目前任何一个城市都没有达到住宅电话100％的普及率。如果电话的普及率比较低，必然会造成样本的偏倚，因为没有安装电话的家庭并不是随机分布的，而是收入和社会地位偏低的人。目前我国大中城市的家庭电话拥有率一般都可以达到80％以上，有些城市还会更高，所以在这些城市中应用电话访问是可以的。但在一些比较小的县城或农村，电话访问就不适合使用。即使是在城市的调查，也应该了解清楚其确切的电话拥有率，以便可以进行误差估计。因为调查的总体中并没有包含没有电话的那部分人，所以电话访问的结果只能推论到有电话的家庭这一总体，并不能代表全体城市居民。

（2）无法向被访者出示材料。电话访问无法向被访者出示卡片等访问的辅助材料，因此，问题和选项都不能太复杂，只能进行简单的提问和回答。同时，有一些调查项目需要得到被调查者对一些图片、广告或设计等的反应，电话访问无法达到这些效果，除非提前把类似的资料寄给被调查者。

（3）访问的时间不能太长。如果被访者感到厌烦，只要一挂断电话就可以终止访问，而中途拒访后就很难再完成访问，因此电话访问的时间不能太长，信息量较少，调查的内容不易深入。

（4）较难判断被访者回答的准确性。电话访问仅仅通过电话根据被访者的回答进行记录，访问员不在现场，如果被访者所说的不是真实的情况，也很难判断出来，因此信息的准确性和有效性受到影响。例如，月收入只有 500 元的人却在电话里说收入有 5000 元，此类的问题在入户面访访问中可以较好地控制。

（5）被访者一旦拒访，较难进行劝说。如果被访者对访问不感兴趣，或戒备心理较强，一开始就挂断电话，访问员就很难做进一步的劝说工作，因为劝说也必须借助电话进行。

总的来说，电话访问的优势更为明显，尤其是对一些时效性要求高、主题明确、简单、目标被访者比较清楚的调查研究项目，电话访问比其他一切访问方式都更合适。

（四）邮寄调查

邮寄调查指将调查问卷及相关资料寄给被访者，由被访者根据要求填写问卷并寄回的一种调查方法。传统的邮寄调查是通过邮局发出和接收邮包的，最近几年也出现了通过电子邮件进行的邮寄调查。

1. 传统的邮寄调查

实施一项传统的邮寄调查一般要经过如下的几个过程：

（1）收集调查对象的通信地址。邮寄调查的第一步工作是获得一份有效的邮寄名单和地址。要完成这一步工作必须首先确定调查的总体和样本是什么，通过什么渠道和方法可以获得关于样本的名单和通信地址（最好有电话）。在国外，由于邮寄调查的方式十分常用，从电话簿或专门出售的邮寄名单中很容易获得所需的资料。在国内，要获得这些资料往往是十分困难的，如果研究者事先没有这方面的资料，往往不太会采用邮寄的方式去调查。

邮寄调查常可借用一些现成的资料进行专项研究，例如报纸杂志的订户名单和地址、顾客购买商品时留下的送货地址和电话、学生档案中填写的家庭地址和家长姓名，等等。

如果调查的总体非常大，需要按照一定的原则从中抽取一定数量的样本。抽样工作可以在获得地址资料前进行，然后只针对样本去寻找资料，也可以在已有的全部地址资料总体中直接抽取。

（2）事先和被访者打招呼。研究表明，在正式的调查问卷寄出之前，如果预先通知一下被访者，可以提高问卷回答的质量和问卷的回收率。

事先和被访者打招呼可以通过打电话、寄明信片或寄一封简短的说明信来进行，说明大概什么时间会有一份邮寄的问卷请他们填写。这并不会花费太多的时间和精力，却能在一定程度上满足被访者的情感需求，激发其合作的热情，取得较好的效果。

（3）寄出邮寄包裹。一个典型的邮寄包裹应有以下几种物品：封面信、问卷、回邮信封和邮票、表示致谢的小礼品等。这些物品要事先分发好，统一到邮局发出。

封面信主要是说明调查是谁进行的，调查的目的是什么，问卷应该如何填写、问卷最迟应在什么时间寄回等。为了增加可信度，一般都要加盖调查机构公章，并明确注明咨询电话。调查问卷是最核心的物品，邮寄的问卷应该适合于自填。给被访者寄出回邮信封和邮票，也是为了提高问卷回收率而采用的措施。回邮信封一般都是直接印刷出来的，印好了回寄地址和收信人，并贴好了邮票。这样，被访者在完成问卷之后，只需要装入信封封好，投入邮筒中即可。印刷的地址也保证了问卷回寄地址的准确性。

此外，为了感谢被访者的合作，也会寄上一份小礼品。有的公司不是直接寄出礼品，而是给被访者提供一个中奖的机会或者只是一张礼品券，许诺问卷寄回后兑现，这样做也是为了刺激被访者积极完成问卷。

（4）对被访者进行必要的跟踪催促。问卷寄出之后，接着应做一些事后性的工作。被访者在收到问卷之后两三天之内寄回的比例是最高的，随着时间的增长，寄回的人数逐渐减少。有的人没有及时寄回是因为遗忘，也有人以为再寄出已经迟了所以干脆就不寄了。所以，在适当的时候对被访者进行跟踪是必要的。

一般在问卷寄出两周后应进行第一次的跟踪和催促,通过电话或简短的提示信进行,主要询问是否收到问卷、填写时有没有遇到什么问题、是否已经寄出,如果问卷已经寄出就表示感谢,否则就请求被访者早日寄回问卷。有研究表明,跟踪提醒一般可将问卷回收率提高大约 20 个百分点。

在后续的一段时间内,会陆续收到寄回的问卷。研究者要及时进行回收登记,包括回收数量、寄出日期、寄出地址等。在第一次催促的两周后,对于尚未寄回的问卷,应该进行第二次电话催促或寄另一份提示信催促,寄信的同时最好再次寄出问卷,并尽量打消被访者的各种顾虑。

如果第二次催促后回收率仍不够理想,也可以在适当的时间再次进行催促,强调此项研究的意义和被访者意见的重要性。

每次催促都应注意语气委婉,并多次表示感谢,避免引起被访者的反感。

如果研究的时间紧迫,经费也有限制,一项简单的邮寄调查可能只需要上述第 (1) 和第 (3) 步的工作即可,但调查的效果不会很好。

2. 电子邮件调查

随着互联网络的发展,电子邮件已逐渐进入日常生活的使用中。根据全国互联网信息中心 2003 年 7 月的统计,我国上网网民总数已经达到 6800 万,而且呈快速上升趋势;上网网民平均拥有 1.5 个电子邮件地址。这些客观条件,使得通过电子邮件进行一些专项调查成为可能。但需要注意的是,目前上网网民年龄在 30 岁之前的占到 70％,而且未婚者比例在一半以上,这样一个总体并不适合大多数的研究。

电子邮件调查的执行过程和传统的邮寄调查类似,先要收集目标调查对象的电子邮件地址,然后将电子版的说明信和问卷打包发送到这些地址,必要时可以多次追踪催促,也可以通过电话或电子邮件事先通知被访者。

和传统的邮寄调查相比,电子邮件调查的执行周期要短得多,费用也降低了不少。主要是省略了邮包在路上花费的时间,而且省去了问卷印刷费用和邮资费用。电子邮件调查的方式正逐步被一些调查项目采用。

3. 邮寄调查的优缺点

邮寄调查是一种较早被使用的调查研究方法,它具有一定的优点,但同时它也有致命的缺点,这些缺点使它的适用性受到了很大的限制。

（1）邮寄调查的优点。邮寄调查的突出优点主要表现在以下几个方面：

第一，调查的空间范围广。邮寄调查可以不受被调查者所在地域的限制。对于传统的邮寄调查，只要是通邮的地区都可以进行调查；对于电子邮件调查，只要求有条件上网就可以进行调查。邮寄调查甚至可以进行跨国的调查研究。

第二，邮寄调查的费用低。在各种调查方式中，邮寄调查可以说是费用最低的一种方式了。虽然不可避免地要支付一定的通讯费，但省去了一大笔访问员劳务费，电子邮件调查也省去了问卷印刷费。

第三，调查的内容可以比较全面、深入。邮寄调查给了被访者宽裕的回答时间，因此调查的内容可以比较宽，问题数量也可以适当增加，也允许有一定数量的开放题。另外，被访者也有时间进行思考，可以就一些相对比较深入的主题进行调查。

第四，避免了访问员误差。因为邮寄调查不需要访问员，被访者直接从问卷中产生理解，因而避免了由访问员在场引起的误差或受访问员诱导产生的误差，调查可以获得真实的信息。

第五，邮寄调查的保密性比较好。邮寄调查的保密性比较好，可以对一些敏感话题或人们不愿公开的话题进行调查。

（2）邮寄调查的缺点。邮寄调查较为明显的缺点如下：

第一，邮寄调查的最大缺点是样本的代表性问题。有的调查虽然明确界定了总体，但往往很难获得最适当的抽样框资料。尤其是电子邮件调查只能代表上网网民的意见。另外，问卷的回收率很低，更加影响了样本的代表性。正如第一章中所提到的，1936年美国《文学摘要》在总统选举预测中的失败，除了样本框选择有问题之外，还与其采用邮寄调查的方式有着很大关系，因为积极寄回问卷的人和不寄回问卷的人本身存在着较大的不同。

第二，问卷的回收期长，时效性差。一项传统的邮寄调查，往往需要持续几个月的时间才能完成，对于一些时效性要求比较高的研究项目是不适用的。但电子邮件调查因为摆脱了邮包在路上往返的时间，基本上可以很快得到调查结果，但也不能消除由被访者产生的时间延误。

第三，对被访者的要求比较高。访问的方式是用语言和被访者进行交流，对被访者文字能力的要求不高。而邮寄调查属于自填式的，被访者需要在读懂问卷的基础上写出答案，因此对被访者的文化素质要求较高，所以不是所有的人都可以作邮寄调查的被访对象。

第四，邮寄调查难以控制是否由被访者作答。邮寄调查中问卷的填写过程是不受控制的，难以保证问卷是由被访者独立完成的，有时问卷甚至是完全由别人代填的。这样不仅影响了样本的代表性，数据的分类比较结果也在一定程度上失去了意义。

第五，邮寄调查虽然避免了由访问员在场引起的误差，但又产生了不可避免的其他误差。例如，被访者对问题理解错误或故意错答，这在访问式的调查中，都可以得到控制。训练有素的访问员可以帮助被访者理解问题，并确认他们的回答不存在逻辑错误；当被访者回答不充分时，还可以通过追问进行补充，等等。在自填式的调查中，为了使调查误差最小，对调查问卷的设计要求就很高。首先问卷必须能引起被访者作答的兴趣，也必须容易理解和回答。

（五）网上调查

网上调查是随着互联网络的广泛使用而兴起的一门调查技术，上面提到过的电子邮件调查实际也是一种形式的网上调查。这里的网上调查专指将调查问卷链接到网站上供被访者点击作答的一种调查方式。

1. 网上调查的主要类型

网上调查的主要技术性工作是将问卷设计成网页的形式并发布到一定的服务器供被访者回答。具体来说，网上调查又可根据被访者的来源分为以下几种类型：

（1）自选的网上调查。自选的网上调查是指将调查问卷放在互联网页面上，然后在门户网站或者某网站的入口处发出调查的邀请，网民根据个人兴趣主动去访问该网页并填写问卷。这是目前运用网络进行调查时被广泛运用的方法。由于被访者是自愿填写，因此更能够体现网民的真实想法与意愿。

但是这种方法的缺点也是十分明显的，这就是无法进行随机抽样，它是一种非概率的抽样方法。虽然有时参加调查的样本数量很大，但调查结果仍不具有对网民总体的代表性。同时，这种调查对被访者没有任何限制，对一人多次完成问卷也没有任何的控制。虽然现在有的调查已经用身份证号或 IP 地址对被访者多次填写问卷的情况进行控制，但仍存在难以控制的因素。例如，闹了不小风波的第 21 届金鹰节"最佳主持人"网上投票，虽然是根据身份证号进行控制，但最后仍被迫根据投票时间和 IP 地址去剔除无效的选票。

（2）网民的自愿者盘努。盘努（Panel）是调查中的一个术语，是指一个可供在不同时间多次调查的固定样本。网民的自愿者盘努一般是通过在访问流量较高的网站和门户网站中召集一些自愿者组成的。自愿参加调查的人，需要注册自己的个人资料。在每次网上调查前，通常以电子邮件和密码来确认被访者的身份。这种方法虽然控制了被访者的身份，但仍要看到，在最开始选择盘努个体时，仍是以自愿者抽样为基础的，是由网民自愿参加盘努样本的。虽然当自愿者数量较多时可以以概率抽样的方式从中抽选一部分，但这并不能改变它不是随机抽样产生样本的本质。

（3）网上拦截调查。网上拦截调查是在网站中拦截浏览者。通常是采用系统等距抽样的方法，每隔 K 个浏览者邀请一位参与调查。该方法的抽样框严格限制为该网站的浏览者以避免覆盖范围误差。为避免同一人多次填答问卷，调查可以采用 Cookie 技术加以控制。在这两个前提下，可以认为网上拦截调查采用了概率抽样方法，但是较大的拒答比例仍可能会使样本的代表性存在问题。

（4）事先征募的网民盘努。该方法不同于刚刚提到的自愿者盘努调查，其根本的区别在于自愿者盘努是用非概率的方法建立盘努样本，而事先征募的网民盘努是使用概率抽样的方法。常见的做法是借助随机拨号的电话调查来征募盘努成员，即通过电话调查收集个体的基本信息，区分出上网群体，并邀请符合条件的个体进入盘努。通过这种方法，可以达到在网民中进行概率抽样的目的。在每次调查时，盘努的成员需要提供一些关键的信息或密码才能进入调查，目的是保证只有受到邀请的个体才可以填答问卷。

由于受到上网普及率的限制，前面的这几种类型的网上调查都仅仅能反映上网者的意见，并不能代表全部居民总体的情况，这可以说是网上调查最大的局限性。如果要使网上调查的结果能够代表全部目标总体，则需要采用下面的"全部总体概率抽样"的方法。

（5）全部总体概率抽样。这种方法是惟一有可能得到全部总体概率抽样样本的方法，而不仅仅只针对网民的总体。这种方法和第（4）种类型有些相似，也是从对目标总体的概率抽样开始，并使用非互联网的方法来寻求最初的参与者（如使用电话调查）。但第（4）种类型的做法是只对电话调查中回答使用了网络的人继续调查，而本方法则是为所有抽中的样本提供必要的上网工具与设备，以换取该样本个体在后面调查中的合作。这是惟一一种可以将调查结果推广到整体（而不仅是网民）的调查方法。由于这种做法的成本相当高，所以它通常是针对盘努调查才进行。例如，A. C. 尼尔森、Arbitron 等一些从事收视率调查的公司，在抽中的家庭中安装人员测量仪，以记录该家庭完整的收视信息，并以一周为时间单位向控制中心发送这些信息。

这种方法有效地解决了网上调查的两个主要问题：覆盖范围的问题和浏览器兼容的问题。覆盖范围问题的解决是通过提供上网条件来换取合作的，而兼容问题则通过向每一个盘努成员提供统一的设备而解决的。

该方法的不足之处在于花费较高，它可能是最昂贵的网上调查方法。不过，以昂贵的代价换来的概率抽样仍不能保证调查结果就是高质量的，它一方面受征募被访者的方法的影响，例如通过电话调查征募被访者本身受到电话普及率的影响；另一方面，有相当一部分的人拒绝合作，也影响了样本的代表性。但无论如何，这种方法都是最有可能替代概率抽样的传统调查方法的网上调查方式。

2. 网上调查的优缺点

作为一种新生事物，网上调查有可观的发展潜力；但在短时期之内，它仍不能成为调查方式的主流，这些取决于这种方式的优点和局限性。

（1）网上调查的优点。网上调查主要有下述优点：

第一，高效率。由于互联网上信息传输速度极快，一份调查问卷几乎可以在第一时间同时传送到任何被访者面前，这保证了调查者在非常短的时间内就能获得大量的调查结果。而且网络调查对问卷回收的监控也十分方便，一旦研究人员将调查问卷输入互联网，对问卷的网络管理工作便同时开始，研究者可以随时了解到资料的收集、处理和分析情况，这使网络调查比传统调查方法在时间上更为快捷。网络调查的这种高效率是传统调查方式所无法比拟的。

第二，成本低。除了全部总体概率抽样方法外，网上调查的成本一般都比传统调查低。如果不考虑样本的代表性问题，一般只需拥有一台计算机、一个调制解调器以及一部电话，研究人员就可以在互联网上发布电子问卷进行调查，这不仅十分便捷，而且成本极低。而且，普通的上网者也可以设计调查题目，通过免费的服务器询问成千上万的人。

同时，由于网络调查不受天气、距离、时间的限制，也不需要印刷问卷和录入数据，这都大大降低了调查所需的人力与物力耗费。

第三，有利于对敏感问题的调查。由于网上调查被访者身份的隐蔽性，在对一些较为敏感或有争议问题的调查中，网上调查比传统调查更为有效，其结果也更为客观和可靠。在网上调查中，被访者一般都是由于对调查本身有兴趣才会完成问卷的，加上回答是在匿名状态下进行的，这在很大程度有利于保证调查结果的客观性和真实性。

第四，可利用视觉和听觉因素进行调查。由于电子媒体的特点，在网上发布调查问卷，不仅可以展示图片等静态的物品，还可以设计出多媒体的问卷，例如，在调查对一则电视广告的评价时，可以直接在网上向被访者播出这则广告。这显然是传统的调查方法难以做到的。

（2）网上调查的缺点。网上调查的缺点如下：

第一，样本的代表性差。网上调查最大的问题是常常无法明确调查的样本究竟能代表什么样的一群人。对于一项研究来说，它的目标总体中的每一个个体未必都在网上调查的抽样框中，而且无法得知上网的人与不上网的人有什么方面的不同。不过随着网络使用者的迅速增加，这个问题将越来越得到改善。

第二，回答率低。网上调查的回答率一般都比较低。网上调查这种方法一经采用，网站上各种各样的调查就铺天盖地而来。在各种类似的调查狂轰乱炸下，人们可能干脆不理睬，只有一小部分的人会根据调查的内容、主题、娱乐性或者其他原因而做出参与调查的决定。不过很显然，愿意接收调查的人和不愿意接收的人之间是存在着一定差异的，这影响到了调查结果的普遍性。

另外，虽然匿名的身份可能有利于人们毫无顾忌地表达观点，但同时很多人对网络的安全性有所担心，这又在一定程度上抵消了上述优势，可能导致他们对敏感性的问题有较高的拒答率或者做出不真实的回答。

第三，技术要求高。完成网上调查的技术难度可能会阻止一些人完成调查，这一点与邮寄调查中纸笔回答方式的障碍相似。上网的高费用、调制解调器的低速、浏览器的不兼容、过长的页面以及对互联网络操作的不熟练等因素都会降低人们在家中完成调查的可能性。虽然网上问卷可以有丰富的视听信息，但呈现这种视听信息的能力还受限于带宽。

第四，网络中的虚拟身份可能导致不真实的回答。网络被公认是虚拟现实的空间，每个上网的人都可以在网络世界中扮演不同的多个角色，这些角色可能并不包括上网者的真实社会身份，而更反映出他们的一种理想或渴望。

调查研究的最终目的就是为了揭露存在于客观背景和人们的态度之间关系的规律性。调查研究的方法之所以可行，是因为社会学的研究者总认为每个人只有一套人格，扮演固定的角色，所以会有固定不变的背景、事实资料，也有着统一的态度，因此发现二者之间的关系是可行的。

但是，当进行网上调查时，这种惟一的关系被打乱了，被访者在回答一份调查问卷的时候，他/她是以哪一个身份来作答的？他/她是以同一身份来作答的，还是在不同问题中采用了不同身份作答的？他/她的每个不同的身份都应该作一份回答，还是只选择其中一种身份来作答？如果他/她选择某一身份作答，是由哪些必然的因素和偶然的因素导致的？这些问题是网上调查所面临的特有的问题，它们的存在严重到足够使整个调查完全失去意义。

以上简单介绍了五种常用的调查访问方法，这些方法很难绝对地说哪种明显优于另一种，而是各种方式都有一定的优缺点。在具体使用时，必须根据具体的调查内容和课题要求选择一种或几种最为合适的方法。

三、问卷的审核、编码、录入与统计预处理

不论以哪种方式收集到的定量研究资料，最终都要用适当的统计分析软件（如 SPSS、SAS 等）进行电脑处理和分析，可以进行分析的数据一般都是以表格的形式存储在磁盘上的。除了 CATI 电话访问、网上调查和一部分电子邮件调查直接可以获得分析用的数据之外，其他的调查方式获得的以笔和纸记录的调查资料，都需要一个对资料的审核、编码、录入、查错以及统计预处理的环节，目的是得到干净的可供分析的数据。这是一个非常重要的环节。因为一项调查即使其他的每一个过程都控制得很好，如果在这个环节引入人为误差，调查的质量仍然会受到很大的影响，其他一切努力都白费了。数据处理中的人为误差可能在编码、数据录入等过程发生，如果在进行这些工作时进行认真严格的质量控制，大部分误差都是可以避免的。

(一) 问卷的审核

虽然在调查实施的过程中一般都有严格的质量控制措施以保证调查的质量，同时也有督导员进行问卷的审核工作。但在时间紧迫和问卷数量较多的限制下，回收到的问卷中仍然可能会存在这样或那样的错误和疏漏，所以问卷回收后的第一步工作仍是集中人力对原始调查问卷进行审核。

问卷的审核一般是指对回收问卷的完整性和访问质量的检查。目的是要确定哪些问卷可以接受，哪些问卷要作废。审核前要首先规定若干规则，使审核人员明确问卷完整到什么程度才可以接受。例如，至少要完成多少，哪一部分是应该全部完成的，哪些缺失数据是可以容忍的，等等。对于每份回收的问卷都必须彻底地检查，以确认访问员是否按照指导语进行了访问，并将答案记录在了恰当的位置上。

1. 问卷审核的原则

即使是由不同的人同时进行资料的审核工作，由于审核者都是有一定经验的督导员甚至是研究者本人，因此也可以避免由于审核者不同导致的误差。经验是其中一个方面，另一个重要的方面是审核者有共同遵守的原则：

（1）真实性原则。对问卷中的答案要根据实践经验和常识进行辨别，看其是否真实可靠地反映了被访者的客观情况。尤其是对于具有逻辑关系的指标，要检查其是否合乎逻辑，如果发现有不合理或相互矛盾的地方，甚至仅仅对其有疑问，就都要采取一定的措施，排除其中的虚假成分，保证资料的真实性。

（2）准确性原则。准确性是指在保证真实性的基础上，记录和表达的准确程度。这包括对于同一个调查指标，不同访问员理解得是否一致、记录的方式能不能保证其具有可比性。例如，对于每天收看电视的时间，问卷中明确规定采用"分钟"为记录单位，而某个访问员却采用记录为10"小时"，用什么单位记录看上去是等价的，但在录入时，录入员一般就只看问卷中的数字而不再管其具体意义了，很可能就会录入为10"分钟"，这样就导致了非常大的误差，一个常看电视的被访者被误作为不太看电视的人对待，以此为分类指标进行的其他统计分析，全部都不准确了。对于这种情况，审核员可以直接在问卷上用红笔把10"小时"变成600"分钟"即可解决。而对于另一种不准确的情况，例如仍是对每天收看电视时间这个指标，某个访问员记录的是"很少"，这时审核员也没有办法改正，只能根据情况采用其他的方法去处理，如再向被访者询问或作为无回答处理。

（3）完整性原则。要检查问卷是不是按照规定的方式填写完整，有无该填写而空着未填写的地方，要求跳答的题跳答位置是否正确，等等。

（4）标准性原则。在问卷审核时对于发现的问题，必须按照规定的、一致的、可行的方法进行处理，即对同样的情况采用同样的标准。

2. 问卷审核的主要内容

资料审核应该对逐份问卷逐题认真审查，其中应对以下重点内容重点对待：

被访的背景材料，即检查被访者是否属于规定的抽样范围内；问卷是否完整清楚；问卷是否真实可信；问卷中的主要关键问题是否回答；问卷中是否存在明显的错误或疏漏；有无不确切不充分的回答；有无答非所问的回答。

在审核时，如果发现问卷中存在问题，应统一使用红笔标记。一般为了保证资料的真实性，审核人员尽量避免直接修改问卷中的内容。

3. 对审核后问卷的处理

对于一份审核完的问卷，如果它基本上不存在什么问题，就应该接受并进行编码工作。不过，大部分的问卷都可能或多或少存在一些问题，这就要根据具体情况去判断如何处理这份问卷。

对于审核存在问题的问卷，一般有如下几种处理方法：

（1）作废处理。一般来说，对于出现问题较多的问卷，应该作废处理。不过，这样做是冒着很大风险的，如果问卷作废的数量太多，就不能保证研究所需的样本量和估算的精度要求。因此，需要在以下的前提下，才能酌情作废掉一部分问卷：①不满意问卷比例很小（小于10%）。②样本量很大。③不满意的问卷和满意的问卷相比，被访者之间没有明显的差别。④每份不满意的问卷中，不满意答案的比例很大。⑤关键变量的答案是缺失的。不过，不满意的问卷与满意的问卷之间一般都会有差异，这个因素会使调查结果产生偏差。所以，在决定是否要扔掉不满意的问卷时，一定要从多方面慎重考虑。

（2）退回实施现场补救。由于作废的方式不能大面积采用，对于一些问卷，如果能够采取措施进行挽救，就尽可能去挽救。其中一种主要的挽救措施就是将这份问卷退回实施现场，让访问员再次去接触被访者。再次接触被访者这种方法有很多的条件限制，往往在入户面访访问中才会较多使用。

（3）进行无回答处理。如果将问卷退回实施现场的做法无法实现，校订人员可能就要把不满意的答案按缺失数据来处理。不过，这样做需要在满足以下前提的条件下进行：①有不满意答案的问卷份数很少。②每份有不满意答案的问卷中，不满意答案比例很小。③有不满意答案的变量不是关键的变量。④有无回答的被访者和其他被访者无明显的差异。

对不满意的答案进行缺失处理常可能带来偏差。例如，拒绝回答收入的人，往往是高收入的人，如果简单按缺失数据处理，就会带来对总体平均收入的低估。

（4）校订和修正。有的问卷中只存在一点小问题，例如某处的记录不够清楚、单选题选择了多个答案、该跳过不问的题也询问了，等等。审核人员就可以向访问员或被访者核实情况，对错误之处进行校订和修改，并作为有效信息使用。不过，校订和修改的地方必须用明显的标志注明，以便作进一步的核实。

（二）问卷的编码

审核工作完成之后，就可以进入问卷的编码阶段。编码是将问卷中原始答案转换为容易录入和分析的格式（通常是数字代码）的过程。编码是数据录入前的必要工作，具体又可分为事前编码（Pre-coding）和事后编码（Post-coding）。

1. 事前编码

事前编码一般在设计问卷的同时就已经进行了，因为大部分的问卷都是有结构的、问题都是封闭的，以致每个问题都有固定的顺序，大多数的答案都会落入事先确定的类别中，而每个类别事先也都分配了数字的编号。所以，在访问中确定了一个问题的答案就等于确定了一个编码。

事前编码的问卷通常是将每个答案对应的数字直接印在问卷上，以便于访问员选择和记录。

（1）单选问题的编码。单选问题的事前编码工作相对来说是最简单、最容易的。例如，针对报考某资格考试者的一组背景材料问题：

Q1 性别：1. 男   2. 女

Q2 出生年份：_____年

Q3 教育程度：

1. 高中、中专及以下 2. 大专 ③. 本科 4. 硕士及以上

Q4 工作单位类别：

1. 电视台 2. 电影制片厂 3. 广播电台 4. 音像出版社

5. 影视节目制作经营公司 6. 其他（注明）_____

Q5 专业技术职务级别：

1. 初级 2. 中级 3. 高级

Q6 从事相关专业工作年限：_____ 年

对于类似这样的问题，在资料分析时可以分别用 Q1、Q2、Q3、Q4、Q5、Q6 来表示性别、出生年份、教育程度、工作单位类别、专业技术职务级别、从事相关工作年限这些变量，当然变量的名称也可以随意规定，例如用 Gender、Born、Educ、Ocup＿Cat、Prof＿Lev、Job＿Year 分别表示上述变量。这些变量的取值范围依据问卷中的类别而定。例如，性别的取值范围是 1 和 2，即某个被访者要么取 1、要么取 2，不会再出现其他的答案。

一旦某个调查对象在这些变量的备选类别中做出了选择，该调查对象对应于这些变量的取值就是确定的。例如，某调查对象在接受调查时做出了如下的回答：

Q1 性别：① . 男　　2. 女

Q2 出生年份：1963 年

Q3 教育程度：

1. 高中、中专及以下 2. 大专 ③. 本科 4. 硕士及以上

Q4 工作单位类别：

1. 电视台 2. 电影制片厂 3. 广播电台 4. 音像出版社

⑤. 影视节目制作经营公司 6. 其他（注明）_____

Q5 专业技术职务级别：

1. 初级 ② . 中级 3. 高级

Q6 从事相关专业工作年限：10 年

则对于该调查对象，对应上述 6 个变量的编码就分别是 1、1963、3、5、2、10。这个例子说明了大多数的编码工作都是几乎在问卷设计的同时进行的。

（2）多选问题的事前编码。上述例子是针对单选问题的情况进行说明

的，一个单选问题只需规定一个变量就可以了。而问卷中有时候必须采用多选问题，多选问题是可选多个答案的情况，例如限选三项或不加限制等。如下面的例子：

● 请问您收看电视的主要目的是什么？（限选三项，按重要性排序）

1. 了解时事

2. 了解政府的政策　　　　　　　　　　　　　　第一：（　　　）

3. 了解国家发展动态

4. 了解商品信息　　　　　　　　　　　　　　　第二：（　　　）

5. 学习各种知识

6. 增长见闻　　　　　　　　　　　　　　　　　第三：（　　　）

7. 娱乐消遣

8. 借鉴别人成功经验

9. 追求艺术享受

10. 消磨时间

11. 其他（注明）＿＿＿＿＿＿＿＿＿＿＿

这种询问的方法相当于是三个单选问题，需要用3个变量分别表示第一目的、第二目的和第三目的，3个变量的取值范围都是相同的。

如果该问题中没有"按重要性排序"的指导，则该问题的记录方式就可以简单地在选项上画圈表示。编码时也可以按3个变量去理解，只不过每个变量的取值没有重要程度的区分，这样的编码方法对于录入工作是有利的，录入时可以减少敲击键盘的次数。但是对于统计分析工作是不利的，在统计分析前，需要先进行处理。

如果这个问题的形式再变为：

● 请问您收看电视的主要目的是什么？（可多选）

1. 了解时事

2. 了解政府的政策

3. 了解国家发展动态

4. 了解商品信息

5. 学习各种知识

6. 增长见闻

7. 娱乐消遣

8. 借鉴别人成功经验

9. 追求艺术享受

10. 消磨时间

11. 其他（注明）_____

因为只注明是多选，并没有限定选项的数量，被访者选择多少项的可能性都有，既可以只选一项，也可以选择全部。为了保证所有的选择都被包含，就必须用和选项相同数量的变量来与之相对应。本题就应该用 11 个变量来定义：

N1＝{1，0 | 1 表示选择了"了解时事"，0 表示没有选择"了解时事"}

N2＝{2，0 | 2 表示选择了"了解政府的政策"，0 表示没有选择"了解政府的政策"}

……

N10＝{10，0 | 10 表示选择了"消磨时间"，0 表示没有选择"消磨时间"}

……

对 N11 的取值编码要在事后进行，请参考稍后的"事后编码"。

只有这样定义变量才能保证所有的选项都能被包含在内。在规定每个变量的取值时，当然也可以规定全部变量在选择了对应选项时都取 1，没有选择时取 0。例如：

N10＝{1，0 | 1 表示选择了"消磨时间"，0 表示没有选择"消磨时间"}

但是考虑到全部取 1 或 0 时，在数据录入中容易产生错位而造成误差，所以一般都用前一种办法编码，等到数据录入完毕再将这些变量的值全部转换为 1 和 0 进行分析。

在事前编码的同时，其实已经同时规定了变量的类型、变量的长度和取值范围。在一般的调查中，常用的变量类型有数值型和字符型两种。字符型变量可以输入任何字符，例如性别可以输入 M 代表男性，F 代表女性，也可以输入字符 1 为男性，2 为女性。由于在电脑键盘上有专门的数字键盘区，用数字录入显然比用其他字符快速。而且如果规定字符型变量，则除了做频数分析之外，其他任何数值型的计算都是不允许的。实际上在运用统计方法时，有时候一些定类变量经过变换后也可以进行统计分析，比如性别是定类变量，用 1 和 0 表示后，就可以计算它与其他变量的相关。因此，为了数据输入和分析的方便，有经验的研究者常常用数值型来定义变量的类型。

规定变量的长度是指在输入数据时一个变量的取值最多占几位，如果一个单选变量有 9 个以内的选项，则长度只需规定一位就够了；如果有

10 个以上的选项（但不超过 99），则应该规定两位。对于多选问题，其取值的位数和选项编号的位数是对应的，比如上例中 N1 只用一位就够了，而 N10 就要采用两位。

规定了变量的长度，还要规定变量的取值范围，比如一个单选问题，有 4 个选项，规定变量的长度为 1，则这个位置其实是可以输入 0～9 中的任何一个数字的，为了减少录入错误（例如由于手误将取值 4 录入为 7）的概率，最好是限定一个恰当的取值范围。例如，除了答案中可能出现的 1～4 中的数字和代表缺失值的数字（例如是 0）之外，别的数字录入系统不接受。这样，当出现手误如应该输入 4 而敲击了 7 时，电脑便会发出警告，提醒录入者有错误发生。再比如上述变量 N9 的取值范围限定为 9 和 0 两个数，其他的数字一概不接受。

（3）问卷的编号。由于对问卷进行审核、编码、数据录入、查错等工作时，都要根据有效的标记来识别不同的问卷，因此必须给所有问卷一个惟一的编号。有经验的研究者会在问卷分发给访问员去实施之前就进行统一编号，这也是事前编码的一部分。这样在调查实施中有遗失的问卷，也可以马上发现；同时，按编号顺序来记录所有接收的问卷是十分有用的。问卷编号不仅要清楚地记录在原始问卷上，也要和问卷的其他内容同时录入到数据库中。在进行查错时，研究者可以随时找到原始的资料并和录入后的资料进行对比。

2. 事后编码

在数据收集结束以后进行的编码叫事后编码，目的是给某个没有事先编码的答案分配一个代码。通常需要事后编码的有封闭式问答题的"其他"项以及开放式问题。事后编码需要由专门的编码员进行。

封闭式问答题可能有若干个供选择的答案，再加上需要被访者具体说明的"其他"类别。例如，前面例子中 Q4 和 N11 中的"其他"项。由于这样的答案没有事先规定的代码，因此在数据录入前要做事后编码的工作。不过，单选和多选问题的"其他"项编码也稍有不同。

（1）单选问题"其他"项的编码。以 Q4 为例来看一下如何对单选问题的"其他"项进行事后编码。

Q4 工作单位类别：

　　1. 电视台　2. 电影制片厂　3. 广播电台　4. 音像出版社

　　5. 影视节目制作经营公司　6. 其他（注明）_____

假定有人在回答该问题时选择了"6. 其他"，并在后面的横线上填写了内容。编码员应该首先对这些内容进行归纳，如果发现选择"6. 其他"选项的人的比例很小，而且填写的内容也比较分散，则可不需要编码，直接把这些人归为"其他"类就行了。但如果由于设计问卷时前期探索不够充分，导致有相当比例的人选择了"6. 其他"项，而且注明的信息有些集中，例如注明"广告公司"的人超过了规定比例（比如一般规定大于样本的1%），就必须把"广告公司"作为单独的一个类别列出。例如，在本题中新增一个类别"7"专门指"广告公司"这一类别。如果有其他的类别也达到了规定的比例，则可接着往后面排列8、9、……

把"6. 其他"选项中达到了规定比例的类别重新划分类别编码后，其余的一些数量很少的信息可仍然用6表示为"其他"。这个"其他"是分类后人数不超过规定比例的那些类别的统称，因为填写这些类别的人数太少，有的类别甚至只有一人，这时就没有必要将所有的类别一一编码。

（2）多选问题"其他"项的编码。对于多选问题的N11，情况有一些不同。由于在定义变量时，N11是一个单独的变量，因此编码时就可以从1开始编起。例如，对"其他"选项进行归纳，发现有一定比例的被访者注明是"和外界进行沟通"、"了解天气情况"，则编码就可以按以下的方式进行：

1. 和外界进行沟通

2. 了解天气情况

3. 其他

9. 无回答

由于N11是单独的一个变量，因此它的值取1不会和问题中的"1. 了解时事"相冲突。而且根据事后编码的类别数，决定了N11只需要一位的长度即可。

对于开放式的问答题，如果不准备进行任何的定量分析，就没有必要进行编码，只需在写报告时将这些问题的答案做定性的归纳研究即可。不过如果希望知道是什么样的人做了回答而另一些没有，可以简单地定义一个0~1变量，用1表示对该问题做了回答，用0表示未做回答。如果要对开放问题进行定量分析，则需要将各种可能的回答归纳并一一编号。

（3）开放题的编码。开放题的事后编码工作量很大。这是因为编码员一般无法知道将会出现多少新的编码和答案；而且还有一些答案是类似的，必须决定是将它们合并为一类，还是要分成几类；同时，需要确定是规定一个变量还是多个变量，以及规定变量的取值。

比如某新闻类期刊进行读者调查，最后一个开放题是：

Qm：请问您对本杂志的工作还有什么宝贵的意见？

将答案归纳整理为 33 类：

1. 人情稿件、后门稿件现象比较严重，应该杜绝
2. 媒介内容大多适宜于领导干部和决策领导；领导讲话太多
3. 应该多报道基层的新闻和一线记者的报道
4. 理论性不足，空话太多；应该多些理论性学术性文章
5. 可读性差，应该增加新鲜性、针对性和趣味性
6. 多刊登一些分析性、前瞻性的文章
7. 多刊登一些具有政策权威性和理论权威性的文章
8. 每期突出一个专题，针对热点、焦点问题进行讨论，组织经验交流

......

定义变量时可以按多选变量定义，但是考虑到录入方便，可设变量的个数与分类编码后的一份问卷同时存在的最大类别数相同即可。例如，如果归纳编码后发现被访者意见最多的也只用 5 个编码概括就足够了，那么只需要定义 5 个变量就够了，每个变量都可以看做单选变量，其取值范围就是所有的类别数。

对开放题的编码需要大量的细致的整理和归类工作，而且不管怎样努力也不可能生动准确地反映出被调查者的全部具体意见，因此定量分析辅助以定性分析是十分必要的。

（4）辅助信息的编码。除了对问卷中的每个问答题规定一个或多个变量外，编码时还要对问卷的辅助信息进行相应的编码，例如地区编号、街道编号、单位编号、访问员编号等，并且根据相应的内容规定变量的值。有了这些辅助资料，不但可以比较不同访问员的访问质量，对以后的统计分析是有很大帮助的，例如可以比较地区差异、不同访问员完成情况的差异和其他方面的差异。

（5）事后编码的过程。每个需要事后编码的项目都必须有一份编码表，通常最好还做一份编码本，内含一页或几张单页，将项目号码或问答题的位置清楚地标在每页的顶端。由于研究人员事先不知道会有多少新的编码或答案出现，所以要预备足够的空间来添加新码，以便所有的问卷都能编完。

如果只有一个编码员工作，那么事后编码是相对简单而且容易的。但是一个编码员往往不能达到速度要求，需要有多名编码员同时进行编码，那么所有的编码员应该在不同的时间工作，使用同一份编码本；或同时在同一地点工作，使用同一编码本。因为如果两个或多个编码员同时在不同地点工作，他们就无法知道其他编码员在编码本中设立了什么新码。因此，很有可能同一个代码会对应两个不同的答案，而编码的目的是让每一个可接受的答案对应一个惟一的数字代码。经验表明，允许编码员在分隔的地点用不同的编码本独立地工作是极为有害的，几乎肯定会出现严重的错误数据问题。

（6）事后编码应注意的问题。

首先，研究人员应当规定具体的准则，指导编码员如何识别答案、如何将其归入一定的类别内、如何为其分配代码，等等。在缺乏非常具体的编码指南时，不是特别有经验的编码员或对调查过程不熟悉的编码员可能有两种倾向：给每一个和已编码的答案不相似的新答案以一个新码，结果是类别和代码比预料的多得多，也许一个代码只对应一两个个案；或是为了简化工作，将许多甚至不相似的答案都归入同一个大类，结果是丢弃了数据中有意义的差异，而这些差异可能是对研究人员有用的。因此，一定要给编码员具体的指南，并要进行监督检查，特别是在开始时要确保编码员能正确地工作。

不过，有时编码员自己很难决定是再设立一个新代码还是将其合并到已有的一类中去。如果很难决定，大多数有经验的研究人员会宁愿多设立一个新码，因为以后分析时将数据再合并成大些的类别是很容易通过计算机实现的。可是如果反过来，一旦已合并成了大类，失去的差异是无法找回来的，除非去参考原始文件。

其次，确保编码本中字迹整洁和清楚是十分重要的。缺乏经验的研究人员不到分析和报告阶段实际使用信息时，都可能会认为这个提醒太琐碎了。例如，一页纸写满时，编码员一般都会在纸边上记录，而不会去添加一张新纸。这样一来，其他编码员可能就注意不到最后的代码，而将同样的代码分给了其他不同的答案。所以，编码本的整洁不只是为了美观。如果编码本的编号顺序乱了或看不清楚了，花费时间和精力重新抄写一遍，以得到更有条理的编码本，会是十分值得的。

事前编码和事后编码所用的编码本最后应该合并为一个编码本。一般来说，编码本不但是编码人员的工作指南，也提供了数据集中变量的必要信息。

（7）事后编码的误差控制。对封闭式问题（有结构的问题），经常在访问发生之前就确定编码，编码误差不容易发生。对开放问题进行编码常常是主观的，它包含了解释和判断，因此会产生编码误差。例如，两个不同的编码者可能对相同或相似的答案给出不同的编码。因此，应当采取适当的措施防止和控制编码误差。

通常，研究者应当对编码员进行严格的培训并且向编码员提供编码的操作手册，指导如何实施编码、如何在编码本中根据新的情况更新内容。对于完成的编码要及时采用一些质量控制方法来验证编码，比如可以让一个专家和一个编码者在相同的条件下重复编码，然后比较编码结果和分析差别，找出问题所在。不过，最好的控制方法就是在设计问卷时就考虑编码的需要，尽可能使用标准化的编码和分类系统。

（三）数据的录入与查错

对资料编码的工作完成后，接下来就是数据录入。数据录入是指将问卷或编码表中的每一个项目对应的代码都通过一定的方式输入到计算机中。在我国，目前键盘录入的办法是最常用的。由于采用人工键盘录入原始数据，无论组织得如何严密，录入人员多么认真负责，错误也还是有可能发生的。为此，需要对录入的数据进行认真地查错。

1. 数据录入

在问卷编码中采用数字代码，大大方便了录入工作的进行，因为录入人员只需要使用键盘上的数字键区就可以了。如果是采用 CATI 电话访问、网上调查等方式进行调查，事后录入工作就不再需要。

数据录入可以采用专门的软件，通过定义变量的列位置、长度和变量取值范围进行，数据的录入位置可以通过逻辑判断实现自动跳转；这样做的好处是可以减少敲击键盘的次数，大大减少录入的工作量。同时，在专门的录入软件中可以设置数据的接受范围，因而可以降低产生录入错误的概率。

数据录入是按问卷进行的，一份问卷就是一条记录，在录入界面上就是一行。可以有很多录入人员同时进行录入，每人完成一部分，最后可以把这些数据合并在一起，问卷的编号是识别这些数据的标识。录入完成后，可以将这种数据读出并转换成统计软件可以处理的表格形式。目前，各公司采用的录入软件很多，有现成的软件如 SPSS 软件中的 DATA EN-TRY 等，也有调查公司自己开发的录入软件。

采用键盘录入会产生错误，这可能是由于数据复杂性产生的，也可能是由于要录入的信息缺乏明确性而产生的；问卷或编码的格式也可能引起数据录入误差。数据录入误差经常很难发现，因此要尽量避免。为了将错误限制到最低水平，需要采取以下必要的质量控制手段：

（1）要对录入人员进行培训，明确任务的具体要求及注意事项。如果录入的格式没有事先印刷在问卷上，就必须向录入人员提供一份"录入格式"，用于明确每个记录包含的变量及其相对位置。一般来说，录入人员虽然可以做得又快又准确，但他们对手中的数据或研究的最终目的几乎是一无所知的。所以在录入工作刚刚开始时，研究人员最好能在场，使录入人员可以对自己没有把握的问题提问。

（2）采用质量控制程序。录入时常用的质量控制方法有以下：①全面核查。全面的核查要求每一份问卷都必须录入两次，采用一台核查机和两个录入人员。第二个录入人员将编码的问卷重新再录入一遍。两个人录入的数据要进行逐项的比较，如稍有不同，录入的错误就会被检测出来。但是对整个数据集进行全面核查，时间和费用都要加倍。因此，大多数研究人员都不采取这种全面核查的方式，除非是需要特别高精确度的情况。②部分复查。如果录入人员是熟练的而且认真负责的，其准确度一般都相当高，根据时间和费用的限制，通常只抽查一部分进行复查就够了，这个比例一般在 25%～50% 之间。如果只找出很少的错误，那么不必变更数据文件；如果查出大量的错误，就有必要进行全面的核查，或使用更准确的录入人员重新录入一份文件。

2. 数据查错

正如上面提到的，无论录入人员操作多么规范和认真，都不能完全保证没有手误的发生。为此，对录入后的数据要进行认真地查错。查错的方法主要如下：

（1）一致性查错。一致性查错主要是考察变量的取值范围是否与所规定的范围相一致，例如性别的取值范围是 1、2，而结果中却出现了 3，这说明必定有错。一般可以利用现成的统计软件将所有变量做频数分析，对超出变量取值范围的数据，可以查出对应的问卷号，然后核对原始问卷，改正错误。不过如果录入格式控制得好，非法数字不能录入进去，这样的错误是不会出现的，如性别的录入，潜在的错误只可能是把 1 录成 2 或把 2 录成 1，错误的概率就大大降低了。

（2）逻辑查错。逻辑查错是检查数据有无逻辑错误，例如年龄在 20 岁的人职业竟然是退休、从不收看某个频道电视节目的人却对该频道的某个节目评价很高，都是不符合逻辑的，可能是由于录入错误造成的。检查的办法是对相关的变量两两进行交互，找出出现矛盾的个案，进行错误修改。

数据查错并改正的过程可以叫做数据净化。数据净化还可以对以往的工作环节进行错误检查。因为录入后采用的是计算机查错，因此检查会是更彻底更广泛的。通过一致性检查和逻辑检查，可以发现数据核查阶段没有发现的错误，即可以查到不是由于编码和录入而是由于回答本身的不合理而出现的错误。当这些错误能够进行更正时，可以根据情况进行纠正，如果错误很严重的话，甚至可能采用剔除样本的办法来处理。

数据净化的过程有异乎想像的重要性。如果数据不"干净"，会产生两方面的严重问题。首先，很有可能无法执行下一步的数据分析，因而报告不能按时提交、项目不能按时结束。其次，更糟的是数据分析和报告已经完成，但是研究人员并没有意识到里面的许多错误，或者在完成报告后才发现了错误，只能前功尽弃。因此，在数据录入完毕之后，进行数据查错和改正是必不可少的重要工作。

（四）数据分析前的统计预处理

分析前的统计预处理并不是对所有的调查都必要，但采用适当预处理可以提高数据分析的质量。统计预处理的主要类型有缺失数据的处理、加权、变量重新规定或转换、量表的转换等。

1. 缺失数据的处理

在许多情况下，小量的缺失回答是可以容忍的。但是如果缺失值的比例超过了 10%，就可能出现严重的问题。处理缺失值主要有四种方法：

（1）可以用一个样本统计量去代替缺失值，最典型的做法是使用变量的平均值。这样，由于该变量的平均值会保持不变，那么其他的统计量例如标准差和相关系数等也不会受很大的影响。例如，一个被调查者没有回答其收入，那么就用整个样本的平均收入或用该被访者所在的子样本（比如是属于社会地位比较高的那个阶层）的平均收入去代替。不过从逻辑上说，这样做是有问题的，因为被访者如果回答了该问题的话，其答案可能是高于或低于该平均值的。

（2）利用由某些统计模型计算得到的比较合理的值来代替，例如利用回归模型、判别分析模型等。比如说，"每天看电视的时间"可能与"家庭人口数"和"职业"有关系，利用回答了这三个问答题的被调查者的数据，可能构造出一个回归模型。对于某个没有回答"每天看电视时间"的被访者，只要其"家庭人口数"和"职业"是知道的，就可以通过这个回归模型估计出其"每天看电视的时间"。又例如在研究传播效果时，对选举进行预测，如果问到选民在下次选举中会投谁的票时，有许多被访者常常会给出"还没有决定"的回答。如果只是简单地删除掉这一部分回答，那么肯定会引起严重的预测偏差。处理这一问题的统计方法之一是寻找一个判别函数，使其能够区分那些已经决定投票选 A（假定只有两个候选人 A 和 B）的群体和已经决定选 B 的群体。这个函数可能由一些独立变量来解释，如被访者的社会地位、职业、党派、教育程度、生活形态、接触媒介的情况，等等。假定某位回答"还没有决定"的被访者给出了上述变量的答案，那么就可能通过计算将他（她）划入"已经决定选 A"或"已经决定选 B"的群体中。这样，选举预测的成功率就会大大地提高。

（3）将有缺失值的样本整个删除，这样做的结果可能会导致样本量急剧变小，因为很多被访者都可能多多少少对有一些项目没有回答。删除大量数据并不是所希望的，因为数据的收集需要大量经费和时间。而且，有缺失回答的被访者与那些全部回答的被访者之间可能会有显著差异。如果真是如此，这种整个删除的方法会导致有严重偏差的结果。

（4）将有缺失值的样本保留，仅在相应的分析中对缺失的变量作必要的排除，在对其他变量的分析中仍包含该样本。这样会使分析中不同的计算根据不同的样本量进行，这也有可能导致不适宜的结果。但是如果样本量很大、缺失值的个数很少、变量之间又不是高度相关的，这种方法是可行的。在实践中这种方法常被研究人员所采用。

不同的缺失值处理方法可能产生不同的结果，特别是当无回答不是随机的而是与其他变量之间存在高度相关的情况。因此，应当在调查实施阶段就使缺失数据保持在最低水平。在选择一种处理缺失数据的方法之前，研究人员应该仔细地考虑各种方法所可能产生的后果。如果对缺失数据进行处理，应该有详细的记录和描述。

2. 加权处理

在统计分析之前，首先要考察样本对目标总体在一些主要特征上的分布是否具有一致性，样本是否具有代表性。如果样本分布与总体分布有显著的差异，用这样的样本数据去推断总体肯定就是不合理的。为此要进行加权处理，使样本在一些主要指标上的分布与总体基本上保持一致。在媒介调查中，加权处理是比较常用的。

在加权处理时，要给数据库中的每一个样本一个权重，用于反映其相对于别的样本的重要性。加权处理的效果是在具有某些特征的样本中增加（权重＞1）或减少（权重＜1）个案的数量。

加权处理最广泛地用在具体的特征指标方面，使样本对目标总体更具代表性。例如，某省电台在全省范围内进行了一次听众抽样调查，农村样本占30％，城市样本占70％，而总人口分布中，农村人口占了60％，城市人口占了40％，由于样本对总体没有代表性，因此要对样本进行加权处理。加权系数或权重应等于对应的总体比例除以样本比例，因此农村样本的权重为2，城市样本的权重为0.5715。

加权处理的另一个作用是调整样本，使具有某些特征的被访者被赋予更大的重要性。如果研究的目的是要某个电视节目进行改版，那么专家的意见就可能比一般观众的意见更加重要，因此赋予他们较大的权重；经常收看该节目的观众和很少收看该节目的观众意见重要性也可能是不同的。通过加权处理，例如可以给专家赋予权重3，经常收看该节目的观众赋予权重2，而对很少收看该节目的观众赋予权重1。这种做法很像一些游戏竞技类节目中把一个专家的支持作为200分，而一个普通现场观众的支持只作为1分。

不过加权处理需要有足够的理由才能进行，并且要慎重地对待，赋予权重的大小要有一定的依据。如果采用了加权预处理，在研究报告中应该详细说明加权处理的方法和结果。

3. 原始数据的转换

在进行数据的统计分析之前，常常需要将原始数据或变量重新分类、重新编码或重新定义变量、修改变量，还可能要对变量进行必要的转换。

（1）变量的重新分类。在收集数据时，可能采用某种较为方便的格式或类别进行；在录入时，也会采用最省时的方法去构建数据库。但是在分析和解释数据时，原有的这些类别可能需要调整，这时就有必要将原始数据重新分类或重新编码，使其类别更有意义。例如，有关被访者的基本特征如年龄、教育程度和收入的问答题，常常是按具体的数值或按非常细致的类别来提问。比如"请问您的年龄是多少？""请问您是哪年出生的？""请问您的税后个人月收入是多少？"但是在有些分析中，如频数分析，将原始数据合并成新的类别可能会更有意义。比如，按年龄将被访者分成"青年"、"中年"、"老年"；按月收入将被访者分成"低收入"、"中低收入"、"中等收入"、"中高收入"、"高收入"；或将 5 类月收入再进一步合并成三类"低"、"中"、"高"，等等。

将原始数据重新分类或重新编码合并时，要注意重新构成类别时必须满足：① 所有的情况都已包括在新的类别之中。② 各个类别之间没有交叉或重叠。③ 类别间的差异大于类别内的差异。

（2）定义新的变量。定义新的变量或修改现有的变量也是经常需要的。例如，如果关于被访者年龄询问的是出生年份，而在做回归或者相关分析时参与计算的应该是实际年龄，因此就要重新定义一个年龄的变量，可以根据出生年份来计算这个变量的值。

一种在分类中常用的重要变量类型是"哑变量"或"二分变量"。这种变量只有两个取值，通常是 0 和 1。例如，对"性别"这个变量，通常的情况是用 1 代表男，2 代表女，但是性别这个变量与其他变量进行相关或回归分析时，就应该转换成哑变量，用 1 代表男，0 代表女；或者 1 代表女，0 代表男。

（3）多选问题的变量转换。对多选问题，前面已经提到，要根据情况而定。如果是不限定选项的多选问题，在数据录入时有多少选项就规定几个变量，而且变量的取值是 0 或者是该选项对应的顺序号。在进行分析中是不能按照这样的值进行处理的，也需要进行转换，将除了 0 以外的取值都变成 1，这些变量就都成了 0～1 变量。

多选变量的另一种情况是限定选项数量，如指出"限选三项"，则在录入时只按 3 个变量进行（例如 V1、V2、V3）。在分析前，仍要根据这些变量生成新的和备选答案数量相同的变量，让每一个变量和惟一一个选项对应。例如，新增加的第一变量 NV1 是对应第一个选项的，对于每一个样本个案，要求统计分析软件自行在变量 V1、V2、V3 之中查询有无出现选项 1，如果有，则 NV1 的值取为 1，否则 NV1 的值取为 0。

（4）量表的转换。量表的转换问题是比较常见的。例如，对某节目进行满意度评价的问题，一般在问卷中是按如下的方式设计量表的：

　　Qn：请问您对××节目的满意程度如何？

　　　　1. 非常满意

　　　　2. 比较满意

　　　　3. 无所谓

　　　　4. 比较不满意

　　　　5. 非常不满意

　　这样的量表在统计分析中常常当做定距变量来处理，可以计算其平均分，可以参加其他的高级统计分析。如在本例中，假如答案为1、2、3、4、5的样本分别有110个、140个、80个、50个、30个，则可以计算这些样本的平均得分是：

$$(1×110＋2×140＋3×80＋4×50＋5×30) ÷ (110＋140＋80＋50＋30) ＝2.4$$

　　已知这种5级量表的中间点是3分，而样本得到的平均分是2.4分，则说明样本平均是倾向于满意一端的，而且平均分越低，满意程度越高；假如样本平均得分高于3分，则说明平均样本是倾向于不满意一端的，而且得分越高，满意程度越低。

　　如果对该变量和另一个变量（假如是收视该节目的频度）进行相关分析，计算得出相关系数是−0.85，在0.01的检验水平下是显著的，则说明这两个变量显著相关。由于相关系数是负，则可解释为，满意度得分越低，收视频度越高。虽然这种解释是可以被理解的，但是不太符合人们通常的习惯。

　　通常来说，满意度越高，就应该赋予一个较高的分值。这样在计算平均分时，平均分越高，说明满意度越高；计算相关分析时，相关系数也将变为正号，便可解释为满意度得分越高，收视频度越高。不仅对于平均值和相关关系，对很多其他的高级统计方法，将满意度得分进行高低转化都会带来很多的方便。

　　所以，在分析数据之前，统计预处理包括对量表的转换。转换的方法很简单，只需要以中间的数字为对称轴，将得分值两两对换就可以了。比如5级量表可以以3为对称轴，将1和5对换（把1变成5的同时将5变成1）、2和4对换；而4级量表需要1和4对换，2和3对换。

　　经过诸多环节的工作，现在电脑中存在的已经是基本没有错误的干净数据。调查研究的下一步工作就是如何采用最恰当的统计分析方法进行正式的数据处理和解释结果。这将在第三章专门讲述。

第四节　实验法

大众传播媒介和受众之中存在着各种现象和复杂的关系，要深入研究这些现象和关系，单一用一种研究方法往往是不能达到目的的。实验法是媒介调查中应用较早的一种定量研究方法。

实验法主要是用来研究现象之间的因果关系，它是在受控的环境中，研究一个或几个变量的变化引起另一个或几个变量的变化情况。本节将讨论实验法的一些概念和具体执行过程以及各种实验设计方法。

一、实验法的基本概念和实施过程

根据实验的场地不同，实验法又可分为实验室实验、准实验和现场实验几种类型。实验室实验是指一些实验在特定场地进行，一般都具有专门的设备实验，它对实验的条件、控制的实施和实验设计都有严格地规定。而由于实验室场地的限制，很多实验很难进行实施。在现实的自然状况下有很多进行实验的便利条件，因此，有的实验可以离开实验室就方便的条件进行，这些实验可以叫做现场实验或准实验。有一些现场实验可以由研究者控制实验刺激，另一些现场实验则完全是借助自然状态下的机会完成的。

（一）实验法的基本概念

不管是实验室实验还是现场实验，都会涉及到很多概念。所以，这里先对实验法中的概念进行简单介绍。

1. 因果关系

所谓因果关系是指某个或某些起因引起了另一个或一些结果，这些起因和结果之间存在因果关系。但是，一组现象之间究竟是否存在因果关系是永远无法被证明的，而只能进行推断。实验法通常就是为了推断因果关系。

　　我们以两个变量为例来说明因果关系的实质。对于两个变量 X 和 Y，如果它们具有同时增加或减少的变化趋势，我们常说这两个变量之间存在统计上的相关。但在实质上，这种情况下这两个变量可能呈现三种关系：相关关系、共变关系和因果关系。

　　（1）相关关系。在相关关系中，无法区分这两个变量究竟是谁影响了谁，二者互为原因和结果。例如"每天看电视的时间"和"对电视节目的喜爱程度"，无法说明是"看电视的时间越长对电视节目越喜爱"还是"对电视节目越喜爱，看电视的时间越长"，二者是相关关系。

　　（2）共变关系。共变关系实际上是一种假相关关系，二者呈现同时变化的趋势是受了第三种因素的影响，例如近几年，高清晰度电视机的销售量和医生的工资在同时增加，但它们二者之间并不存在什么关系，而是都受到了经济发展水平的影响。实验法通过实验设计可以有力地消除其他因素的影响，因此在实验法中一般不存在共变关系。

　　（3）因果关系。在有相关关系的两个变量中，如果能明确说明一个变量的变化引起了另一个变量的变化，那么就可以说这两个变量存在因果关系。推断因果关系要根据三个条件：①两个变量 X 和 Y 有相关关系。②X 的变化在时间上先于 Y 的变化。③Y 的变化除了由 X 的变化引起外，没有其他的原因。

　　这三个条件实际上是因果关系的必要条件而非充分条件，即变量间即使满足了这些条件，仍不能说明二者之间肯定存在因果关系。为了更有把握地确定因果关系，还需要进一步找证据，如果找到了很多一致的证据充分地证明了因果关系，再作出结论才比较合理。有控制的实验就能够在这方面提供强有力的证据。

　　2. 自变量和因变量

　　在复杂的媒介现象中，因果关系很少存在于简单的两个变量之中，而常常存在于数个变量中，所以确定变量间的因果关系存在一定的难度。

　　在存在因果关系的一组变量中，能够影响其他变量发生变化，而又不受其他变量影响的变量称为自变量。自变量在实验中也称为处理变量，是实验中的刺激因素，是可以由实验者控制的。

　　相反，依赖于其他变量，而又不能影响其他变量的一些变量称为因变量。因变量在实验中可称为结果变量，因变量不能受到实验者的控制，而是要通过观察、访问等方法测量到。

在实验法中，还会存在一些外部变量（也叫无关变量），它们是除自变量外其他一切影响因变量的因素。外部变量是影响实验法效度的主要因素之一，因此要尽可能减少外部变量的影响。

3. 前测和后测

任何实验的关注点总是在于实验刺激（即自变量）的效果，实验的目的也就是为了证明这种刺激的确产生了某种效果。正是为了证实实验刺激在产生效果中的地位的需要，前测和后测设计在实验中是非常重要的。实际上，实验者所寻求的并不是刺激后的结果，而是因变量从刺激前的某个时间点到刺激后的某个时间点的变化。在实施实验刺激以前对实验对象进行的测量称为前测，而在实施实验刺激后对他们的测量称为后测。

在对实验对象进行前测和后测过程中，也可能产生一定的问题。实验对象可能会对测量问题的形式由不熟悉变得比较熟悉，对研究的目的由不了解变得比较了解，因而可能在后测中有意改变他们的回答，以迎合研究者的意图，从而影响到实验结果的客观性；同时，两次测量可能会使一部分对象感到厌烦，而缺乏积极合作的热情；此外，两次测量之间其他一些因素可能发生变化，也可能出现一些突发事件，因而导致两次测量的差别不能完全归于实验刺激。正是因为这些原因，在实验设计中又出现仅有后测的实验以作为对照。

4. 实验组和控制组

在实验法研究中，常常把研究对象分为若干个组，其中两个典型的组是实验组和控制组。实验组是接受自变量刺激的一组对象，也叫处理组；不接受自变量刺激的一组对象叫做控制组，也叫对照组。

设置控制组的主要目的，是为了将研究本身（例如测量的过程）对实验对象的影响与实验刺激（即自变量）的影响区分开来。为了达到这种目的，就要求在实验开始前，实验组与控制组成员应基本上不存在大的差别，这就需要采用随机化技术分配实验组和控制组。

5. 随机化分组

对于每个研究对象来说，是分配到实验组还是到控制组，应该采用随机化技术，即让每个研究对象到实验组的机会和到控制组的机会是相同的。

随机化的一个简单实施办法就是抽签，将写有研究对象名字的纸团放入容器中充分搅拌后，随机抽取一半作为实验组，另一半作为控制组。

　　对于一些特殊的实验，如果能够找到特征完全一样的两组研究对象（例如找到若干对双胞胎），形成配对样本，就可以大大减少和研究对象相关的外部变量影响。分配配对样本时也应该采用随机化技术，即一对特征相同的研究对象，谁去实验组、谁去控制组都是随机的。

　　随机化分组基本能够保证实验组和控制组的成员在各方面条件和状况都相差无几，目的是消除由于分组的偏差带来的对实验结果的影响。

　　6. 双盲实验

　　在一些实验中，为了避免刺激的实施者由于知道哪个是实验组哪个是控制组而带来刺激上的差异，就设计了双盲实验。双盲实验是指在实验中，实验处理对实验对象和刺激者来说都是未知的。实验对象不知道自己在哪一组，直接与研究对象接触的人也不知道这一点。

（二）实验的实施过程

　　实验法的核心工作是对自变量进行操纵并观察因变量。最简单的实验就是由研究者操纵自变量，然后观察实验对象的反应。虽然每一种实验的执行都不尽相同，但一般来说都可以分为以下几个步骤：

　　1. 根据研究假设确定一个实验设计

　　研究假设是实验的核心指导，实验的一切工作都是为了能最终检验研究假设。研究者首先要对研究假设进行操作化定义，明确实验的自变量和因变量是什么，如何进行实验设计才能获得检验研究假设所必需的数据。

　　2. 确定实验的具体细节

　　在实验设计的基础上，研究者需要设计实验的细节性问题。包括选择什么样的实验室和实验情境；如何引进自变量或者创造什么样的条件才能引进自变量；如何测量因变量才能保证有效性和可信性；如何对实验结果进行统计；等等。

　　3. 确定研究对象

　　根据研究假设，确定研究对象的类型，并解决如何选择和接触研究对象的问题。然后，根据实验设计把研究对象分成所需的组。

　　4. 进行小规模预先研究

　　在完成上述基本的设计和计划工作之后，应当对少数实验对象进行小范围的探索性尝试实验，可暴露出设计中的各种问题。例如，自变量所给的刺激是否能够达到预期的效果，预先设计的测量方法是否奏效，等等。如果在预先研究中发现了实验设计中的问题，就可以根据情况进行修改，以确保实验的设计是可操作的和适用的。

5. 对因变量进行前测

根据实验设计不同，对有的组需要进行前测，以便在实验结束后进行比较来确定自变量的效果。

6. 进入实验场地执行实验

在排除各种障碍后，便可正式开始进行实验。研究者按要求只对实验组实施自变量的刺激，并对所有的实验对象实施后测。实验的执行过程也就是实验数据的收集过程。

7. 向实验者讲述研究目的

为了减少偏差，在实验执行之前往往没有告诉研究对象这是一项实验，也不会告诉他们为了什么研究目的，甚至有时，不得不就这方面欺骗研究对象。但是在实验结束之后，应当及时向研究对象报告真正的目的和实验原因，如果涉及了欺骗还必须如实解释原因，以求得谅解。

8. 分析和阐述实验结果

实验中得到的数据是实验的主要成果，要对其进行统计分析，并根据分析来检验研究假设是否得到证实。此外，还应该总结实验中一些新的发现，以便下一步进行深入研究。

实验室实验比较容易按照以上步骤执行，对于现场实验，由于自然条件的特点，实施过程有较大的不同，它一般是根据实验设计的要求执行。

二、实验设计

实验设计可以说是整个实验的计划或研究构架，有很多不同的方式。实验设计的表示方式很简单，常用的方式有符号、表格等。下面是实验设计中的一些常用符号：

R 表示实验设实验组和控制组，需要对研究对象随机化分组。

X 表示实验处理的过程，即对实验组进行自变量刺激的过程。

O 表示对因变量进行观察或测量；通常用数字脚注表示是第几次测量，如 O_2 表示第二次测量。

例如，有的实验设计用 RO_1XO_2 表示，就表示首先对研究对象进行随机化分组（R），然后对所有的研究对象进行前测（O_1，第一次测量），只对实验组进行自变量的刺激（X），然后对所有的研究对象进行后测

（O_2，第二次测量）。这个设计用表 2—4 的形式表示。

表 2—4　　　　　　　　　　　　用表格表示的实验设计

随机分组 R	前　测	实验处理	后　测
实验组	O_1	X	O_2
控制组	O_1		O_2

对于实验室实验，一般都具有专门的设备、条件和实施控制的手段，因此可以采用一些严格的、复杂的实验设计。而对于现场实验，很难随机化分配实验组和控制组以及严格控制实验刺激的方法，实验设计相对来说不是很严格，很大程度上是就便利的条件进行。

下面就一些常用的实验设计进行介绍。

（一）简单实验设计

简单实验设计是为了考察一个自变量和一个因变量之间的因果关系，它最多只分为一个实验组和一个控制组，或者只有一个实验组，引入的自变量只能有一个取值。

1. 单组前后测实验设计

单组前后测实验设计可以表示为 O_1XO_2，或表示为表 2—5。

表 2—5　　　　　　　　　　　　单组前后测实验设计

无随机分组	前　测	实验处理	后　测
实验组	O_1	X	O_2

这种实验设计是假定自变量的影响可以通过比较后测（O_2）与前测（O_1）的差（D）来考察。例如，在一项实验中，先让大学生填写西部工作的意愿（用 10 级量表），然后让他们看一部关于西部大开发的纪录片，之后再让他重新填写上述量表，比较前后态度的变化，就可以看出电视宣传对大学生支援西部建设的影响程度。

这种设计非常简单，但它的重大缺点是忽略了外部变量对因变量的影响，后测和前测的差异 D 不仅仅只是由于自变量引起的，但自变量的影响究竟有多大是不知道的。例如，该例中，当第一次测量之后，在很短的时间内，受试的大学生很难把测量的记忆忘掉，这就会对第二次的测量产生影响；同时，在第一次测量之后，他们也许反复在大脑中盘算到西部工作的事情，或者受试者之间私下对这个新的话题进行交谈，可能不看宣传片，有的人态度本身已经发生了变化。

所以，一般研究人员要能够完全有把握外部因素不会对实验产生影响时，才采用这种实验设计。

2. 经典的实验设计

经典的实验设计就是如表 2—4 中所列，是最基本、最标准的实验设计。经典的实验设计包括了一项实验中的全部要素：随机分配的实验组和控制组、前测和后测、自变量（实验处理）和因变量。

用 D_1 表示实验组后测和前测的差，用 D_2 表示控制组后测和前测的差。在实验完成后，可以通过比较 D_1 和 D_2 的差异，来确定自变量的影响有多大。这样不仅排除了外部变量的影响，还可以排除前测造成的某些影响。

例如，对于上述研究媒介宣传对大学生去西部工作意愿的影响时，可以进行经典的实验，先随机抽取一些大学生作为受试者，用量表测量他们去西部工作的意愿，然后对他们进行随机分组，只让实验组观看关于西部大开发的纪录片，然后再次测量两组去西部工作的意愿。前测和后测的结果分别按组计算平均分。表 2—6 是一个模拟的实验结果：

表 2—6　　　　　　　　模拟的经典实验结果

随机分组 R	前　测	实验处理	后　测
实验组	3.5	X	6.3
控制组	3.4		5.0

实验组后测、前测的差 $D_1 = 6.3 - 3.5 = 2.8$

控制组后测、前测的差 $D_2 = 5.0 - 3.4 = 1.6$

观看电视纪录片对去西部工作意愿的影响是 $D_2 - D_1 = 2.8 - 1.6 = 1.2$

经典的实验设计假定的是前测对两个组的影响是相同的，实际上由于前测和实验处理以及外部因素和实验处理之间交互作用的存在，这两组所受到的影响并不完全相同。例如，实验组的人可能会对自变量的引入非常敏感，填写态度量表之后再看纪录片，就能马上猜到研究者的意图，而导致第二次填写不真实的数字；或者，在第二次填写态度量表时，明明态度已经受到了影响，但对第一次的填写有清楚的记忆，为了和第一次保持一致，而填写不真实的态度。

3. 两组无前测的实验设计

由于上述提到的前测影响，在前测会引起受试者敏感的情况下，可以考虑采用两组无前测的实验设计 RXO，如表 2—7 所示。

表 2—7   **两组无前测的实验设计**

随机分组 R	前 测	实验处理	后 测
实验组	无	X	O
控制组	无		O

例如，上述例子中，先随机把大学生分为两个组，一组观看纪录片，另一组不观看，然后分别测量两个组去西部工作的意愿。由于两个组成员是随机分配的，可以假定其他条件都是相同的，惟一不同的就是实验组看过纪录片，而控制组没有看过，所以两组之间态度的差异只可能是由实验刺激产生的。由于不进行前测，就排除了前测和实验处理交互作用的影响，所以这种设计在理论上比前两种模式都具有更高的效度。

这种设计的缺点是它必须在实验组和控制组成员条件完全相同的情况下实验结果才会准确。实际上，随机分组虽然是保证公平的理想方法，但在某一次分组中，随机分组的效果也许会很不好，因为任何情况的分组都有可能出现，而前测则是消除由分组产生影响的一个好方法。

结合经典实验设计和无前测两组设计的优点，并避免二者的缺点，出现了所罗门四组实验设计，是一种多组实验设计。

（二）多组实验设计

多组实验设计一般有三个以上的组，它可以用来考察多个自变量和因变量的关系。

1. 所罗门四组实验设计

所罗门四组实验设计可用表 2—8 表示，它相当于典型实验设计和无前测两组实验设计同时进行。

表 2—8 所罗门四组实验设计

随机分组 R	前 测	实验处理	后 测
实验组 1	O_1	X	O_2
控制组 1	O_1		O_2
实验组 2		X	O_2
控制组 2			O_2

这种实验设计可以测量自变量、外部变量、前测各自对因变量的影响，还可以精确测量交互作用的效应。所谓交互作用是指实验处理（自变量）、外部变量和前测三者之间相互作用所产生的影响。前面讲的三种实验设计都未考虑交互作用的影响。

表 2—9 是一个模拟的所罗门四组实验的结果，我们以此为例来介绍如何计算上述各种因素的影响。

表 2—9 模拟的所罗门四组实验结果

随机分组 R	前 测	实验处理	后 测
实验组 1	4.6	X	8.6
控制组 1	4.4		5.4
实验组 2		X	6.0
控制组 2			4.8

（1）实验总的影响：

实验组 1 的后测－实验组 1 的前测＝8.6－4.6＝4

（2）前测的影响：

控制组 1 的后测－控制组 1 的前测＝5.4－4.4＝1

实验组 2 和控制组 2 无前测数值，以实验组 1 和控制组 1 的平均值 4.5 估计。

（3）实验处理（自变量）的影响：

实验组 2 的后测－实验组 2 的前测＝6.0－4.5＝1.5

（4）外部变量的影响：

控制组 2 的后测－控制组 2 的前测＝4.8－4.5＝0.3

考虑外部变量的影响，应对实验处理、前测的影响进行修正。

（5）修正后实验处理的影响：

1.5－0.3＝1.2

（6）修正后前测的影响：

1－0.3＝0.7

（7）交互作用的影响：

实验总的影响－实验处理的影响－前测的影响－外部变量的影响＝4－1.2－0.7－0.3＝1.8

根据以上的计算，实验导致因变量总的变化（4 分）可以分为如下几个部分：自变量本身（实验处理）的影响只有 1.2 分、前测的影响是 0.7 分、外部变量的影响是 0.3 分，而交互作用的影响高达 1.8 分。

从这个例子可以看出所罗门四组实验设计的显著优点，它可以排除其他一切因素的影响，分辨出由自变量引起因变量变化的真正大小。

有心的读者可能已经发现，所罗门四组实验设计计算得出的实验处理影响，和仅仅用实验组 2、控制组 2 进行的无前测两组实验设计的计算结果总是一致的。但这并不表明采用所罗门四组实验设计是不必要的。首先，它可以揭示影响实验结果的各种因素的存在和大小；其次，通过对实验组 1 和控制组 1 的前测，使研究者对分组的效果更有信心，因为测量发现，这两组的态度数据并未相差多少。而如果实验组 1 和控制组 1 的前测数据相差非常大，研究者在使用实验结果时就必须留出足够的余地。

所罗门四组实验有很高的效度，但也有很多缺点：首先，分组的增加必然带来研究对象人数的增加，也增加了实验的难度和费用；其次，从统计方法的要求上，它似乎是使简单的问题复杂化了；再次，它虽然能够知道外部变量的影响有多大，但究竟是哪些外部变量在影响因变量，它仍然无能为力，而当一项实验外部变量的影响很大时，就必须要找出主要的外部变量进行控制或作为研究的自变量。

2. 多因素实验设计

上面介绍的四种实验设计都是推断一个自变量和一个因变量的因果关系。但在现实生活中，这种单一因素的关系基本上很少存在，常常是多个变量对另一些变量共同产生影响。多因素实验设计就是同时考虑多个自变量对一个因变量的影响以及自变量间交互作用的实验设计，也叫做因子设计。一般有几个自变量就叫做多少因素，如两个自变量就叫做双因素实验设计、三个自变量就叫做三因素实验设计。多因素实验设计允许引入的自变量有多个不同的取值。

多因素实验设计常常采用如 $2 \times 2 \times 2$ 的方法表示，这表示实验设计中有三个自变量，每个自变量各有两个取值；如果采用 $2 \times 3 \times 3$ 则表示有三个自变量，第一个自变量有两个取值，第二个和第三个自变量各有三个取值。在多因素实验设计时，常常采用无前测的实验设计，例如一个 $2 \times 2 \times 2$ 的实验就需要 8 组，如表 2—10 所示。

表 2—10　　　　　　　　　　**$2 \times 2 \times 2$ 的双因素实验设计**

随机分组 R	前　测	实验处理	后　测
实验组 1	无	$X_1 = 1$　$X_2 = 1$	O
实验组 2	无	$X_1 = 2$　$X_2 = 2$	O
实验组 3	无	$X_1 = 1$　$X_2 = 2$	O
实验组 4	无	$X_1 = 2$　$X_2 = 1$	O

注：X_1 和 X_2 分别表示这两个自变量，"＝"表示这两个自变量的不同取值。

为了说明这种实验设计，可以用一个例子来阐述。例如，一种产品的电视广告同时制作了三个版本，是发布某一个版本的效果最好，还是同时发布几个版本的效果最好呢？研究者就可以采用 $2 \times 2 \times 2$ 的三因素实验设计，每个自变量的两个取值都分别是"1. 看过"、"0. 没看过"。为了便于实施，可以不进行前测。研究者可以在该产品的目标消费群中选择一些研究对象，把他们随机分为 8 组，实验处理办法是：

实验组 1：看一段文艺片，同时看三个版本的广告（即 $X_1 = 1$、$X_2 = 1$、$X_3 = 1$）；

实验组 2：看一段文艺片，只看前两个版本的广告（即 $X_1 = 1$、$X_2 = 1$、$X_3 = 0$）；

实验组 3：看一段文艺片，只看后两个版本的广告（即 $X_1 = 0$、$X_2 = 1$、$X_3 = 1$）；

实验组 4：看一段文艺片，只看第一和第三版本的广告（即 $X_1 = 1$、$X_2 = 0$、$X_3 = 1$）；

实验组 5：看一段文艺片，只看第一版本的广告（即 $X_1=1$、$X_2=0$、$X_3=0$）；

实验组 6：看一段文艺片，只看第二版本的广告（即 $X_1=0$、$X_2=1$、$X_3=0$）；

实验组 7：看一段文艺片，只看第三版本的广告（即 $X_1=0$、$X_2=0$、$X_3=1$）；

实验组 8：看一段文艺片，不看任何版本的广告（即 $X_1=0$、$X_2=0$、$X_3=0$）。

看文艺片的目的，一是为了避免实验者识破研究者的意图，二是为了通过控制文艺片的时间长度来保证各组看电视的总时间相同。

在实验处理后，测量所有受试者对广告产品的购买可能性。然后用统计的方法比较各组平均购买可能性之间是否有差异，就可以根据播放广告成本和播出效果选择效果最好的发布方式。例如，实验发现同时看过三个版本广告的第一组购买的可能性最大，但和只看过前两个版本的第二组比，只有很小的不同，统计检验二者是没有显著差异的；播出两个版本和只播出一个版本比，效果上有明显的不同。这时，就可以考虑只发布两个效果最好的版本，但没有必要播出第三个版本。

如果自变量的个数增加，或者每个自变量的取值数量增加，多因素实验设计的组数就要相应的增加，例如，3×3×3 的设计就需要有 27 组，每组处理方式的原理是一致的。不过组数太多有时是不现实的，因为需要大量的受试者，数据处理和统计分析工作也比较麻烦。

3. 拉丁方设计

拉丁方设计也是一种考虑多个自变量的设计，但它不是为了考察多个自变量与因变量的关系的，而是考察多个自变量的引入顺序对因变量的影响。这种设计可以引入多个自变量，但自变量只能有一个取值。实验组的数目取决于自变量的数量，自变量有多少种排列方式就应该有多少个实验组。每个实验组都依次引入自变量，但引入的次序各不相同。这个过程如表 2—11 所示。

表 2—11　　　　　　　　　3 个自变量的拉丁方设计

随机分组 R	前　测	实验处理	后　测
实验组 1	无	$X_1 \rightarrow X_2 \rightarrow X_3$	O
实验组 2	无	$X_1 \rightarrow X_3 \rightarrow X_2$	O
实验组 3	无	$X_2 \rightarrow X_1 \rightarrow X_3$	O
实验组 4	无	$X_2 \rightarrow X_3 \rightarrow X_1$	O
实验组 5	无	$X_3 \rightarrow X_1 \rightarrow X_2$	O
实验组 6	无	$X_3 \rightarrow X_2 \rightarrow X_1$	O

　　拉丁方设计关心的是自变量的不同引入顺序对因变量的影响，如果测量的结果不存在差异，则说明自变量是独立的，不存在交互作用。但一般拉丁方实验设计的目的不是考察某个自变量的效果，而是为了找到一个最有效的引入自变量的次序，即找出一个最佳组合。例如，某广告商计划购买一部电视剧的广告时段，有三个版本分别在片头、片中、片尾播出，这三个版本广告的最佳播出顺序是怎样的呢？为了解决这个问题，就可以设计一个实验进行研究。

（三）准实验设计

　　所谓准实验设计就是没有严格地进行随机分组和严格控制实验刺激的实验设计方法。准实验往往是利用某些自然状态下的便利条件进行的，实验者不能采用随机抽样选择实验对象和随机分配设置控制组，有时也不能进行前测，它的实验设计不太严格，因此准实验并不是严格的科学实验，它的实验假设并不一定是因果关系，有时仅仅是单纯的相关关系。

　　常用的准实验设计有以下几种：

1. 相关设计

　　相关设计是比较常用的一种方法，它的形式近似于两组无前测实验设计，不过，它的实验组和控制组不是随机分配的，而是根据自变量的情况选择的。表 2—12 是相关设计的形式。

表 2—12　　　　　　　　　　　相关设计

非随机分组	前　测	实验处理	后　测
实验组	无	X	O
控制组	无		O

例如，在中央电视台现场直播"神舟五号"载人宇宙飞船成功发射和着陆之后，研究者选取了一些看过现场直播的人作为实验组（看现场直播相当于实验处理），并选取了另外没看过现场直播的人作为控制组，分别测量他们的民族自豪感，这就是一种相关设计。

如果测量的结果发现，看过现场直播的人民族自豪感明显高于没看过现场直播的人，这就说明看现场直播和民族自豪感之间有相关关系，但还不能推断为因果关系。因为，研究者仅凭这项研究无法断定是看现场直播提高了民族自豪感，还是民族自豪感高的人更积极去看现场直播。

同时，由于不是随机分配的实验组和控制组，两组人之间可能本身存在较大的差异，因此实验无法估计和排除外部变量的影响，实验的内在效度很低。提高内在效度的方法是在选择控制组时，对性别、年龄、职业、学历、收入等一系列变量加以控制，形成和实验组类似于配对的样本，但实际上很难做到这一点。

相关设计的另一个缺点是缺少前测，无法进行因变量变化情况的比较，有的研究可以增加一个事后回溯设计，即在后测完成后，再询问实验对象过去的情况，以此与后测的值进行比较。但是这种回溯得到的结果往往不准确，它较大地受到了后测的影响，另外也可能由于记忆等方面的原因导致较大的偏差。

2. 非等组前后测设计

这种设计形式和经典的实验设计有些类似，不同的是它的实验组和控制组是不等同的。非等组前后测设计如表2—13所示。

表 2—13　　　　　　　　　　非等组前后测设计

非随机分组	前　测	实验处理	后　测
实验组	O_1	X	O_2
控制组	O_1		O_2

仍以看"神舟五号"载人宇宙飞船发射和着陆现场直播与民族自豪感的关系为例。如果研究者在现场直播之前对一批人进行了民族自豪感的测量，在现场直播后，分别询问这些人是否看了现场直播并再次测量他们的民族自豪感。这样把看现场直播的人作为实验组，没看的人作为控制组，

这两组的设置是根据自然状况而非随机分组的。

研究结果如果表明，在现场直播播出前，两组人的民族自豪感没有显著的差异；而现场直播后，看现场直播的人民族自豪感显著提高。则可以说明现场直播对民族自豪感是有一定影响的。但这并不是完全的有把握，因为交互作用也可能是导致民族自豪感提高的重要原因。

3. 间断的时间序列设计

在该设计中，只有实验组，在实验处理之前，进行多次的前测；在实验处理之后，再进行多次的后测。如表 2—14 所示。

表 2—14　　　　　　　　　　间断的时间序列设计

非随机分组	前　测	实验处理	后　测
实验组	$O_{11} O_{12} O_{13} \cdots$	X	$O_{21} O_{22} O_{23} \cdots$

这种设计进行多次的前测和后测，因此组成了一个较长的时间序列观测值，从这些测量值的变化趋势中可以发现自变量的影响程度和影响过程。例如，对于一个电视节目，其最近一年的收视率都在一个较小的范围内波动，节目改版后，其收视率有了较大的变化，如图 2—1 所示的情况。

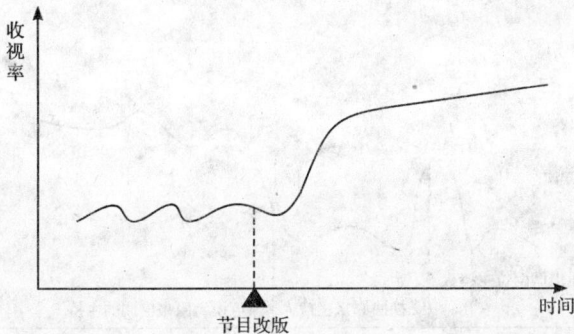

图 2—1　××电视节目改版前后收视率的变化

从图 2—1 中可以看出，由于自变量（节目改版）的影响，因变量（收视率）的值明显提高。如果这段时间内没有其他的因素影响（例如，播出时间的调整等），基本上就可以说自变量与因变量之间有明显的因果关系，即节目改版促成了收视率的提高。同时，从趋势上看，刚刚改版后，效果并未马上显现出来，而是在一定的时间之后，收视率急剧提高，并处在一个平稳的状态中。

4. 等时间序列设计

等时间序列设计也只有一个实验组。它的实施方法是对实验对象先进行测量，然后实施实验处理，再测量，再处理，依此类推。这个过程如表2—15所示。

表 2—15　　　　　　　　　　等时间序列设计

非随机分组	测量	实验处理	测量	实验处理	测量	实验处理	测量
实验组	O_1	X_1	O_2	X_2	O_3	X_3	O_4

例如，对一个综艺类电视节目，其收视率一直在一个较低的水平波动；后来，有连续几期节目借调了其他节目的两位主持人，收视率有了一定的提高；当该节目换回原来的主持人后，收视率跟着也下降了。这时制片人作出决定，聘请原来借调的两位主持人进行主持，此后收视率也跟着提高，并在一定的水平下波动。这个过程如图2—2所示。

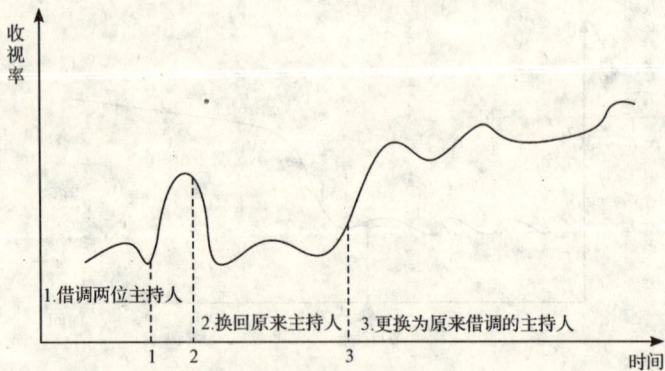

图 2—2　××综艺节目多次更换主持人对收视率的影响

从图2—2中可以看出，几次更换主持人导致了收视率明显的变化。

在该节目的播出过程中，如果没有外部变量产生影响，则可以说，主持人对该节目的收视率是有较为明显的影响作用的。

三、实验法的效度及优缺点

在实验法中，同样存在信度和效度的问题。实验法的信度主要体现在对概念的明确的操作化定义、测量工具和精确程度的要求上，与其他调查方法相比，较容易实现较高的信度。首先，有些实验是可以重复的，这个过程可以检验其信度；其次，有些实验可以通过对多组测量的比较来了解信度。相对而言，实验的效度是人们关心的焦点问题。

（一）实验法的效度

实验法的目的是推断变量间的因果关系，并使实验结果具有普遍性。但这两个目的往往很难同时达到。要精确测量自变量的影响就要严格控制实验情景和外部变量，但这会使实验的环境缺乏代表性；而如果把实验放在真实的自然环境中进行以便提高实验的代表性，又很难控制其他外部因素的影响。实验法面临的这个矛盾主要体现在实验的内部效度和外部效度上。

1. 内部效度

内部效度也叫内在效度，是指实验结果正确反映实验本身的能力，即因变量的变化完全由自变量引起，而排除了其他一切外部变量。在实验中，如果不能严格控制外部变量，使它们对因变量产生影响，就会降低实验的内部效度。

提高内部效度的方法是采用严格的实验设计并严格控制实验的条件。但无论如何，实验中总会存在影响内部效度的因素。

（1）实验对象的选择性偏差。如果用来比较的两个组之间本身就存在差异，就引入了实验对象的选择性偏差。通过随机化分组，则可以减少这个偏差。但对于大部分的现场实验，这一点很难做到。

（2）时间因素。在历时较长的实验中，可能随着时间的变化，出现了影响因变量的新因素，例如突发事件等。前测和控制组的设置可以帮助研究人员确定这些因素是否存在，并从实验结果中排除它们的影响。

（3）测量。前测本身会对实验对象产生影响，致使在后面的测量中容易出现不真实的信息，尤其是对于能力、态度等的测量中。所罗门四组实验设计可以帮助研究者发现这种测量效应的存在。

（4）实验对象的中途退出。如果实验要经历一段较长的时间，有的研究对象不一定能坚持完成实验而退出，退出实验的人和没有退出的人本身可能存在差异。这样就降低了实验组和控制组的可比性。所以，一般对实验结果进行报告时，都需要报告参加前测和后测的人数。

（5）处理的扩散和污染。处理的扩散是指不同组的研究对象相互交流，控制组从实验组成员那里了解到实验处理的内容，这样导致控制组成员在某种程度上也受到了实验处理，从而影响了控制的效果。因此，在实验中应该采取措施避免或禁止各组成员的交流。

（6）实验组与控制组的竞争。如果控制组的成员意识到他们正受到不平等的待遇，而且他们的表现将用来与实验组成员进行比较，就有可能产生心理压力，努力较小，会产生失常的表现而影响实验的效果。

（7）研究目的的暴露。从研究人员的角度，他们如果知道哪些是实验组、哪些是控制组，有意无意之间的表现很容易让研究对象觉察到研究的目的；有时实验处理本身也会让研究对象意识到研究目的。这时，研究对象就可能朝着迎合研究目的的方向报告他们的情况。

为了减少不平等待遇对控制组的影响以及研究人员对实验组的影响，尽可能采用双盲实验，即研究对象以及直接与研究对象接触的人都不知道谁在实验组、谁在控制组，实验处理也对控制组实施，只不过是一种假的处理。

2. 外部效度

外部效度也叫外在效度，是指实验的结果推广到实验以外的能力，也就是说实验结果能否应用于现实世界，这是一项实验关键的问题。如果一项实验结果从实验内部讲是有效的，但在现实生活中毫无用处，这样的实验结果就不能推广，这项实验的价值也受到影响。影响外部效度的主要因素如下：

（1）实验情景的人工化。对于实验室来说，实验的环境与现实生活相差非常大，不存在过多的外部变量，变量间的关系也远远不如真实情况那样复杂，因此，实验结果很难对实验室以外的现象做普遍性的概括。

（2）实验样本缺乏代表性。由于大部分实验是选取自愿的实验对象，或即使采用随机抽样也由于拒绝合作难以达到随机的效果。因此，实验样本很难代表所要研究的总体，导致实验结果的适用范围受到限制。

客观地说，内部有效性和外部有效性很难达到绝对一致，大部分的实验都面临着内部效度和外部效度的相互矛盾，若提高内部效度则有可能降低外部效度，若提高外部效度则有可能降低内部效度。设计一项实验，需要反复权衡二者之间的取舍。一般来说，实验室实验的内部效度较高，外部效度较低；现场实验则相反。

（二）实验法的优缺点

实验法和其他研究方法相比，在研究媒介现象方面具有显著的优点，同时也有一定的缺点。为了便于说明，我们对实验室实验和现场实验分别进行讨论。

1. 实验室实验的优点

（1）能够确立因果关系。实验法的最显著优点是能够构建因果关系，这是其他任何调查研究方法所不能达到的。虽然它不能够证明因果关系的存在，但它提供了确立因果关系的最佳证据。在实验中，研究者可以控制其他外部变量，使自变量的作用独立出来；同时，实验采用前测→实验处理→后测的次序，控制了自变量和因变量出现的时间顺序；由于这些措施，可以比较有把握把因变量的改变归因于实验刺激，即自变量的影响。

（2）控制能力强。可以说，控制是实验室实验的基本特征。研究者可以设计出独立、不受常规活动影响的实验情境，控制实验环境和实验对象的分组，控制自变量和因变量的数量和类型以及施加实验刺激的方法，这些措施对于资料分析和假设检验具有重要的意义，可以有效地提高实验的内在效度，发现变量之间的真正关系。

（3）费用较低。同其他调查研究方法相比，实验法的费用常常较低。这主要是因为一项实验的规模比较小，实验的时间比较集中。较少的对象、较小的规模、较短的时间决定了实验的费用不会太多。但实验的规模小不代表不能够达到较好的效果。例如，对广告效果的研究，小规模的实验显然比调查法更有效，但费用要节省得多。

（4）易于重复。重复一项研究对于获得可靠的结论来说有着十分重要的意义。把一项实验的过程详细地记录下来，以方便其他人重复验证实验的结论。许多经典的实验经常被重复进行。有时重复实验改变了实验的情境，以确认研究结论并不只局限在特定的环境中，而是具有一定的普遍性。

2. 实验室实验的缺点

（1）实验场景的人为性。实验室实验的最大问题是实验环境的人为性。实验室实验之所以能够确立自变量与因变量之间的因果关系，关键在于它通过各种设计，把其他因素的影响控制在最小限度以内，以突出实验刺激对因变量的影响，因此实验都是在受控的环境之中进行的。对实验环境的控制程度较高，同时也就意味着离现实越远，所得到的研究结果越难以推广到真实世界中。

对于复杂的媒介现象，是不可能脱离真正的现实而存在的，研究者关注的主要目标是外部效度。从这个角度，许多研究者较多地进行现场实验来克服实验环境人为性的缺点。只不过现场实验又出现了难以控制的缺点。

（2）样本的缺陷。除了实验场景的人为性之外，影响实验外部效度的还有实验样本的代表性不足问题。参加实验的人与现实世界中的人们往往有较大不同；由于方法的限制，样本的规模常常又是很小的。因此，实验室实验往往只用来了解人们在受到某种刺激之后的心理变化。

（3）实验本身的影响。由于置身于实验的环境之中，实验对象的表现往往不自然；同时，实验人员的言行无意间也会给实验对象一种压力或暗示，导致某些实验对象会有意迎合实验者的期望。这些因素降低了实验的内部效度。

（4）伦理道德方面的限制。由于很多实验的对象都是人，如果实验处理会对他们本身产生长期的负面影响，这种实验就不能进行。例如，不能为了研究电视中的暴力情节对儿童的影响而选取一定的样本让他们长期观看有暴力情节的电视。另外，很多实验在选择和接触研究对象时，往往需要隐瞒真实的研究目的而导致欺骗，这在道德上也存在较大的争议，而如果一开始就告诉他们真正的研究目的，又会使研究结果失去科学性。

3. 现场实验的优点

现场实验的最大优点是具有外部效度。由于研究的场景与自然环境十分类似，研究对象通常会表现出真实的行为，而不受实验状况的影响。例如，在实验室实验中让两组研究对象分别看电视广告片 A 和 B，并比较他们对广告商品的购买可能，决定哪一个广告更好。而实际上，一旦把广告真正播出，在众多广告的冲击下，观众很可能根本不去注意这则广告；而在实验室条件下，受试者都被迫看了广告。同时，在实验室中让受试者表达购买产品的可能性毕竟和真正的购买行为不同，一旦真的把该产品置于竞争的产品之中，购买决策往往会发生变化。

实验室实验的这些缺点可以被现场实验克服。例如，对于同样的研究，可以把这两则广告分别在两个相似的城市播出，然后比较每个城市该产品销售量的不同，就可确定哪个广告的效果更好。这样的实验结果是在现实的条件下得出的，因此可以推广到更广泛的现实中去。

此外，很多现场实验可以在研究对象不知情的情况下进行，研究对象没有意识到正在实验，就会作出真实的表现。

同时，有的现场实验可以在很小的花费下完成，因为它不需要特殊的设备和工具。但有的大规模的研究或特殊课题的研究，也会有较大的花费。

最后，现场实验在复杂的现实生活中展开，可以研究多种现象之间复杂的相互关系，也可以长时期持续同一个实验。有的研究只能通过现场实验完成。

4. 现场实验的缺点

（1）现场实验虽然具有较高的外部效度，但由于难以控制外部变量，内部效度较低。有时研究者很难把握研究的结论是否成立。

（2）伦理道德方面的考虑在现场实验中也经常面临到，例如要研究媒介接触对人的现代化程度的影响，就不可能设置一个控制组让他们为了研究而长期不接触媒介。

（3）在实验的执行过程中，现场实验常遇到许多的阻碍。例如，研究对象的不合作，或者在进行实地实验之前，要花费很多时间与研究对象接触和沟通，等等，使得一项实验往往需要较长的时间才能完成。

第三章　媒介调查资料的分析

　　定量的调查不管以哪种调查方式收集的资料，都要有一个数据统计分析的过程。根据统计分析的结果，才能知道研究假设是否得到了证实，才能得出有价值的研究结论。对于一份调查资料，采用哪种分析方法、如何进行分析，应该在研究的设计阶段就已经做出了计划。在调查结束以及数据录入、查错完毕后，就可以按照数据分析计划进行分析了。

　　在媒介调查研究中，可以用到的统计分析方法有很多，包括简单的统计分析和复杂的多元统计分析。本书只对常用的简单统计分析方法进行介绍，至于多元统计分析，请查阅其他相关书籍，如柯惠新等编著的《传播统计学》。统计分析一般都是借助于专门的软件进行，如常用的 SPSS 和 SAS 系统等。本章将初步介绍一些统计分析的原理和方法，并在第四节介绍如何运用 SPSS 软件进行简单的统计分析。

第一节　资料的统计描述

　　对调查数据进行统计分析的第一步工作，应该是对所获得资料的情况进行初步的整理和展现，这对于帮助研究者发现变量之间的关系是很有利的；同时，对数据的描述本身也是非常有意义的统计结果。

　　几乎所有的数据资料都是以关系型数据库的形式存放的，每个字段相当于问卷中的一个变量，每个记录相当于一个样本。对数据进行统计描述的做法常常是计算一些对表示数据有用的统计量、制作一些统计表格或统计图等。

一、常用统计量

在描述一个变量的取值情况时，常用到"分布"这个词，这个概念应该并不陌生。它主要是反映变量取值的变化情况以及取每个值的样本个数等信息。例如，在一项媒介调查中，得到了表 3—1 的统计结果。

表 3—1　　　　　　被访者收看电视的主要目的（多选，不限选项）

请问您收看电视的主要目的是什么？（多选）	频数（人）	比　例
1. 了解时事	273	68.3%
2. 了解政府的政策	173	43.3%
3. 了解本行业的动态	120	30.0%
4. 了解商品信息	120	30.0%
5. 学习各种知识	188	47.0%
6. 增长见闻	219	54.8%
7. 娱乐消遣	250	62.5%
8. 借鉴别人成功经验	107	26.8%
9. 追求艺术享受	142	35.5%
10. 消磨时间	118	29.5%
11. 其他	1	0.3%

注：此调查结果来自一个配额抽样样本，被访者都是年龄在 18～42 岁的北京城区白领观众。

表 3—1 就反映了被访者所作选项的分布情况。例如，从该表中可以看出，被访者看电视的最主要目的是"了解时事"，因为它所占的比例最多（68.3%）；其次是"娱乐消遣"，等等。

在描述变量的分布时，离不开统计量。所谓统计量，是描述样本情况的一些数字，它们是根据样本的取值计算出来的。表 3—1 中已经出现了两种统计量：频数和比例。

下面我们就介绍一些常用的统计量。

（一）频数和比例

在整理一组资料时，通常最先做的事情之一就是统计某变量的每一个值出现了多少次。这就是频数。频数常用 f 表示，它是指样本中对某变量具有相同的变量值的个案数。通常把该变量的每一个取值以及取各个值的频数列成一张表格，叫频数表。表3—1就是一张频数表。

在很多时候，比例（百分比或比率）通常比频数更有表现力，因为比例还反映了和样本量有关的信息。比如我们听到"有273人看电视的主要目的是了解时事"的说法，就不如听到"有68.3％的人看电视的主要目的是了解时事"这一说法更好。因此在频数表中，常常同时列出频数和比例两个统计量，甚至有很多频数表只列出比例而不列出频数。比例的计算方法是：

比例 $P = f / n \times 100\%$

式中，f表示某一频数，n表示样本量或某一类别的子样本数。

频数虽然简单，但它却能直接地反映某一现象的数量多少。不同的频数不仅对某一现象的特征及其规律提供了一个最基本、最初步的定量认识，而且也为深入分析和研究这一现象复杂的数量关系提供了比较和计算的依据。

（二）均值、中位数和众数

这三个统计量都是用来描述分布的中心，即揭示变量取值的集中趋势。

1. 均值（Mean）

均值是最普遍使用的中心趋势度量。计算变量X的一组观测值 X_1，X_2，…，X_n 的平均数，只要把每个样本的取值全部加起来，再除以样本的个数n即可。用 $\overline{X}$ 表示平均数，则有：

$$\overline{X} = \frac{1}{n}\sum_{i=1}^{n}X_i = \frac{X_1 + X_2 + \cdots + X_n}{n}$$

式中的符号 $\sum$ 表示将所有的 X_i（i = 1，2，…，n）累加的意思。注意，只有当变量X是定距变量或定比变量时，计算均值才有意义；如果变量是定序或定类变量，则需要用中位数或众数表现其中心趋势。

2. 中位数（Median）

中位数是描述定序变量分布中心趋势的一种典型的度量，不过有时也用它来表示定距变量或定比变量的中心。中位数是"最中间的数"，也就是说，要找到一个数，使得有一半的观测值比它小，一半比它大。这个数就是中位数，用M表示。寻找中位数的步骤如下：

（1）将所有n个样本观测值按由小到大的顺序排列。

(2) 如果观测值的个数为奇数，中位数 M 就是排序后最中间的观测值。要找到中位数的位置，只要从头数起，数到第(n+1)/2个位置即可。

(3) 如果观测值的个数为偶数，中位数 M 就是排序后最中间的两个观测值的平均。要找到这两个数的位置，也是从头数起，数到第 n/2 个和第 (n/2) +1 个位置即可。

例如，假设下列一组数据是一个定序变量的取值：

18、25、16、12、37、23、28、15

其中位数的计算过程：① 首先将这 8 个数从小到大排序为：12、15、16、18、23、25、28、37。② 因为观测值的个数是偶数 8，中间位置的第 4 个和第 5 个数分别是 18 和 23，因此中位数是 M = (18 + 23)/2 = 20.5，8 个观测值中各有 4 个分别小于和大于这个个数。

中位数不适合于定类变量，因为中位数的定义依赖于数据的大小顺序。

3. 众数（Mode）

众数常用来表示定类变量的一组取值中出现次数最多的值，这个值也可能是用文字表示的类别或代码，有时其他度量尺度的变量也用众数去表示。众数只是记录发生最频繁的值，这个值可能离分布的平均数或中位数很远；众数也可能不止一个。众数很容易求得，一般一组取值中频数或比例最大的取值就是众数。例如，在表 3—1 中，可以很快看出，收看电视主要目的的众数就是"1. 了解时事"。

（三）极差、四分位数差、方差和标准差

这几个统计量是描述变量分布的离散趋势的，即反映数据的散布情况的。它们常常和均值、中位数、众数配合使用，共同对变量的分布进行描述。

1. 极差（Range）

描述分布离散程度的最简单方法就是找出样本观测值的最大值和最小值，这两个数表示了数据的分布范围，称它们的差为极差。即：

极差 R ＝ 最大值－最小值

虽然极差一般情况下可以反映数据的分布范围，但是没有给出关于分布中间部分如何变化的任何信息；而且最大值和最小值也有可能是远离其他观测值的特殊值，不能反映大部分数据的分布范围。因此极差是不可靠的，一般不常用。

2. 四分位数差 (Inter-Quartile Range)

将全部样本观测值按从小到大的顺序排列，用三个数将观测值分成四部分，每一部分都包含 25% 的数据，这三个数就分别叫做第一四分位数（也叫第 25 百分位数）、第二四分位数（第 50 百分位数）和第三四分位数（第 75 百分位数），分别记作 Q_1、Q_2 和 Q_3。显然，第二四分位数 Q_2 就是中位数。有 25% 的观测值小于 Q_1；有 25% 的观测值大于 Q_3；Q_1 和 Q_3 给出了中间一半数据的范围。

利用找中位数的方法，就可以计算四分位数 Q_1 和 Q_3。步骤如下：

(1) 将观测值按从小到大的顺序排列，找出中位数 M，即第二四分位数 Q_2。

(2) 找出中位数左边所有观测值的中位数，得到第一四分位数 Q_1。

(3) 找出中位数右边所有观测值的中位数，得到第三四分位数 Q_3。

四分位数差就是 Q_1 和 Q_3 之间的距离：

$$IQR = Q_3 - Q_1$$

四分位数差克服极差易受到两端特殊值影响的缺点，是描述定序变量分布常用的统计量。

3. 方差 (Variance) 和标准差 (Standard Deviation)

对于定距变量和定比变量，描述分布最常用的统计量是均值和标准差，前者描述分布的中心，后者描述分布的离散程度。具体来说，标准差 S 表示观测值与平均数相离有多远；方差 S^2 是标准差的平方。它们具体的计算方法如下：

$$方差 \ S^2 = \frac{1}{(n-1)} \sum (X - \overline{X})^2$$

$$= \frac{(X_1 - \overline{X})^2 + (X_2 - \overline{X})^2 + \cdots + (X_n - \overline{X})^2}{n-1}$$

$$标准差 \ S = \sqrt{S^2}$$

计算方差时所用的除数 (n−1) 常常被叫做自由度 (df —degrees of freedom)。

方差或标准差的大小体现了观测值分布的离散程度：标准差越大，观测值的分布就越偏离分布的中心；反之，分布就越集中。

(四) 斜度和峰度

描述定比或定距变量取值的分布，除了用描述中心和离散程度的统计量外，还常常需要考虑它们的形状。常用的方法是与标准正态分布相比较，标准正态分布是一种铃状的、对称的分布，如图 3—1 所示。

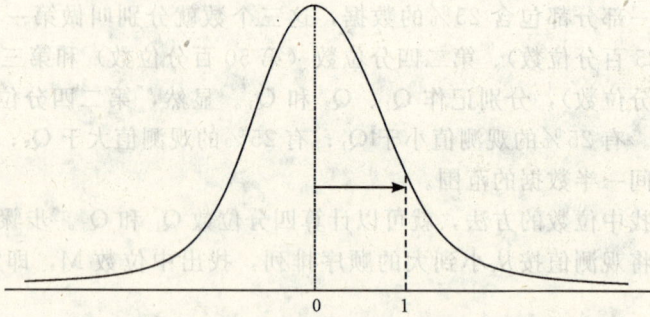

图 3—1　标准正态分布曲线

1. 斜度（skewed）

斜度也叫做偏度。一个分布如果是不对称的，即一端的样本观测值个数多于另一端时，则称该分布为偏斜的。斜度描述分布的偏斜程度和方向：如果分布是对称的，斜度为零；如果观测值集中在左侧，分布的右侧有一个长尾巴，则称正偏，斜度为正值；如果观测值偏向右边，左侧有一个长尾巴，则称负偏，斜度为负值；斜度的绝对值越大，偏斜程度也越大。图 3—2 给出了正偏和负偏的示意图。

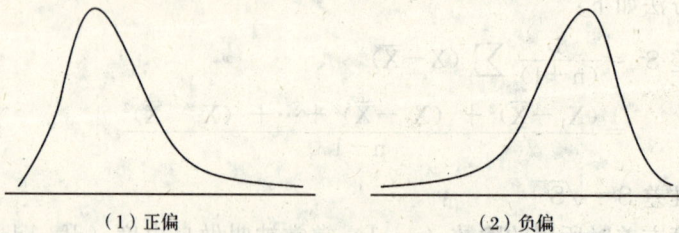

（1）正偏　　　　　　　　　　（2）负偏

图 3—2　分布的斜度

当分布接近正态分布时，根据标准差的大小，可以计算出观测值落入某个范围的比例有多大等信息，但如果分布和正态分布偏离较远或根本不是正态分布，计算就会不准确。因此，斜度实际上也是评价标准差准确性的一个度量。

2. 峰度（kurtosis）

分布形状的另一特征用峰度来表示。峰度描述观测值聚集在中心的程度：如果观测值的中心聚集度与标准正态分布相同，或分布的形状与标准正态曲线的形状相同，则峰度为零；如果聚集度大于标准正态分布，即分布比标准正态曲线更陡峭，峰度为正；如果聚集度小于正态分布，即分布比标准正态曲线更扁平，峰度为负。图3—3给出了正峰度和负峰度的示意图。

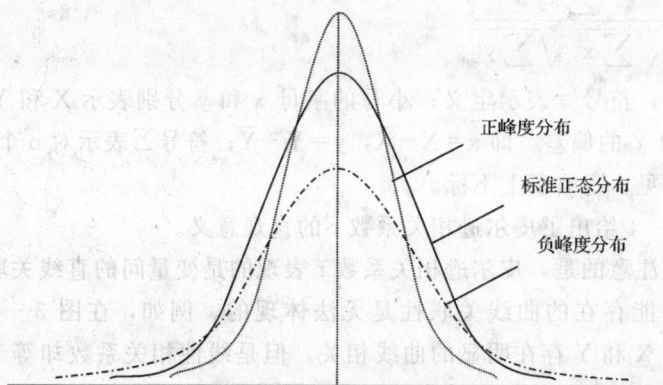

正峰度分布

标准正态分布

负峰度分布

图3—3 分布的峰度

（五）相关系数

变量间的关系是媒介调查研究中十分关注的问题，例如实验法就是专门研究变量间关系的。在描述统计中，也常常考察变量间的相关关系，描述相关关系的统计量叫做相关系数（correlation coefficient）。

对于两个变量，如果随着变量 X 的增大，变量 Y 的值也同时出现增大或减小的趋势；反过来，随着变量 Y 的增大，变量 X 的值也同时出现增大或减小的趋势，则称变量 X 和 Y 之间存在相关关系。

不过，统计中所指的变量间的相关性或变大变小趋势，不同于数学中所表现的那种准确的数量关系，统计中的相关关系一般指的是在"平均来说"意义上的关系，就某些个体来说，可能并不具有这种规律性。

描述两个变量之间相关关系最常用的统计量是皮尔逊相关系数 r，也叫积距相关系数，它适用于两个变量是定距变量或定比变量的情况，描述了两个变量之间的线性相关关系。

对于两个变量 X 和 Y，如果这两个变量之一的值较大时，另一个变量的值也往往比较大；或另一个变量的值往往反而比较小，则这两个变量有线性相关关系（简称相关）。在前一种情况，称 X 和 Y 为正相关；后一种情况为负相关。

设变量 X 和 Y 共有 n 对观测值 (X_1, Y_1)、(X_2, Y_2)、…、(X_n, Y_n)，那么 X 和 Y 观测值之间相关系数 r 的计算方法是：

$$r \equiv \frac{\sum xy}{\sqrt{\sum x^2}\sqrt{\sum y^2}}$$

式中，符号≡表示定义；小写的字母 x 和 y 分别表示 X 和 Y 与其平均数 $\overline{X}$ 和 $\overline{Y}$ 的偏差，即 $x = X - \overline{X}$，$y = Y - \overline{Y}$；符号$\sum$表示对 n 个数求和，为简化起见，省略了上下标。

图 3—4 给出了皮尔逊相关系数 r 的直观意义。

应当注意的是，皮尔逊相关系数 r 表现的是变量间的直线关联性，而变量间可能存在的曲线关联性是无法体现的。例如，在图 3—4 的（6）中，尽管 X 和 Y 存在明显的曲线相关，但是线性相关系数却等于零。在实际应用中，最好的方法是先对两个变量做类似这样的图，从图中看出变量间的关联趋势，再决定是否采用皮尔逊相关系数 r 描述其关联性。

二、单变量的统计描述

单变量的统计描述是统计分析中最简单的部分，主要是描述其分布情况。下面主要介绍只针对一个变量进行分布描述的主要方法。对一个变量的描述，除了借助上述的统计量之外，更多的是借助一些统计图增强视觉效果。

（一）饼形图

对于定类变量来说，它们只是把不同的选择进行分类，如果要把它的分布用图表示，可以用饼形图（pie chart）。饼形图又叫饼图，是把一个圆饼分割成几个部分，每一部分面积代表相应类的比例大小。饼形图可以显示一个整体分成了怎样的几个部分。因为各部分的面积之和是 100%，所以饼形图只能用来表现单选变量的百分数。饼形图可以是平面的，也可

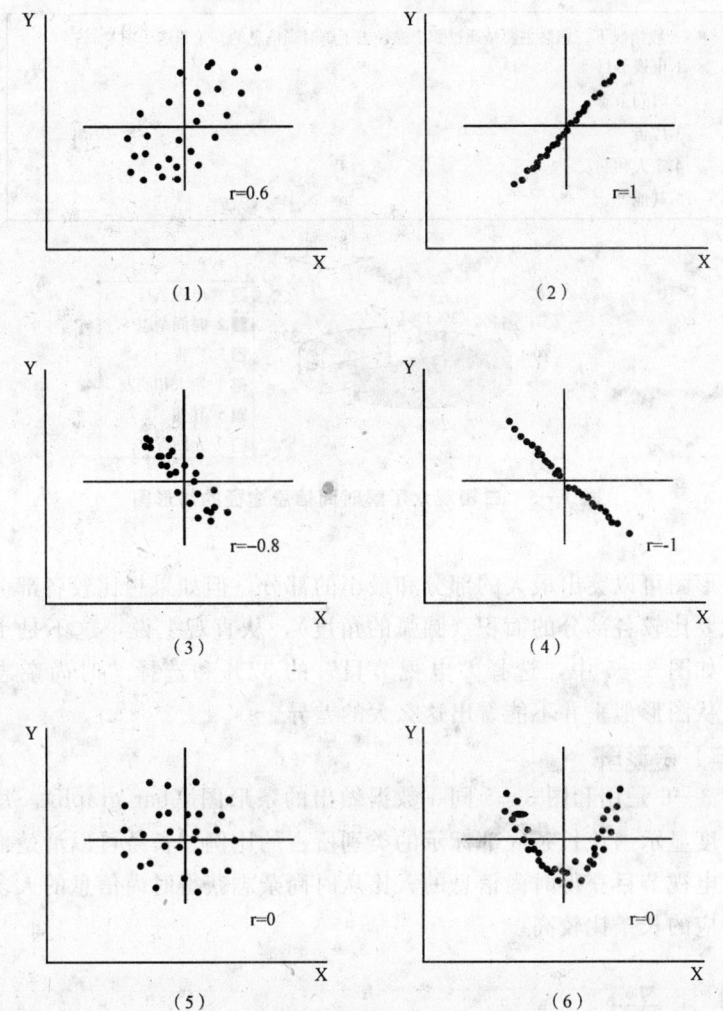

图3—4　相关系数 r 的直观意义

以是立体的，也可以突出表现某一个取值的比例。不过一般情况下，不能将圆饼分成太多的部分。例如，图 3—5 是一个饼形图的例子。①

---

① 注意：此调查结果来自一个配额抽样样本，被访者都是年龄在 18～42 岁的北京城区白领观众。

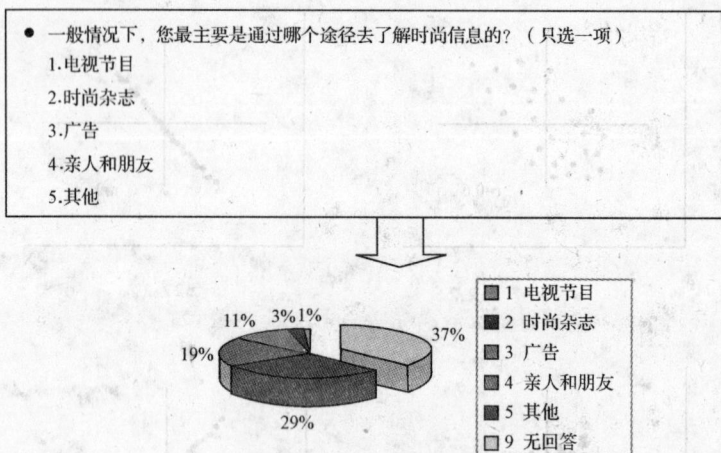

　一般情况下，您最主要是通过哪个途径去了解时尚信息的？（只选一项）

　　1.电视节目

　　2.时尚杂志

　　3.广告

　　4.亲人和朋友

　　5.其他

图 3—5　白领观众了解时尚信息途径的饼形图

　　饼形图可以突出最大的部分和最小的部分，但如果想比较各部分的大小，就要比较各部分的面积（圆弧的角度），从直观上说，这不是十分方便的。如图 3—5 中，选择"电视节目"的 37％ 和选择"时尚杂志"的 29％，从图形似乎并不能看出这么大的差异。

（二）条形图

　　图 3—6 是用和图 3—5 同一数据做出的条形图（bar graph）。每个长条的高度显示出该长条底部标示的类别所占的比例。长条可以清楚地显示出：从电视节目获得时尚信息的人比从时尚杂志获得时尚信息的人多，因为它对应的长条比较高。

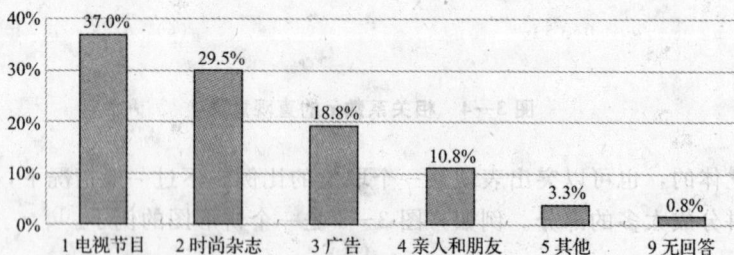

图 3—6　白领观众了解时尚信息途径的条形图

饼形图和条形图是描述定性类型变量分布情况的较好工具。相比之下，饼形图更强调各部分的比例和整体的关系，而条形图更强调各部分彼此之间数量大小的比较。当条形图的类目较多时，为了篇幅和美观，可以将条形图做成横条。

此外，条形图还可以比较数值型变量的均值（见图3—7）、表现多选变量的比例（见图3—8），因为并不要求每个长条代表的比例之和等于100%；条形图的最大优势是可以表现一个变量在当另一个变量取不同值时的分布情况，这一点将在稍后的内容中进行讲解。饼形图只能以比例为依据进行做图，而条形图则可以直接用频数进行做图，比如图3—6也可以做成用频数表示的形式，而图的形状不变。

• 关于"名人引导时尚"的有关说法，您怎么看？用1~4的数字表示。

	1. 非常 不同意	2. 有些 不同意	3. 有些 同意	4. 非常 同意
1. 商业成功人士、歌星、模特等，不同领域 　的名人引导的是不同的时尚，不能错位	1	2	3	4
2. 名人的生活本身就是一种时尚	1	2	3	4
3. 名人做广告，引导了一种时尚	1	2	3	4
4. 名人做的广告，对我没有什么影响	1	2	3	4
5. 大家都认可的名人，的确能引导时尚	1	2	3	4
6. 有的名人，反倒会对节目产生负面的影响	1	2	3	4

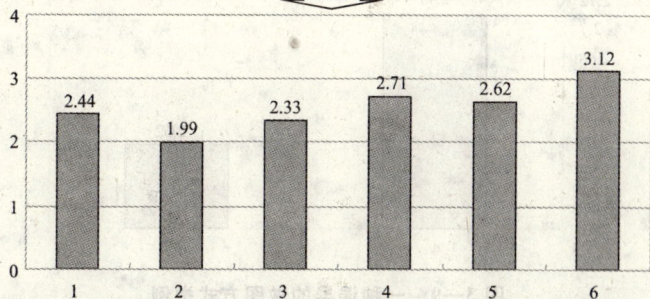

图3—7　白领观众对"名人引导时尚"有关说法的评价（均值）

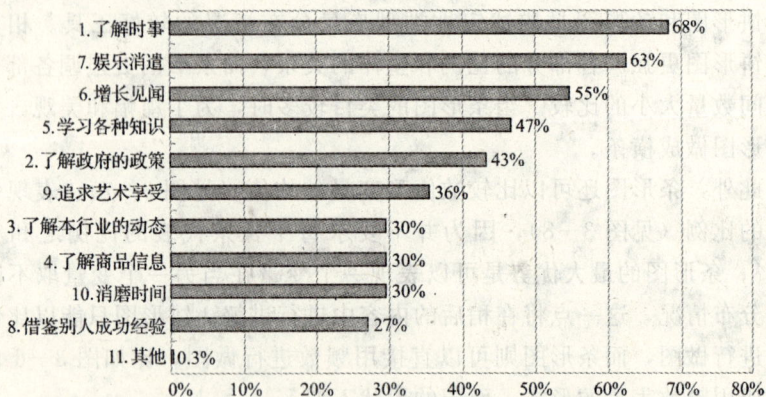

图3—8   白领观众看电视的主要目的（多选结果）

做横条的条形图一般都是因为类目较多，为了看图方便，做图时可以先按比例的大小将这些类目进行排序，否则做出的图形将会显得比较凌乱。

不管是竖条还是横条的条形图，都是一个坐标轴标明分类的类目，另一个坐标轴标明刻度。有时刻度的大小也会影响人们从图中取得正确的信息，比如图3—7中所示的对第4种说法和对第5种说法的评价（分别是2.71、2.62）差别本来是很小的，但如果按照图3—9的做图方式，这种差别就被放大到产生误导的程度了。

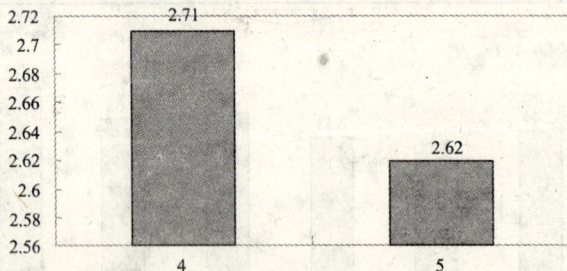

图3—9   一种误导的做图方式举例

图3—9会产生误导是因为把刻度设置得过小，放大了微小的差别。做图时刻度究竟取多大合适，最好是根据假设检验的结果是否要展示这个

差距决定，不过有经验的做图者是可以控制得很好的。如何真实地用图形反映数据所要传达的信息，对做图者来说，是要从多方面加以注意的问题；对于看图者来说，注意不要只看图形的表面状况，要有一点质疑的态度，避免蹩脚的做图对自己产生误导。

（三）折线图

折线图（line graphs）可以显示出变量随时间所产生的变化及变化的趋势，时间刻度标示在横轴上，变量的刻度放在纵轴上。图3—10显示了历次中国互联网络发展状况调查中我国上网用户总数的变化情况。可以看出，我国上网用户呈逐年上升趋势，而且增加的幅度也比较大。图3—11则显示了一天不同时间网民上网的比例，可以看出，晚上8点到10点之间是互联网的黄金时间。

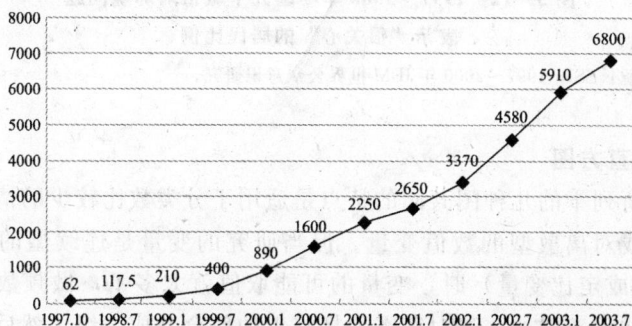

图3—10 我国上网用户总数变化情况（单位：万人）

数据来源：中国互联网信息中心 CNNIC，2003 年

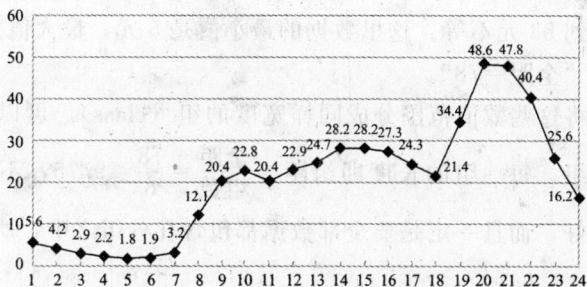

图3—11 在一天的不同时间使用互联网的网民比例（％）

数据来源：中国互联网信息中心 CNNIC，2003 年。

　　由于折线图表现的是一种变化的趋势，可以给人以强烈的视觉效果，在做图时就更要注意正确地表现资料的真实信息，尤其要注意刻度的合理性和分类轴间隔的宽窄。比较一下图 3—12 中的两张图，它们是根据同一数据做出的，在视觉上却有着不同的效果。

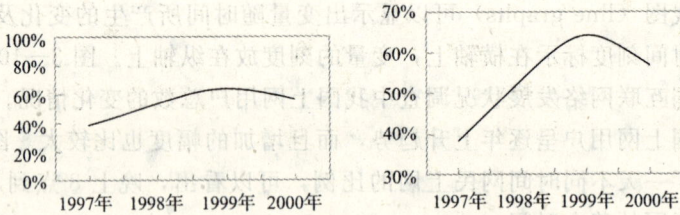

图 3—12　1997～2000 年中国九个城市对环境问题
表示"很关心"的居民比例

数据来源：SSI，1997～2000 年 IEM 世界公众意识研究。

（四）直方图

　　上面所列举的几种图共同的特点是适用于分类数比较少的情况，如对定类变量或对离散型的数值变量。但当研究的变量是连续型的数值变量（定距变量或定比变量）时，变量的可能取值就太多了，做频数表有时是不可能的或无意义的。这时就需要把临近的值合并成一组，然后就以每组的中间值分类画出分布图，这样做出的表现连续型数值变量分布的图形叫做直方图（histogram）。

　　假设我们从 200 个订阅报刊的人中获得了他们平均每月订阅报刊的花费，从 5 元到 83 元不等。这里数据的最小值是 5 元，最大值是 83 元，可以说数据的"全距＝78"。

　　首先是将这些数值范围分成同样宽度的组（class）。可以把 200 个观测值分成 8 组。每一组的长度即组距＝$\dfrac{\text{全距}}{\text{组数}}=\dfrac{78}{8}=9.75$，不过组距一般取整数比较好，而且一定是要全部数据都包含在各组之中，所以这里组距取 10。

　　确定了组数和组距，接下来是确定每组的组限（下限和上限）以及组中值。比如第一组的组限是 5 和 15，组中值＝$\dfrac{\text{下限}＋\text{上限}}{2}=10$，以下各组的组限和组中值只要分别累加组距 10 即可得到，比如第二组的下限、上限和组中值分别为 15、25、20。

至于如何分组并没有绝对的标准，组数太少会造成所有值都集中在少数几个组里的现象，而分组太多又会造成很多组只有少数几个观测值甚至没有观测值的结果，这两种选择都不能有效描绘出分布的形状。要展示出分布的形状，最好是根据数据的实际情况选择合适的组数，组数通常在 5～15 组之间比较合适，而且组距和组中值最好都是整数。

分组之后，就可以统计观测值落入每组的频数，注意每个具体的数据应该归入也只能归入一个组。由于每组的上限和下一组的下限是相同的，因此要事先约定各组中的上限（或下限）属于哪一组。这里我们规定每组的上限不属于该组。分组后每组的频数和相对频率如表 3—2 所示。

表 3—2　　　　　200 名居民平均每月订阅报刊花费钱数的频数分布表　　　单位：元

组（下、上）限	组中值	频数（f）	比例（f / n）
5～15	10	12	0.06
15～25	20	42	0.21
25～35	30	56	0.28
35～45	40	39	0.195
45～55	50	24	0.12
55～65	60	15	0.075
65～75	70	8	0.04
75～85	80	4	0.02
总　计		200	1.00

然后，就可以把频数的分布以直方图的形式表示出来，将横轴按对应的组限来划分，用长条的高度表示频数或相对频率，长条的底部覆盖该组的范围，长条之间不应有空隙。图 3—13 就是根据这 200 名居民平均每月订阅报刊花费的钱数作出的直方图。

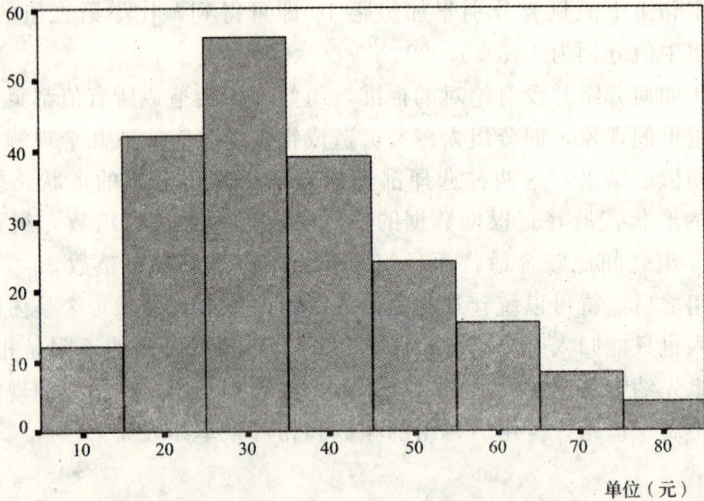

图 3—13　200 名居民平均每月订阅报刊花费钱数的直方图

　　直方图和条形图看起来很相似，不同之处在于直方图的底部刻度都间隔相同的单位数，而条形图底部没有真正的刻度；条形图的宽度是没有意义的，而直方图的宽度涵盖了一组变量的值；直方图中的长条互相连接，因为整个图的底部必须涵盖变量的所有取值。

　　从直方图中，就可以大致地看出该数值型变量的分布状况，包括分布的中心和离散程度，以及分布是否对称。我们刚刚已经提到过统计学最常用的一类分布——正态分布，它描述了大部分随机变量的分布状态。如果某一个变量的取值近似服从正态分布，从直方图长条高度的变化趋势上就可以近似看出正态变化的可能情形，比如本例中可以看出这 200 名居民订阅报刊所花费的钱数近似服从正态分布，但分布有些正偏。也有很多时候就直接把拟合的正态曲线附到直方图上，如图 3—14 所示。

　　（五）茎叶图

　　直方图并不是展现分布的惟一方法。当数据规模较小时，可以用茎叶图来描述，从茎叶图（stemplot 或 stem-and-leaf）中可以得到比直方图更多的信息。

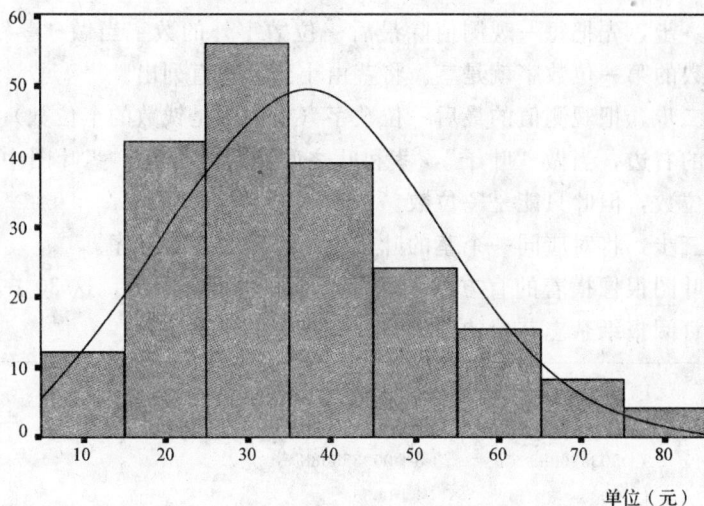

图 3—14　200 名居民平均每月订阅报刊花费钱数的
直方图（带正态拟合曲线）

假设现在知道 30 户报刊订户平均每月订阅报刊花费的钱数，如表 3—3 中所列，下面就做出这 30 户订户平均每月订阅报纸杂志花费钱数的茎叶图（见图 3—15）。

表 3—3　　　　　30 户报刊订户平均每月订阅报刊花费的钱数

户编号	钱数（元）	户编号	钱数（元）	户编号	钱数（元）
1	22	11	35	21	30
2	27	12	50	22	20
3	35	13	16	23	25
4	25	14	40	24	38
5	18	15	25	25	29
6	30	16	50	26	45
7	45	17	38	27	19
8	33	18	24	28	25
9	20	19	40	29	33
10	27	20	36	30	24

　　第一步，先把每一观测值除最后一位数字外的数字当做"茎"，本例中，钱数的第一位数字就是茎。将茎由小到大垂直列出。

　　第二步，把观测值的最后一位数字（本例中是钱数的个位数）写在对应的茎的右边，当做"叶子"，茎和叶之间用竖线分开。茎叶图中，茎可以是多位数，但叶只能是一位数。

　　第三步，将对应同一个茎的叶子，由小到大进行排序。

　　茎叶图很像横着的直方图。从图3—15中可以看出，这30户订户平均每月订阅报纸杂志花费的钱数大致呈正偏的正态分布。

1	1 | 869	1 | 689
2	2 | 275075405954	2 | 002445555779
3	3 | 503586083	3 | 003355688
4	4 | 5005	4 | 0055
5	5 | 00	5 | 00

图3—15　30户订户平均每月订阅报纸杂志花费钱数的茎叶图

　　茎叶图的主要优点是保留原始的观测值。可以看出，在这30户订户中花费钱数最少的是16元，最多的是50元，而这些信息从直方图上是看不到的。

　　茎叶图规定用除了最后一位的其他数字当做茎，等于自动选择了组距，不过这样有可能不能有效描述分布的情况，如果组数加倍可以画出更好的图，则可以把茎再细分。比如现在有另外的353户订户平均每月花费的钱数，用SPSS可画出如图3—16所示的茎叶图。

　　图3—16的茎叶图左侧一列给出了频数，即每个茎对应的叶的总数，其中钱数大于41元的人有19户，SPSS把它们作为极端值一起列出，这些值分布在正态曲线右端很远的地方，当考虑分布的一般形态时，一般要排除这些极端值。图中列出的茎的宽度（Stem width）指的就是分组的组距，这里每两个年龄值分为一组，因此组距是2。当叶太多时，如果一一都画出会导致图形过大，这时可以用一个叶子代表不止一个的个案，比如图3—16中，一个叶子就代表取值相同的两个个案［Each leaf：2 case(s)］，而 & 符号代表半片叶子（只有一个个案）。

订户平均每月订阅报刊花费的钱数 Stem-and-Leaf Plot

Frequency	Stem &	Leaf
1.00	1.	&
2.00	1.	&
21.00	1.	8888899999
31.00	2.	000000011111111
69.00	2.	2222222222222222233333333333333333
59.00	2.	4444444444444444455555555555555
38.00	2.	666666666667777777
33.00	2.	8888888889999999
29.00	3.	00000001111111
12.00	3.	223333
17.00	3.	44444455
13.00	3.	666777
5.00	3.	88&
4.00	4.	00
19.00 Extremes		(≥41)

Stem width：2

Each leaf：　　　　　2case（s）

& denotes fractional leaves.

图 3—16　353 户订户平均每月订阅报刊花费钱数的茎叶图

（六）盒形图

在本节讲四分位数差的同时提到了第一四分位数、第二四分位数（中位数）、第三四分位数。这三个数加上数据的最小值和最大值，形成了一种五数综合的排列：最小值、第一四分位数、中位数、第三四分位数、最大值。

根据分布的五数综合，可画出盒形图（box plot），这是一种常用的表现数值型变量分布的图形。例如，把表 3—3 中的数据从小到大进行排序：

16　18　19　20　20　22　24　24　25　25　25　25　27　27　29
30　30　33　33　35　35　36　38　38　40　40　45　45　50　50

可以得知这 30 户订户平均每月订阅报刊花费钱数的最小值、第一四分位数、中位数、第三四分位数、最大值分别为 16、24、29.5、38 和

50。根据这些数字做出如图 3—17 所示的盒形图。

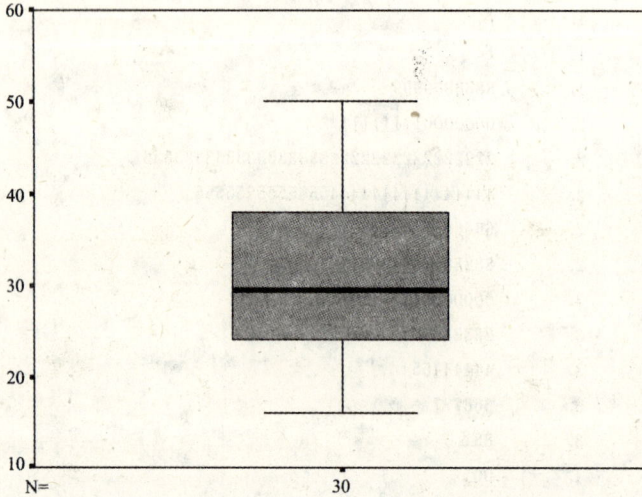

图 3—17　30 户订户平均每月订阅报刊花费钱数的盒形图

　　单个变量的盒形图横轴没有用处，纵轴代表变量的取值范围。盒形的中间有一条粗线，是中位数的位置，盒子上边线是分布的四分之三分位数，下边线是分布的四分之一分位数，盒子上下边线包含了分布的中间50％的观测。盒子的长度就是四分位差，可以反映数据分布的分散程度。从盒子边线向外画了两条线叫做触须线，最长可以延伸到四分位差的 1.5倍，但是如果已经到了数据的最小值或最大值处就不再延伸。如果触须线没有达到数据的极端值，则这些数据点用触须线以外的点来画出，一般认为这样的点是异常点。从盒形图可以看出数据的偏斜情况，比如我们看到盒子的下半部比上半部短，而且下触须线比上触须线短，说明分布正偏。

　　盒形图不能像直方图和茎叶图那样给出分布的具体形状，因此盒形图不适于描述单个的分布。但是需要比较几个分布时，将对应的盒形图画在一起比较是很有效的，可以十分直观地比较不同的分布。例如，假定研究者为了比较电视和广播在不同时间段内播出的广告效果，从上午、中午、下午和晚上的电视和广播广告中抽取 30 个电视广告、20 个广播广告，并通过一定的手段测量了这 50 个广告达到的效果的得分，用 100 分制表示。现在研究者想要知道电视广告和广播广告效果的差异，这时就可以以"媒体"这一变量为分类变量做出广告效果得分的盒形图，如图3—18所示。

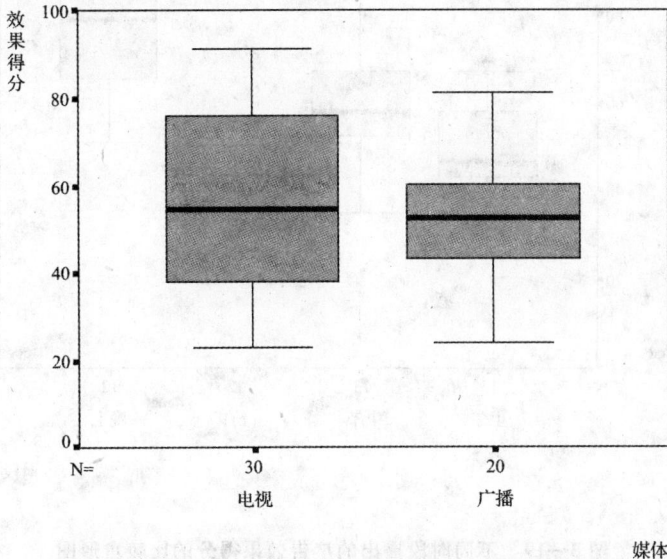

图3—18　电视广告和广播广告效果得分的比较盒形图

这种并排的盒形图把不同的分布在同一张图上表现出来，从而可以方便地比较这些分布的状况。从图3—18中可以看出，平均来说电视广告比广播广告的效果好，因为电视广告效果的中位数比广播广告效果得分的中位数高一些，不过电视广告效果得分的离散程度非常大，有的广告收到了很差的效果，有的广告则收到了很好的效果，这从盒子的高度（代表四分位差）可以看出来，广播广告的效果相对比较稳定。

　　研究者还想知道不同时段播出的广告效果差异，就要用"时段"为分类变量作出盒形图，如图3—19所示。

　　从图3—19中可以看出，不同时段播出的广告效果差异很大。平均来说，晚上播出的广告效果远远好于其他时段，不过并不是每个晚上播出的广告都收到了很好的效果（离散程度也比较大），其次是中午、上午的广告效果较好，而下午播出的广告收到的效果最差。

　　当然，如果要进一步比较不同媒体广告在不同时段的效果，可以同时以"媒体"和"时段"为分类变量作盒形图，这样每张图上就会有8个盒子了。

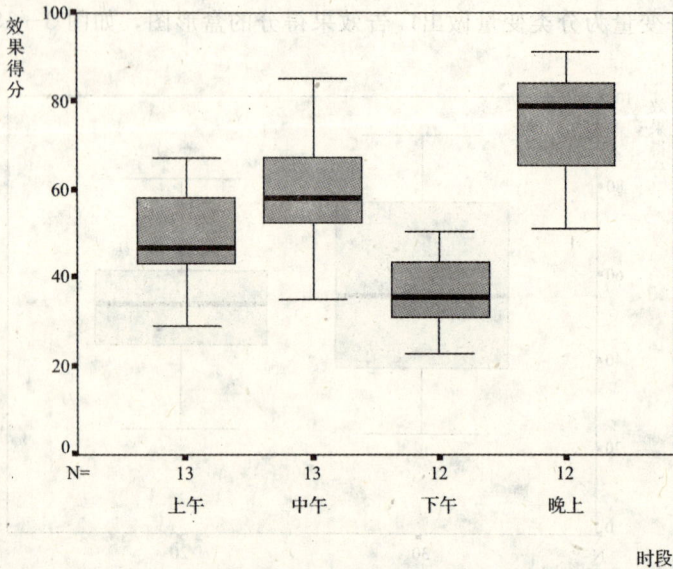

图 3—19　不同时段播出的广告效果得分的比较盒形图

　　总的来说，对于单一变量的统计描述，首先可以作频数表；要借助图形展示的话，对于定类变量，可以采用饼形图、条形图和折线图；而对于数值类型变量，常常需要借助直方图、茎叶图和盒形图来展示它的分布形态。

三、两个变量的统计描述

　　在描述单变量分布的基础上，还可以进一步描述一些变量之间的关联关系。常用的方法是作交互表、条形图、散点图、计算相关系数等。

（一）交互表

　　当表现两个定类变量的关联关系时，可以根据用做分类的变量，考察另一个变量的频数和比例这两个统计量。这样的表在统计学中称为交互表（cross-tables）或者二维列联表（contingency tables）。在数据分析中，交互表也是最常用的描述变量分布和关系的主要方式之一。例如，表 3—4就是为了反映白领观众平时和周末晚上 8：30～9：30 所看电视节目不同之处所制作的交互表。①

• 平时晚上 8：30～9：30 之间，您最可能看什么类型的节目？（只选一项）
  1. 电视剧　　2. 综艺节目　　3. 新闻类节目　　4. 专题报道
  5. 时尚类节目　6. 经济类节目　7. 科教类节目　8. 其他
• 周末晚上 8：30～9：30 之间，您最可能看什么类型的节目？（只选一项）
  1. 电视剧　　2. 综艺节目　　3. 新闻类节目　　4. 专题报道
  5. 时尚类节目　6. 经济类节目　7. 科教类节目　8. 其他

表 3—4	平时和周末白领观众最可能看的电视节目	
	平时晚上	周末晚上
1. 电视剧	30%	21%
2. 综艺节目	20%	36%
3. 新闻类节目	19%	11%
4. 时尚类节目	11%	15%
5. 经济类节目	8%	4%
6. 专题报道	6%	7%
7. 科教类节目	1%	2%
8. 其他	5%	4%

　　表 3—4 中出现的是不同类别的百分比，每一个百分比是基于相同的样本量去进行计算的。可以看出，平时晚上和周末晚上白领可能看的节目是有一些不同的，例如，平时晚上可能看电视剧的比例高一些，而周末晚上可能看综艺节目的比例高一些。但是比较的效果不够明显，如果借助条形图表现则可以更清楚，稍后将进行说明。

　　交互表还可以表现同一样本中按某一个变量分类后各类的不同之处，例如，表 3—5 是一个模拟的不同性别的人对数字电视感兴趣情况的交互表。

---

　　① 注意：此调查结果来自一个配额抽样样本，被访者都是年龄在 18～42 岁的北京城区白领观众。

表 3—5   男性和女性对数字电视感兴趣情况的交互表

频数	1. 一点不感兴趣	2. 不太感兴趣	3. 有些感兴趣	4. 非常感兴趣
1. 男性	8	12	51	49
2. 女性	13	20	42	35

这张交互表是基于同一样本的两个变量制作的。但是，每个格内出现频数不如出现百分比更有帮助。不过这时面临着选择，以什么为基数计算百分比呢？

交互表中的百分比有两种计算方式：一种是以行合计为基数进行计算，得到的百分比称为行百分比（Row%）；另一种是以列合计为基数计算，得到的百分比称为列百分比（Col%）。这两个百分比究竟哪个更有用，这要根据考察问题的角度来决定。如本例中，假如想要知道不同性别的人中，对数字电视感兴趣的程度，就需要计算行百分比，如男性中，对数字电视非常感兴趣的比例是 49/（8+12+51+49）＝41%；假如想要知道不同兴趣程度的人中，性别是怎样分布的，这时候就需要计算列百分比，如对数字电视非常感兴趣的人中，男性的比例是 49/（49+35）＝58%。行百分比和列百分比只是相对的，一旦把频数表中的两个变量交换位置，行百分比和列百分比表达的含义也跟着产生变化。一般来说，按照自变量（分类变量）的合计计算因变量的各类所占的百分比更有意义。比如本例中，分类变量是性别，因此应计算不同性别的人对数字电视感兴趣的情况，即行百分比，如表 3—6 所示。

表 3—6   男性和女性对数字电视感兴趣情况的交互表

	1. 一点不感兴趣	2. 不太感兴趣	3. 有些感兴趣	4. 非常感兴趣	合　计
1. 男性 Row%	8 6.7%	12 10.0%	51 42.5%	49 40.8%	120 100%
2. 女性 Row%	13 11.8%	20 18.2%	42 38.2%	35 31.8%	110 100%

根据这张交互表就可以比较不同性别（可以把男性和女性分别作为子总体）的人对数字电视感兴趣程度的差异。比如，男性表示"非常感兴

趣"和"有些感兴趣"的比例都高于女性，而女性表示"一点不感兴趣"和"不太感兴趣"的比例都高于男性。这似乎说明了对数字电视感兴趣的程度和性别是有一定关系的。

有时如果需要考察三个变量之间的关联性，则可以做出三维的交互表，即先根据其中一个变量的值进行分类，对每一类都做出另外两个变量的交互表即可。

需要注意的是，如果样本量很小，交互表的格数又很多，可能大部分格内的频数数值都很小，这时就最好不要计算百分比而直接给出频数即可。因为计算百分比本身要求基数不能太小，否则百分比就没有意义。

（二）条形图

刚才已经讲述了可以用条形图展示一个变量的分布。而条形图用得最多的应该是展现两个变量的关系，作图时需根据一个变量的值进行分类作另一个变量的值的分布情况。例如，根据表3—5可以制作如图3—20所示的条形图。

上文已经提到交互表是展现两个变量关联性的最常用形式，但数据表终究不如图形直观明了，而条形图则是展现交互数据的最好方式。

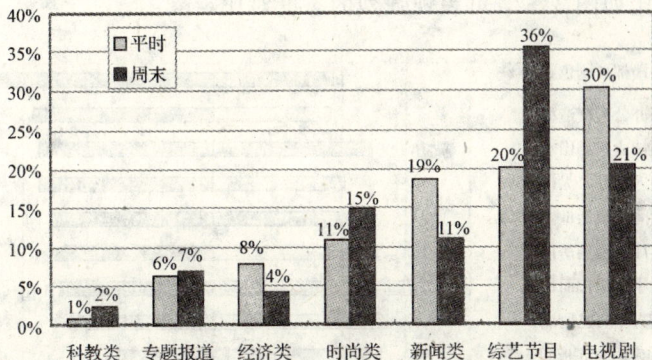

图3—20 白领观众平时晚上和周末晚上可能看的电视节目

从图3—20中可以清楚看出平时晚上和周末晚上白领观众最可能看的电视节目情况，平时主要集中在电视剧，周末主要是综艺节目。

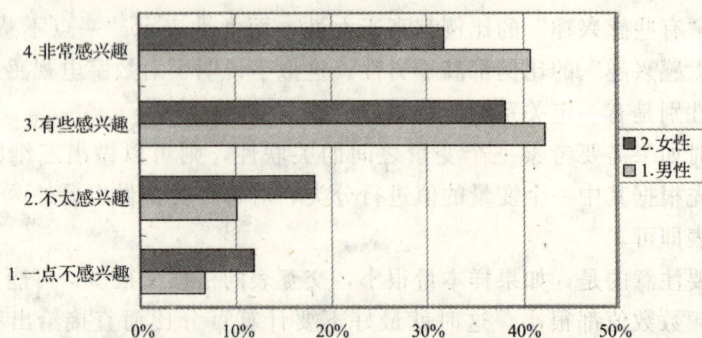

图3—21 男性和女性对数字电视的感兴趣程度

图3—21是根据表3—6中的数据产生的，而比表3—6有更强烈的表现效果。

在表现单一变量分布时，条形图可以根据比例产生，也可以根据频数产生，图的形状不变。而表现两个变量的条形图只能根据比例产生，因为依据分类变量分类后每一类人数不相同，这时比较频数是没有太大意义的，这一点需要十分注意。

条形图还有很多变种的形式，使用时应根据数据的特征来选择最合适的一种，比如图3—22可表现强烈的态度对比。

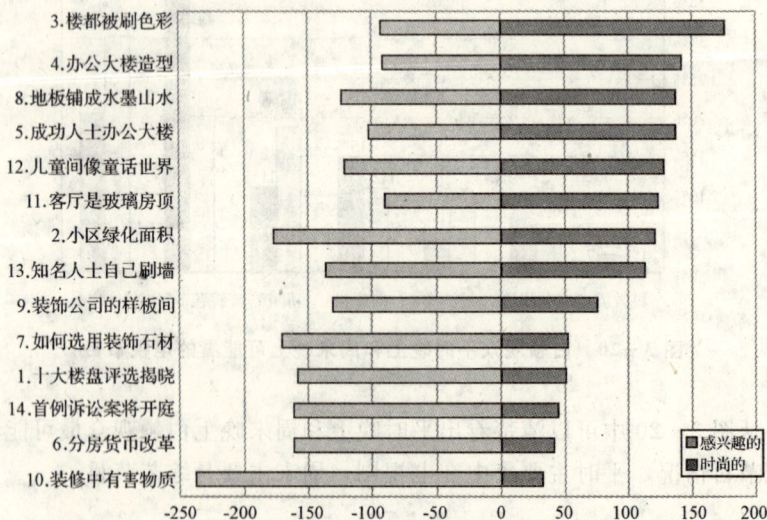

图3—22 白领观众认为时尚的内容和感兴趣的内容之对比条形图

从图 3—22 中可以明显看出：白领观众感兴趣的内容和时尚的内容是明显分为两块的。他们认为时尚的东西却不那么感兴趣，而感兴趣的东西又不认为是时尚的。

（三）散点图

在前面的内容中曾提到，如果不确定两个变量之间是否有线性相关关系时，可以先做出图形，指的就是散点图。

散点图是用两个变量确定一个直角坐标系（自变量放在横轴，因变量放在纵轴），然后把所有的研究个案根据这两个变量的值全部以点的形式表示在该坐标系中而得到图形。这里要求这两个变量必须是定距/定比变量或者定序变量（近似当做定距变量分析时）。

来看一个如何制做散点图的例子。广播、电视和网络广告一般是用千人成本（CPM，Cost per thousand）来度量广告成本。CPM 是指要接触到一千位受众，广告商所需的成本费。表 3—7 列出了 50 个城市的电视广告千人成本（元）和电视机拥有率（%）的模拟数据，要考察这两个指标之间是否存在关联，首先可以做出这两个变量的散点图。

表 3—7　　　　　　　50 个城市的电视广告千人成本和电视机拥有率

城市编号	千人成本	电视机拥有率（%）	城市编号	千人成本	电视机拥有率（%）	城市编号	千人成本	电视机拥有率（%）
1	25	88	18	35	78	35	37	71
2	36	75	19	36	84	36	36	88
3	48	65	20	31	86	37	34	86
4	42	58	21	32	76	38	58	69
5	51	62	22	35	74	39	57	74
6	33	72	23	38	73	40	52	64
7	60	64	24	45	69	41	46	86
8	47	68	25	24	87	42	45	74
9	40	64	26	21	93	43	43	67
10	29	87	27	20	84	44	48	81
11	24	95	28	33	86	45	56	58
12	25	92	29	42	78	46	47	78

城市编号	千人成本	电视机拥有率（％）	城市编号	千人成本	电视机拥有率（％）	城市编号	千人成本	电视机拥有率（％）
13	28	96	30	43	59	47	52	63
14	29	74	31	45	87	48	26	94
15	25	81	32	44	66	49	41	87
16	33	75	33	35	69	50	36	76
17	21	91	34	38				

现在假设电视机拥有率会对电视广告千人成本产生影响，因此自变量是电视机拥有率，在绘制散点图时应该把它放在横轴上。图3—23是最终做出的散点图，图中每一个点代表一个城市。比如，编号为1的城市的电视机拥有率是88、电视广告千人成本是25元，它所在的点就是（88，25）。在横轴上找到88的位置并向上做一条垂线，在纵轴上找到25的位置并向右做一条水平线，这两条线相交之处就是该城市所在的位置。

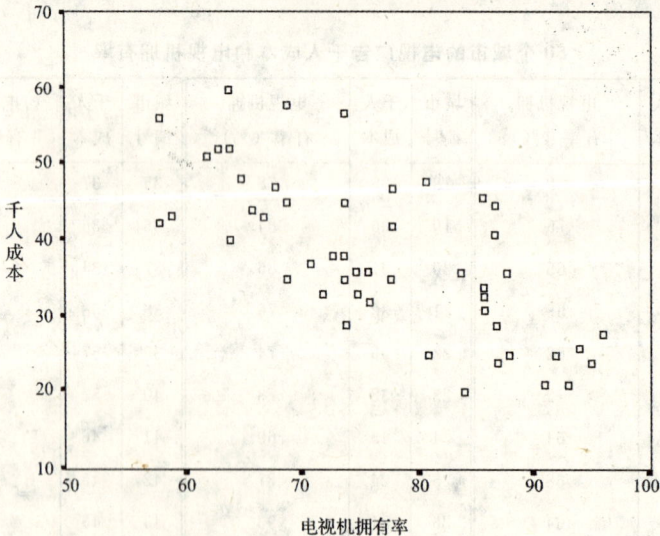

图3—23　电视机拥有率和电视广告千人成本的散点图

从这张散点图中可以看出，电视机拥有率和电视广告千人成本的分布大致呈现某种规律性，即电视机拥有率越高，电视广告的千人成本就越低。

对于两个变量，如果当其中一个变量的值越大时，另一个变量的值也往往越大，我们就称这两个变量正相关；如果当其中一个变量的值越大时，另一个变量的值反而往往越小，体现在散点图中就是点的分布大致呈一条下降的直线，我们则称这两个变量负相关。像本例的这种情况，我们就说这两个变量是负相关的关系。

散点图除了可以呈现两个变量之间的相关状态，同时也可以显示出偏离整体形态的一些个别的观测值，这些点可能是由于资料本身偏离整体引起的，也可能是由于某种错误引起的。比如本例中，假如在数据输入时因手误将最左边的那个点（电视拥有率58，千人成本42）输为（电视拥有率58，千人成本22），则散点图中它就远离整体，成为偏离点，见图3—24。

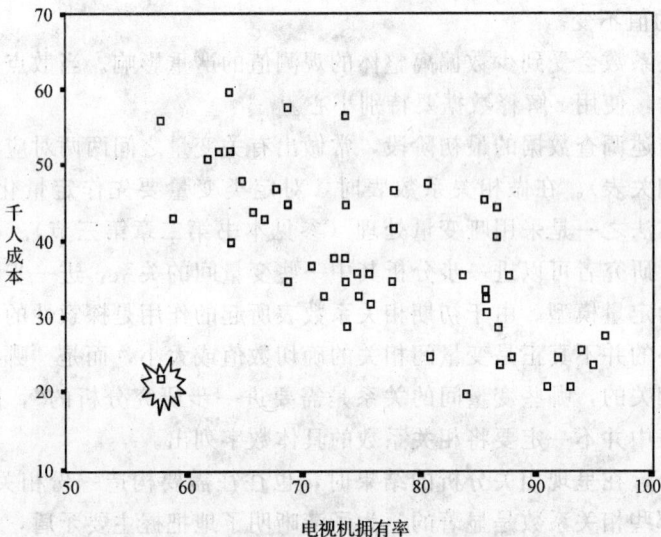

图3—24 电视机拥有率和电视广告千人成本的散点图（有偏离点）

偏离点对很多统计分析方法都有很大的影响，因此要找出对应的个案，看数据是否有误，如果是因为错误引起的，就要更正；如果是因为资料本身的原因引起的，则应该考虑在统计分析中是否需要舍弃这份资料或对它进行单独的分析。

（四）相关系数和相关系数表

散点图在直观上呈现了两个变量之间关联的方向和强度。在各种相关中，直线相关是最普遍和简单的，它是最重要的一种相关形态。当点的分布很接近直线时，直线相关就很强，而当点在直线附近散布很广时，直线相关就较弱，甚至不相关。直线相关的程度究竟有多强，可以用相关系数这个指标来度量。

相关系数通常用符号 r 表示，它描述了两个变量之间直线相关的方向和强度。对于表 3—7 的数据，计算得到 r＝－0.614，表明电视机拥有率和电视广告千人成本呈负相关。相关系数 r 本身并没有度量单位，它是用标准分计算得到的，当改变两个变量中任何一个变量的度量单位时，相关系数并不会改变。比如表 3—7 中的数据，如果电视机拥有率不是以比例中百分号左边的数字表示而是采用小数的方式（比如 80，现在用 0.80 表示），r 的值不变。

相关系数会受到少数偏离整体的观测值的严重影响。当散点图中出现偏离点时，使用 r 解释数据要特别小心。

在描述调查数据的最初阶段，常做出有关变量之间两两对应的相关系数表（相关表）。在做相关系数表时，对定类变量要先作定量化的处理，常用的方法之一是采用哑变量处理（参见本书第二章第三节）。根据相关系数表，研究者可以进一步分析其中一些变量间的关系，进一步构造或验证有关的定量模型。由于初期相关系数表所起的作用是探索性的，即研究者所关心的并不真正是变量间相关的确切数值或大小，而是"哪些变量间可能是相关的，哪些变量间的关系是需要进一步研究分析的"，因此有时在相关表中并不一定要将相关系数的具体数字列出。

另外，在呈现相关分析的结果时，也往往需要构造一份相关系数表，并标出哪些相关系数是显著的。为了清晰明了地把握主要矛盾，需要将显著相关的变量用星号"＊"标识出来。但究竟哪些相关系数是显著的，还要借助推断统计学的方法，将在本章第二节和第三节讲述。

表 3—8 是白领观众关于住房方面一些内容个人感兴趣的和评价为时尚的二者之间的相关系数表。

表 3—8　　　　　　　关于住房方面时尚和感兴趣之间的相关系数

关于住房方面的一些内容	时尚和感兴趣之间的相关系数
1. 京城十大楼盘评选揭晓	—.182**
2. 某小区绿化面积达 50％以上	—.255**
3. 某小区的七幢楼都被刷成了梦幻般的色彩	—.125**
4. 某公司把办公大楼建成雄鹰展翅的造型	—.308
5. 某成功人士的办公大楼一半是没有房顶的露天大厅，另一半则从大厅起呈阶梯上升的形状	—.100**
6. 建设部强调推进分房货币化改革	—.126*
7. 如何选用装饰石材	—.177**
8. 某人士家的地板铺成了水墨山水画	—.112**
9. 装饰公司的样板间展览	— 128**
10. 家庭装修中有哪些有害物质	—.131**
11. 某成功人士的客厅是玻璃房顶	—.108
12. 某家庭的儿童间像一个童话世界，有白雪公主、小矮人，还有儿童滑梯	—.110*
13. 某知名人士自己设计配色方案、自己粉刷房间的墙	—.178**
14. 首例房屋按揭保险诉讼案将开庭	—.191*

＊＊表示在 0.01 的显著水平下相关。

＊表示在 0.05 的显著水平下相关。

表 3—8 中的数字是两个相应变量的相关系数，用 "＊" 标示表示经过假设检验，两个变量是相关的。用 "＊＊" 表示在很低的错误可能下（一般是 1％），显著地相关；用 "＊" 表示在较高的错误可能下（一般是5％）相关。在相关表的尾部，通常应该注明假设检验的错误水平。

表 3—8 表明，关于住房方面的所有内容感兴趣和时尚之间几乎都呈强烈的负相关。即白领观众越认为是时尚的内容，就越不感兴趣；相反越感兴趣的内容，就越不认为是时尚的。

第二节　对总体的推断

　　上节介绍了如何初步了解所获得的样本资料，对于一项调查来讲，其最重要的任务应该是获知有关总体的信息。推断统计学是解决如何通过样本的资料对总体的信息进行估算以及如何根据样本资料进行假设检验的，本节将对这些方法进行介绍。

一、抽样分布

　　抽样分布是推断统计学的基础。在这里我们先对样本分布、总体分布、抽样分布这几个概念进行讲述。

（一）样本分布

　　正如第一节中所讲的，一组样本中关于某个变量的取值分布情况，就可以认为是样本分布。描述样本分布情况常用一些统计量，如反映分布中心的均值、反映分布离散程度的标准差等，也常用一些分布表如频数表、交互表等，还可以借助一些图形展现各种分布规律。

　　调查一般都是针对样本进行的，调查一旦完成并且把数据录入电脑中，就马上可以得出各个变量的样本分布情况。

（二）总体分布

　　总体是所有目标研究对象的全体，调查的样本就是按照随机原则从总体中抽取出来的，样本只是总体的一部分。例如，一项全国电视观众收视情况调查，其总体是全国的电视观众，也就是说只要是在中国能接收到电视信号的地区、拥有电视机的家庭中具有收看能力的人都是目标研究对象。而真正实施调查时，样本量即使高达 2 万人，也只不过是总体中的一小部分。

　　现在要研究的就是总体的分布情况。描述总体的分布时也需要用到一些指标，这些指标叫做总体参数。一旦总体明确，总体参数就是一个不会变化的常数，虽然它们的值常常是未知的。总体参数是可以通过对总体进行普查获得的。总体均值 μ、总体标准差 σ 和总体比例 π 是常用的总体参数，它们分别反映了总体中某个变量分布的中心趋势和离散趋势，以及总体中具有某种特征的个体比例。

　　在自然现象和社会现象中，很多事物普遍存在一种规律性。例如，人们的收入，学生考试的成绩，人的身高、体重等，都有一种呈铃状的分布趋势，即取值很高和取值很低的人都较少，而取中间值的人比较多。这种规律性被大数学家高斯发现并用数学公式进行表达，所以人们就把这种形态的分布叫做高斯分布，也就是图 3—1 所示的正态分布。正态分布是总体中取值连续的数值型变量所普遍遵循的一种分布规律。下面就简单介绍一下正态分布的特征。

　　1. 正态分布

　　正态分布是一种对称的、单峰的、呈铃状的分布曲线，也叫做正态密度曲线，如图 3—25 所示。它具有如下的性质：

　　(1) 只要给定了分布的均值 μ 和方差 σ^2（或标准差 σ），就可以完全确定对应的正态分布曲线。

　　(2) 均值 μ 决定了分布的中心，其位置就是曲线的对称中心。

　　(3) 标准差 σ 决定了曲线的伸展程度和形状，其大小等于从均值到均值的左侧或右侧的曲率转换点的距离（曲率指曲线弯曲的程度，有向下凹和向上凹两种状态，正态曲线的中间部分是向下凹的，两端是向上凹的；曲率转换点为曲线由一种状态转变为另一种状态发生的位置）。

　　(4) 正态分布曲线下的面积大小，就等于随机变量 X 取对应范围的值的概率。如图 3—25 (1) 所示，变量 X 服从正态分布，阴影面积大小就是变量 X 的值在 (a, b) 之间的可能性，用符号记作 Pr (a<X<b)。

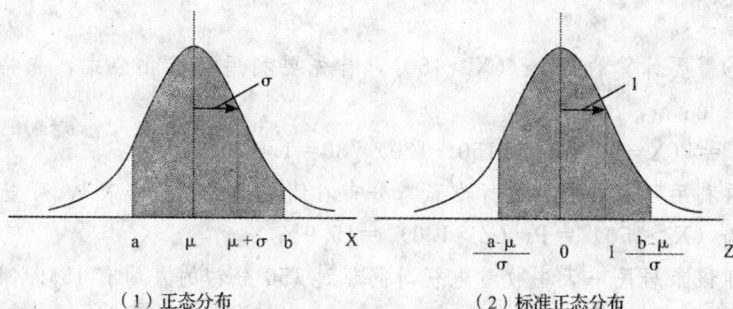

（1）正态分布　　　　　　　　（2）标准正态分布

图 3—25　正态分布和标准正态分布

2. 标准正态分布

最简单的正态分布是均值 $\mu=0$、标准差 $\sigma=1$ 的标准正态分布（stand-ard normal distribution），简称 Z 分布，如图 3—25（2）所示。标准正态曲线下的总面积为 1。要计算标准正态变量 Z 在某个范围内的概率，即计算该范围对应的分布曲线下的面积，可以直接利用统计学家已经算好的、如附录Ⅱ所示的"标准正态分布右侧尾部累积概率表"。例如，运用该表可查 Z 值大于 1.96 的概率是 0.025，即 2.5%。当然，如果已经知道了 Z 大于某个数值的概率，也可以反查这个表，得出这个数值是多大，例如，已知 Z 大于某个数的概率是 5%，则可以反查出这个数是 1.64。

如要计算均值为 μ、标准差为 σ 的一般正态变量 X 取某范围的值的概率，则需要先将 X 转化为标准正态变量 Z，即把 X 进行标准化，标准化的公式为：

$$Z=\frac{X-\mu}{\sigma}$$

我们来举例说明如何利用正态分布解决实际问题。例如：

假定某市居民一天中收看电视的时间长度 X 近似地服从均值 $\mu=120$ 分钟、标准差 $\sigma=30$ 分钟的正态分布。求：

①该市居民一天中收看电视时间超过 150 分钟的人的比例。

②该市居民一天中收看电视时间不足 60 分钟的人的比例。

③该市居民一天中收看电视时间在 60～150 分钟的人的比例。

④看电视时间最长的 5% 的居民，一天中收看电视的时间至少是多少分钟？

⑤第 97.5 百分位数和第 2.5 百分位数上的收看时间是多少分钟？

解：

①需要计算的是 Pr（X＞150），首先要利用标准化公式，先将 X 进行标准化：

Z =（X−μ）/σ=（150−120）/30＝1.0

再利用附录Ⅱ中的"标准正态分布右侧尾部累积概率表"，可查到：

Pr（X＞150）＝Pr（Z＞1.0）＝15.9%

即该市居民一天中收看电视时间超过 150 分钟的人约有 15.9%。

②Z＝（X −μ）/σ=（60−120）/30＝−2.0

Pr（X＜60）＝Pr（Z＜−2.0）＝Pr（Z＞2.0）＝2.3%

注意：因为正态分布的对称性，计算小于左侧某个负数的概率和计算大于右侧对应正数的概率是相同的。

所以，即该市居民一天中收看电视时间不足 60 分钟的人约有 2.3%。

③ $Pr(60<X<150) = Pr(-2.0<Z<1.0)$
$$= 1 - Pr(Z<-2.0) - Pr(Z>1.0)$$
$$= 1 - 0.023 - 0.159$$
$$= 81.8\%$$

注意：因为标准正态曲线下的总面积是 1，所以用 1 减去两端的面积就是中间的面积。

所以，该市居民一天中收看电视时间在 60～150 分钟的人约有 81.8%。

④这个问题是已知大于某个数的概率，反过来求这个数是多少。

先用附录Ⅱ反查 0.05 对应的数值（这个数值叫做临界点）$Z_0 = 1.64$。

然后把 Z_0 转换为对应的 X_0：

$Z_0 = (X_0 - \mu)/\sigma \Rightarrow X_0$
$$= Z_0\sigma + \mu$$
$$= 1.64 \times 30 + 120$$
$$= 169.2 （分钟）$$

即，看电视时间最长的 5% 的居民，一天中收看电视的时间至少是169.2 分钟。

⑤已知第 97.5 百分位数相当于已知大于某个临界点的概率是 2.5%，计算的过程同④。

先查表得 $Z_0 = 1.96$，则 $X_0 = Z_0\sigma + \mu = 1.96 \times 30 + 120 = 178.8$（分钟）。

已知第 2.5 百分位数相当于已知小于某个数的概率是 2.5% 或大于该数的概率是 97.5%。因为正态分布的对称性，可以知道 $Z_0 = -1.96$，则 $X_0 = Z_0\sigma + \mu = -1.96 \times 30 + 120 = 61.2$（分钟）。所以，第 97.5 百分位数和第 2.5 百分位数上的收看时间分别是 178.8 分钟和 61.2 分钟。

尽管正态曲线有很多，它们的均值和标准差可能千差万别，但是它们都有一些共同的性质。通过计算和查表可以发现，任何正态分布都满足以下的规则：

(1) 有 68.3% 的取值落在左右距均值各 1 个标准差的范围内。

（2）有95％的取值落在左右距均值各2个（严格说是1.96个）标准差的范围内。

（3）有99.7％的取值落在左右距均值各3个标准差的范围内。

上述规则也叫做68.3—95—99.7规则，记住它们可以省去许多烦琐的计算。

（三）抽样分布

样本分布是描述样本中变量X的分布，总体分布是描述总体中变量X的分布。另外，还有一种描述统计量分布特征的叫抽样分布。我们已经知道，调查的样本只是总体中的一小部分。实际上，从一个元素个数是N的总体中抽取一个样本量为n的样本，一共有C_N^n种组合，实际调查的样本只是这么多组合中的一个，而究竟调查的是哪个组合，完全是随机抽样造成的，也就是说是一种运气。例如，一项全国电视观众调查的样本中个体平均每天收看电视的时间是$\overline{X}=100$分钟，并不能认为全国的电视观众平均每天收看电视的时间μ就是100分钟，因为大家都知道，如果调查的是另一个样本，可能得到的$\overline{X}$并不是100分钟。如果把总体中所有可能的样本都进行调查，可以得到C_N^n个$\overline{X}$，分别可记作$\overline{X}_1$，$\overline{X}_2$，$\overline{X}_3$，…，这些平均值会有什么样的分布规律呢？抽样分布正是描述这种分布规律的。

不过，没有人会在一项调查中把所有组合的样本都调查一遍，抽样分布只是一种从理论上证明的分布，虽然在总体较小的情况下也有人不停地重复抽样去证实它。

下面，我们将介绍最基本的几种抽样分布。在此之前，先在一些符号上进行约定，如表3—9。

表3—9 　　　　　　　　常用样本统计量和总体参数的符号约定

	样本统计量（罗马字母）	总体参数（希腊字母）
均值	$\overline{X}$	μ
标准差	S	σ
比例	P	π
相关系数	r	ρ
回归系数	b	β
差异	$\overline{X}_1 - \overline{X}_2$	$\mu_1 - \mu_2$
	$P_1 - P_2$	$\pi_1 - \pi_2$

1. 总体均值和方差、样本比例和总体比例的计算公式

（1）总体均值和方差的计算公式如下：

$$\mu = \frac{1}{N}\sum_{i=1}^{N}X_i = \frac{X_1 + X_2 + \cdots + X_N}{N}$$

$$\sigma^2 = \frac{1}{N}\sum_{i=1}^{N}(X_i - \mu)^2$$

如果已知总体中变量 X 取各种值的可能性 P（X），则可用如下的方法计算：

$$\mu = \sum XP(X)$$

$$\sigma = \sum (X - \mu)^2 P(X)$$

（2）样本比例和总体比例。

假如从总体中抽取一个样本量为 n 的样本，具有某种特征的单位一共有 m 个。则样本比例：

P=m／n

例如，对于一个 100 人的样本，其中男性有 60 人（一共有 60 个样本对"性别"变量的取值是 1），则男性的比例是 P=60/100=60％。

同样，对于一个含 N 个单位的总体，其中有 M 个单位具有某种特征，则总体比例：

π=M/N。

2. 样本均值、样本比例、两个样本均值之差和两个样本比例之差的抽样分布

（1）样本均值的抽样分布。所有可能样本的均值 $\overline{X}_1$，$\overline{X}_2$，$\overline{X}_3$，…所构成的分布即为样本均值的抽样分布。

设样本来自均值为 μ，方差为 σ^2 的总体，样本均值 $\overline{X}$ 的抽样分布有如下几个特点：①当总体是正态分布时，$\overline{X}$ 的抽样分布也呈正态分布；对于非正态分布的总体，随着样本量 n 的增加，$\overline{X}$ 的抽样分布也接近于正态分布。②$\overline{X}$ 的抽样分布的中心就是总体的中心 μ。③$\overline{X}$ 的抽样分布的标准误差 SE（Standard Error 的缩写，抽样分布的标准差一般都称作标准误差，用 SE 表示）比总体的标准差 σ 小，而且样本容量 n 越大，标准误差越小。

以上三点概括成了统计学中一个重要的定理——中心极限定理：在样

本量为 n 的非常简单随机样本中，样本均值 $\overline{X}$ 以 $SE=\dfrac{\sigma}{\sqrt{n}}$ 的标准误差围绕总体均值 μ 波动；随着 n 的增大，样本均值的抽样分布将越来越接近于正态分布。

　　一般地，总体偏离正态分布越远，进行统计推断时所需的样本量也就越大。通常，样本量 n 不小于 30 时就可认为它是中心极限定理所表明的"n 足够大"的样本。在媒介研究中，一般的样本都是较大的样本，可以认为样本均值近似服从正态分布。

　　为了便于理解这样一个分布，来看以下例子：

　　假定某市民一天中收看电视的时间服从均值 $\mu=120$ 分钟，标准差 $\sigma=30$ 分钟的正态分布，在该地区随机抽取了一个 $n=100$ 的样本，那么这 100 个人在一天中看电视的平均时间大于 150 分钟的可能是多大？

　　解：根据样本均值的抽样分布原理，这 100 个人每周看电视的平均时间 $\overline{X}$ 服从均值为 $\mu=120$ 分钟，标准差为 $SE=\dfrac{\sigma}{\sqrt{n}}=\dfrac{30}{\sqrt{100}}=3$ 分钟的正态分布，现在求 $\overline{X}>150$ 分钟的概率。先将 $\overline{X}$ 进行标准化：

$$Z=\frac{\overline{X}-\mu}{SE}=\frac{150-120}{3}=10$$

　　查附录Ⅱ的"标准正态分布右侧尾部累积概率表"可知，$Pr(Z>10)$ 的概率是 0，因此 100 个人一天中看电视的平均时间大于 150 分钟的可能是 0。和刚刚所举的例子做比较可以发现，对于总体中的某些个体，取极端值的可能性是有的，例如该市居民中有 15.9% 的人一天中的收视时间都超过了 150 分钟；而来自该总体的一个样本的均值取极端值的可能性就大大减小了。

　　这是因为样本均值的抽样分布的标准误差 SE 比总体分布的标准差 σ 缩小了 $\sqrt{n}$ 倍，其离散程度降低了，正态分布的范围比总体分布窄了很多。如图 3—26 所示。

　　（2）样本比例的抽样分布。所有可能样本的比例构成的概率分布即为样本比例的抽样分布。

　　设样本来自总体比例为 π 的总体，样本比例 P 的抽样分布有如下几个特点：①P 的抽样分布呈正态分布。②P 的抽样分布的中心就是总体比例 π。③P 的抽样分布的标准误差 $SE=\sqrt{\dfrac{\pi(1-\pi)}{n}}$。

　　这就是关于样本比例的中心极限定理：在样本量为 n 的非常简单随机样本中，样本比例 P 以 $SE=\sqrt{\dfrac{\pi(1-\pi)}{n}}$ 的标准误差围绕总体比例 π 波

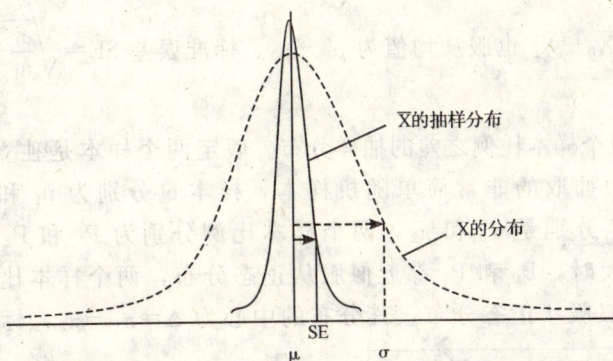

图 3—26　抽样分布与总体分布的比较

动；随着 n 的增大，样本比例 P 的抽样分布将越来越接近于正态分布。

在实际应用中，当 $n\pi$ 和 $n(1-\pi)$ 都不小于 5 时，可认为 P 近似服从正态分布。

下面借助一个例子来帮助理解样本比例的抽样分布。

某总体中男性和女性的人数相同，现从中随机抽取一个 15 人的样本，问这个样本中男性人数在 10 人以上的可能性是多少？

解："样本中男性人数在 10 人以上"可等价地表示为"男性的比例大于 10/15"。

根据 P 的抽样分布理论，样本比例 P 近似服从均值为 $\pi=0.5$、标准差为：

$$SE=\sqrt{\frac{\pi(1-\pi)}{n}}=\sqrt{\frac{0.5\times(1-0.5)}{15}}=0.129 \text{ 的正态分布。先将 } P=\frac{10}{15} \text{ 标准化：}$$

$$Z=\frac{P-\pi}{SE}=\frac{10/15-0.5}{0.129}=1.29$$

查附录Ⅱ"标准正态分布右侧尾部累积概率表"可知，$Pr(Z>1.29)$ 的概率是 0.0985，因此随机抽取的 15 个人中男性人数在 10 人以上的可能性是 9.85%，约 10%。

(3) 两个样本均值之差的抽样分布。假设从两个总体中各自独立地抽取容量为 n_1 和 n_2 的非常简单随机样本，设这两个总体的均值分别为 μ_1 和 μ_2，标准差分别为 σ_1 和 σ_2。那么两个样本均值之差 $D=\overline{X}_1-\overline{X}_2$ 的抽样分布是：①如果总体分别服从均值为 μ_1 和 μ_2，方差为 σ_1^2 和 σ_2^2 的正态分布，则 $D=\overline{X}_1-\overline{X}_2$ 服从均值为 $\mu_1-\mu_2$、标准误差 $SE=\sqrt{\frac{\sigma_1^2}{n_1}+\frac{\sigma_2^2}{n_2}}$ 的正态分布。②如果两个总体都是非正态但无限总体，则当样本量 n_1 和 n_2 都足够大时，$D=\overline{X}_1-\overline{X}_2$ 也服从均值为 $\mu_1-\mu_2$、标准误差 $SE=\sqrt{\dfrac{\sigma_1^2}{n_1}+\dfrac{\sigma_2^2}{n_2}}$ 的正态分布。

（4）两个样本比例之差的抽样分布。假定两个样本是独立地各自从两个总体中抽取的非常简单随机样本，样本量分别为 n_1 和 n_2。设两个总体比例分别是 π_1 和 π_2，两个样本比例分别为 P_1 和 P_2。当 n_1 和 n_2 都足够大时，P_1 和 P_2 都近似服从正态分布，两个样本比例之差 P_1-P_2 也近似服从正态分布，其分布的中心为 $\Delta=\pi_1-\pi_2$，标准误差是

$$SE=\sqrt{\dfrac{\pi_1\ (1-\pi_1)}{n_1}+\dfrac{\pi_2\ (1-\pi_2)}{n_2}}。$$

在实际应用中，当 $n_1\pi_1$、$n_1\ (1-\pi_1)$、$n_2\pi_2$ 和 $n_2\ (1-\pi_2)$ 都不小于 5 时，就可认为 P_1-P_2 近似地服从正态分布。

二、对总体的估计

抽样分布描述了当总体参数已知的情况下，样本统计量的分布情况是怎样的。但实际上，如果不通过普查，是难以知道总体参数的值的，往往需要用样本的数据对总体的情况进行估算。抽样分布就是对总体进行估算的依据。

对总体的估算方法有两种：点估计和区间估计。所谓点估计，就是直接把计算到的样本统计量的值当做相应的总体参数的值。例如，从一项全国电视观众的调查样本中计算出这些样本个体平均每天收看电视的时间是 $\overline{X}=100$ 分钟，就认为全国的电视观众平均每天收看电视的时间 μ 就是 100 分钟。点估计虽然能够把一个明确的值赋予给总体参数，但由于样本均值近似正态的波动性，所以这样估计让人觉得没有把握，不知道犯错误的可能性会有多大。而另一种估计方法则可以一定的把握来保证估计的正确性，这就是区间估计，它会在一定的把握下给出一个包含总体参数的置信区间。

（一）置信区间的概念

为了便于说明，首先来看一个例子：某个电视节目的收视率正在呈下降趋势，其制片人正面临着一个重大决策——对节目进行全面的改版，可是该节目长期以来已经拥有了一些固定的观众，节目改版又怕影响到这些

观众。于是该制片人就决定，如果该节目的所有观众对改版的支持率不到
50%，就不进行改版，因为改版后需要重新培养观众群。为了估计所有观
众的支持率，他委托一家专业的媒介调查机构对其观众进行了一次电话访
问，样本量为 400 人。可以把这个样本看成一个简单随机样本。电话访问
的结果是：这 400 人之中有 232 人支持其节目改版，支持的比例是 P＝
232/400＝58%。这个比例大于 50%，似乎是对改版有利的证据。

　　但是，该制片人学过统计学的知识，他和做调查的机构都清楚地了
解：如果再抽一个 400 人的简单随机样本，无疑会得到不同的结果——也
许会是 60% 或者 51%，甚至是令人担心的 47%。总体中真正支持改版的
比例有多大？现在的 58% 又能说明什么问题呢？

　　我们已经知道，样本比例 P 服从一种正态分布。为了讨论方便，现
在假定该节目的所有观众支持节目改版的比例 $\pi=55\%$，则样本比例 P 就
服从 $\pi=55\%$、标准误差 $SE=\sqrt{\dfrac{\pi(1-\pi)}{n}}=0.025$ 的正态分布，如图
3—27所示。

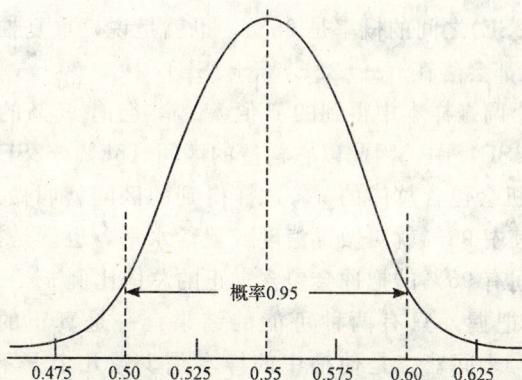

概率0.95

0.475　0.50　0.525　0.55　0.575　0.60　0.625

图 3—27　大小为 400 的 SRS 中，支持节目改版的观众的比例的抽样
　　　　　分布（分布的中心是 0.55，P 落在左右 2 个标准差范围内
　　　　　的概率是 0.95）

　　该分布具有正态分布的任何性质，如 68.3—95—99.7 规则中的"有
95% 的取值落在左右距均值 2 个（严格说是 1.96 个）标准差的范围内"，
即"从该节目所有观众的总体所抽出来的大小为 400 人的一个 SRS，其 P

值会在均值 π 左右各两个标准误差范围内（0.50～0.60）的概率是95%"。

不过这里分布的中心 0.55 是一个假定的数，实际上分布的中心 π 是未知的（如果已知，就不用作调查并屈就用样本比例去估计了）。但是不管这个比例 π 是否已知，样本比例 P 都会围绕着它正态波动，且仍然具有"其 P 值在均值 π 左右各两个标准误差范围内波动的概率是95%"。

此处的概率95%应当这样理解：从总体中不停地抽取一个个 400 人的随机样本，得到的 P_1，P_2，P_3…中，会有95%的值落在距 π 左右各两个标准误差范围内。我们再来看图 3—28。

图 3—28 下部的一个个小黑点相当于重复抽样时每次得到的 P 值，从小黑点向左右各画出 2SE 的距离，形成一个区间。从图中可以看出，如果一个 P 值落在了上部所画的正态分布中（π－2SE，π＋2SE）的区间内，则以该 P 值构造的区间（P－2SE，P＋2SE）就会包含 π 值，如图中的各个用实线作出的区间；如果一个 P 值落在了正态分布中（π－2SE，π＋2SE）的区间外，则以该 P 值构造的区间（P－2SE，P＋2SE）就不会包含 π 值，如图中的两个用虚线作出的区间。现在已经知道 P 值会落在（π－2SE，π＋2SE）之间的概率是95%，也就是说，重复抽样100次，会有 95 次的 P 值都会落在（π－2SE，π＋2SE）中。

对于从一个调查样本中得到的 P 值 58%，会有95%的机会落在区间（π－2SE，π＋2SE）中，因此以它构造的区间（58%－2SE，58%＋2SE）就会有95%的机会包含总体的 π。这样得到的区间就叫做总体 π 的95%的置信区间。其中95%就叫做置信度或置信水平，也就是把握度的意思，即所构造的区间有95%的把握会包含真正的总体比例 π。

对95%的把握，只有两种可能的结果：一是真正的 π 就在（P－2SE，P＋2SE）之间；二是他抽中的样本是少数几个 P 不在（π－2SE，π＋2SE）之中的样本之一，这样的话，他的运气实在不好，因为只有5%的样本才会这样，也就是说，这样的事情在 20 次中只会发生 1 次。

现在，剩下的工作就是如何计算这个置信区间大小的问题了。我们知道，当 π 已知时，可以用 π 计算 P 的抽样分布的标准误差 $SE = \sqrt{\dfrac{\pi(1-\pi)}{n}}$，但是现在 π 是未知的，我们只能用一个值去代替 π，而能找到的最好替代值也就是样本的比例 P 了。所以由一个 P 值构造的关于

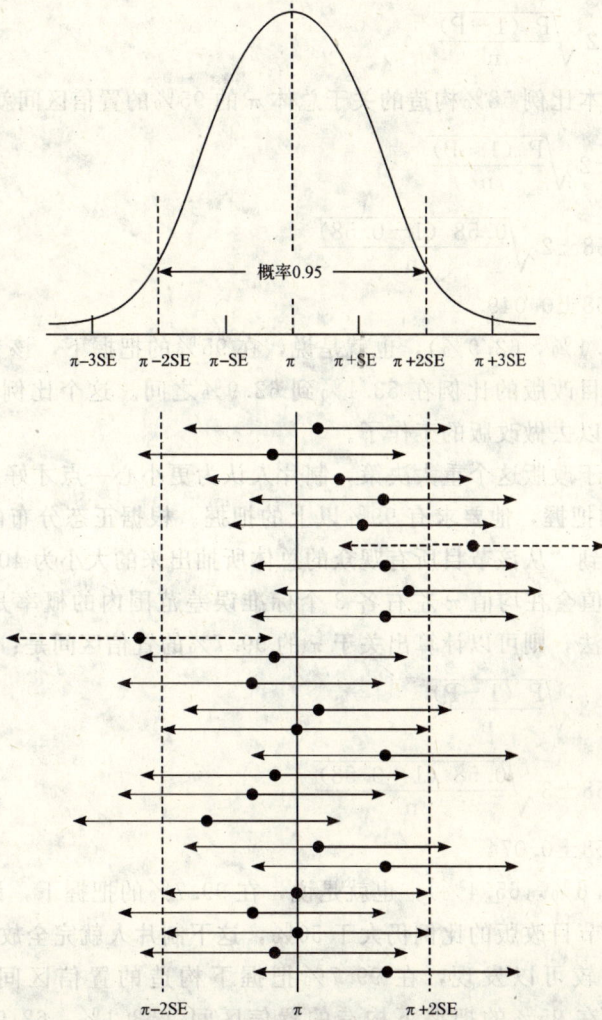

图 3—28 重复抽样得到的置信区间的变化（这样的区间中有 95% 会包含真正的 π 值）

π 的 95% 的置信区间就是 $\left(P-2\sqrt{\dfrac{P(1-P)}{n}}, P+2\sqrt{\dfrac{P(1-P)}{n}}\right)$，表示为：

$$\pi = P \pm 2 \sqrt{\frac{P(1-P)}{n}}$$

根据样本比例 58% 构造的关于总体 π 的 95% 的置信区间就是：

$$\pi = P \pm 2 \sqrt{\frac{P(1-P)}{n}}$$

$$= 0.58 \pm 2 \sqrt{\frac{0.58(1-0.58)}{n}}$$

$$= 0.58 \pm 0.049$$

即（53.1%，62.9%），也就是说，在 95% 的把握下，该节目的全部观众支持节目改版的比例在 53.1% 到 62.9% 之间。这个比例大于 50%，制片人就可以去做改版的工作了。

不过对于改版这个重大决策，制片人认为更小心一点才好，他不满意只有 95% 的把握，他要求有 99% 以上的把握。根据正态分布的性质，我们可以认识到"从该节目所有观众的总体所抽出来的大小为 400 人的一个 SRS，其 P 值会在均值 π 左右各 3 个标准误差范围内的概率是 99.7%"。用同样的方法，则可以计算出关于 π 的 99.7% 的置信区间是：

$$\pi = P \pm 3 \sqrt{\frac{P(1-P)}{n}}$$

$$= 0.58 \pm 3 \sqrt{\frac{0.58(1-0.58)}{n}}$$

$$= 0.58 \pm 0.074$$

即（50.6%，65.4%），也就是说，在 99.7% 的把握下，该节目的全部观众支持节目改版的比例仍大于 50%，这下制片人就完全放心了。

通过比较可以发现，在 99.7% 把握下构造的置信区间（50.6%，65.4%）比在 95% 的把握下构造的置信区间（53.1%，62.9%）要宽。一般来说，在把握度和置信区间宽度之间，没有办法做到两全其美。如果要从同一个样本中要求较高的置信度，就必须接受较宽的区间范围，除非在调查时增加样本量。当样本量增加时，抽样分布的标准误差变小，样本量越大，置信区间就越窄。

（二）几种常用的置信区间

虽然置信区间的概念自始至终是一致的，但根据所估计的总体参数不同，估计的公式各不相同。下面就给出几种常用置信区间的计算公式。

1. 总体比例的置信区间

在上例中，已经介绍了总体比例 π 的 95％的置信区间和 99.7％的置信区间的计算公式，现在要关心的是对于任意的置信度 $1-\alpha$（α 是介于 0和 1 之间的一个正数），置信区间应该如何计算。

根据正态分布的性质，对于任何一个 0 到 1 之间的概率 C，可以反查附录 II 得到一个数 Z_0，使得 Z 变量分布在均值 0 左右两侧各 Z_0 个标准差范围内的概率是 C，Z_0 就叫做正态分布的临界值（critical value）。当 C＝$1-\alpha$ 时，标准正态分布的右侧尾部概率是 $\alpha/2$，所以常用 $Z_{\alpha/2}$ 来表示这个临界值，如图 3—29 所示。当求 95％的置信区间时，我们应该用数值1.96（上例中用的 2 是 1.96 的近似值），实际上就是临界值 $Z_{0.025}$。

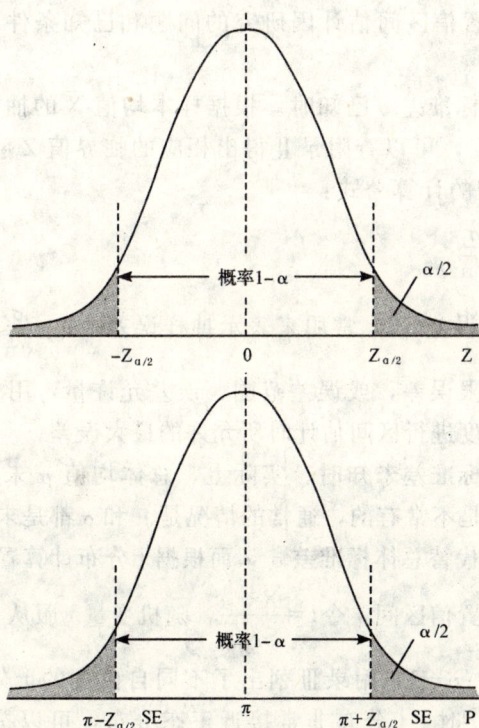

图 3—29　正态分布的临界值

从图 3—29 中可以看到，样本比例 P 的值在 π 的 $Z_{\alpha/2}$ 个标准误差范围

内的概率是 $1-\alpha$ ，这就是说，从样本比例 P 往左右各延伸 $Z_{\alpha/2}$ 个标准误差所得到的区间会包括未知的 π 值的概率是 $1-\alpha$ ，并用 P 代替 π 计算标准误差 SE（用 P 计算的是标准误差 SE 的估计值），就产生了下面的公式：

总体中具有某种特征的单位所占的比例是 π ，从总体中抽取大小为 n 的 SRS，当 n 足够大的时候，π 的置信度为 $1-\alpha$ 的置信区间是：

$$\pi = P \pm Z_{\alpha/2}\sqrt{\frac{P(1-P)}{n}}$$

需要注意的是，只有当样本是简单随机样本 SRS，而且 n＞120 时，这个公式才适用，因为这时才能用 $\sqrt{\dfrac{P(1-P)}{n}}$ 估计标准误差 SE。

2. 总体均值的置信区间

总体均值的置信区间估计因研究的问题和已知条件不同而用不同的方法。

（1）当总体标准差 σ 已知时。根据样本均值 $\overline{X}$ 的抽样分布，对于给定的置信度 $1-\alpha$ ，可以查附录Ⅱ得出相应的临界值 $Z_{\alpha/2}$ 。π 的置信度为 $1-\alpha$ 的置信区间的计算公式：

$$\mu = \overline{X} \pm Z_{\alpha/2}\frac{\sigma}{\sqrt{n}}$$

式中，$\dfrac{\sigma}{\sqrt{n}}$ 是标准误差 SE，常用来表示抽样误差，$Z_{\alpha/2}\dfrac{\sigma}{\sqrt{n}}$ 为一定倍数的抽样误差，称为极限误差，或误差范围、误差允许量，用 Δ 表示，其意义是对给定的置信度进行区间估计时所允许的最大误差。

（2）当总体标准差未知时。实际上，总体均值 μ 未知，而总体标准差 σ 已知的情况是不常有的，通常的情况是 μ 和 σ 都是未知的。这时可用样本标准差 S 来代替总体标准差 σ ，而根据 t 分布计算置信区间。为了构造总体均值 μ 的置信区间，令 $t = \dfrac{\overline{X} - \mu}{S/\sqrt{n}}$ ，随机变量 t 服从自由度为 n－1 的 t 分布，即 $t \sim t(n-1)$。附录Ⅲ列出了不同自由度的 t 分布的临界值点。当样本量 n＞120 时，t 分布非常接近正态分布，可以按正态分布看待。图.3—30比较了 t 分布和标准正态分布。

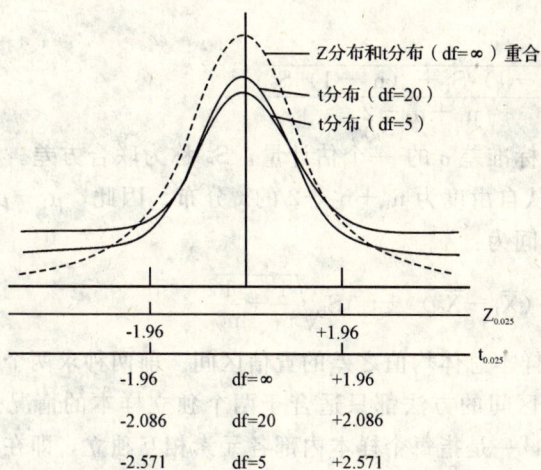

图 3—30 t 分布和标准正态分布的比较

给定置信度 $1-\alpha$，可以查 t 分布的临界值表得出自由度为 $n-1$ 的 t 分布的临界值 $t_{\alpha/2}$。μ 的置信度为 $1-\alpha$ 的置信区间的计算公式为：

$$\mu = \overline{X} \pm t_{\alpha/2} \frac{S}{\sqrt{n}}$$

3. 两个总体均值之差 $\mu_1 - \mu_2$ 的置信区间

假定两个样本来自两个相互独立的总体，样本量分别为 n_1 和 n_2。

（1）当两个总体的标准差 σ_1 和 σ_2 已知时。已知 $\overline{X}_1 - \overline{X}_2$ 服从均值为 $\mu_1 - \mu_2$，标准误差 $SE = \sqrt{\dfrac{\sigma_1^2}{n_1} + \dfrac{\sigma_2^2}{n_2}}$ 的正态分布，则两个总体均值之差 $\mu_1 - \mu_2$ 为 $1-\alpha$ 的置信区间为：

$$\mu_1 - \mu_2 = (\overline{X}_1 - \overline{X}_2) \pm Z_{\alpha/2} \sqrt{\frac{\sigma_1^2}{n_1} + \frac{\sigma_2^2}{n_2}}$$

（2）当两个总体的标准差未知但相等时。设总体的标准差 $\sigma_1 = \sigma_2 = \sigma$。已知 $\overline{X}_1 - \overline{X}_2$ 服从均值为 $\mu_1 - \mu_2$，标准误差 $SE = \sqrt{\dfrac{\sigma_1^2}{n_1} + \dfrac{\sigma_2^2}{n_2}} = \sigma \sqrt{\dfrac{1}{n_1} + \dfrac{1}{n_2}}$ 的正态分布。令

$$t = \frac{(X_1 - X_2) - (\mu_1 - \mu_2)}{S_P \sqrt{\dfrac{1}{n_1} + \dfrac{1}{n_2}}}$$

其中：

$$S_P = \sqrt{\frac{(n_1-1)\,S_1^2 + (n_2-1)\,S_2^2}{n_1+n_2-2}}$$

S_P 是总体标准差 σ 的一个估计量，S_P^2 称为联合方差。可以证明，这样构造的 t 服从自由度为 n_1+n_2-2 的 t 分布。因此，$\mu_1-\mu_2$ 的置信度为 $1-\alpha$ 的置信区间为：

$$\mu_1 - \mu_2 = (\overline{X}_1 - \overline{X}_2) \pm t_{\alpha/2} S_P \sqrt{\frac{1}{n_1}+\frac{1}{n_2}}$$

（3）配对样本总体均值之差的置信区间。前两种求两个总体均值之差 $\mu_1-\mu_2$ 的置信区间的方法都只适合于两个独立样本的情况。所谓独立样本有两层含义：一是指每个样本内部各元素相互独立，即在抽样时，一个样本单位的抽取不影响下一个样本单位的抽取机会；二是指两个样本组也必须是独立的，即一个样本组的抽取方式与另一个样本组无关。

配对样本是两个高度相关的样本，它们可以是对同一样本的某一特征进行两次不同测试而产生的，也可以是在同一研究中由特征相似的样本两两配对产生的，比如使用双胞胎等。在这种情况下，许多除了研究者感兴趣的特征以外的其他变量基本上都保持不变，便于将注意力集中到研究者所关心的问题上，而且常常可以得出更精确的结果。在媒介研究中，尤其是用实验法进行研究时，使用配对样本是十分有意义的。

在构造两个样本之差的置信区间时，研究者将配对样本当做同一个样本来对待。即首先求出配对样本的两两之差 $D=X_2-X_1$，一旦求出这些差值，用来求这些差值的原始数据就可以不用了。然后，把这些差值 D 看成是一个单一的样本求置信区间，即先计算这些差值的平均值 $\overline{D}$，然后按构造单样本总体均值 μ 的置信区间的方法去构造总体均值之差 $\Delta=\mu_1-\mu_2$ 的置信度为 $1-\alpha$ 的置信区间：

$$\Delta = \mu_1 - \mu_2 = \overline{D} \pm t_{\alpha/2}\frac{S_D}{\sqrt{n}}$$

采用配对样本有什么好处呢？用一个例子可进行说明。

研究者想测试一则广告对提高某品牌美誉度的作用，他们抽取了40人的随机样本，随机分为 A、B 两组。A 组不看广告，直接对某品牌进行评分；B 组先看广告，然后再对该品牌进行评分。评分的结果如表 3—10 所示。

表 3—10　　　　　　　　　　**两组受试者对广告品牌的评分**

A组受试者编号	不观看广告对某品牌的评分 X_1	$(\overline{X}_1-X_1)^2$	B组受试者编号	观看广告后对某品牌的评分 X_2	$(\overline{X}_2-X_2)^2$
1	68	45.56	1	78	1.44
2	73	3.06	2	75	17.64
3	58	280.56	3	80	0.64
4	86	126.56	4	85	33.64
5	74	0.56	5	75	17.64
6	69	33.06	6	88	77.44
7	72	7.56	7	80	0.64
8	80	27.56	8	84	23.04
9	72	7.56	9	85	33.64
10	85	105.06	10	80	0.64
11	83	68.06	11	92	163.84
12	73	3.06	12	76	10.24
13	78	10.56	13	72	51.84
14	84	85.56	14	88	77.44
15	80	27.56	15	80	0.64
16	77	5.06	16	62	295.84
17	73	3.06	17	77	4.84
18	65	95.06	18	72	51.84
19	64	115.56	19	80	0.64
20	81	39.06	20	75	17.64
	$\overline{X}_1=74.75$	$\sum=1089.75$ $S_1^2=57.36$		$\overline{X}_2=79.2$	$\sum=881.2$ $S_2^2=46.38$

　　考察这则广告是否有效果，可以计算两次评分总体均值的置信区间，现计算其 95％ 的置信区间。因为看广告前后的评分来自两个独立的样本，所以只能采用两个独立总体均值之差置信区间的公式：

$$\mu_1 - \mu_2 = (\overline{X}_1 - \overline{X}_2) \pm t_{\alpha/2} S_P \sqrt{\frac{1}{n_1} + \frac{1}{n_2}}$$

根据表 3—10 可以得到：

$$S_P = \sqrt{\frac{(n_1 - 1) S_1^2 + (n_2 - 1) S_2^2}{n_1 + n_2 - 2}} = \sqrt{\frac{1089.75 + 881.2}{38}} = 7.2$$

查附录Ⅲ的 t 分布临界值点可知：

$t_{0.025} \approx 2.021 \ (df = 38)$

则

$$\mu_2 - \mu_1 = (\overline{X}_2 - \overline{X}_1) \pm t_{\alpha/2} S_P \sqrt{\frac{1}{n_1} + \frac{1}{n_2}}$$

$$= (79.2 - 74.45) \pm 2.021 \times 7.2 \times 0.3162$$

$$= 4.45 \pm 4.6$$

可以看出，在 95% 的把握下，看广告前后受试者对广告品牌评分的总体均值之差 $\mu_1 - \mu_2$ 在区间（-0.15，9.05）中。也就是说 $\mu_1 - \mu_2$ 可能是正值，也可能是负值或 0，所以没有理由认为观看广告的人的评分高于没有观看广告的人的评分。没有更进一步的证据之前，现在只能接受广告对提高品牌美誉度方面没有效果这样的事实（即使这个事实可能是错的）。

现在，假如上述数据是来自一个配对样本的，即研究者只随机抽取了 20 名受试者，先让他们对某品牌进行评分，然后再让他们看广告，之后再对该品牌进行评分。则可按计算配对样本总体均值之差的公式计算前后两次评分的差别，如表 3—11 所示。

查附录Ⅲ的 t 分布临界值点可知：$t_{0.025} \approx 2.093 \ (df = 19)$

则两次评分总体均值之差的 95% 的置信区间是：

$$\Delta = \mu_1 - \mu_2 = \overline{D} \pm t_{\alpha/2} \frac{S_D}{\sqrt{n}}$$

$$= 4.45 \pm 2.093 \times 2.07$$

$$= 4.45 \pm 4.33$$

即在 95% 的把握下，两次评分的总体均值之差是大于 0 的。可以看出，用来自配对样本的数据计算总体均值之差的置信区间比用来自独立样本的数据计算的置信区间窄，这是因为配对以后使得许多外部变量都保持不变，使得研究者可以对所研究变量的总体均值之差更加有把握。很明显，如果有可能的话，在实验设计中使用配对样本是很有好处的。

表 3—11　　　　　同一组样本在看广告前后对广告品牌的评分

受试者编号	看广告前对某品牌的评分 X_1	看广告后对某品牌的评分 X_2	$D=X_2-X_1$	$(D-\overline{D})^2$
1	68	78	10	6.00
2	73	75	2	308.00
3	58	80	22	29.70
4	86	85	−1	11.90
5	74	75	1	211.70
6	69	88	19	12.60
7	72	80	8	0.20
8	80	84	4	73.10
9	72	85	13	89.30
10	85	80	−5	20.70
11	83	92	9	2.10
12	73	76	3	109.20
13	78	72	−6	0.20
14	84	88	4	19.80
15	80	80	0	378.30
16	77	62	−15	0.20
17	73	77	4	6.50
18	65	72	7	133.40
19	64	80	16	109.20
20	81	75	−6	6.00
			$\sum=89$ $\overline{D}=4.45$	$\sum=1552.95$ $S_D^2=81.73$ $S_D=9.04$

4. 两个总体比例之差的置信区间

设两个总体比例分别为 π_1 和 π_2，从两总体中独立地各自抽取一个样本，样本容量分别为 n_1 和 n_2。当样本量足够大时，样本比例之差 P_1-P_2

近似服从均值为 $\pi_1 - \pi_2$，标准误差 $SE = \sqrt{\dfrac{\pi_1\ (1-\pi_1)}{n_1} + \dfrac{\pi_2\ (1-\pi_2)}{n_2}}$ 的正态分布。因为 π_1 和 π_2 都是未知的，所以 SE 要用 P_1 和 P_2 估计：

$$SE\ 的估计值 = \sqrt{\frac{P_1\ (1-P_1)}{n_1} + \frac{P_2\ (1-P_2)}{n_2}}$$

因此，$\pi_1 - \pi_2$ 的 $1-\alpha$ 的置信区间是：

$$\pi_1 - \pi_2 = (P_1 - P_2) \pm Z_{\alpha/2} \sqrt{\frac{P_1\ (1-P_1)}{n_1} + \frac{P_2\ (1-P_2)}{n_2}}$$

5. 单侧置信区间

在许多实际问题中，我们只关心总体值所在范围的上限或下限，在这种情况下，最好是构造一个置信度为 $1-\alpha$ 的单侧置信区间，将可能犯错误的 α 全部放在正态曲线的左侧或右侧，如图 3—31所示。

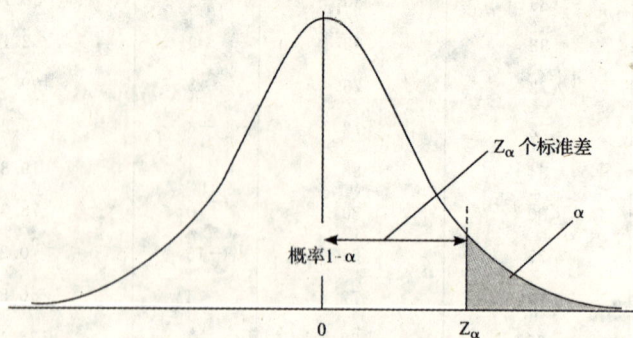

图 3—31 单侧置信区间

单侧置信区间可以由相应的双侧置信区间调整，例如：

$$\mu > \overline{X} - Z_\alpha \frac{\sigma}{\sqrt{n}}$$

其含义是在 $1-\alpha$ 的置信度下，总体均值至少是某个数值。

或 $\mu < \overline{X} + Z_\alpha \dfrac{\sigma}{\sqrt{n}}$

其含义是在 $1-\alpha$ 的置信度下，总体均值至多是某个数值。

同样可以用类似的方法得到其他总体参数的单侧置信区间，这里不再一一说明。下面用一个例子来说明单侧置信区间的应用。

在讲置信区间概念的时候，提到某节目的制片人想根据样本比例 58% 获得是否应该进行改版的信息。其实这位制片人关心的是总体中支持改版的人的比例的下限，即至少会有多大比例的人支持改版，而上限他是不用考虑的。实际上只要构造一个单侧的置信区间就可以了。现在就来构造一个 95% 的单侧置信区间：

$$\pi > P - Z_{0.05}\sqrt{\frac{P(1-P)}{n}} = 0.58 - 1.64 \times 0.025 = 0.539$$

也就是在 95% 的置信度下，全部观众中至少有 53.9% 的比例会支持改版。

如果他仍然不放心，可以构造一个 99% 的单侧置信区间：

$$\pi > P - Z_{0.01}\sqrt{\frac{P(1-P)}{n}} = 0.58 - 2.33 \times 0.025 = 0.522$$

也就是说，在 99% 的信心下，至少有 52.2% 的观众会支持改版。这些结果应该使这位制片人放心了，因为在较大的把握下，全部观众的支持率并没有低于 50%。

三、假设检验

推断统计学包括两个方面的内容：一是如何根据样本资料对总体进行估计，二是根据样本资料提供不同群体之间存在差异的统计上的证据。

（一）假设检验的基本概念

假设检验的目的是要根据样本资料发现对某一关于总体参数断言的不利证据。检验的依据是"如果关于总体参数的断言正确，样本中很少会出现这样的结果"，而如果样本中出现了在断言正确时很少发生的结果，就是断言不正确的证据。如果把笼统的"很少"用概率取代，我们就有了关于这个证据的信心的度量。

1. 假设检验的过程

为了便于说明假设检验的过程，仍然是先看一个例子：某公司拟投放一则电视广告，现在有 A 和 B 两个备用版本，广告 A 的长度大于广告 B，意味着播出成本高于广告 B。但如果广告 A 明显优于广告 B，考虑到投入/产出比，仍然有可能播出广告 A；如果广告 A 和 B 效果相差无几，自然要播出广告 B。现在有相当一部分人认为 A 比 B 好，但另外一部分人持怀疑态度，认为 A 和 B 其实是不相上下的。哪个断言是正确的呢？他们做了一个实验进行检验。

让 50 位受试者中的每一个都同时观看了 A 和 B 两个广告（实验控制让 25 个受试者先看 A 后看 B，另 25 个受试者先看 B 后看 A），然后让他们说出哪个广告好，记录的是样本中偏好广告 A 的人的比例 P。在 50 位受试者中，有 36 位认为广告 A 好，即 P＝36/50＝0.72。

为了清楚地说明问题，我们把 P＝72% 和另一个可能的结果做比较。另一种结果是 50 位受试者中只有 28 人偏好广告 A，即 P＝28/50＝0.56。

要否定持怀疑态度的人的断言，当然 72% 是比 56% 更强的证据，但强多少呢？而即使样本中 72% 的人认为广告 A 好，是不是可以当做总体中有大部分人偏好广告 A 的令人信服的证据呢？统计检验可以回答这些问题。

持怀疑态度的人断言：看广告的所有人中，只有一半的人偏好广告 A。换句话说，他们断言总体比例 $\pi = 0.5$（为了方便讨论，先假定他们的断言是正确的）。根据抽样分布的理论，当总体比例 π 为 0.5 时，50 位受试者的样本比例 P 的抽样分布是均值为 0.5，标准差为 SE ＝ $\sqrt{\dfrac{\pi(1-\pi)}{n}} = 0.0707$ 的正态分布。如图 3—32 所示。

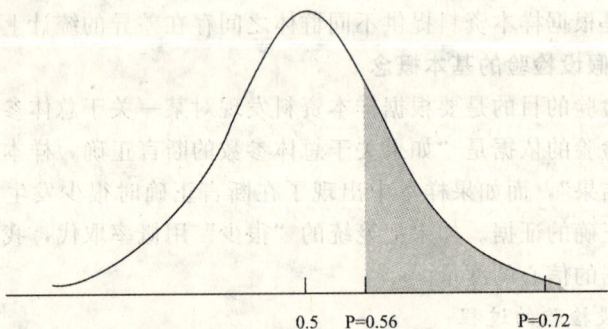

图 3—32　当 $\pi = 0.5$ 时，50 位受试者中偏好广告 A 的人的比例 P 的抽样分布（阴影区域代表 P 为 0.56 或更大值的概率）

在这个抽样分布上找到了观测值 P 的位置，可以从图 3—32 中看到，如果总体比例真的是 0.5 的话，样本中出现 P＝0.56 或更大比例的可能性很大（阴影面积较大），但像 0.72 这么大的比例是很少能碰到的。

事实上，样本中有 56％ 或更多的人偏好广告 A 的概率是 0.20，只靠机遇，5 次抽样当中就会出现 1 次这样的结果，所以它不是否定怀疑者断言的好的证据。而当总体中只有一半人偏好广告 A 时，样本中偏好广告 A 的比例达到 72％ 或更高的概率只有 0.001，即在 1000 次抽样当中，才能遇到 1 次这样的情况。也就是说，如果怀疑者是对的，几乎不会在一个样本中看到 72％ 或更多的人偏好广告 A，而现在样本中已经出现了这样的结果，这是一个强有力的证据，说明怀疑者错了，真正的总体比例应该大于 0.5。但得出的这种结论仍然存在两种可能：

（1）研究者判断错了。怀疑者是对的，π 确实等于 0.5，但由于运气实在太差，极不可能发生的结果却发生了。

（2）研究者判断正确。事实上偏好广告 A 的总体比例大于 0.5，所以样本基本上就是预期的结果。

我们不能确定第（1）种可能一定不对，但是，这样一个结果出现的概率这么小（0.001），所以我们相当有信心认为第（2）种可能才是正确的。

由以上讨论可以看出，统计检验的基本思路是在断言正确的情况下得到出人意料的结果，就提供了做出断言不正确的结论的证据。

2. 原假设和对立假设

在大部分研究中，我们想要证明的是总体中有某种特定的效应，例如根据 72％ 的比例猜想总体中大部分人偏好广告 A。但为了方便讨论，统计检验会先假设所猜想的效应并不存在，然后开始寻找不利于这个假设而支持我们猜想的证据。假设检验的第一步，是要先列出一个随后会试图找到证据来否定的断言，称之为统计假设（Statistical Hypothesis），简称假设。它是关于总体分布的一种说法，可以通过从该总体中随机抽取的一个样本来进行检验。

在统计检验中接受检验的断言叫做原假设或零假设（Null Hypothesis），用 H_0 表示。通常原假设是"没有效应"或"没有差异"的叙述。由于假设是关于总体的叙述，所以一定要用总体参数来表示。例如，刚才的例子中原假设是所有看广告的人里面偏好广告 A 的比例 π 为 0.5。可以记作：

$H_0 : \pi = 0.5$

我们猜想的那个可以取代 H_0 的叙述，叫做对立假设或备选假设（Alternative Hypothesis），用 H_1 表示。在刚才的例子中，对立假设就是所有看广告的人里面超过半数的人偏好广告 A，用总体参数表示就是：

$H_1 : \pi > 0.5$

进行假设检验，一般都要有这两个假设，原假设 H_0 通常是表示"没有差异"的那个假设；对立假设是在设定 H_0 时同时设定的，如果原假设被拒绝，对立假设就会被接受。原假设 H_0 与对立假设 H_1 互相排斥，两者有且只有一个正确。所谓假设检验问题，就是要判断原假设 H_0 是否正确，决定接受还是拒绝原假设 H_0。若拒绝原假设 H_0，则接受对立假设 H_1。

假设检验就是设计并估计从样本中获得的否定原假设的证据有多强。如果观测到的结果在原假设为真的情况下出人意料，而在对立假设为真时却较容易发生，那么结果就是不利于 H_0 而有利于 H_1 的证据。

我们认为 H_0 错而 H_1 对的信心，就是在 H_0 正确时会得到离我们预期结果很远的结果的概率。"离我们预期的结果很远"既和 H_0 有关，也和 H_1 有关。在刚才的例子中，我们要计算的概率就是 P 至少是 0.72 的概率，这个概率很小（0.001），所以如果 $\pi = 0.5$ 正确的话，观测到这个结果是很出人意料的。

3. P 值

统计检验的 P 值是在 H_0 为真的假设下计算得到的，它是检验统计量会等于像实际观测到那么极端或更极端的值的概率。P 值越小，样本数据所提供的否定 H_0 的证据就越强。如上例中，当原假设（$H_0 : \pi = 0.5$）为真时，观测到样本比例 P 至少等于 0.72 的概率是 0.001，这个概率就是该统计检验的 P 值。

在实际应用中，大部分统计检验的 P 值都会由相应的统计软件计算得到，但是我们应该知道 P 值传达了什么信息，因为许多研究结果都是用 P 值来描述的。

4. 第 I 类错误和第 II 类错误

由于样本具有随机性，因此根据样本数据进行假设检验时可能会犯两类错误：一类是原假设 H_0 本来正确，但按检验规则却做出了拒绝原假设 H_0 的判断，这类错误称为第 I 类错误或弃真错误，其发生的概率称为犯第Ⅰ类错误的概率，记为 α；另一类错误是原假设 H₀ 本来不正确，但按检验规则却做出了接受原假设 H₀ 的判断，这类错误称为第Ⅱ类错误或取伪错误，其发生的概率称为犯第Ⅱ类错误的概率，记为 β。第Ⅰ类错误和第Ⅱ类错误的关系如图 3—33 所示。

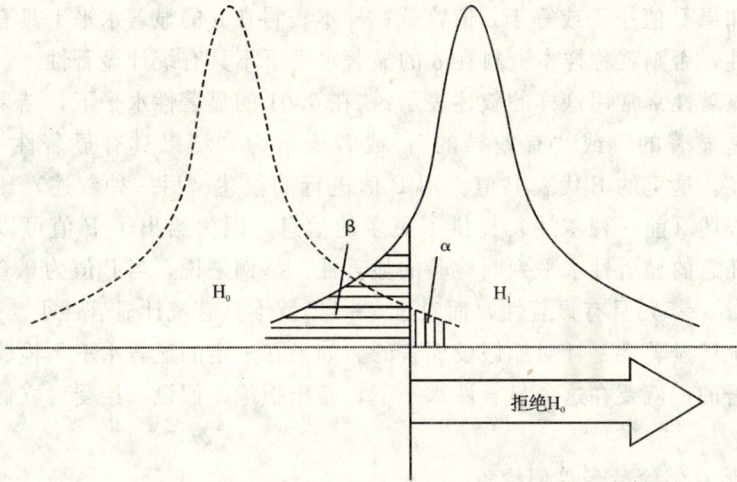

图 3—33　假设检验中的第Ⅰ类错误和第Ⅱ类错误

从图 3—33 可以看出，α 和 β 不会同时减小，如果想降低犯一种错误的可能，就会增大犯另一种错误的可能。但一个好的检验犯这两类错误的可能都应尽可能小。鉴于这种情况，Neyman 和 Pearson 提出一个原则，即在控制犯第Ⅰ类错误的概率 α 一定的条件下，使犯第Ⅱ类错误的概率 β 尽量小。根据这一原则，原假设受到保护，不至于被轻易否定。一旦检验结果否定原假设，其犯第Ⅰ类错误的概率 α 受到控制，也就是说这种"否定"是正确的概率 1−α（就是置信度）得到保证。通常取 α 为一个较小的数，如 0.01，0.05，0.10 等，称为显著性水平。但是 α 不能定得太低，否则会使 β 大为增加。

5. 统计显著性

统计检验的最后一个步骤是来评估否定 H₀ 的证据。我们可以把 P 值和一个我们认为具有决定性的固定的数值做比较。这就等于是在事前宣布：我们坚持，用于否定 H₀ 的证据必须达到什么程度。这个具有决定性的数值就是显著性水平 α 。假如选择 $\alpha=0.05$，就等于说样本数据所传达的否定 H_0 的证据要足够强，使得当 H_0 正确时观测到这种结果的概率小于 5%（20 次中发生 1 次）；如果我们选择 $\alpha=0.01$，就是坚持要有否定 H_0 的更强的证据，证据要足够强，使得当 H_0 为真时，这种结果只有 1% 的可能会发生（100 次中有 1 次）。

如果 P 值小于或等于 α 值，就称样本资料在 α 的显著水平下具有统计显著性，否则就称样本资料在 α 的显著水平下不具有统计显著性。

显著性常常用这样的叙述表示："在 0.01 的显著性水平下，结果在统计上是显著的"或"有差异的"；或者表示为"结果具有显著性（P<0.01）"，这里的 P 代表 P 值。用 P 值进行的叙述（后一种叙述）比显著性的叙述（前一种叙述）提供了更多的信息，因为给出了 P 值可以让我们对任意的显著性水平判断检验的显著性。举例来说，当 P 值为 0.03 时，结果对 $\alpha=5\%$ 具有显著性，而对于 $\alpha=1\%$ 就不具有统计显著性了。

统计显著性是针对原假设而言的。如果在一定的显著水平下检验结果是显著的，就要在这个显著性水平下，做出拒绝原假设、接受对立假设的判断。

6. 双侧检验和单侧检验

双侧检验和单侧检验是针对对立假设的，考虑下面三种类型的假设检验：

（1）$H_0: \mu=\mu_0$，$H_1: \mu \neq \mu_0$；

（2）$H_0: \mu=\mu_0$，$H_1: \mu > \mu_0$；

（3）$H_0: \mu=\mu_0$，$H_1: \mu < \mu_0$。

在这三种检验中，（1）称为双侧检验，其对立假设也可以写成"$\mu > \mu_0$ 或 $\mu < \mu_0$"；（2）和（3）都称为单侧检验，其中（2）是右侧检验，（3）是左侧检验。

双侧检验和单侧检验的原理是类似的，不过在拒绝还是接受原假设的判定数值上有一些差异：究竟样本结果往一个方向还是两个方向偏离可以算作否定 H_0 而肯定 H_1 的证据。当进行单侧检验时，计算 P 值时只需考虑正态曲线下面样本观测值之右侧（或左侧）的阴影部分的面积；而当进行双侧检验时，计算 P 值要同时考虑样本观测值的左侧和右侧的面积，由于正态分布左右两侧是对称的，因此可以先计算一侧的概率值再乘以 2 即可得到最终的 P 值。

（二）几种简单的假设检验

对总体参数的假设检验方法可以是置信区间法、临界值法和概率值法（P 值法），统计软件中一般采用概率值法进行假设检验，我们这里也主要介绍用概率值法进行假设检验的过程。

概率值计算的是当 H_0 为真时，样本统计量分布到观测值之外的可能性，即样本统计量大于观测值的概率（当右侧检验时）或样本统计量小于观测值的概率（当左侧检验时）或者双侧检验时，左右两侧概率之和。事实上，我们一直是在讲述用概率值进行的假设检验。

概率值可以清楚地概括数据和原假设 H_0 之间的一致程度，它是对 H_0 可信度的一个度量。当概率值小于事先设定的显著性水平时，就会认为如此小概率的事件居然发生了，很可能是原假设有问题，就应该拒绝原假设；否则就只能接受原假设。

用概率值法进行假设检验一般遵循以下步骤：

第一步，陈述原假设 H_0 和对立假设 H_1。

第二步，根据对立假设 H_1 确定检验是单侧的还是双侧的。

第三步，确定样本量。

第四步，抽取样本，收集数据。

第五步，计算检验统计量，如样本均值、样本比例、两个样本的均值之差或比例之差等。

第六步，根据相应的公式，计算检验统计量的标准误差，从而得到检验的最终统计量 Z 比值或 t 比值或 F 比值。

第七步，根据最终统计量计算原假设 H_0 的相应的概率值 $P = Pr\ (Z > Z_0)$ 或 $P = Pr\ (t > t_0)$ 或 $P = Pr\ (F > F_0)$ 等。

第八步，根据显著性水平，做出是否拒绝原假设的决定。接受或拒绝原假设的规则是若概率值小于显著性水平，则拒绝原假设。

采用概率值法进行假设检验的优势是可以事先不规定显著性水平，调研的使用者在使用数据结果时，根据自己的需要，可以确定自己认为合理的显著性水平，以便更好地利用数据。

1. 单样本总体均值的假设检验

单样本总体均值的假设检验是假设检验的最简单的形式。原假设和对立假设一般用如下的形式表示：

$H_0 : \mu = \mu_0$

H_1：$\mu \neq \mu_0$（或 $\mu > \mu_0$，$\mu < \mu_0$）

假定样本量是 n，样本均值为 $\overline{X}$。检验的统计量是 $\overline{X}$，$SE = \sigma/\sqrt{n}$ 或 $SE = S/\sqrt{n}$。经过标准化，最终检验的统计量是 Z 或 t。

$$Z_0 = \frac{\overline{X} - \mu}{\sigma/\sqrt{n}} \text{（当 } \sigma \text{ 已知时）}$$

或

$$t_0 = \frac{\overline{X} - \mu}{S/\sqrt{n}} \text{（当 } \sigma \text{ 未知时，自由度 } df = n-1\text{）}$$

然后计算概率：

（1）右侧检验时计算　$P = Pr\ (Z > Z_0)$ 或 $P = Pr\ (t > t_0)$。

（2）左侧检验时计算　$P = Pr\ (Z < Z_0)$ 或 $P = Pr\ (t < t_0)$。

（3）双侧检验时计算　$P = 2Pr\ (Z > Z_0)$ 或 $P = 2Pr\ (t > t_0)$。

然后，将得到的，概率值和显著性水平 α 的大小进行比较，如果概率值 P 小于 α，则说明 μ 和 μ_0 差异是显著的，拒绝原假设；否则差异是不显著的，接受原假设。

2. 两个独立样本总体均值之差的假设检验

两个独立样本均值之差的假设检验是媒介调查中常用的检验类型。原假设和对立假设分别可以表示如下：

H_0：$\mu_1 = \mu_2$ 或 $\Delta = \mu_1 - \mu_2 = 0$

H_1：$\mu_1 \neq \mu_2$ 或 $\Delta = \mu_1 - \mu_2 \neq 0$（或 $\Delta = \mu_1 - \mu_2 > 0$）

假定两个样本取自两个独立的总体，样本量分别为 n_1 和 n_2，样本均值分别为 $\overline{X}_1$ 和 $\overline{X}_2$。在实际应用中，总体的标准差 σ_1 和 σ_2 往往是不知道的，因此要用样本标准差 S_1 和 S_2 估计。检验的统计量是样本均值之差 $\overline{X}_1 - \overline{X}_2$，样本均值之差 $\overline{X}_1 - \overline{X}_2$ 的抽样分布的标准误差可以用下式来估计：

$$SE = S_P \sqrt{\frac{1}{n_1} + \frac{1}{n_2}}$$

$$S_P = \sqrt{\frac{\sum\ (X_1 - \overline{X}_1)^2 + \sum\ (X_2 - \overline{X}_2)^2}{n_1 + n_2 - 2}}$$

或 $S_P = \sqrt{\frac{(n_1 - 1)\ S_1^2 + (n_2 - 1)\ S_2^2}{n_1 + n_2 - 2}}$

经过标准化，检验的最终统计量是 t（在样本量很大的时候，可以把

t 看做 Z)。

$$t_0 = \frac{\overline{X}_1 - \overline{X}_2}{SE}$$

自由度 $df = n_1 + n_2 - 2$

计算概率值 $P = Pr(t > t_0)$，如果是双侧检验则概率值加倍，然后比较概率值和显著性水平 α，如果概率值小于 α，则拒绝原假设，否则接受原假设。

3. 单样本总体比例的假设检验

单样本比例 P 的假设检验方法与单样本均值 $\overline{X}$ 的假设检验类似。原假设和对立假设分别为：

$H_0 : \pi = \pi_0$

$H_1 : \pi \neq \pi_0$（或 $\pi > \pi_0$，$\pi < \pi_0$）

假定样本量是 n，样本比例为 P。检验的统计量是 P，$SE = \sigma/\sqrt{n} = \sqrt{\pi_0(1-\pi_0)/n}$。经过标准化，最终检验的统计量是 Z 比值。

$$Z_0 = \frac{P - \pi_0}{SE} = \frac{P - \pi_0}{\sqrt{\pi_0(1-\pi_0)/n}}$$

然后计算概率：

(1) 右侧检验时计算　$P = Pr(Z > Z_0)$。

(2) 左侧检验时计算　$P = Pr(Z < Z_0)$。

(3) 双侧检验时计算　$P = 2Pr(Z > Z_0)$。

然后，将得到的概率值和显著性水平 α 的大小进行比较，如果概率值小于 α，则说明差异是显著的，拒绝原假设；否则差异是不显著的，无法拒绝原假设。

4. 两个独立样本总体比例的假设检验

两个独立样本比例的假设检验在媒介研究中被广泛地采用。原假设和对立假设分别是：

$H_0 : \pi_1 = \pi_2$ 或 $\Delta = \pi_1 - \pi_2 = 0$

$H_1 : \pi_1 \neq \pi_2$ 或 $\Delta = \pi_1 - \pi_2 \neq 0$（或 $\Delta = \pi_1 - \pi_2 > 0$）

假定两个样本取自两个独立的总体，样本量分别为 n_1 和 n_2，两个样本中具有某一特征的样本比例分别为 P_1 和 P_2。在应用中，总体的标准差 σ_1 和 σ_2 往往是不知道的，因此要用样本标准差 S_1 和 S_2 估计。检验的统计量是样本比例之差 $P_1 - P_2$，其抽样分布的标准误差可以用下式来估计：

$$SE = \sqrt{\frac{P_1 (1-P_1)}{n_1} + \frac{P_2 (1-P_2)}{n_2}}$$

经过标准化，检验的最终统计量是 t，在大样本的情况下，可以把 t 看做 Z。

$$t_0 = \frac{P_1 - P_2}{\sqrt{\dfrac{P_1 (1-P_1)}{n_1} + \dfrac{P_2 (1-P_2)}{n_2}}}$$

自由度 $df = n_1 + n_2 - 2$

计算概率值 $P = Pr\ (t > t_0)$，如果是双侧检验则概率值加倍，然后比较概率值和显著性水平 α，如果概率值小于 α，则拒绝原假设，否则无法拒绝原假设。

不过事实上，当运用比例的时候，往往都是大样本，所以最终检验的一般是 Z 比值。

5. 假设检验的一般规则

从前面四种简单类型的参数检验中可以看出，假设检验的关键统计量是标准化后的 Z 比值或 t 比值，以单样本总体均值的假设检验为例：

$$Z = \frac{\overline{X} - \mu_0}{\sigma/\sqrt{n}} \quad 或 \quad t = \frac{\overline{X} - \mu_0}{s/\sqrt{n}}$$

即 $Z = \dfrac{样本估计值 - 原假设的值}{估计值抽样分布的标准误差}$

或 $t = \dfrac{样本估计值 - 原假设的值}{估计值抽样分布的标准误差的估计值}$

Z 统计量或 t 统计量构造完成后，查 Z 分布或 t 分布表，就可以得到检验所需要的概率值，就可以对原假设做出拒绝或接受的判断。

这个过程是用概率值进行假设检验的一般规则。不管是什么统计量，只要能够得知该统计量所服从的抽样分布的标准误差（从两样本总体均值和总体比例的检验中可以看出，得到检验统计量的标准误差是检验中最复杂的过程），就可以构造相应的最终检验统计量 Z 值或 t 值，从而完成相应的假设检验。

（三）假设检验和置信区间的关系

假设检验和置信区间之间有着密切的关系。这两种统计推断只是目的上不同，置信区间解决的问题是总体参数的大小如何？估计量的精度如何？而假设检验解决的问题是总体参数值等于某一个特定值吗？

　　某一参数显著性水平为 α 的双侧检验问题与置信度为 $1-\alpha$ 的双侧置信区间之间有着这样的关系：若检验在 α 的显著性水平下接受 H_0，则该参数的 $1-\alpha$ 的置信区间必然包含这一特定数值。比如，如果假设检验接受 $\mu=\mu_0$，则 μ 的 $1-\alpha$ 的置信区间必包含 μ_0。反之，若检验在 α 水平下拒绝 H_0，则该参数的 $1-\alpha$ 的置信区间不包含这一特定数值。因此，可以通过构造置信区间来进行假设检验，如果构造出来的置信区间包含对应的特定数值，则接受 H_0：参数＝该特定数值；否则拒绝 H_0。同样，单侧检验与对应方向的单侧置信区间之间也具有这样的关系。

　　在假设检验中样本量 n 是很重要的，当 n 较小时，置信区间较宽，因而比较容易包含特定的那个数值，原假设也就不容易被拒绝；只有当原假设偏离真值相当大时，检验才易做出"有显著差异"的判断。相反，当 n 较大时，置信区间较窄，置信区间也不易包含那个特定的数值，原假设也就容易被拒绝，原假设的微小偏离也能作为"统计上有显著差异"被检测出来。所以，在实际应用中，对于大样本，如果原假设因对真值的微小偏离而被拒绝，就应考虑，原假设的微小偏离是否无关紧要，若是，仍可以把原假设当成真的看待。

　　同理，在样本量 n 固定的情况下，若数据的标准差较大，原假设不容易被拒绝；若标准差较小，原假设即使只有微小的偏离，也容易被检验出来。

（四）单因素方差分析——两个以上独立样本总体均值的假设检验

　　两个以上独立样本均值的假设检验也叫做单因素方差分析，方差分析主要用于分析实验的数据，以检验实验的多个组之间的差异性。其原假设可用以下式子表示：

　　H_0：$\mu_1=\mu_2=\cdots=\mu_c$

　　假定取自 c 个待比较总体的 c 个独立样本（或 c 个组）的样本量分别为 n_1，n_2，…，n_c，样本均值分别为 $\overline{X}_1$，$\overline{X}_2$，…，$\overline{X}_c$。c 个样本合并后的总样本的样本量为 n，所有样本的总均值表示为 $\overline{X}$。分别用 SS_b、SS_w 和 SS_t 表示组间变差、组内变差（又叫残差）和总变差，其中组间变差表示各个样本（各组）的均值 $\overline{X}_t$ 与总均值 $\overline{X}$ 之间的差异，反映的是相对于各组均值的变差的大小，即可以用组间差异来解释的变差；组内变差表示每组组内的个体值 X_{ij} 与该组均值 $\overline{X}_i$ 之间的差异，反映的是各组内的随机波动造成的变差，也就是无法解释的残差；总变差 SS_t 可以分解成组间变

差 SS_b 和组内变差 SS_w 之和,对应的总自由度 df_t 也可以分解为组间自由度 df_b(分子的自由度)和组内自由度 df_w(分母的自由度)之和。有关的计算公式为:

$$SS_b = \sum_{i=1}^{c} n_i (\overline{X}_i - \overline{\overline{X}})^2$$

$$SS_t = \sum_{i=1}^{c} \sum_{j=1}^{n_1} (X_{ij} - \overline{\overline{X}})^2$$

$$SS_w = \sum_{i=1}^{c} \sum_{j=1}^{n_1} (X_{ij} - \overline{X})^2$$

$$SS_t = SS_b + SS_w$$

$$df_t = n - 1$$

$$df_b = c - 1$$

$$df_w = n - c$$

检验 H_0 的最终统计量为 F 比值,它是平均组间变差与平均组内变差(或残差)的比值,也就是组间方差与组内方差的比值,它表示了可以用组间差异来解释的方差相对于不能解释的方差的大小。计算公式为:

$$F = \frac{SS_b / (c-1)}{SS_w / (n-c)}$$

自由度 $df = (c-1, n-c)$

利用一般统计书中的 F 分布表(附录Ⅳ),也可以查到概率值的大致范围。当原假设被拒绝时,说明 c 个子总体的均值不是没有差异的。如果想要进一步了解到底是哪些子总体之间存在显著的差异,可能还需应用两个独立样本总体均值的假设检验方法去进行两两的比较,才能得到比较确切的结论。

为了便于理解,用一个简单的例子来说明单因素方差分析的过程。假定一位报社主编主持了一项实验:把相同的内容按不同的编排方式进行印刷,并随机选取了 40 位该报纸的目标读者把他们随机分为 4 组(每组 10 人),每组阅读一种编排方式的报纸,然后分别让他们对所阅读的报纸进行评价打分。但是由于受试者的中途退出,每组的有效样本都有一定程度的减少。实验结果即各组样本的打分情况如表 3—12 所示,根据这些结果,是否可以认为编排风格是影响人们对报纸评价的一个因素呢?可以通过单因素方差分析检验人们对 4 种编排风格的报纸的评价是否有不同。

表 3—12 阅读不同编排风格的实验组对所阅读报纸的评价

第一组	第二组	第三组	第四组
65	32	81	81
47	45	63	62
60	54	42	45
43	35	76	54
55	48	69	73
32		51	51
78		47	36
51		72	
		43	
$n_1 = 8$	$n_2 = 5$	$n_3 = 9$	$n_4 = 7$
$\overline{X}_1 = 53.88$	$\overline{X}_2 = 42.80$	$\overline{X}_3 = 60.44$	$\overline{X}_4 = 57.43$

原假设 $H_0 : \mu_1 = \mu_2 = \cdots = \mu_c$

$$\overline{X} = \frac{n_1 \overline{X}_1 + n_2 \overline{X}_2 + \cdots + n_c \overline{X}_c}{n_1 + n_2 + \cdots + n_c}$$

$$= \frac{8 \times 53.88 + 5 \times 42.80 + 9 \times 60.44 + 7 \times 57.43}{8 + 5 + 9 + 7}$$

$$= 54.86$$

$$SS_b = \sum_{i=1}^{c} n_i (\overline{X}_i - \overline{X})^2$$

$$= 8 \times (53.88 - 54.86)^2 + 5 \times (42.80 - 54.86)^2$$

$$+ 9 \times (60.44 - 54.86)^2 + 7 \times (57.43 - 54.86)^2$$

$$= 1061.363$$

$$SS_w = \sum_{i=1}^{c} \sum_{j=1}^{n_1} (X_{ij} - \overline{X})^2$$

$$= (65 - 53.88)^2 + \cdots + (51 - 53.88)^2 + (32 - 42.80)^2$$

$$+ \cdots + (36 - 57.43)^2$$

$$= 5009.611$$

$$df_b = c - 1 = 4 - 1 = 3$$

$$df_w = n - c = 8 + 5 + 9 + 7 - 4 = 25$$

$$F = \frac{SS_b / (c-1)}{SS_w / (n-c)} = \frac{1061.363/3}{5009.611/25} = 1.7655$$

查 F 分布表（分子自由度 3，分母自由度 25）得原假设的概率值大于 0.10，即如果原假设为真，出现这么大的 F 值的概率大于 10%，在 $\alpha = 0.05$ 的显著性水平下无法拒绝原假设，即只能认为各个总体均值之间没有显著的差异。

上述计算过程常常很方便地在一张标准格式的表中列出，如表 3—13 和表 3—14 所示，称为方差分析表。

表 3—13 方差分析表

变差的来源	变差（平方和 SS）	自由度 df	方差（均方 MSS）	F 比值
组间变差	$SS_b = \sum_{i=1}^{c} n_i(\overline{X}_i - \overline{\overline{X}})^2$	$c - 1$	$MSS_b = \dfrac{SS_b}{c-1}$	$F = \dfrac{MSS_b}{MSS_w}$
组内变差	$SS_w = \sum_{i=1}^{c} \sum_{j=1}^{ni} (X_{ij} - \overline{X})^2$	$n - c$	$MSS_w = \dfrac{SS_w}{n-c}$	
总变差	$SS_t = \sum_{i=1}^{c} \sum_{j=1}^{ni} (X_{ij} - \overline{\overline{X}})^2$	$n - 1$		
其中 $\overline{\overline{X}}$ 等于全部 X_{ij} 的总平均 $\overline{\overline{X}} = \dfrac{n_i \overline{X}_1 + n_2 \overline{X}_2 + \cdots + n_c \overline{X}_c}{n_1 + n_2 + \cdots + n_c}$				

表 3—14 本例的方差分析表

变差的来源	变差（平方和 SS）	自由度 df	方差（均方 MSS）	F 比值	概率值
组间变差	1061.363	3	353.7877	1.7655	—— >0.10
组内变差	5009.611	25	200.3844		
总变差	6070.974	28			

（五）拟合优度的 χ^2（卡方）检验

上面列出的几种检验都适合于数值型变量，都是以总体分布已知或对分布做出某种假定为前提的，因此可以称为参数检验。但是，许多实际问题的研究，往往不知道总体如何分布，或无从对总体的分布做出某种限定，特别是对只能用定序变量和定类变量进行测量的某些现象，就需要用非参数统计的方法来解决。所谓非参数统计，就是对总体分布的具体形式不作任何限制性假定和不以总体参数的估计为目的的一种推断统计方法。

这种统计方法主要用于对某种判断或假设进行检验，所以称做非参数检验。χ^2 检验是一种最常见的非参数检验方法，它常用于对变量的分布进行拟合优度检验，也可用来判断两个定类变量间是否存在相关性的问题，后者将在本章第三节中介绍。现在来看一下拟合优度的 χ^2 检验的过程。

拟合优度的 χ^2 检验是利用随机样本对总体分布与某种特定分布拟合程度进行检验的一种方法，也就是检验测量值与理论值之间的一致程度。当研究 K（K>2）个事件时，可以测定 K 个观察值与相应的理论值之间的差异，由此构造的统计量称为 χ^2 统计量。一般地，当样本容量足够大时，样本分成 K 类，每类实际出现的频数用 f_o 表示，其理论频数为 f_e，则 χ^2 统计量为 $\chi^2 = \sum \dfrac{(f_o - f_e)^2}{f_e}$，且 χ^2 服从自由度为 K—1 的 χ^2 分布。

χ^2 分布是一种特定形式的概率分布，在参数估计中常用于对方差的估计，在非参数检验中，它具有更广泛的应用。一方面，有很多非参数的假设检验问题都可以转化为检验观测值和期望值之间联系紧密程度的问题。而检验统计量并不依赖于总体的分布形式，而是作为检验总体分布是否为某种特定的概率分布的一种方法。另一方面，用这种方法对数据的形式要求比较低，收集的资料可以是定距变量，也可以是定序和定类变量。

拟合优度检验是利用样本信息对总体分布做出推断，检验总体是否服从某种理论分布的方法。其方法是把样本分成 K 个互斥的类，然后根据要检验的理论分布算出每一类的理论频数，并与实际的观察频数进行比较。

拟合优度的 χ^2 的检验步骤：

第一步，确定原假设与对立假设，原假设 H_0 表示总体服从设定的分布；对立假设 H_1 表示不服从设定的分布。同时，确定显著性水平 α。

第二步，从要研究的总体中，随机抽取一个样本，取得观察频数。

第三步，按照"原假设为真"这一假定，得出一组理论频数。这一过程就是要假定所研究的总体服从某一分布。

第四步，对观察频数与理论频数进行比较，如果它们之间的差异很大，以致在确定的显著性水平下不能把它们归之于随机波动，就拒绝原假设。

为了帮助理解拟合优度的 χ^2 检验，借助一个简单例子进行说明。例如，许多儿童都喜欢看卡通片，有的人认为只要是卡通片儿童都爱看，而不管其类型；另一些人认为儿童对不同类型的卡通片有不同的偏好。为此，他们提供了 6 种类型的卡通片，让 300 名经常看电视的儿童观看，然后说出喜欢看哪一种，得到了如表 3—15 前两列中的数据。

表 3—15 　　　　　　　　300 名儿童对不同类型的卡通片的偏好分布

卡通片编号	观测频次 f_o	概率 π（H_0 为真）	期望频次 $f_e = n\pi$	偏差 $f_o - f_e$	偏差平方 $(f_o - f_e)^2$	加权结果 $(f_o - f_e)^2/f_e$
1	85	1/6	50	35	1225	24.5
2	80	1/6	50	30	900	18
3	55	1/6	50	5	25	0.5
4	10	1/6	50	−40	1600	32
5	40	1/6	50	−10	100	2
6	30	1/6	50	−20	400	8
合计	300	1	300	0		$\chi^2 = 85$ $P < 0.001$

原假设 H_0：每一个卡通片被选择为喜欢类型的可能性是相同的（对立假设 H_1：每一个卡通片被选择为喜欢类型的可能性是不同的），即假定所研究的总体服从均匀分布。因此，每一个卡通片被选择的概率 π 都应该是 1/6。

如果 H_0 为真，300 名儿童挑选每种卡通片的可能性应该是相等的，那么选择每种卡通片的期望频次应该是：

$f_e = n\pi$

现在，就可以求得实际观测频次和理论观测频次相差多少，但偏差的代数和等于 0，不是一个很好的基准，可以通过求偏差的平方来避免这一问题。为了说明每一组的相对重要性，要把每一组的偏差平方和本组中的期望频次作比（即加权），然后求出加权后每一组的观测频次和理论频次的差异，将它们相加，从而得到了度量全部偏差的一个量，就是 χ^2。

$$\chi^2 = \sum \frac{(f_o - f_e)^2}{f_e}$$

χ^2 是一个统计量，它服从自由度为 $K-1$ 的 χ^2 分布（K 是分组数）。本例中 $\chi^2 = 85$，从附录 V 中可以查到 χ^2 分布的临界值点，反查表可以得

到当 H_0 为真时，观测值出现的概率值P＜0.001。

由于这一概率值是如此之小，该数据与原假设的拟合程度十分差，因此拒绝原假设，即认为儿童对不同类型的卡通片偏好是有显著差异的。

本例中理论上发生在各组中的概率 π 是相等的，这时 χ^2 的计算比较简单，但很多时候各组的 π 是不相等的，但公式 $f_e = n\pi$ 总是成立的，其余的计算过程和本例中完全相同。

第三节　资料间的关联性

在媒介调查中，常常会研究两个或两个以上变量之间的关系，研究变量间关系常用的统计分析方法是相关分析、回归分析和交互分析等。

一、简单线性相关分析

相关分析是一种广泛应用的测定变量间关联性的方法，也是一种理想的相关关系的测定方法。我们这里只针对最简单的相关分析进行说明。

(一) 简单相关系数

简单相关系数又称为皮尔逊相关系数或简单积矩相关系数，在本章第一节讲常用统计量时已经作过介绍。它测量的是两个变量线性联系的紧密程度。

1. 简单相关系数的计算

在计算简单相关系数时一般是将一个变量定义为自变量 X，另一个变量定义为因变量 Y，X 和 Y 的地位是相等的、可以互换的。

相关系数的计算公式为：

$$r = \frac{\sum xy}{\sqrt{\sum x^2}\sqrt{\sum y^2}}$$

式中，$x = X - \overline{X}$，$y = Y - \overline{Y}$。

下面用一个简单的例子来说明相关系数的计算方法。例如，为了研究电视广告的劝服力和艺术性是否有关系，研究人员让一组观众对 18 条电视广告的劝服力和艺术性分别进行了打分，并计算每条广告关于这两个变量的平均评分。如表 3—16 的前三列所示。

表 3—16   18 条电视广告的艺术性和劝服力相关系数的计算

| 广告编号 | 原始数据 | | 偏差 | | 乘积 | | |
	艺术性平均得分 X	劝服力平均得分 Y	$x=X-\overline{X}$	$y=Y-\overline{Y}$	xy	x^2	y^2
1	3.5	3.9	−0.45	−0.24	0.1075	0.2025	0.0571
2	3.5	4.1	−0.45	−0.04	0.0175	0.2025	0.0015
3	4	4.6	0.05	0.46	0.0231	0.0025	0.2126
4	3.8	4.2	−0.15	0.06	−0.0092	0.0225	0.0037
5	3.1	4.2	−0.85	0.06	−0.0519	0.7225	0.0037
6	4.6	4.9	0.65	0.76	0.4947	0.4225	0.5793
7	4.2	3.7	0.25	−0.44	−0.1097	0.0625	0.1926
8	3.3	4.1	−0.65	−0.04	0.0253	0.4225	0.0015
9	4.7	4.2	0.75	0.06	0.0458	0.5625	0.0037
10	4	3.6	0.05	−0.54	−0.0269	0.0025	0.2904
11	3.8	4.2	−0.15	0.06	−0.0092	0.0225	0.0037
12	2.9	4.3	−1.05	0.16	−0.1692	1.1025	0.0260
13	4.8	4.9	0.85	0.76	0.6469	0.7225	0.5793
14	3.6	4.1	−0.35	−0.04	0.0136	0.1225	0.0015
15	3.9	3.7	−0.05	−0.44	0.0219	0.0025	0.1926
16	4.3	3.5	0.35	−0.64	0.2236	0.1225	0.4082
17	4.5	4.1	0.55	−0.04	−0.0214	0.3025	0.0015
18	4.6	4.2	0.65	0.06	0.0397	0.4225	0.0037
n=18	$\overline{X}=3.95$	$\overline{Y}=4.14$	0	0	$\sum xy$ = 0.8150	$\sum x^2$ = 5.4450	$\sum y^2$ = 2.5628

表 3—16 的后五列是相关系数的计算过程，根据上表的结果，可以得出相关系数

$$r = \frac{\sum xy}{\sqrt{\sum x^2}\sqrt{\sum y^2}} = \frac{0.8150}{\sqrt{5.4450}\sqrt{2.5628}} = 0.2182$$

2. 相关系数的意义

在本章第一节的图 3—4 表现了相关系数的直观意义。具体来说，相关系数对两个变量的相关性是这样度量的：

（1）正的 r 值显示变量之间正相关，负的 r 值显示负相关，r＝0.2182 显示的就是广告的艺术性和劝服力之间如果相关的话就是正相关。

（2）相关系数 r 的值，永远在－1 和＋1 之间。靠近 0 的 r 值，代表变量之间很弱的直线相关；当 r 由 0 向－1 或＋1 接近时，直线相关的强度逐渐增加；r 值若接近－1 或＋1，散点图中点的分布很接近一条直线；r 值为－1 或＋1 时，所有的点全部落在一条直线上。

（3）r 是用标准分计算得到的，当改变两个变量中任何一个变量的度量单位时，相关系数并不会改变。相关系数 r 本身并没有度量单位。

（4）相关系数并不关心两个变量中哪个是自变量，哪个是因变量，两个变量在计算相关系数时完全是对称的。

（5）直线相关系数度量的只是两个变量间直线相关的强度，它不能描述两个变量之间的曲线关联，而不管这种关联程度有多强烈。

（6）相关系数会受到少数偏离整体的观测值的严重影响。当散点图中出现偏离点时，使用 r 解释数据要特别小心。

一般地，在经过假设检验并判断两个变量具有相关性的前提下，根据相关系数的大小，可以把两个变量之间的相关性划分为四个级别（这些级别成立的前提是｜r｜＜0.3 为不相关；0.3≤｜r｜＜0.5 为低度相关；0.5≤｜r｜＜0.8 为显著相关；｜r｜≥0.8 为高度相关）。相关系数的绝对值越大（越趋向于 1），则两个变量线性联系越密切。相关系数的符号表明了这种联系的方向。相关系数为正，表明两个变量是正相关，即自变量 X 与因变量 Y 呈相同方向的变化，即，平均来说，X 越大，Y 就越大；相关系数为负，这两个变量是负相关，X 越大，Y 越小。

（二）总体相关系数的检验

求出样本相关系数 r 后，可以利用它对总体相关系数 ρ 作出估计，也可以对原假设 $\rho=0$ 进行检验。

样本相关系数 r 和样本均值 $\overline{X}$、样本比例 P 一样，也是一个随机变量。可以证明，如果总体相关系数 ρ=0，那么样本相关系数 r 的抽样分布随着 n 的增大越来越接近于自由度为 n−2 的 t 分布，即：

$$t=\frac{r}{\sqrt{(1-r^2)/(n-2)}}$$

服从自由度为 n−2 的 t 分布。利用这个 t 值作最终检验统计量，就可以对原假设 H_0（ρ=0，X 与 Y 没有线性相关关系）进行检验。例如上例中 r=0.2182，n=18，t 统计量为：

$$t=\frac{r}{\sqrt{(1-r^2)/(n-2)}}=\frac{0.2182}{\sqrt{(1-0.2182^2)/16}}=0.89$$

df=18−2=16，由 t 分布表可以查得原假设的概率值＞0.10，因此在 5% 的检验水平下，无法拒绝原假设 H_0，即不能根据现有的数据认为电视广告的艺术性和劝服力之间有明显的相关关系。

二、一元线性回归分析

在相关分析中，虽然可以利用相关系数 r 来表示两变量相关关系的方向和相关关系的密切程度，但是，相关分析却不能解决当一个变量 X 发生变化时，另一个变量 Y 相应地发生了多大的变化。回归分析则度量了一个变量的变化量对另一个变量变化量的贡献，因此常用于对实验数据的分析。

（一）相关分析和回归分析

回归分析和相关分析都是对变量间依存关系的分析，在理论基础和方法上具有一致性。只有对存在相关关系的变量才能进行回归分析，相关程度越高，回归测定的结果越可靠，相关系数也是判定回归效果的一个重要依据；另外，相关系数和回归模型中的参数可以相互换算。

但回归分析和相关分析也有如下差别：

第一，相关分析是研究变量之间的共同变化关系，这些变量相互对应，不必分主次和因果关系。回归分析却是在控制或给定一个或多个变量的条件下来观察另一个变量的变化，控制的变量称为自变量，不是随机变量，被观察的变量称为因变量，是一个随机变量。当给定一个自变量数值时，因变量可能有多个取值，而且在通常的研究中也假定它们呈正态分布，并且具有相同的方差。因此，回归分析必须根据研究的目的和对象的性质确定哪个是自变量（也称为解释变量），哪个是因变量（也称为被解释变量）。

第二，相关分析主要是测定变量之间关系的密切程度和变量变化的方向。而回归分析却可以对具有相关关系的变量建立一个定量模型来描述变量之间具体的变动关系，通过控制或给定自变量的数值来估计或预测因变量可能的数值。

相关分析和回归分析既有联系又有差别，实际研究中，通常把它们结合在一起应用。回归分析根据研究的问题和收集的资料也有很多形式，一元线性回归是最简单的也是最基本的一种回归分析。

（二）一元线性回归模型

一元线性回归模型是用于分析一个自变量（X）与一个因变量（Y）之间线性关系的数学方程式。一般的形式是：

$$\hat{Y} = a + bX$$

这个方程在平面坐标系中表现为一条直线，回归分析中称之为回归直线。其中 X 是自变量，$\hat{Y}$ 是因变量 Y 的估计值，也称理论值，它是根据回归模型和给定的自变量 X 的值计算得到的结果。

a 和 b 通称为回归模型的参数。a 是回归直线的截距，即 X＝0 时的 $\hat{Y}$ 值，b 是回归直线的斜率，也称为回归直线的斜率或回归系数，表示自变量每变化一个单位时 $\hat{Y}$ 的增量（$\Delta\hat{Y}$），它的符号同相关系数 r 是一致的。当 b＞0 时，它就表示 X 每增加一个单位时 $\hat{Y}$ 的增加量，X 与 $\hat{Y}$ 同方向变动；当 b＜0 时，它就表示 X 每增加一个单位时 $\hat{Y}$ 的减少量，X 与 $\hat{Y}$ 反方向变动。当 b＝0 时，表示自变量 X 与因变量 $\hat{Y}$ 之间不存在线性关系，无论 X 取何值，$\hat{Y}$ 为一个常数。

回归模型表明的是两个变量之间的平均变动关系。当给定自变量 X 某一个数值时，因变量 Y 的实际值可能有不止一个，$\hat{Y}$ 只是这些众多数值的均值。当控制 X 为某一取值时，Y 的实际值可以看做由两部分组成：一部分是 X 对 Y 均值的线性影响而形成的系统部分，由回归量 a＋bX 来测定；另一部分是由 ε 所代表的各种偶然因素、观察误差以及被忽略的其他影响因素所带来的随机误差。如图 3—34 所示。

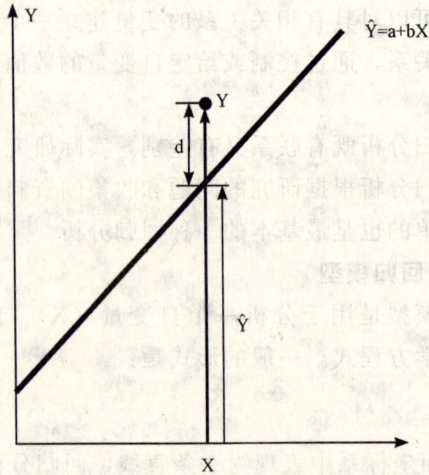

图 3—34　回归关系中 Y 的实际值由两部分组成

回归分析的主要目的是建立回归模型，借助给定的 X 值来估计 Y 值，并判断模型是否合适、估计的精度等。对于给定的一组 X 和 Y 值，按照不同的法则可以拟合出不同的直线，但最常用的方法是用最小二乘法拟合这条直线。

最小二乘法的原则是让所有的 Y 和 $\hat{Y}$ 的偏差都尽可能地小。为了克服正负号的抵消，先将所有的偏差都进行平方计算，然后求和，令它最小，即让 $\sum d^2 = \sum (Y - \hat{Y})^2$ 取最小值。这就是最小二乘法原则。

按照这个原则，得出斜率 b 的计算公式是：

$$b = \frac{\sum (X - \overline{X})(Y - \overline{Y})}{\sum (X - \overline{X})^2}$$

和计算相关系数时一样，令

$$x = X - \overline{X}, \quad y = Y - \overline{Y}$$

求 b 的公式就简化为：

$$b = \frac{\sum xy}{\sum x^2}$$

求出了斜率 b 之后，截距 a 就可以用下面的公式求得：

$$a = \overline{Y} - b\,\overline{X}$$

下面用一个例子来说明回归模型的计算过程。例如，有人相信儿童对电视的接触时间（平均每天看电视的时间 X）和儿童的知识量（Y 是用 5 级量表测量到的知识量得分）之间有因果关系，他们对 20 个儿童进行了测量，结果如表 3—17 的前 3 列所给出，回归模型的计算过程如下：

表 3—17　　　　儿童对电视的接触时间和儿童知识量的回归分析

原始数据			偏　差		乘　积	
编号	接触时间 X	知识量 Y	$x = X - \overline{X}$	$y = Y - \overline{Y}$	xy	x^2
1	94	4.2	4.75	0.43	2.0425	22.5625
2	65	3.2	−24.25	−0.57	13.8225	588.0625
3	130	4.1	40.75	0.33	13.4475	1660.563
4	85	3.7	−4.25	−0.07	0.2975	18.0625
5	76	3.4	−13.25	−0.37	4.9025	175.5625
6	118	4.7	28.75	0.93	26.7375	826.5625
7	123	4.6	33.75	0.83	28.0125	1139.063
8	106	4.3	16.75	0.53	8.8775	280.5625
9	99	3.9	9.75	0.13	1.2675	95.0625
10	88	3.1	−1.25	−0.67	0.8375	1.5625
11	79	2.5	−10.25	−1.27	13.0175	105.0625
12	75	3.3	−14.25	−0.47	6.6975	203.0625
13	51	3.6	−38.25	−0.17	6.5025	1463.063
14	92	4.5	2.75	0.73	2.0075	7.5625
15	95	3.8	5.75	0.03	0.1725	33.0625
16	48	2.9	−41.25	−0.87	35.8875	1701.563
17	100	4.8	10.75	1.03	11.0725	115.5625
18	84	4.1	−5.25	0.33	−1.7325	27.5625
19	80	3.2	−9.25	−0.57	5.2725	85.5625
20	97	3.5	7.75	−0.27	−2.0925	60.0625
n=20	$\overline{X}=89.25$	$\overline{Y}=3.77$	0	0	$\sum xy$ $=177.05$	$\sum x^2$ $=8609.75$

表 3—17 的后四列是回归系数的计算过程，根据上表的结果，可以得出回归系数为：

$$b = \frac{\sum xy}{\sum x^2} = \frac{177.05}{8609.75} = 0.02$$

$$a = \overline{Y} - b\overline{X} = 3.77 - 0.02 \times 89.25 = 1.99$$

代入回归模型中，得到：

$$\hat{Y} = 1.99 + 0.02X$$

即，当 X 增加一个单位（分钟）时，Y 的增加量是 0.02（评分值），直线的截距是 1.99。用这个模型可以进行预测，比如某个儿童平均每天看电视的时间为 90 分钟，便可以预测出他的知识量的得分是：

$$\hat{Y} = 1.99 + 0.02X = 1.99 + 0.02 \times 90 = 3.79$$

（三）判定系数 r^2

用最小二乘法求得的回归直线 $\hat{Y} = a + bX$ 确定了 X 与 Y 在数量上的变动关系。但是得出的模型应用价值如何，必须通过对回归直线的拟合优度加以测定。判定系数 r^2 便是测定回归直线拟合优度的一个重要指标。

设 Y 的实际值到 $\overline{Y}$ 的离差 $(Y - \overline{Y})$ 被回归直线分割成两部分：$(Y - \hat{Y})$ 和 $(\hat{Y} - \overline{Y})$。对于所有的实际值 Y，总有下式：

$$总变差 = \sum (Y - \overline{Y})^2$$

$$回归变差 = \sum (\hat{Y} - \overline{Y})^2$$

$$剩余变差 = \sum (Y - \hat{Y})^2$$

由于 $\sum (\hat{Y} - \overline{Y})^2 = \sum (a + bX - a - b\overline{X})^2 = \sum (bX - b\overline{X})^2 = b^2 \sum (X - \overline{X})^2$，其中 b 为回归系数，可见回归变差很大程度上决定于回归系数，所以也称为被回归解释的变差；剩余变差也称为未被解释的变差或残差。

可以证明，上述三类变差的关系是总变差 ＝ 回归变差 ＋ 剩余变差，即：

$$\sum (Y - \overline{Y})^2 = \sum (Y - \hat{Y})^2 + \sum (\hat{Y} - \overline{Y})^2$$

Y 的实际值同 Y 的均值的总变差包括两个部分:一部分是回归变差,即 X 与 Y 依存关系影响的变差;另一部分是各种不确定因素引起的随机误差。在总变差一定时,回归变差越大,剩余变差就越小;反之,回归变差越小,剩余变差就越大。由此推论,如果实际值 Y 都紧密分布在回归直线两侧,剩余变差 $\sum(Y-\hat{Y})^2$ 很小,说明 X 与 Y 的依存关系很强,总变差 $\sum(Y-\overline{Y})^2$ 主要由回归变差 $\sum(\hat{Y}-\overline{Y})^2$ 来解释;极端而言,如果 Y 都落在回归直线上,$\sum(\hat{Y}-Y)^2=0$,这时总变差就完全由回归变差来解释了。

判定系数 r^2 便是用回归变差占总变差的比例来表示回归模型拟合优度的评价指标:

$$r^2 = \frac{回归变差}{总变差} = \frac{\sum(\hat{Y}-\overline{Y})^2}{\sum(Y-\overline{Y})^2}$$

或

$$r^2 = 1 - \frac{\sum(Y-\hat{Y})^2}{\sum(Y-\overline{Y})^2}$$

当 X 与 Y 两变量依存关系很密切,以至 Y 的变化完全由 X 引起时,X 与 Y 为确定的函数关系,$\sum(Y-\hat{Y})^2=0$,$r^2=1$;当 X 与 Y 两变量不存在线性依存关系,即 Y 的变化与 X 无关,$\sum(\hat{Y}-\overline{Y})^2=0$,$r^2=0$。一般情况下,$r^2$ 在 $0\sim1$ 之间,r^2 的值越大,说明回归的效果越好。

判定系数 r^2 和相关系数 r 具有一致性。可以证明,一元线性回归的判定系数 r^2 的平方根就是简单线性相关的相关系数 r。r 的正负号,应根据回归模型中回归系数的符号来决定。

(四) 回归系数 b 的假设检验

从总体中随机抽取一个样本,根据样本中 n 对 X、Y 值得出的线性回归模型,由于受到抽样误差的影响,它所确定的变量之间的线性关系是否显著,以及按照这个模型给值估计因变量 Y 是否有效,必须通过假设检验才可做出结论。一元线性回归模型的假设检验包括对回归系数 b 的 t 检验和对模型整体的 F 检验。

回归系数是决定 X 与 Y 变量依存关系存在形式的重要参数。如果 b ＝0，说明 X 与 Y 不存在线性关系。因此，对回归系数的检验就是检验总体回归系数 β 是否等于 0，即 $H_0：β＝0$。

可以证明，回归系数 b 的抽样分布也是近似正态的，其均值为总体斜率 β，标准误差为 $σ/\sqrt{\sum x^2}$。其中，$x＝X－\overline{X}$ 是 X 离开均值的偏差，σ 是 Y 的观测值关于总体回归直线的标准差，可以用以下公式估计：

$$S = \sqrt{\frac{\sum(Y-\hat{Y})}{n-2}}$$

称 S^2 为"剩余方差"，用 S 替代 σ，可以得到 b 的标准误差的估计值是：

$$SE = \frac{S}{\sqrt{\sum x^2}}$$

现在知道了 b 的标准误差，就可以对其进行假设检验了。根据假设检验的一般原则，构造 b 的检验统计量为：

$$t = \frac{b-β}{SE} = \frac{b-β}{S/\sqrt{\sum x^2}}$$

如果原假设是 $H_0：β＝0$，则简化为：

$$t = \frac{b}{SE} = \frac{b}{S/\sqrt{\sum x^2}}$$

然后，查 t 分布表中超过这一观测值 t 的概率，就得到了原假设的单侧概率，如果是双侧检验，概率值加倍。在大样本的情况下，可以按 Z 分布去查表。

（五）F 检验

回归模型的 F 检验是将总变差 $\sum(Y-\overline{Y})^2$ 进行分解的一种检验方法。我们已经知道了总变差等于回归变差和剩余变差之和。各种变差都和一个自由度相联系，总变差的自由度为 n－1，一元线性回归的回归变差的自由度为 1，剩余变差的自由度为 n－2，这三种变差的自由度也存在类似的和的关系：

总自由度＝回归变差的自由度＋剩余变差的自由度

即 n－1＝1＋n－2

将回归变差和剩余变差各自除以它们的自由度以后作比值，便得到检验统计量 F：

$$F = \frac{\sum(\hat{Y} - \overline{Y})^2}{\sum(Y - \hat{Y})^2/(n-2)}$$

也可以用判定系数计算 F 统计量,因为 $r^2 = \dfrac{\sum(\hat{Y} - \overline{Y})^2}{\sum(Y - \overline{Y})^2}$,因此：

$$F = \frac{r^2(n-2)}{1 - r^2}$$

根据 F 比值的大小就可以查附录 Ⅳ(自由度为 1 和 n−2),就可以得到原假设的概率值,然后和显著性水平进行比较,决定是否按受原假设"回归模型没有解释力"。

在计算 F 值的时候,常常会列出如表 3—18 的方差分析表。

表 3—18　　　　　　　　　一元线性回归的方差分析表

	变差	自由度	方　差	F 值	F 值的概值
回归变差	$\sum(\hat{Y} - \overline{Y})^2$	1	$\sum(\hat{Y} - \overline{Y})^2/1$	$F = \dfrac{\sum(\hat{Y} - \overline{Y})^2}{\sum(Y - \hat{Y})^2/(n-2)}$	$P = Pr$ $(F > F_0)$
剩余变差	$\sum(Y - \hat{Y})^2$	n−2	$\sum(Y - \hat{Y})^2/(n-2)$		
总变差	$\sum(Y - \overline{Y})^2$	n−1	$\sum(Y - \overline{Y})^2/(n-1)$		

对同一线性回归模型采用 t 检验和 F 检验,结论是一致的。在一元线性回归分析中,二者只进行一个检验就可以了,但是在多元回归分析中,它们是不等价的,t 检验只是检验回归模型中各个回归系数的显著性,而 F 检验则是检验整个回归模型的显著性。

(六) 自变量为定类变量时的回归

前面讲述的相关和回归都是针对数值型变量进行的,即因变量和自变量均为定距或定比变量的情形,定序变量可以近似地按定距变量来处理。

而对于定类变量，可以先变为哑变量再进行相关分析或回归分析。下面就来看一下当自变量为定类变量时如何进行回归分析。

如果定类变量只包含两种类型，如男和女或看电视和不看电视，这样的情况下可以用数字 0 和 1 分别代表两种取值（哑变量），这样就转换为一般的数值型变量，从而可以采用高级别的统计办法进行处理。下面用一个具体的例子来说明。

在一个 n＝20 的样本中，看过某则广告和没看过某则广告的人对该品牌的认知程度用 5 级量表在表 3—19 中列出，表的后面几列是计算的过程。

表 3—19　　　　　　　　看过广告和没看过广告的人的品牌认知度

	原始数据		偏　差		乘　积		剩余变差		
编号	广告 X	认知度 Y	x	y	xy	x^2	$\hat{Y}$	$Y-\hat{Y}$	$(Y-\hat{Y})^2$
1	1	4.2	0.5	0.43	0.215	0.25	3.97	0.23	0.0529
2	1	3.7	0.5	−0.07	−0.035	0.25	3.97	−0.27	0.0729
3	1	4.1	0.5	0.33	0.165	0.25	3.97	0.13	0.0169
4	1	3.6	0.5	−0.17	−0.085	0.25	3.97	−0.37	0.1369
5	1	3.4	0.5	−0.37	−0.185	0.25	3.97	−0.57	0.3249
6	1	4.7	0.5	0.93	0.465	0.25	3.97	0.73	0.5329
7	1	4.6	0.5	0.83	0.415	0.25	3.97	0.63	0.3969
8	1	4.3	0.5	0.53	0.265	0.25	3.97	0.33	0.1089
9	1	3.9	0.5	0.13	0.065	0.25	3.97	−0.07	0.0049
10	1	3.1	0.5	−0.67	−0.335	0.25	3.97	−0.87	0.7569
11	0	2.5	−0.5	−1.27	0.635	0.25	3.58	−1.08	1.1664
12	0	3.3	−0.5	−0.47	0.235	0.25	3.58	−0.28	0.0784
13	0	3.6	−0.5	−0.17	0.085	0.25	3.58	0.02	0.0004
14	0	4.5	−0.5	0.73	−0.365	0.25	3.58	0.92	0.8464
15	0	3.8	−0.5	0.03	−0.015	0.25	3.58	0.22	0.0484
16	0	2.9	−0.5	−0.87	0.435	0.25	3.58	−0.68	0.4624
17	0	4.3	−0.5	0.53	−0.265	0.25	3.58	0.72	0.5184
18	0	4.1	−0.5	0.33	−0.165	0.25	3.58	0.52	0.2704
19	0	3.2	−0.5	−0.57	0.285	0.25	3.58	−0.38	0.1444
20	0	3.5	−0.5	−0.27	0.135	0.25	3.58	−0.08	0.0064
n＝20	$\overline{X}$＝0.5	$\overline{Y}$＝3.77	0	0	$\sum xy$ ＝1.95	$\sum x^2$ ＝5			$\sum$ ＝5.947

$$b = \frac{\sum xy}{\sum x^2} = \frac{1.95}{5} = 0.39$$

$$a = \overline{Y} - b\overline{X} = 3.77 - 0.39 \times 0.5 = 3.58$$

回归模型是 $\hat{Y} = 3.58 + 0.39X$

原假设 $H_0 : \beta = 0$

$S^2 = 5.947/18 = 0.3304, S = 0.57$

$$SE = \frac{S}{\sqrt{\sum x^2}} = \frac{0.57}{\sqrt{5}} = 0.26$$

$t = b/SE = 0.39/0.26 = 1.5, Pr(t > 1.5) > 0.05$

在 $\alpha = 0.05$ 的显著性水平下，接受原假设，即认为是否看过这则广告和人们对该品牌的认知度之间没有显著的线性依存关系。

三、交互分析

交互分析也称为变量的独立性检验，常常用来考察两个或更多定类变量是否彼此关联。如果两个变量彼此不相关联，就称为独立，所以这类问题也称为独立性检验。检验通过非参数方法的 χ^2 检验进行，不过这里其理论频数不是预先确定的，而需要从样本资料中获得。

（一）用 χ^2 检验进行交互分析的过程

下面通过举例来说明交互分析的过程。

表 3—20 是在某一次调查中得到的对三个不同电视节目喜爱程度的结果。问在 $\alpha = 0.01$ 的显著性水平下，人们对三个节目的喜爱程度是否有显著的差异？

表 3—20　　　　　　　人们对三个节目的喜爱程度

喜爱程度 频次 节目	1. 非常不喜爱	2. 有些不喜爱	3. 有些喜爱	4. 非常喜爱
Ⅰ	15	27	44	22
Ⅱ	20	27	26	11
Ⅲ	13	18	14	3

这就需要用 χ^2 检验进行两个变量（节目和喜爱程度）的独立性检验。独立性意味着对不同的节目，人们的喜爱程度是相同的，即对人们的喜爱程度不能因为节目的不同而不同。

如果人们对不同节目的喜爱程度相同的话，那么虽然对三个节目进行评价的人数不同，但每种喜爱程度的人所占的比例应该是相等的，即这三个节目相应的行百分比应该相等。表 3—21 列出了对应每个节目的行百分比。

表 3—21 　　　　　　　　　对每个节目喜爱程度的行百分比

喜爱程度 百分比 节目	1. 非常不喜爱	2. 有些不喜爱	3. 有些喜爱	4. 非常喜爱	合计
Ⅰ	14%	25%	41%	20%	100%
Ⅱ	24%	32%	31%	13%	100%
Ⅲ	27%	38%	29%	6%	100%

表 3—21 中每个节目对应的相同喜爱程度上的百分比并不相同，这可能是由于样本的随机性造成的，也可能是他们本身并不相等，因此需要进行独立性检验。

原假设是人们对不同节目的喜爱程度没有什么差别。现在总的样本人数是 240 人，他们表示"非常不喜爱"的比例是 20%、表示"有些不喜爱"的比例是 30%、表示"有些喜爱"的比例是 35%、表示"非常喜爱"的比例是 15%。如果原假设成立，对每一个节目进行评价的人也应该有和总人数呈一致的喜爱程度的分布，例如，对节目Ⅰ评价的人中表示"非常不喜爱"的比例也应该是 20%，根据这个比例就可以计算出该喜爱程度上的期望频次为 $108 \times 20\% = 21.6$，依此类推。表 3—22 就是在原假设成立的情况下计算出的对三个节目不同喜爱程度的期望频次 f_e。

表3—22　原假设成立时，对三个节目不同喜爱程度的期望频次

期望频次＼喜爱程度　节目	1. 非常不喜爱	2. 有些不喜爱	3. 有些喜爱	4. 非常喜爱	合计
Ⅰ	21.6	32.4	37.8	16.2	108
Ⅱ	16.8	25.2	29.4	12.6	84
Ⅲ	9.6	14.4	16.8	7.2	48
合计	48 (20%)	72 (30%)	84 (35%)	36 (15%)	240

在本章第二节讲拟合优度的 χ^2 检验时，给出了计算 χ^2 值的公式，独立性检验中的 χ^2 值仍按此公式计算。表3—23至表3—24列出了计算 χ^2 值的过程。

表3—23　　　　　　　　　观测值和期望值的偏差 $(f_o - f_e)$

−6.6	−5.4	6.2	5.8
3.2	1.8	−3.4	−1.6
3.4	3.6	−2.8	−4.2

表3—24　　　　　　　　　加权后的偏差 $(f_o - f_e)^2/f_e$

2.02	0.90	1.02	2.08
0.61	0.13	0.39	0.20
1.20	0.90	0.47	2.45

$$\chi^2 = \sum \sum \frac{(f_o - f_e)^2}{f_e} = 12.37$$

$\sum \sum$ 表示将整个表的数值按行和列全部相加,假定 c 和 r 分别表示表中的列数和行数, χ^2 的自由度为 df = (c−1)(r−1),查表便可求得原假设的概率值。

本例中 df = (c−1)(r−1) = (3−1)(4−1) = 6

查 χ^2 分布表可知原假设的概率值：0.05＜P＜0.10

所以在 5% 的显著性水平下，无法拒绝原假设，就是说可以认为人们对三个不同节目的喜爱程度是相同的。

从上述例子中可以看出，独立性 χ^2 检验的一般步骤：

第一步，确定原假设变量是相互独立的。

第二步，在给定的观测频次表中，合计行和列的总频次；计算列合计后各列的相对频率。

第三步，用每一个相对频率依次去乘最右边行合计的数值，从而得到对应的期望频次 f_e。

第四步，利用 χ^2 统计量将观测到的频次 f_o 和期望频次 f_e 相比较，计算出 χ^2 值。

$$\chi^2 = \sum \sum \frac{(f_o - f_e)^2}{f_e}$$

第五步，计算 χ^2 的自由度。

df＝（c－1）（r－1）

第六步，查 χ^2 分布表得出原假设的概率值，并与显著性水平相比较，决定是否接受原假设。

（二）独立性 χ^2 检验的局限性

由于 χ^2 检验直观而且简单，交互表又能提供丰富的信息，因此在媒介调查资料分析中应用是十分广泛的，实际应用中不但可以对定类变量采用此方法，对定序甚至定距变量也能粗略地划分成几类后做成交互表。这样简化了数据，但这种分析方法实际上也有很多的局限性。

1. χ^2 值随分类的不同而改变

交互分析是将数据按类别整理，分类的不同可以改变 χ^2 的值，甚至由于检验最终的概率值不同而导致相反的结果，分类最好要有合理的理论依据。

2. 样本量不能太小，但也不要太大

样本量太小的话，以 χ^2 分布为依据进行的 χ^2 检验将不再成立，一般要求样本量 n＞50。但是样本量太大的话，有时候得到的结果将失去检验的意义，因为 χ^2 的值受样本量的影响很大，样本量越大，越容易得到拒绝原假设的结论。我们用上例中的数据进行说明，假定我们将样本量增加 10 倍，相应地每一个频数都增加 10 倍，得到如表 3—25 的数据表。

表 3—25　　　　　　　　　样本量增加 10 倍后，χ^2 值也将增大 10 倍

频次 节目 ＼ 喜爱程度	1. 非常不喜爱	2. 有些不喜爱	3. 有些喜爱	4. 非常喜爱	合　计
Ⅰ	150	270	440	220	1080
Ⅱ	200	270	260	110	840
Ⅲ	130	180	140	30	480
合计	480（20%）	720（30%）	840（35%）	360（15%）	2400

计算的结果表明，如样本量增大 10 倍，如果对应关系保持不变，χ^2 值也将增大 10 倍，原假设的概率值就小于 0.001。刚才检验的结果是接受原假设，而样本量增大后导致了拒绝原假设的相反结果。产生这个差别的原因仅仅是由于样本量的变化。

为了解决这一问题，需要采用修正的办法，最常用的就是使用列联系数 C。它可以消除样本量的影响，揭示变量间的真正关系。

$$C = \sqrt{\frac{\chi^2}{\chi^2 + n}}$$

对于上述样本量不同的两组数据，C 值分别为：

$$C_1 = \sqrt{\frac{\chi^2_{z1}}{\chi^2_{z1} + n_1}} = \sqrt{\frac{12.37}{12.37 + 240}} = 0.22$$

$$C_2 = \sqrt{\frac{\chi^2_{z2}}{\chi^2_{z2} + n_2}} = \sqrt{\frac{123.7}{123.7 + 2400}} = 0.22$$

可以看出，虽然这两组数据的 χ^2 值不同，但变量间真正的相关性是相同的。因此，当 χ^2 值达到显著程度时（即原假设的概率值小于检验水平 α，导致得出拒绝原假设的结论时），如果样本量很大，就要参考 C 值，如果 C 值也很大，才可以拒绝原假设。如果 χ^2 值是不显著的，就不必计算 C 值了，结论是接受原假设。

不过对 C 值的显著程度没有可行的统计检验方法，究竟 C 值达到多大才可以拒绝原假设，有的研究者认为至少要超过 0.16，最好是 0.25 以上；有的研究者建议要将实际 C 值与其理论上限值进行比较，因为不同规模的列联表理论上限值是不同的，如果 C 值接近其上限，原假设就是

显著的。

表 3—26　　　　　　　　　　**部分列联表 C 值的上限**

列联表规模	C 值上限	列联表规模	C 值上限	列联表规模	C 值上限
2×2	0.707	3×9	0.843	6×6	0.913
2×3	0.685	3×10	0.846	6×7	0.930
2×4	0.730	4×4	0.866	6×8	0.936
2×5	0.753	4×5	0.863	6×9	0.941
2×6	0.765	4×6	0.877	6×10	0.945
2×7	0.774	4×7	0.888	7×7	0.926
2×8	0.779	4×8	0.893	7×8	0.947
2×9	0.783	4×9	0.898	7×9	0.952
2×10	0.786	4×10	0.901	7×10	0.955
3×3	0.816	5×5	0.894	8×8	0.935
3×4	0.786	5×6	0.904	8×9	0.957
3×5	0.810	5×7	0.915	8×10	0.961
3×6	0.824	5×8	0.920	9×9	0.943
3×7	0.833	5×9	0.925	9×10	0.966
3×8	0.838	5×10	0.929	10×10	0.949

可以看出，用 C 值上限进行判断的方式过于严格，可能很多情况都不会达到显著的程度。因此建议将两种方法结合起来，根据所研究问题的性质，加以灵活地应用。

3. 列联表中期望频数少于 5 的个数不能太多

原则上是每一个期望频数都应大于 5，放松要求也不能超过 20%，例如 3×5 的列联表，共有 15 个格，那么期望频数小于 5 的格不能超过 3 个。如果超过这个极限，就要对 χ^2 值进行修正，由于公式比较复杂，不在这里给出，不过一般的统计软件的计算结果都会给出 χ^2 值和修正后的 χ^2 值。

4. χ^2 检验的精度较低

对于数值型的变量（定比、定距或定序变量），χ^2 检验往往无法揭露其数量上的关系。例如对表 3—20 中的数据检验的结果并没有揭示出人们喜爱程度上的数量上的差异。例如，如果对同样的数据进行方差分析，则可以得出原假设的概率值 P<0.01，其检验远远比 χ^2 检验精确。方差分析的思路是把样本按三个节目当做三个子样本，把他们对每个节目的喜爱程度看成对该节目的用 1~4 的数字进行的评分，用频数对这些评分进行加权，检验三个子总体对节目的平均评分有无差异。有兴趣的读者可以自行计算进行验证。

从这个角度来说，如果有数值型的变量参与计算，应该采取更能够揭示他们数量关系的参数检验法进行假设检验，以便得到更加精确的结果；即使是定序变量，如表示满意度、喜爱度等的变量，也可以转化为相应的量表按数值型变量进行参数方法的检验。χ^2 检验一般只针对定类变量进行检验。

第四节　统计分析软件 SPSS[①] 的初步应用

SPSS 是国际通用的知名统计软件，它从最初的 DOS 版本 SPSS/PC＋发展到 Windows 操作系统下的完全窗口操作模式，并逐步进行版本升级。本节将以 SPSS 11.5 版本为例，结合本章前三节所讲的统计分析方法，介绍运用 SPSS 进行这几种分析的执行过程，这可以说是 SPSS 的最初级应用。

一、认识 SPSS 的窗口和菜单

目前的 SPSS 主要是英文版本，下面简单介绍 SPSS 的窗口和菜单。不过这些介绍只是针对 11.5 版本的，其他版本虽然主要功能是相同的，但也有一定的差别，例如 11.5 版本中代表统计分析的菜单 "Analyze" 在 8.0 版本中就是 "Statistics"。

---

① 应用 SPSS 分析时，会出现一些本书未讲到的统计量，文中只给出这些统计量的说明，并不讲解其具体意义，请初学者略过或查阅相关统计参考书。

(一) SPSS 的窗口

SPSS 主要的窗口有数据编辑窗口、结果输出窗口、语法窗口、图形编辑窗口等。

1. 数据编辑窗口

数据编辑窗口在启动 SPSS 时自动打开，可以在其中编辑数据文件。11.5 的数据窗口分为两个视窗 "Data View" 和 "Variable View"，都是一个平面的二维表格。前者是存放 SPSS 的分析数据的数据库，行代表样本记录、列代表变量；后者是存放数据库结构的，行代表各个变量 (和 "Data View" 视窗的列一一对应)，列规定了各个变量的变量名 (Name)、变量类型 (Type)、变量宽度 (Width)、小数位数 (Decimals)、变量标签 (Label)、变量的值的标签 (Values)、缺失值的定义 (Missing)、显示宽度 (Columns)、对齐方式 (Align)、变量的测量级别 (Measure)。

在 Data View 视图双击变量名的位置，或点击 Variable View 标签完成对变量的定义，然后才能在 "Data View" 中输入该变量各个样本的取值。以下对变量的建立过程进行简单说明。

(1) 变量名。变量名由不多于 8 个的字符组成，首字符是字母，其后可为数字或除 "?"、"—"、"!"、" ∗ " 外的其他字符，但末字符不为 "_" (下划线) 和 "."；变量名不能与 SPSS 的保留字相同，如 TO、WITH、ALL、AND、BY 等；变量名不区分大小写。变量起名可以按一定的排列顺序，如 Q1、Q2 _ 1，当然也可以根据变量的意义，如 GEN-DER、AGE 等。

(2) 变量类型。变量的类型常用数值型，需要注意宽度和小数位数，小数位数应小于宽度。

(3) 缺失值的定义。如果某份问卷在该变量上无回答，就叫缺失值，如果不输入，系统默认是一个 "."；但有时也给缺失值分配一个数字，如用 "9" 表示无回答。这时就需要把 "9" 定义为缺失值，如在计算该变量的平均值时，缺失值就不参加计算；如果不定义缺失值，"9" 也参加了平均值的计算，就会出错。

(4) 显示宽度和对齐方式。这是指该变量在电脑屏幕上的显示方式，显示宽度和变量的实际宽度无关，当一个变量显示宽度不够时，则显示 " ∗ "。对齐方式是指数据在 "Data View" 的每一个数据格中显示为左对齐、居中还是右对齐。

（5）变量的标签和值的标签可用中文。变量的标签用于说明该具体变量代表什么含义，可按问卷中的问答题定义。变量的值的标签是指变量的每一个取值分别代表什么，要按问卷中每个可选答案中定义。变量的标签和值的标签都可用中文定义。例如对 GENDER 这个变量，可以定义其变量标签是"性别"，变量的标签是"1－男"、"2－女"。

定义变量的标签和值的标签是非常重要的，因为它们将显示在分析结果中。如不定义，则在结果中显示变量名和用数字代表的分类。而变量的标签和值的标签对理解分析结果非常有帮助。

（6）变量的测量级别。变量的测量级别在 SPSS 中分为三级：①Scale：定比尺度或定距尺度。②Ordinal：定序尺度。③Nominal：定类尺度。

在完成对各个变量的定义后，可以直接在"Data View"窗口录入调查数据，但为了提高录入速度和减少录入错误的概率，一般的数据录入都是借助专门的软件进行的。SPSS 可以接受其他外部数据，例如可以打开把扩展名为 .dat、.xls、.slk、.dbf 的数据文件。SPSS 数据文件的扩展名是 .sav。

需要注意的一点是，SPSS 是单任务的应用程序，只能同时编辑或打开一个数据文件。如果在编辑过程中欲打开另一个文件，则自动提示保存并关闭当前文件。

2. 结果输出窗口

该窗口在启动 SPSS 时并未出现，但在统计分析过程中需要输出结果时会自动打开，也可以通过菜单命令来建立。数据分析的结果可以进行保存，便于以后再打开看。

3. 语法窗口

语法窗口是专门为编程准备的。早期 DOS 版本的 SPSS 必须要通过编程完成，现在的版本可以不用编程借助菜单完成，但习惯编程的人也可以通过语法窗口进行分析。

4. 图形编辑窗口

当结果中有图形时，也会在结果输出窗口显示。如果双击图形，则打开图形编辑窗口，可以完成对图形的编辑、修改、打印等功能。

（二）SPSS 的主要菜单

当前窗口为数据编辑窗口时，系统菜单主要有"File"、"Edit"、

"View"、"Data"、"Transform"、"Analyze"、"Graphs"、"Utilities"、"Windows"、"Help"。

　　"File" 菜单可以实现对文件的操作。如新建、打开、保存文件等。

　　"Edit" 可以对数据进行剪切、复制、粘贴等。

　　"View" 菜单项可以进行视图编辑和进行窗口外观控制。

　　"Data" 菜单可以移动记录指针、对记录进行排序、过滤等。

　　"Transform" 可以实现数据和变量的转换。

　　"Analyze" 菜单是最主要的菜单，完成各种统计分析。

　　"Graphs" 菜单可以进行各种统计图形的建立和编辑。

　　"Utilities" 菜单含有变量列表、文件信息等。

　　"Windows" 菜单实现对窗口的最大化、最小化、重新排列等。

　　"Help" 提供有关 SPSS 的帮助。

　　当前窗口为结果输出窗口时，菜单稍有变化，没有了"Data"、"Transform" 菜单，而增加了"Insert"、"Format" 菜单。前者主要实现插入/删除分页符、图表编辑等功能，后者主要对输出结果的行、列和表格的各元素实现格式调整。

二、用 SPSS 描述变量的分布

　　SPSS 描述样本数据中变量的分布情况，可以借助于频数表、直方图、盒型图、茎叶图以及对数据进行正态性检验。

(一) 频数表和直方图

　　执行分析的主要过程和步骤如下：

　　第一步，按 Analyze—Descriptive Statistics—Frequencies 顺序逐一单击鼠标键，打开 Frequencies 频数分布对话框。

　　第二步，在左侧的源变量框中选择一个或多个变量，单击向右箭头按钮使其进入右侧的 Variable（s）框中。

　　第三步，选中 Display frequency tables 复选项，将显示频数分布表。

　　第四步，单击 Statistics 按钮，在对话框中确定将要在输出结果中出现的统计量。

　　1. Percentile Values 输出百分位数

　　(1) Quartiles 复选项，输出四分位数，显示 25%、50%、75% 的百

分位数。

（2）Cutpoints for □ equal groups 复选项，将数据平分为所设定的相等等份，在参数框中所设置的数值范围必须是 2～100 间的整数。例如，键入 4，输出第 25、50、75 百分位数。

（3）Percentile（s）复选项，由用户定义的百分位数，在参数框中键入数值的范围是在 0～100 之间。键入数值后单击 Add 按钮。也可以重复此操作过程，键入多个百分位数；如果要剔除已定义的百分位数，在百分位数框中选择一个数值，然后单击 Remove 按钮。

2. Dispersion 离差栏

选择此栏中各复选项计算的统计量如下：

（1）Std. Deviation 标准差。

（2）Variance 方差。

（3）Range 全距，即最大值与最小值之差。

（4）Minimum 最小值。

（5）Maximum 最大值。

（6）S. E. mean 均值的标准误差。

3. Central Tendency 中心趋势栏

（1）Mean 算术平均值。

（2）Median 中位数。

（3）Mode 众数。

（4）Sum 算术和。

4. Distribution 分布参数栏

（1）Skewness 正态分布的偏度，同时显示偏度的标准误差。如果数据为标准正态分布，那么此值等于 0。如果此值为正数，左偏，数据的分布具有较长的右尾；如果此值为负数，右偏，数据的分布具有十个较长的左尾；如果此值大于 1，就可以肯定数据的分布不呈正态分布。

（2）Kurtosis 正态分布的峰度，及其标准误差。标准正态分布的 Kurtosis 值为 0，如果 Kurtosis 大于 0，变量值分布要比标准正态峰高；Kurtosis 为负数时，变量值分布曲线要比标准正态峰低。

5. 选中 Values are group midpoints

在计算百分位数值和中位数时，假设数据已经分组，则用各组的组中值代表各组数据。

第五步，单击 Charts 按钮，在对话框中对图形的类型及坐标轴等进行设置。

1. Chart type 栏，选择图形类型

（1）None 选项，不输出图形，这是系统默认状态。

（2）Bar chart 选项，输出条形图，各条高度代表变量各分类的观测量数。频数为 0 的分类不显示在此图中。

（3）Pie charts 选项，输出饼图，饼图中各块代表变量各分类的观测量频数。频数为 0 的分类不显示在此图中。

（4）Histograms 选项，要求作直方图，此图仅仅适用于连续的数值型变量。如果选择了直方图还可以选择 With normal curve 复选项，即直方图中带有正态曲线。

2. Chart value 栏，纵轴表达的统计量

只有选择了条形图和饼图，该选项才有效。

（1）Frequencies 选项，纵轴表示频数。

（2）Percentage 选项，纵轴表示百分比。

第六步，单击 Format 按钮，在对话框中设置频数表输出的格式。

1. Order by 排序栏，在该栏中选择频数表中排列顺序

（1）Ascending Values 选项，按变量实际值的升序排列，这是默认的方式。

（2）Descending Values 选项，按变量实际值的降序排列。

（3）Ascending counts 选项，按变量各种取值发生的频数的升序排列。

（4）Descending counts 选项，按变量各种取值发生的频数降序排列。

如果设置了直方图或百分位数，那么频数表将按变量值升序排列，而忽视用户的设置。

2. Multiple Variables 多变量栏，选择多变量输出表格设置

（1）Compare variables 选项，将所有变量的结果在一个图形中输出，以比较。

（2）Organize output by variables 选项，为每一个变量单独输出一个图形。

3. Suppress tables with more than □ categories 复选项

控制频数表输出的分类数量，在参数框中的默认值为 10。例如：如

果数据中年龄范围在 13～17 岁之间（共 5 类），并且设定的组距为 1，在这个复选项中的参数框中键入 3，此时虽然 SPSS 仍按 5 类分组进行计算，但只输出 3 类频数统计结果。

第七步，提交运行，所有选择完成后，单击 OK 按钮提交运行，进行频数分布分析。Reset 按钮重新设置选择项，Cancel 按钮取消选择设置并关闭对话框，Help 按钮可以获得帮助信息，Paste 按钮可以将有关所设定的统计过程以及选择项的语句粘贴到语法窗口中。

（二）数据探索

数据探索主要是用"Analyze"菜单的"Explore"命令完成，分析步骤如下：

第一步，建立或读入一个数据文件到数据窗中。

第二步，按 Analyze—Descriptive Statistics—Explore 顺序，打开 Explore 对话框。

第三步，选择分析变量。从左侧的源变量框中，选择一个或多个数值型变量作为因变量进入 Dependent 框中。此时单击 OK 按钮即可获得默认的统计分析，这其中包括盒型图、茎叶图以及基本的描述统计量。默认情况下缺失值将会被排除到分析过程之外。

第四步，指定分组变量。根据情况在左侧的源变量框中选择一个或多个变量作为分组变量进入 Factor 框中；分组变量的选择可以将数据按该变量的取值的类别进行分组分析。分组变量可以是字符型变量。分组对数据进行分析不会发生交叉。

第五步，选择标识变量。在源变量表中指定一个变量作为标识变量，并将其选入 Label Cases by 框中。当输出涉及到各个观测量时（例如：奇异值的输出），使用该变量值标识各观测量。

第六步，在 Display 栏中选择输出项。

Both 选项，输出图形以及描述统计量（默认）。选择此项后激活 Statistics 和 Plots 两个功能按钮，以便进一步选择。

Statistics 选项，只输出描述统计量。选择后激活 Statistics 功能按钮。

Plots 选项，只输出图形。选择此项后激活 Plots 功能按钮。

第七步，选择具体的描述统计量。

在主对话框中选择 Both 或 Statistics 项，均要求输出描述统计量，此时 Statistics 按钮变亮，单击 Statistics 按钮，打开 Statistics 对话框，在对话框中确定具体要输出的统计量。

1. Descriptives 复选项

要求输出基本描述统计量。选择此项将输出平均值、中位数、众数、5％的调整平均值、标准误差、方差、标准差、最大值、最小值、范围、等距四分位数、峰度与偏度以及它们的标准误差。

Confidence intervals for mean □％ 参数框，即均值的置信区间。在参数框中键入不同的数值，将输出对应的置信区间，选择的范围从 1％～99％，常用的数值为 90％、95％、99％。95％为默认值。

2. Outliers 复选项

输出显示 5 个最大值与最小值，在输出窗口中它们被标明为极端。

3. Percentiles 复选项

输出显示 5％、10％、25％、50％、75％、90％ 以及 95％ 的百分位数。

第八步，统计图形及其参数的进一步选择（Plot）。

在主对话框中选择 Both 或 Plots 项后，可以单击 Plots 按钮，展开 Plots 对话框。在对话框中对输出的统计图及其参数做进一步的选择。

1. Boxplot 盒型图选择栏

在主对话框中指定了不止一个因变量时，Boxplot 栏中的（1）、（2）设置才有效。

（1）Factor Levels together 选项，每个因变量生成一个箱图。这样可以比较同一因变量在分组变量值的不同水平上的分布情况。

（2）Dependents together 选项，所有因变量生成一个箱图。这样可以比较按分组变量同一水平的各因变量的值的分布情况。

（3）None 选项，不显示盒型图。

2. Descriptive 描述图形栏

（1）Stem—and—leaf 复选项，生成茎叶图，这是默认选择项。

（2）Histogram 复选项，生成直方图。

3. 选中 Normality Plots with tests 复选项

输出显示正态概率与离散正态概率图。同时输出 Kolmogorov—Smirnov—Smirnov 统计量中的 Liliefors 显著水平检验，如果观测量的数目不超过 50，将计算 Shapiro—Wilk 比统计量。

检验数据的正态分布方法是输出正态概率图（Q—Q图），图中的斜线是正态分布的标准线。散点图的点组成的曲线与各个观测量的点越趋近于直线，数值分布就越接近正态。如果大量的散点偏离了斜线，只有少部分的点接近图中的斜线，则认为数据不是正态分布。

三、用 SPSS 作交互表及卡方检验

该分析包括制作交互表的过程和进行独立性 χ^2 检验的过程。其执行步骤是：

第一步，按 Analyze—Descriptive Statistics—Crosstabs 顺序，打开 Crosstabs 对话框。

第二步，在左侧的源变量框中选择一个或多个变量进入 Row（s）框，作为分布表中的行变量，所选择的变量必须是分类变量（数值或是字符型）。

第三步，在左侧的源变量框中选择一个或多个变量进入 Column（s）框，作为分布表中的列变量，所选择的变量必须也是分类变量（数值或字符型）。

第四步，根据需要选择一个控制变量进入 layer 框中。该变量决定频数分布表的层。在已有三个变量进行交互时，如果要增加另外一层控制变量首先单击 Next 按钮，再选入一个变量。单击 Previous 按钮重新回到同一层。

第五步，选中 Display clustered bar charts 复选项，显示每一组中各变量的分类条形图。

第六步，选中 Suppress tables 复选项，只输出统计量，不输出多维交叉表。

第七步，单击 Statistics 按钮，打开 Statistics 对话框。在对话框中选择输出统计量，完成后单击 Continue 按钮，返回主对话框。

1. Chi—square 复选项

进行行、列变量相互独立的 Pearson chi—squre test（皮尔逊卡方检验）、Likehood ration chi—squre test（似然比卡方检验）、Fisher's exactly test（费雪精确检验）、Yete's corrected chi—squre test（耶茨校正卡方检验）。

在二维表中常用 Pearson chi—squre test 对行变量和列变量独立性假设检验，Likehood ration chi—squre test 可以用于对数线性模型的检验。

卡方检验主要是一种近似值，在自由度大于 1、期望频次大于 5 时，这种近似较好。当期望频次小于 5 时可以使用 Fisher´s exactly test 和 Yete´s corrected chi－squre test 检验。当样本数小于 40 或一个单元格中的期望频次小于 5，使用 Fisher 精确检验。当样本数大于或等于 40，至少有一个单元格中的期望频次小于 5，使用 Yates 校正卡方检验。当列表中行列变量为数值型时，该复选项将进行线性相关检验。

2. Contingency coefficient 复选项

列联系数是描述两个属性之间关联性高低的统计量——根据卡方公式修改而得，其数值在 0～1 之间，但不可能到达 1。其值如果为 0，表示行列变量之间没有关联，其值如果接近 1，表示行列变量之间有很强的关联。其值的大小与行列数目的多少有关。

第八步，在主对话框中，单击 Cells 按钮，出现 Cell Display 对话框。在对话框中可以选择显示在交叉表单元格中的统计量，包括观测量数、百分比、残差。

1. Counts 计数栏

（1）Observed 复选项，实际观测频次，这是默认选择项。

（2）Expected 复选项，期望频次，将输出假定行、列变量具有统计上的相互独立意义时的期望频次。

2. Percentages 百分比栏

（1）Row 复选项，单元格中观测量的数目占该一行全部观测量数目的百分比。

（2）Column 复选项，单元格中观测量的数目占该一列全部观测量数目的百分比。

（3）Total 复选项，单元格中观测量的数目占全部观测量数目的百分比。

第九步，单击 Format 按钮，即可打 Table Format 对话框。在对话框中的 Row Order 栏内，确定表格中各行的排列顺序，在此框中分别进行各项的选择设置，完成后单击 Continue 按钮。

Ascending 选项，从左到右以升序方式显示各变量值，这是默认选择项。

Descending 选项，从左到右以降序方式显示各变量值。

第十步，单击 OK 按钮，进行统计分析。

四、用 SPSS 进行总体均值的假设检验

对总体均值进行假设检验时常用 t 检验，或对三个或以上总体进行假设检验时采用方差分析（F 检验），t 检验和 F 检验都要求检验的样本来自正态总体，所以需要进行数据正态性的方差齐次性检验。如果分析的变量明显是非正态分布的，应该选择非参数检验过程。

SPSS 的"Analyze"的"Compare Means"命令下包括如下几个过程：

（一）Means 过程

Means 过程的基本功能是分组计算指定变量的描述统计量。包括均值、标准差、总和、观测量数、方差等一系列单变量描述统计量，还可以给出方差分析表和线性检验结果。一般使用 Means 过程求若干组统计量的目的在于比较，因此必须在分组的情况下才能用该过程。

MEANS 过程的执行步骤如下：

第一步，按 Analyze→Compare Means→Means 顺序逐一单击鼠标键，打开 Means 过程对话框。

第二步，选择因变量。在变量表中选择要分析的变量作为因变量，通过单击向右箭头将其送入了 Dependent list 因变量列表框中。因变量可以选择一个，也可以选择多个。例如选择的因变量是对某个节目的满意度。

第三步，自变量的选择及层控制。选择自变量作为分组变量，对因变量将按自变量分组计算基本描述统计量。选择的若干自变量可以放在第一层，也可以放在不同层。以选择变量 sex 和 age 为例说明操作方法。

1. 两个分类变量均放在第一层的操作

（1）首先在变量表中选择分类变量 sex，单击下面一个向右箭头，将变量 sex 送入 independent List 表中。此时层控制显示 Layer⊔1 of 1 表示变量被送入第一层。

（2）在左侧的变量表中选择变量 age，仍单击下面一个向右箭头按钮，将其送入 independent List 框中。此时层控制显示 Layer⊔1 of 1 表示变量被送入第一层。

如果 sex 变量共有两个水平：0 和 1（表示女和男）；age 变量有三个水平：1、2、3（分别代表青年人、中年人、老年人）。那么对因变量的分

析是分别给出男、女各组的满意度平均值、标准差等基本描述统计量；再给出三个年龄段的满意度平均值、标准差等基本描述统计量。

2. 两个分类变量分别放在两层中的操作

（1）首先在变量表中选择分类变量 sex，单击下面一个向右箭头，将变量名 sex 送入 Independent List 框中。此时层控制显示"Layer1ʋ of 1"，Next 按钮变亮。

（2）单击 Next 按钮，使层控制显示"Layer2 of 2"，表明可以建立第二层了。Previous 按钮加亮，Next 按钮变暗。

（3）在变量表中选择第二个分类变量 age，在 independent List 框中作为第二层的分类变量。此时 Previous、Next 两个按钮均为亮色。表示既可以单击 Previous 向前回到第一层，又可以单击 Next 按钮，去建立第三层。如果分类变量 sex 和 age 分别控制第一层和第二层，那么共分六组给出满意度的平均值、标准差、最大值和最小值。即分别给出男性的三个年龄段的人的满意度的描述统计量；对女性也分别给出三个年龄段的满意度的基本描述统计量。

综上所述，同层变量的水平数相加，不同层变量的水平数相乘即得到分组数。

第四步，在主对话框中用鼠标单击 Options 按钮，展开 Options 对话框。

1. 统计量选择项

Statistics 栏内列出了可以计算的各组描述统计量，可以选择的统计量关键字及含义如下：Sum（总和）、Number of Cases（实际观测频次）、Mean（均值）、Median（中位数）、Grouped Median（分组中位数）、Standard Error of Mean（均值的标准误差）、Minimum（最小值）、Maximum（最大值）、Range（范围）、First（按分组变量分组的该组的第一个变量值）、Last（按分组变量分组的该组最后一个变量值）、Standard Deviation（标准差）、Variance（方差）、Kurtosis（峰度）、Standard Error of Kurtosis（峰度的标准误差）、Skewness（偏度）、Standard Error of Skewness（偏度的标准误差）、Percent of Total Sum（每组总和占总和的百分比）、Percent of Total N（每组中观测值占总观测值 N 的百分比）、Geometric Mean（几何平均值）、Harmonic Mean（调和平均值）。

2. 对第一层控制变量的分析

(1) ANOVA table and eta 复选项。选中该复选项对第一层控制变量给出方差分析表和 eta 统计量 η 和 η^2。方差分析检验的零假设是第一层控制变量各水平上的因变量均值都相等。η 统计量表明因变量和自变量之间联系的强度。η^2 是因变量中不同组中差异所解释的方差比，是组间变差与总变差之比。

(2) Tests for linearity 复选项。选中该复选项产生 R 和 R^2。只有控制变量是定距或定比的测量尺度，且有三个取值以上时才可以计算。其检验的假设是因变量均值是第一层控制变量值的线性函数。R 和 R^2 测度线性拟合的程度。R 是观测值与预测值之间的相关系数。

第五步，在主对话框中单击 OK 按钮提交运行。

（二）T test 过程

T test 过程是对样本进行 T 检验的过程。分三种比较方式。

1. 单一样本的 T 检验

Compare Means—One‑Sample T Test 过程用于检验单个变量的均值是否与给定的常数之间存在差异。如果已知总体均值，进行样本均值与总体均值之间的差异显著性检验也属于单一样本的 T 检验。其分析步骤如下：

(1) 按 Analyze—Compare Mean—One‑Sample T Test 顺序选择菜单和菜单项。展开 One‑Sample T Test 单一样本 T 检验对话框。

(2) 在对话框中将检验的变量从源变量栏内移至 Test 框内。在 Test 框中输入欲和总体均值进行比较的常数。

(3) 单击 Options 按钮，打开选择项对话框。Confidence Interval ▢% 选择置信度，系统默认值 95%。单击 Continue 按钮返回主对话框。

(4) 在主对话框中单击 OK 按钮，运行分析。

2. 两个独立样本的 T 检验

Compare Means—Independent‑Sample T Test 独立样本的 T 检验用于检验两个独立的样本是否来自具有相同均值的总体。分析的步骤如下：

(1) 按 Analyze—Compare Means‑Independent‑Samples T test 顺序逐一单击鼠标键，展开 Independent-Simple T Test 主对话框。

(2) 选择因变量作为检验变量，单击上面的箭头按钮，将其送入 Test 矩形框中。

（3）选择自变量（如 gender 变量）作为分组变量，单击下面的箭头按钮，将其送入 Grouping 矩形框中。

（4）单击 Define Groups 按钮，展开 Define Groups 确定分组的对话框。

如果指定的 Grouping 是分类变量，在 Define Groups 对话框中应该选择 Use specified values；如果指定的 Grouping 是连续变量，则在该对话框中应该选择 Cut point 选择项。这两项只能选择其中一项。

Use specified values 选项，即按分组变量的值进行分组，因此需要在两个 Group 后面的两个矩形框中输入作为第一组和第二组的分类变量值。如选择了 gender 作为分组变量，gender＝1（男）作为第一组；gender＝2（女）作为第二组。

Cut point 选项，当 Grouping 变量为连续变量时，选择该项后，在后面的矩形框中输入一个连续变量的值，将观测量按其值分为大于该值和小于该值的两个组。检验在这两个组之间进行，比较其因变量在两组的均值间是否有显著性差异。

定义分组结束后，单击 Continue，返回主对话框。

（5）在 Independent Samples T test 主对话框中，用鼠标单击 Options 按钮，展开 Options 对话框，在 Confidence Interval□% 参数框指定置信区间的置信度。系统默认值是 95%。

（6）在主对话框中单击 OK 按钮，立即执行两个独立样本的 T 检验。

3. 配对样本 T 检验

配对样本的 T 检验（Paired‐Sample T test）用于检验两个配对样本是否来自具有相同均值的总体。配对样本常常来自实验法，在实验处理前后对同一个样本各测量一次。例如，在观看广告前后对产品的评价对应两个变量 PRETEST 和 POSTEST，配对样本 T 检验的步骤如下：

（1）按 Analyze—Compare Means—Paired‐Samples T Test 顺序单击鼠标键，展开 Paired‐Sample T Test 配对样本 T 检验的主对话框。

（2）指定配对变量。已知配对变量为 PRETEST 和 POSTEST。在主对话框中的操作如下：

首先，用鼠标单击 PRETEST 变量，它将出现在主对话框左下部的 Current Selections 栏中 Variable⌴1 的后面。

其次，按下 Ctrl 键，同时用鼠标单击 POSTEST 变量，该变量也出现在 Current selections 栏中 Variable ⊔ 2 提示项后面。

最后，确定配对变量。当在 Current Selections 栏中显示的是两个被选择的配对变量名时，用鼠标单击向右的箭头按钮将配对变量送入 Paired Variables 矩形框中。在该矩形框中配对变量名处于同一行，中间有"—"连接。

操作完成后单击 Continue 按钮，确认并返回主对话框。

（3）提交运行。在主对话框中，单击 OK 按钮提交运行。

（三）单因素方差分析 One—Way ANOVA 过程

单因素方差分析用于检验几个独立的组是否来自均值相同的总体。例如，一共把样本分为四组（CATA 变量取值为 1、2、3、4）接受四种不同的处理，然后测量因变量 GRADE。方差分析的假设是这四种处理对因变量的影响是相同的。方差分析的执行步骤如下：

第一步，按 Analyze→Compare Means—One–Way ANOVA 顺序单击鼠标键，展开 One-Way ANOVA 主对话框。

第二步，根据分析要求指定方差分析的因变量和自变量。

选定 GRADE 变量进入 Dependent List 框中，定义其为因变量。

选定 CATA 变量进入 Factor 框中，定义它为自变量。由于它有 4 个取值，所以方差分析将检验四个总体的均值是否全部相等。

第三步，提交运行。在主对话框中，单击 OK 按钮提交运行。

方差分析的结果将输出方差分析表。方差分析表结构如下：

第一栏，变差来源，包括组间变差 Between Groups，组内变差 Within Groups 和总变差 Total。

第二栏，离差平方和，分别对应三种变差来源。

第三栏，自由度。

第四栏，均方差，即离差平方和与自由度的比值。

第五栏，F 值，是组间方差与组内方差之比。

第六栏，F 值对应的概率值。

五、用 SPSS 进行简单线性相关分析

相关分析是考察变量间是否存在线性相关关系，简单线性相关分析是最简单的一种。分析两个变量的线性相关关系，其分析步骤如下：

第一步，选择分析变量。按 Analyze—Correlate—Bivariate 顺序展开 Bivarite Correlations 二元变量相关分析主对话框。在变量表中选择要进行相关分析的两个变量。然后，用鼠标单击向右箭头按钮，将选择的变量移至 Variables 矩形框中。

从主对话框中可以看出 Correlation Coefficients 相关系数系统默认为 Pearson，即皮尔逊相关，只有间隔尺度以上的变量才使用这种相关分析。对 Test of Significance 显著性检验系统默认 Two-tailed，即双侧 T 检验；Flag Significant correlations 选项要求在结果中标注统计检验显著的相关系数。

第二步，二元变量相关分析的选择项。

1. 分析方法选择项

主对话框中 Correlation Coefficients 栏中列出了三种相关系数，对应着以下三种分析方法：

（1）Pearson 皮尔逊相关复选项，调用 Correlation 过程计算连续变量或间隔尺度的变量间的相关分析。

（2）Kendall's tau－b，肯德尔 t－b 复选项。

（3）Spearman，斯皮尔曼相关复选项。

2. 选择显著性检验类型

（1）Two－tailed 双层检验选项。当事先不知道相关方向（正还是负）时选择此项。

（2）One－tailed 单尾检验选项。如果事先知道相关方向可以选择此项。

3. Flag significant Correlations 复选项

如果选中该项，输出结果中在相关系数右上方使用"＊"表示在显著性水平为 5％时显著；用"＊＊"表示其在显著性水平为 1％时显著。

第三步，Options 对话框中的选择项。在主对话框中用鼠标单击 Options 按钮，展开 Options 对话框。

1. 统计量选择项

在 Statistics 栏中有两个有关统计量的选择项。只有当选择了 Pearson 相关分析方法时才可以选择这两个选择项。

（1）Means and standard deviations 均值与标准差复选项。

（2）Cross－product deviations and covariances 叉积离差阵和协方差

阵复选项。

2. 缺失值处理方法选择项

（1）Exclude cases pairwise 选项，仅剔除正在参与计算的两个变量值是缺失值的观测量。这样有可能当计算多个相关关系时，相关系数矩阵中的相关系数是根据不同数量的观测量计算出来的。

（2）Exclude cases listwise 选项，剔除在主对话框中 Variables 矩形框中列出的变量带有缺失值的所有观测量。这样计算出的相关系数矩阵，每个相关系数都是依据相同数量的观测量计算出来的。

不过只对两个变量进行相关分析，选哪个选项都是一样的。

第四步，用鼠标单击 OK 按钮，将系统默认参数的相关分析过程提交系统运行。

以上是对两个变量进行的简单线性相关的分析过程，实际上，对若干个变量分析它们两两之间的相关关系的过程也是同样的，只不过在选择分析变量时把它们全部选入 Variables 矩形框中。分析的结果是一个相关分析矩阵，即把所有的变量依次放到表格的行和列，并列出两两交叉之处的相关系数。

六、用 SPSS 进行线性回归分析

线性回归分析是考察多个自变量对因变量的回归模型，最简单的是一元线性回归分析。但实际应用中，极少有一个因变量只受一个自变量影响的情况，所以下面的分析过程是按照多个自变量的回归过程列出的。当只有一个自变量时，分析过程完全一样，且更简单。

线性回归分析的操作步骤如下：

第一步，按 Analyze—Regression—Linear 顺序，打开 Linear Regresstion 对话框。

第二步，在左侧的源变量框中选择一个变量进入 Dependent 框中作为因变量，选择一个或多个变量进入 Independent（s）框中作为自变量。

如果选择不同的自变量、因变量组或不同的方法来建立回归方程，可以将每次所选择的自变量和因变量保存在第 n 个模块中，在以后的回归分析中若要重复某一次回归分析过程或改变方法，则可以利用 Previous 与 Next 按钮来确定各模块中的自变量和因变量。

自变量与因变量必须是数值型变量，对名义变量（定类变量）必须重新编码，转换为数值型的才能参与回归分析。

第三步，在 Method 框中选择一种回归分析方法。

Enter，强行进入法。即所选择的自变量全部进入回归模型。

Remove，消去法。建立回归方程时，根据设定的条件剔除部分自变量。

Forward，向前选择法。根据在 Option 对话框中所设定的判据，从无自变量开始。在拟合过程中，对被选择的自变量进行方差分析，每次加入一个 F 值最大的变量，直至所有符合判据的变量都进入模型为止。第一个引入回归模型的变量应该与因变量间相关系数绝对值最大。

Backward，向后剔除法。根据在 Option 对话框中所设定的判据，先建立全模型，然后根据设置的判据，每次剔除一个使方差分析中的 F 值最小的自变量，直到回归方程中不再含有不符合判据的自变量为止。

Stepwise，逐步进入法。它是向前选择变量法与向后剔除变量方法的结合。

第四步，根据变量值选择参与回归分析的观测量，将作为参照的变量进入 Selection Variable 框中，单击 Rule 按钮，打开 Set Rule 对话框，在 Set Rule 对话框中确定运算法则与数值。

第五步，在 Case Label 下面输入变量名，用其值作为观测量标签。

第六步，单击 WLS 按钮，选择一个作权重的变量进入 WLS Weight 框中。

第七步，单击 Statistics 按钮，打开 Statistics 对话框，可以选择输出的统计量。

1. Regression Coefficients 栏，有关回归系数的选择项

（1）Estimates 复选项，输出回归系数 B、B 的标准误差、标准回归系数 beta、B 的 T 值以及 T 值的双侧检验的显著性水平 Sig。

（2）Confidence intervals 选项，输出每一个非标准化回归系数 95% 的置信区间。

（3）Covariance matrix 复选项，输出非标准化回归系数的协方差矩阵、各变量的相关系数矩阵。

2. 与模型拟合及其拟合效果有关的选择项

（1）Model fit 复选项。

输出引人模型与从模型中剔除的变量，提供复相关系数 R，复相关系数平方 R^2，及 R^2 的修正值、估计值的标准误差，ANOVA 方差分析表。

（2）R squared change 复选项。

表示当回归方程中引入或剔除一个自变量后 R^2 的变化量，如果 R^2ch 较大，那么说明进入和剔除回归方程的自变量有可能是一个较好的回归变量。选择此项输出 R^2ch、Fch、Sigch。

（3）Descriptives 复选项。

输出合法观测量的数目、变量的平均值、标准差、相关系数矩阵和单侧检验显著性水平矩阵。

（4）Part and partial correlation 复选项。

输出部分相关系数（表明当一个自变量进入回归方程后，R^2 增加了多少）、偏相关系数（表示排除了其他自变量对 Y 的影响后，与因变量 Y 的相关程度）与零阶相关系数（变量之间的简单相关系数）。

（5）Collonearity diagnostics 选项。

输出各变量的误差容限以及共线性诊断表。

3. Residuals 栏，有关残差分析的选择项

（1）Durbin-watson，输出 Durbin-watson 统计量以及可能是奇异值的诊断表。

（2）Casewise diagnostics，输出测量诊断表。

（3）Outliers outside standard deviation，设置奇异值的判据。默认为 >3 倍标准差。

（4）All cases 选项，输出所有观测量的残差值。

第八步，需要绘制图形时，单击 Plots 按钮，打开 Plots 对话框。在对话框中选择制作图形，默认情况下，不输出图形。

1. 选择轴变量

在左上角的源变量框中，选择 Dependent（因变量）进入 X（或 Y）轴变量框；选择其他变量进入 Y（或 X）轴变量框。可以作为轴变量的，还有以下参数：

（1）Dependent 选项，因变量。

（2）ZPERD 选项，标准化预测值。

（3）ZRESID 选项，标准化残差。

（4）DRESID 选项，剔除残差（DELETED RESIDUALS）。

（5）ADJPERD 选项，修正后预测值。

（6）SRESID 选项，学生化残差。

（7）SDRESID 选项，学生化剔除残差。

2. Standardized Residual Plots 栏中选择直方图和正态概率图

（1）Histogram，输出带有正态曲线的标准化残差的直方图。

（2）Normal Probability plot，残差正态概率图，检查残差正态性。

3. Produce all partial plots 复选项

输出（针对每一个自变量）产生一个自变量残差相对于因变量残差的散布图。

第九步，单击 Save 按钮，打开 Save 对话框，将分析结果作为新变量保存到数据窗。

1. Predicted Values 预测值栏

（1）Unstandardized 复选项，保存非标准化预测值。

（2）Standardized 复选项，保存标准化预测值。

（3）Adjusted 复选项，保存调节预测值。

2. Distances 距离栏

3. Prediction intervals 预测区间栏

（1）Mean 复选项，保存预测区间上下限的平均值。

（2）Individual 复选项，保存一个观测量上限与下限的预测间距。

选择上述两个复选项后，在 Confidence interval 参数框中确定置信度，默认值为 95%。所键入的值必须在 0～100 之间。

第十步，用鼠标单击 OK 按钮提交系统运行。

第四章　调查报告的撰写

一项调查一旦完成了资料收集与统计分析工作，整个调查任务的完成也就接近尾声了。最后的一项任务就是把调查研究的结果以文字的形式表达出来以便同其他人进行交流或作为解决实际问题的决策参考，即撰写调查报告。调查报告通常是评价整个调查研究工作好坏的惟一标准，不管研究的其他各步骤工作如何成功，如果调查报告撰写得不成功，将导致别人把整个研究看成一项失败的研究。所以，调查报告具有非常重要的地位。

第一节　调查报告概述

调查报告是反映调查研究成果的一种书面报告。它以文字、图表等形式将调查研究的过程、方法和结果表现出来。

一、调查报告的种类

根据调查用途的不同，调查报告也有几种不同的分类，每种形式的报告在写作上有不同的要求。

（一）普通调查报告

普通调查报告是根据为解决实际决策问题而组织的调查撰写的，其读者是有关实际工作部门的人员或普通公众。他们往往不懂调查研究的具体方法，因此调查报告不能太专业化，要求通俗易懂，以解决实际问题为目的。

（二）学术报告

学术报告也是根据调查研究的结果撰写的，但它主要是分析各种媒介现象间的相互关系和因果关系，通过对调查资料的分析或归类，达到检验理论和构造理论的目的。它的读者是相同学科的专业研究人员，他们为了验证一项调查结论的正确性，甚至会作同样的重复研究。因此，调查报告要讲究专业性，对研究的细节问题进行详细的说明。

（三）学术论文

有的学术研究最终以论文的形式发表，其读者也是相关领域较专业的人员，所以也要非常注重学术性，不仅强调研究的应用价值，更要阐明其学术价值和理论价值。但是学术论文一般有严格的写作要求，和一般的调查报告不同。由于论文的篇幅限制，不太可能把有关调查的细节问题一一解释。学术论文往往围绕调查的某一个亮点去撰写，根据一项相同的研究往往可以撰写多篇角度不同的学术论文。

（四）口头报告

不管是普通调查报告还是学术报告，有时需要进行口头的汇报，以促进调查结果和使用交流，称为口头报告。口头报告要求使用口语化的简洁明了的语言，借助肢体语言进行表达。

二、调查报告的写作要求

从上述的分类中可以看出，调查报告由于读者上有差别，所以要根据不同读者的兴趣点有针对性地撰写报告。但是，对不同的调查报告也有共同的写作要求。

（一）围绕研究主题

研究设计、数据收集和资料分析都是在研究主题的要求下完成的，调查结果也只在研究设计规定的范围内有效，因此调查报告一定要和研究主题相符，要目的明确、有的放矢、围绕主题展开论述，要对调查所要解决的目标问题提出明确的结论或建议。如果报告撰写跑题，一方面失去了解决问题的价值，另一方面很可能做出完全错误的结论。

（二）写作的准确性

调查报告是完全根据实证的数据撰写的，报告中出现的任何信息都应该有明确的来源和数据支持，没有数据支持的、推测的、不能有完全把握的词句不能出现在报告中。

此外，在表达上也要用词准确、符合逻辑。在选用词语时，要准确地把握住概念，做到词义相符。不能只为了用词华丽而编造一些好听的、新鲜的、虚幻的名词，不能玩概念的炒作，所使用的任何概念都要有特定的内涵。也不要像文学作品那样借用夸张、拟人、借代、比喻等修辞手法，避免带有感情色彩的语言。

用词准确还表现在对时间、数量等的绝对表示法，尽可能避免相对表示法，例如用准确的年月日而不是"去年"、"今年"、"半年前"、"最近"等词。报告中需要引用的数字也应该有规范的用法。

（三）报告的完整性

一份完整的报告应当为读者提供他们能懂得的所有信息，即报告解决了一开始提出的一切疑问，即使是对没有得到证实的疑问，也应该指出本次研究未能证实某某问题，而不要避而不提。

此外，报告也要对必要的定义和偏专业化的概念进行简短的解释。例如，统计学中的"差异"究竟在实际中代表了什么含义。

（四）使用简洁的语言

不管是哪种报告，都要避免长篇大论、言之无物，而应该明确阅读对象的要求、适应读者的要求和兴趣，采取凝练、简洁的语言把问题表述清楚。同时，写作时可以尽可能借助视觉辅助材料，借助图表、图形等直观的表达方法，以增加报告的可读性。

同时，一份报告的内容往往比较多，篇幅比较长。为了让读者尽快抓住主要结论，应该在报告的最开头把调查的主要结果列出，然后再到正文中去详细阐述。

（五）要准确报告调查方法

调查报告应该客观、公正地报告研究结果，并对所作出结论的准确性有相当的把握，有勇气面对其他人的重复研究和验证。所以调查报告不应略去和故意隐藏所知的事实，要准确完整地报告调查的方法，应当对调查的技术性问题作出说明，应该能让读者了解调查过程的全貌，以便进行重复性研究。如果认为这些内容过于专业，可以不出现在报告正文中，而一定要在附录中附上全部的细节问题。

第二节　调查报告的撰写

如上所述，调查报告不止一种类型，在撰写上有一定的差别。下面我们针对在媒介调查中应用最广泛的普通报告撰写进行说明，其他类型的报告也可以进行参考。

一、调查报告的基本格式

一份完整的调查报告一般由报告封面、目录、报告摘要、报告正文、结论和建议、附录等几部分组成。

（一）报告封面

报告封面应该对调查主题、调查的实施者、报告日期等信息进行说明。调查主题一般都包括在调查报告的标题或副标题中，如"北京地区电视观众收视情况的调查报告"就包括了调查主题。

（二）目录

一般的调查报告都会有较长的篇幅，所以都应该像图书一样编写目录，以便读者查阅特定的内容。目录包含报告所分的章节及其相应的起始页码。通常只编写两个层次的目录。较短的报告也可以只编写第一层次的目录。需要注意的是，报告中的表格和统计图都要在目录中列出。

如果报告含有较多的图和表，对图和表都要拟出标题并进行独立的数字编号，也需要在目录中单独列一个图表目录，按在报告中出现的次序排列。

（三）报告摘要

报告摘要其实是关于调查的简明报告，应该是调查报告正文的浓缩和精华的部分，主要包括对调查问题的描述、处理问题的途径、采用的调查方法、调查的关键结果以及结论和建议等，便于读者在较短的时间内抓住调查的主要问题。

报告摘要的撰写应该是在报告正文完成之后，摘取报告的核心而成。它的长度最好不超过两页，因此要仔细斟酌哪些东西是足够重要的，需要在摘要中写明。但是报告摘要不是关于调查结果的流水账，应具有较强的系统性，既要简明概括调查结果的主要内容，突出重点，也要注重逻辑性。

调查摘要通常包含三方面内容：首先，要说明报告的目的，包括重要的背景情况和调查的具体目的。其次，要给出最主要的结果，有关调查目的的关键结果都须写明。最后，是关于调查所提出的结论和建议，或者提议决策者应采取的行动，这是以调查结果为基础而提出的。

（四）报告正文

报告正文包括对调研背景和目的的说明、对调查问题的定义、调查的方法、数据分析方法、调查结果、调查的局限性和必要的解释说明等。

1. 调研背景和目的

本部分要对为何开展此项调查进行说明。包括相关的背景材料，面临的主要问题，调查要实现什么样的目的等。这里提到的每个问题在调查结果中都应该提供相应的结果。

2. 对调查问题的定义

这里指的是从操作性层面上对调查面临的主要问题进行定义，包括从什么途径、针对哪些对象、测量哪些变量或指标才能获得关于该问题的答案。

3. 调查方法

这部分内容应当针对研究方案是如何设计的、如何进行抽样、如何实施调查等环节进行说明，但要把所用的方法完全讲清楚不是一件太容易的事，因为这里要求对具体的技术性问题进行说明，但又要同时考虑到读者的理解程度。有的调查报告把关于调查方法的详细内容放在附录中，在这里只在可以理解的层面上进行了简要的说明。

调查方法部分要阐明以下四个方面的问题：

（1）研究设计。说明所开展的调查是属于探索性研究、描述性研究还是因果关系等，为什么适用于这一特定的调查主题，以及对具体的研究思路进行阐述。

（2）资料收集方法。所收集的资料是一手资料还是二手资料，是通过问卷调查法、观察法还是实验法收集的。收集资料时所用调查问卷或记录应在附录中列出。

（3）抽样方法。目标总体是什么，抽样框是如何确定的，抽取了多大的样本，是如何抽取的，最终抽取到的样本结构和代表性怎样。为了说明抽样设计的科学性，在抽样环节所用的计算过程应该在附录中提供。

（4）调查的实施。什么样的人执行了数据收集工作、如何对他们培训的、数据收集过程中是如何实施质量控制的，等等。

4. 数据分析方法

应说明在数据分析阶段所使用的定量分析软件和主要的分析方法。如果有太多的细节性说明，则可以把它们放在附录中。

5. 调查结果

调查结果是重点撰写的内容，也是调查报告中篇幅最多的内容。这里要根据数据分析结果逐项说明解决了什么问题，得到了什么结论，并提供必要的数据支持。为了便于索引，要以最初定义的调查问题为逻辑顺序，分小节去撰写，每一小节包括一组相近的问题。如果调查问卷是按照小节编排的，调查报告可基本按照问卷的结构进行。不过，应该避免按问题逐题撰写结果，因为很多时候几个问题的共同结果才有意义。

6. 调查的局限性和必要的说明

无论事先设计多么严谨，也难以保证调查十全十美，很可能在数据分析时才发现调查存在一些问题。所以，报告中必须指出调查的不周全之处以及调查结果的局限性，例如拒访率和无回答等数据，便于使用者对调查结果进行客观的了解。如果对存在的问题进行了补救，应该说明补救的措施。

（五）结论和建议

如果只是客观地阐述调查结果，使用者也许由于不了解专业问题不敢轻易下总的结论，或作错误的结论。所以，调查者应该对调查进行总结，总结主要是根据调查结果进行。此外，也可以提出解决具体问题的建议，但不是必需的。这里对结论和建议的阐述应该比报告摘要中更为详细，而且要提供必要的论证。

（六）附录

附录通常包括的内容有调查问卷和一份完整的频数表、对较为复杂的抽样调查技术的说明、复杂的统计分析技术说明以及其他需要说明的问题。

二、口头报告的发表

对于为解决实际问题撰写的普通调查报告，很可能要面对结果的使用者进行口头的报告；对于一些学术报告，很可能需要进行学术交流或进行学术答辩。这时都需要通过口头语言来表达调查结果。作口头报告一般都有一定的准备时间，在正式发表报告之前可以先作几次练习，此外也要准备一些必要的材料供报告使用。

（一）口头报告的材料准备

口头报告前应作以下四种材料的准备工作：

（1）应该向每位听报告者提供一份报告提纲，该提纲应能简要介绍报告的主要部分及重大的研究成果，但不应包含统计图表。

（2）应向每位听报告者提供一份摘要的复印件。这将帮助他们预先了解报告的主要内容，而避免埋头记大量的笔记。

（3）准备报告所需的幻灯片。借助多媒体的可视化报告可以大大增强报告的效果，目前流行的方式是应用 PowerPoint 软件来制作幻灯片，在报告时通过手提电脑和投影屏幕播放幻灯片。图、表等在关键部分都应该尽可能出现在幻灯片中，也可以通过色彩选择或给幻灯片加上放映效果以提高人们对感兴趣部分的注意力。

（4）书面报告的复印件。书面报告是研究成果的书面证明，在口头报告中可能许多细节都被省略掉了。在口头报告结束后，可以给感兴趣者提供一份书面报告的复印件。这个也需要事先进行准备。

（二）口头报告的发布

发表口头报告，也要和书面报告的原则一样，要针对报告的对象确定其内容和形式。一般来说，发表口头报告应有以下的技巧：

（1）切忌按照事先写好的发言稿宣读，而应该使用口语化的、简明的词句表达调查结果。

（2）报告时眼睛要和听报告者保持接触和交流。

（3）不时注意提醒听报告者当前进入了第几个问题，在对某个问题报告前，要先告诉他们你将要关于这个问题进行报告；在对该问题报告完之后，告诉他们刚才报告的是什么问题。

（4）对于重点内容，要放慢说话速度，甚至可以重复。

（5）借助身体语言。手势、声音（音量、速度）、眼神等都随报告的内容而恰当表现，加深听者的印象，引起他们的反应和共鸣。

（6）报告的结尾应该是强有力的，以形成一个高潮。

在报告时，报告者还应充分做好答辩的准备，要充满自信，富有渲染力和说服力。

完成了调查报告的撰写和发表，一项完整的媒介调查研究任务就全部完成了。也可以在适当的时候对相同的研究主题进行跟踪研究，以便更深刻地理解所研究的现象。

附录 I

随机数字表

```
39 65 76 45 45    19 90 69 64 61    20 26 36 31 62    58 24 97 14 97    95 06 70 99 00
73 71 23 70 90    65 97 60 12 11    31 56 34 19 19    47 83 75 51 33    30 62 38 20 46
72 20 47 33 84    51 67 47 97 19    98 40 07 17 66    23 05 09 51 80    59 78 11 52 49
75 17 25 69 17    17 95 21 78 58    24 33 45 77 48    69 81 84 09 29    93 22 70 45 80
37 48 79 88 74    63 52 06 34 30    01 31 60 10 27    35 07 79 71 53    28 99 52 01 41

02 89 08 16 94    85 53 83 29 95    56 27 09 24 43    21 78 55 09 82    72 61 88 73 61
87 18 15 70 07    37 79 49 12 38    48 13 93 55 96    41 92 45 71 51    09 18 25 58 94
98 83 71 70 15    89 09 39 59 24    00 06 41 41 20    14 36 59 25 47    54 45 17 24 89
10 08 58 07 04    76 62 16 48 68    58 76 17 14 86    59 53 11 52 21    66 04 18 72 87
47 90 56 37 31    71 82 13 50 41    27 55 10 24 92    28 04 67 53 44    95 23 00 84 47

93 05 31 03 07    34 18 04 52 35    74 13 39 35 22    68 95 23 92 35    36 63 70 35 33
21 89 11 47 99    11 20 99 45 18    76 51 94 84 86    13 79 93 37 55    98 16 04 41 67
95 18 94 06 97    27 37 83 28 71    79 57 95 13 91    09 61 87 25 21    56 20 11 32 44
97 08 31 55 73    10 65 81 92 59    77 31 61 95 46    20 44 90 32 64    26 99 76 75 63
69 26 88 86 13    59 71 74 17 32    48 38 75 93 29    73 37 32 04 05    60 82 29 20 25

41 47 10 25 03    87 63 93 95 17    81 83 83 04 49    77 45 85 50 51    79 88 01 97 30
91 94 14 63 62    08 61 74 51 69    92 79 43 89 79    29 18 94 51 23    14 85 11 47 23
80 06 54 18 47    08 52 85 08 40    48 40 35 94 22    72 65 71 08 86    50 03 42 99 36
67 72 77 63 99    89 85 84 46 06    64 71 06 21 66    89 37 20 70 01    61 65 70 22 12
59 40 24 13 75    42 29 72 23 19    06 94 76 10 08    81 30 15 39 14    81 83 17 16 33

63 62 06 34 41    79 53 36 02 95    94 61 09 43 62    20 21 14 68 86    94 95 48 46 45
78 47 23 53 90    79 93 96 38 63    34 85 52 05 09    85 43 01 72 73    14 93 87 81 40
87 68 62 15 43    97 48 72 66 48    53 16 71 13 81    59 97 50 99 52    24 62 20 42 31
47 60 92 10 77    26 97 05 73 51    88 46 38 03 58    72 68 49 29 31    75 70 16 08 24
56 88 87 59 41    06 87 37 78 48    65 88 69 58 39    88 02 84 27 83    85 81 56 39 38

22 17 68 65 84    87 02 22 57 51    68 69 80 95 44    11 29 01 95 80    49 34 35 86 47
19 36 27 59 46    39 77 32 77 09    79 57 92 36 59    89 74 39 82 15    08 58 94 34 74
16 77 23 02 77    28 06 24 25 93    22 45 44 84 11    87 80 61 65 31    09 71 91 74 25
78 43 76 71 61    97 67 63 99 61    80 45 67 93 82    59 73 19 85 23    53 33 65 97 21
03 28 28 26 08    69 30 16 09 05    53 58 47 70 93    66 56 45 65 79    45 56 20 19 47

04 31 17 21 56    33 73 99 19 87    26 72 39 27 67    53 77 57 68 93    60 61 97 22 61
61 06 98 03 91    87 14 77 43 96    43 00 65 98 50    45 60 33 01 07    98 99 46 50 47
23 68 35 26 00    99 53 93 61 28    52 70 05 48 34    56 65 05 61 86    90 92 10 70 80
15 39 25 70 99    93 86 52 77 65    15 33 59 05 28    22 87 26 07 47    86 96 98 29 06
58 71 96 30 24    18 46 23 34 27    85 13 99 24 44    49 18 09 79 49    74 16 32 23 02

93 22 53 64 39    07 10 63 76 35    87 03 04 79 88    08 13 13 85 51    55 34 57 72 69
78 76 58 54 74    92 38 70 96 92    52 06 79 79 45    82 63 18 27 44    69 66 92 19 09
61 81 31 96 82    00 57 25 60 59    46 72 60 18 77    55 66 12 62 11    08 99 55 64 57
42 88 07 10 05    24 98 65 63 21    47 21 61 88 32    27 80 30 21 60    10 92 35 36 12
77 94 30 05 39    28 10 99 00 27    12 73 73 99 12    49 99 57 94 82    96 88 57 17 91
```

附录 Ⅱ

标准正态分布的右侧尾部累积概率

面积=Pr（Z≥Z_0）

Z_0	.00	.01	.02	.03	.04	.05	.06	.07	.08	.09
0.0	.5000	.4960	.4920	.4880	.4840	.4801	.4761	.4721	.4681	.4641
0.1	.4602	.4562	.4522	.4483	.4443	.4404	.4364	.4325	.4286	.4247
0.2	.4207	.4168	.4129	.4090	.4052	.4013	.3974	.3936	.3897	.3859
0.3	.3821	.3783	.3745	.3707	.3669	.3632	.3594	.3557	.3520	.3483
0.4	.3446	.3409	.3372	.3336	.3300	.3264	.3228	.3192	.3156	.3121
0.5	.3085	.3050	.3015	.2981	.2946	.2912	.2877	.2843	.2810	.2776
0.6	.2743	.2709	.2676	.2643	.2611	.2578	.2546	.2514	.2483	.2451
0.7	.2420	.2389	.2358	.2327	.2296	.2266	.2236	.2206	.2177	.2148
0.8	.2119	.2090	.2061	.2033	.2005	.1977	.1949	.1922	.1894	.1867
0.9	.1841	.1814	.1788	.1762	.1736	.1711	.1685	.1660	.1635	.1611
1.0	.1587	.1562	.1539	.1515	.1492	.1469	.1446	.1423	.1401	.1379
1.1	.1357	.1335	.1314	.1292	.1271	.1251	.1230	.1210	.1190	.1170
1.2	.1151	.1131	.1112	.1093	.1075	.1056	.1038	.1020	.1003	.0985
1.3	.0968	.0951	.0934	.0918	.0901	.0885	.0869	.0853	.0838	.0823
1.4	.0808	.0793	.0778	.0764	.0749	.0735	.0722	.0708	.0694	.0681
1.5	.0668	.0655	.0643	.0630	.0618	.0606	.0594	.0582	.0571	.0559
1.6	.0548	.0537	.0526	.0516	.0505	.0495	.0485	.0475	.0465	.0455
1.7	.0446	.0436	.0427	.0418	.0409	.0401	.0392	.0384	.0375	.0367
1.8	.0359	.0352	.0344	.0336	.0329	.0322	.0314	.0307	.0301	.0294
1.9	.0287	.0281	.0274	.0268	.0262	.0256	.0250	.0244	.0239	.0233
2.0	.0228	.0222	.0217	.0212	.0207	.0202	.0197	.0192	.0188	.0183
2.1	.0179	.0174	.0170	.0166	.0162	.0158	.0154	.0150	.0146	.0143
2.2	.0139	.0136	.0132	.0129	.0125	.0122	.0119	.0116	.0113	.0110
2.3	.0107	.0104	.0102	.0099	.0096	.0094	.0091	.0089	.0087	.0084
2.4	.0082	.0080	.0078	.0075	.0073	.0071	.0069	.0068	.0066	.0064
2.5	.0062	.0060	.0059	.0057	.0055	.0054	.0052	.0051	.0049	.0048
2.6	.0047	.0045	.0044	.0043	.0041	.0040	.0039	.0038	.0037	.0036
2.7	.0035	.0034	.0033	.0032	.0031	.0030	.0029	.0028	.0027	.0026
2.8	.0026	.0025	.0024	.0023	.0023	.0022	.0021	.0021	.0020	.0019
2.9	.0019	.0018	.0017	.0017	.0016	.0016	.0015	.0015	.0014	.0014
3.0	.00135									
3.5	.000233									
4.0	.00003107									
4.5	.000003040									
5.0	.0000000287									

附录 Ⅲ

t 分布的临界值点

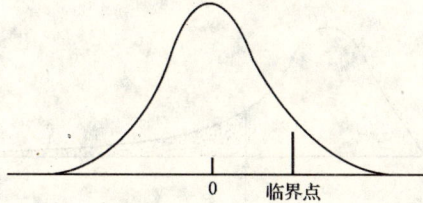

d. f.	$t_{.25}$	$t_{.10}$	$t_{.05}$	$t_{.025}$	$t_{.010}$	$t_{.005}$	$t_{.0025}$	$t_{.0010}$	$t_{.0005}$
1	1.000	3.078	6.314	12.706	31.821	63.637	127.32	318.31	636.62
2	.816	1.886	2.920	4.303	6.965	9.925	14.089	22.326	31.598
3	.765	1.638	2.353	3.182	4.541	5.841	7.453	10.213	12.924
4	.741	1.533	2.132	2.776	3.747	4.604	5.598	7.173	8.610
5	.727	1.476	2.015	2.571	3.365	4.032	4.773	5.893	6.869
6	.718	1.440	1.943	2.447	3.143	3.707	4.317	5.208	5.959
7	.711	1.415	1.895	2.365	2.998	3.499	4.020	4.785	5.408
8	.706	1.397	1.860	2.306	2.896	3.355	3.833	4.501	5.041
9	.703	1.383	1.833	2.262	2.821	3.250	3.690	4.297	4.781
10	.700	1.372	1.812	2.228	2.764	3.169	3.581	4.144	4.537
11	.697	1.363	1.796	2.201	2.718	3.106	3.497	4.025	4.437
12	.695	1.356	1.782	2.179	2.681	3.055	3.428	3.930	4.318
13	.694	1.350	1.771	2.160	2.650	3.012	3.372	3.852	4.221
14	.692	1.345	1.761	2.145	2.624	2.977	3.326	3.787	4.140
15	.691	1.341	1.753	2.131	2.602	2.947	3.286	3.733	4.073
16	.690	1.337	1.746	2.120	2.583	2.921	3.252	3.686	4.015
17	.689	1.333	1.740	2.110	2.567	2.898	3.222	3.646	3.965
18	.688	1.330	1.734	2.101	2.552	2.878	3.197	3.610	3.922
19	.688	1.328	1.729	2.093	2.539	2.861	3.174	3.579	3.883
20	.687	1.325	1.725	2.086	2.528	2.845	3.153	3.552	3.850
21	.686	1.323	1.721	2.080	2.518	2.831	3.135	3.257	3.189
22	.686	1.321	1.717	2.074	2.508	2.819	3.119	3.505	3.792
23	.685	1.319	1.714	2.069	2.500	2.807	3.104	3.485	3.767
24	.685	1.318	1.711	2.064	2.492	2.797	3.091	3.467	3.745
25	.684	1.316	1.708	2.060	2.485	2.787	3.078	3.450	3.725
26	.684	1.315	1.706	2.056	2.479	2.779	3.067	3.435	3.707
27	.684	1.314	1.703	2.052	2.473	2.771	3.057	3.421	3.690
28	.683	1.313	1.701	2.048	2.467	2.763	3.047	3.408	3.674
29	.683	1.311	1.699	2.045	2.462	2.756	3.038	3.396	3.659
30	.683	1.310	1.697	2.042	2.457	2.750	3.030	3.385	3.646
40	.681	1.303	1.684	2.021	2.423	2.704	2.971	3.307	3.551
60	.679	1.296	1.671	2.000	2.390	2.660	2.915	3.232	3.460
120	.677	1.289	1.658	1.980	2.358	2.617	2.860	3.160	3.373
∞	.674	1.282	1.645	1.960	2.326	2.576	2.807	3.090	3.291
	$=z_{.25}$	$=z_{.10}$	$=z_{.05}$	$=z_{.025}$	$=z_{.010}$	$=z_{.005}$	$=z_{.0025}$	$=z_{.0010}$	$=z_{.0005}$

附录 Ⅳ

F 分布的临界值点

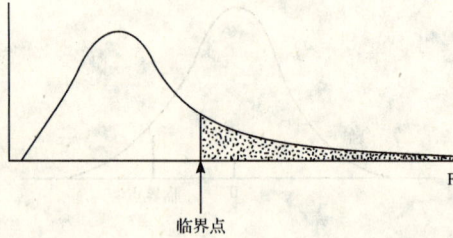

临界点

		分子的自由度										
		1	2	3	4	5	6	8	10	20	40	∞
1	$F_{.25}$	5.83	7.50	8.20	8.58	8.82	8.98	9.19	9.32	9.58	9.71	9.85
	$F_{.10}$	39.9	49.5	53.6	55.8	57.2	58.2	59.4	60.2	61.7	62.5	63.3
	$F_{.05}$	161	200	216	225	230	234	239	242	248	251	254
2	$F_{.25}$	2.57	3.00	3.15	3.23	3.28	3.31	3.35	3.38	3.43	3.45	3.48
	$F_{.10}$	8.53	9.00	9.16	9.24	9.29	9.33	9.37	9.39	9.44	9.47	9.49
	$F_{.05}$	18.5	19.0	19.2	19.2	19.3	19.3	19.4	19.4	19.4	19.5	19.5
	$F_{.01}$	98.5	99.0	99.2	99.2	99.3	99.3	99.4	99.4	99.4	99.5	99.5
	$F_{.001}$	998	999	999	999	999	999	999	999	999	999	999
3	$F_{.25}$	2.02	2.28	2.36	2.39	2.41	2.42	2.44	2.44	2.46	2.47	2.47
	$F_{.10}$	5.54	5.46	5.39	5.34	5.31	5.28	5.25	5.23	5.18	5.16	5.13
	$F_{.05}$	10.1	9.55	9.28	9.12	9.10	8.94	8.85	8.79	8.66	8.59	8.53
	$F_{.01}$	34.1	30.8	29.5	28.7	28.2	27.9	27.5	27.2	26.7	26.4	26.1
	$F_{.001}$	167	149	141	137	135	133	131	129	126	125	124
4	$F_{.25}$	1.81	2.00	2.05	2.06	2.07	2.08	2.08	2.08	2.08	2.08	2.08
	$F_{.10}$	4.54	4.32	4.19	4.11	4.05	4.01	3.95	3.92	3.84	3.80	3.76
	$F_{.05}$	7.71	6.94	6.59	6.39	6.26	6.16	6.04	5.96	5.8	5.72	5.63
	$F_{.01}$	21.2	18.0	16.7	16.0	15.5	15.2	14.8	14.5	14.0	13.7	13.5
	$F_{.001}$	74.1	61.3	56.2	53.4	51.7	50.5	49.0	48.1	46.1	45.1	44.1
5	$F_{.25}$	1.69	1.85	1.88	1.89	1.89	1.89	1.89	1.89	1.88	1.88	1.87
	$F_{.10}$	4.06	3.78	3.62	3.52	3.45	3.40	3.34	3.30	3.21	3.16	3.10
	$F_{.05}$	6.61	5.79	5.41	5.19	5.05	4.95	4.82	4.74	4.56	4.46	4.36
	$F_{.01}$	16.3	13.3	12.1	11.4	11.0	10.7	10.3	10.1	9.55	9.29	9.02
	$F_{.001}$	47.2	37.1	33.2	31.1	29.8	28.8	27.6	26.9	25.4	24.6	23.8
6	$F_{.25}$	1.62	1.76	1.78	1.79	1.79	1.78	1.77	1.77	1.76	1.75	1.74
	$F_{.10}$	3.78	3.46	3.29	3.18	3.11	3.05	2.98	2.94	2.84	2.78	2.72
	$F_{.05}$	5.99	5.14	4.76	4.53	4.39	4.28	4.15	4.06	3.87	3.77	3.67
	$F_{.001}$	35.5	27.0	23.7	21.9	20.8	20.0	19.0	18.4	17.1	16.4	15.8

分母的自由度

		分子的自由度										
		1	2	3	4	5	6	8	10	20	40	∞
7	$F_{.25}$	1.57	1.70	1.72	1.72	1.71	1.71	1.70	1.69	1.67	1.66	1.65
	$F_{.10}$	3.59	3.26	3.07	2.96	2.88	2.83	2.75	2.70	2.59	2.54	2.47
	$F_{.05}$	5.59	4.74	4.35	4.12	3.97	3.87	3.73	3.64	3.44	3.34	3.23
	$F_{.01}$	12.2	9.55	8.45	7.85	7.46	7.19	6.84	6.62	6.16	5.91	5.65
	$F_{.001}$	29.3	21.7	18.8	17.2	16.2	15.5	14.6	14.1	12.9	12.3	11.7
8	$F_{.25}$	1.54	1.66	1.67	1.66	1.66	1.65	1.64	1.63	1.61	1.59	1.58
	$F_{.10}$	3.46	3.11	2.92	2.81	2.73	2.67	2.59	2.54	2.42	2.36	2.29
	$F_{.05}$	5.32	4.46	4.07	3.84	3.69	3.58	3.44	3.35	3.15	3.04	2.93
	$F_{.01}$	11.3	8.65	7.59	7.01	6.63	6.37	6.03	5.81	5.36	5.12	4.86
	$F_{.001}$	25.4	18.5	15.8	14.4	13.5	12.9	12.0	11.5	10.5	9.92	9.33
9	$F_{.25}$	1.51	1.62	1.63	1.63	1.62	1.61	1.60	1.59	1.56	1.55	1.53
	$F_{.10}$	3.36	3.01	2.81	2.69	2.61	2.55	2.47	2.42	2.30	2.23	2.16
	$F_{.05}$	5.12	4.26	3.86	3.63	3.48	3.37	3.23	3.14	2.94	2.83	2.71
	$F_{.01}$	10.6	8.02	6.99	6.42	6.06	5.80	5.47	5.26	4.81	4.57	4.31
	$F_{.001}$	22.9	16.4	13.9	12.6	11.7	11.1	10.4	9.89	8.90	8.37	7.81
10	$F_{.25}$	1.49	1.60	1.60	1.59	1.59	1.58	1.56	1.55	1.52	1.51	1.48
	$F_{.10}$	3.28	2.92	2.73	2.61	2.52	2.46	2.38	2.32	2.20	2.13	2.06
	$F_{.05}$	4.96	4.10	3.71	3.48	3.33	3.22	3.07	2.98	2.77	2.66	2.54
	$F_{.01}$	10.0	7.56	6.55	5.99	5.64	5.39	5.06	4.85	4.41	4.17	3.91
	$F_{.001}$	21.0	14.9	12.6	11.3	10.5	9.92	9.20	8.75	7.80	7.30	6.76
12	$F_{.25}$	1.56	1.56	1.56	1.55	1.54	1.53	1.51	1.50	1.47	1.45	1.42
	$F_{.10}$	3.18	2.81	2.61	2.48	2.39	2.33	2.24	2.19	2.06	1.99	1.90
	$F_{.05}$	4.75	3.89	3.49	3.26	3.11	3.00	2.85	2.75	2.54	2.43	2.30
	$F_{.01}$	9.33	6.93	5.95	5.41	5.06	4.82	4.50	4.30	3.86	3.62	3.36
	$F_{.001}$	18.6	13.0	10.8	9.63	8.89	8.38	7.71	7.29	6.40	5.93	5.42
14	$F_{.25}$	1.44	1.53	1.53	1.52	1.51	1.50	1.48	1.46	1.43	1.41	1.38
	$F_{.10}$	3.10	2.73	2.52	2.39	2.31	2.24	2.15	2.10	1.96	1.89	1.80
	$F_{.05}$	4.60	3.74	3.34	3.11	2.96	2.85	2.70	2.60	2.39	2.27	2.13
	$F_{.01}$	8.86	5.51	5.56	5.04	4.69	4.46	4.14	3.94	3.51	3.27	3.00
	$F_{.001}$	17.1	11.8	9.73	8.62	7.92	7.43	6.80	6.40	5.56	5.10	4.60
16	$F_{.25}$	1.42	1.51	1.51	1.50	1.48	1.48	1.46	1.45	1.40	1.37	1.34
	$F_{.10}$	3.05	2.67	2.46	2.33	2.24	2.18	2.09	2.03	1.89	1.81	1.72
	$F_{.05}$	4.49	3.63	3.24	3.01	2.85	2.74	2.59	2.49	2.28	2.15	2.01
	$F_{.10}$	8.53	6.23	5.29	4.77	4.44	4.20	3.89	3.69	3.26	3.02	2.75
	$F_{.001}$	16.1	11.0	9.00	7.94	7.27	6.81	6.19	5.81	4.99	4.54	4.06
18	$F_{.25}$	1.41	1.50	1.49	1.48	1.46	1.45	1.43	1.42	1.38	1.35	1.32
	$F_{.10}$	3.01	2.62	2.42	2.29	2.20	2.13	2.04	1.98	1.84	1.75	1.66
	$F_{.05}$	4.41	3.55	3.16	2.93	2.77	2.66	2.51	2.41	2.19	2.06	1.92
	$F_{.01}$	8.29	6.01	5.09	4.58	4.25	4.01	3.71	3.51	3.08	2.84	2.57
	$F_{.001}$	15.4	10.4	8.49	7.46	6.81	6.35	5.76	5.39	4.59	4.15	3.67

分母的自由度

		分子的自由度										
		1	2	3	4	5	6	8	10	20	40	∞
20	$F_{.25}$	1.40	1.49	1.48	1.46	1.45	1.44	1.42	1.40	1.36	1.33	1.29
	$F_{.10}$	2.97	2.59	2.38	2.25	2.16	2.09	2.00	1.94	1.79	1.71	1.61
	$F_{.05}$	4.35	3.49	3.10	2.87	2.71	2.60	2.45	2.35	2.12	1.99	1.84
	$F_{.01}$	8.10	5.85	4.94	4.43	4.10	3.87	3.56	3.37	2.94	2.69	2.42
	$F_{.001}$	14.8	9.95	8.10	7.10	6.46	6.02	5.44	5.08	4.29	3.86	3.38
30	$F_{.25}$	1.38	1.45	1.44	1.42	1.41	1.39	1.37	1.35	1.30	1.27	1.23
	$F_{.10}$	2.88	2.49	2.28	2.14	2.05	1.98	1.88	1.82	1.67	1.57	1.46
	$F_{.05}$	4.17	3.32	2.92	2.69	2.53	2.42	2.27	2.16	1.93	1.79	1.62
	$F_{.01}$	7.56	5.39	4.51	4.02	3.70	3.47	3.17	2.98	2.55	2.30	2.01
	$F_{.001}$	13.3	8.77	7.05	6.12	5.53	5.12	4.58	4.24	3.49	3.07	2.59
40	$F_{.25}$	1.36	1.44	1.42	1.40	1.39	1.37	1.35	1.33	1.28	1.24	1.19
	$F_{.10}$	2.84	2.44	2.23	2.09	2.00	1.93	1.83	1.76	1.61	1.51	1.38
	$F_{.05}$	4.08	3.23	2.84	2.61	2.45	2.34	2.18	2.08	1.84	1.69	1.51
	$F_{.01}$	7.31	5.18	4.31	3.83	3.51	3.29	2.99	2.80	2.37	2.11	1.80
	$F_{.001}$	12.6	8.25	6.60	5.70	5.13	4.73	4.21	3.87	3.15	2.73	2.23
60	$F_{.25}$	1.35	1.42	1.41	1.38	1.37	1.35	1.32	1.30	1.25	1.21	1.15
	$F_{.10}$	2.79	2.39	2.18	2.04	1.95	1.87	1.77	1.71	1.54	1.44	1.29
	$F_{.05}$	4.00	3.15	2.76	2.53	2.37	2.25	2.10	1.99	1.75	1.59	1.39
	$F_{.01}$	7.08	4.98	4.13	3.65	3.34	3.12	2.82	2.63	2.20	1.94	1.60
	$F_{.001}$	12.0	7.76	6.17	5.31	4.76	4.37	3.87	3.54	2.83	2.41	1.89
120	$F_{.25}$	1.34	1.40	1.39	1.37	1.35	1.33	1.30	1.28	1.22	1.18	1.10
	$F_{.10}$	2.75	2.35	2.13	1.99	1.90	1.82	1.72	1.65	1.48	1.37	1.19
	$F_{.05}$	3.92	3.07	2.68	2.45	2.29	2.17	2.02	1.91	1.66	1.50	1.25
	$F_{.01}$	6.85	4.79	3.95	3.48	3.17	2.96	2.66	2.47	2.03	1.76	1.38
	$F_{.001}$	11.4	7.32	5.79	4.95	4.42	4.04	3.55	3.24	2.53	2.11	1.54
∞	$F_{.25}$	1.32	1.39	1.37	1.35	1.33	1.31	1.28	1.25	1.19	1.14	1.00
	$F_{.10}$	2.71	2.30	2.08	1.94	1.85	1.77	1.67	1.60	1.42	1.30	1.00
	$F_{.05}$	3.84	3.00	2.60	2.37	2.21	2.10	1.94	1.83	1.57	1.39	1.00
	$F_{.01}$	6.63	4.61	3.78	3.32	3.02	2.80	2.51	2.32	1.88	1.59	1.00
	$F_{.001}$	10.8	6.91	5.42	4.62	4.10	3.74	3.27	2.96	2.27	1.84	1.00

分母的自由度

附录 V

χ² 分布的临界值点

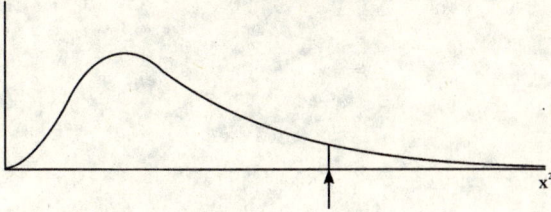

d. f.	$\chi^2_{.25}$	$\chi^2_{.10}$	$\chi^2_{.05}$	$\chi^2_{.025}$	$\chi^2_{.010}$	$\chi^2_{.005}$	$\chi^2_{.001}$
1	1.32	2.71	3.84	5.02	6.63	7.88	10.8
2	2.77	4.61	5.99	7.38	9.21	10.6	13.8
3	4.11	6.25	7.81	9.35	11.3	12.8	16.3
4	5.39	7.78	9.49	11.1	13.3	14.9	18.5
5	6.63	9.24	11.1	12.8	15.1	16.7	20.5
6	7.84	10.6	12.6	14.4	16.8	18.5	22.5
7	9.04	12.0	14.1	16.0	18.5	20.3	24.3
8	10.2	13.4	15.5	17.5	20.1	22.0	26.1
9	11.4	14.7	16.9	19.0	21.7	23.6	27.9
10	12.5	16.0	18.3	20.5	23.2	25.2	29.6
11	13.7	17.3	19.7	21.9	24.7	26.8	31.3
12	14.8	18.5	21.0	23.3	26.2	28.3	32.9
13	16.0	19.8	22.4	24.7	27.7	29.8	34.5
14	17.1	21.1	23.7	26.1	29.1	31.3	36.1
15	18.2	22.3	25.0	27.5	30.6	32.8	37.7
16	19.4	23.5	26.3	28.8	32.0	34.3	39.3
17	20.5	24.8	27.6	30.2	33.4	35.7	40.8
18	21.6	26.0	28.9	31.5	34.8	37.2	42.3
19	22.7	27.2	30.1	32.9	36.2	38.6	32.8
20	23.8	28.4	31.4	34.2	37.6	40.0	45.3
21	24.9	29.6	32.7	35.5	38.9	41.4	46.8
22	26.0	30.8	33.9	36.8	40.3	42.8	48.3
23	27.1	32.0	35.2	38.1	41.6	44.2	49.7
24	28.2	33.2	36.4	39.4	32.0	45.6	51.2
25	29.3	34.4	37.7	40.6	44.3	46.9	52.6
26	30.4	35.6	38.9	41.9	45.6	48.3	54.1
27	31.5	36.7	40.1	43.2	47.0	49.6	55.5
28	32.6	37.9	41.3	44.5	48.3	51.0	56.9
29	33.7	39.1	42.6	45.7	49.6	52.3	58.3
30	34.8	40.3	43.8	47.0	50.9	53.7	59.7
40	45.6	51.8	55.8	59.3	63.7	66.8	73.4
50	56.3	63.2	67.5	71.4	76.2	79.5	86.7
60	67.0	74.4	79.1	83.3	88.4	92.0	99.6
70	77.6	85.5	90.5	95.0	100	104	112
80	88.1	96.6	102	107	112	116	125
90	98.6	108	113	118	124	128	137
100	109	118	124	130	136	140	149

参考文献

1. 袁方主编：《社会研究方法教程》，北京大学出版社 1997 年第 1 版。

2. 柯惠新、祝建华等编著：《传播统计学》，北京广播学院出版社 2003 年第 1 版。

3. Roger Wimmer & Joseph Dominick 著，李天任、蓝莘译：《大众媒体研究》(Mass Media Research－An Introduction)，台湾亚太图书出版社 1995 年版。

4. 肖明、丁迈著：《精确新闻学》，中国广播电视出版社 2002 年第 1 版。

5. 柯惠新、黄京华等编著：《调查研究中的统计分析法》，北京广播学院出版社 1992 年第 1 版。

6. 柯惠新、刘红鹰编著：《民意调查实务》，中国经济出版社 1996 年第 1 版。

7. 柯惠新、丁力宏编著：《市场调查与分析》，中国统计出版社 2000 年第 1 版。

8. 袁方主编：《社会调查原理与方法》，高等教育出版社 2002 年第 2 版。

9. Werner J. Severin & James W. Tankard, Jr. 著，郭镇之等译：《传播理论：起源、方法与应用》(Origins, Method and Uses in the Mass Media)，华夏出版社 2000 年第 1 版。

10. 郭志刚著：《社会统计分析方法——SPSS 软件应用》，中国人民大学出版社 1999 年第 1 版。

11. 卢纹岱主编：《SPSS for Windows 统计分析（第 2 版）》，电子工业出版社 2002 年版。

12. 杨孝溁著：《传播研究方法总论》，台湾三民书局 1996 年版。

13. 苏衡著：《传播研究调查法》，台湾三民书局 1993 年版。

14. 王石番著:《传播内容分析法——理论与实证》,台湾幼狮文化事业公司 1991 年版。

15. 范志育著:《广告效果研究》,中国友谊出版社 1995 年第 1 版。

16. 冯士雍、倪加勋等著:《抽样调查理论与方法》,中国统计出版社 1998 年第 1 版。

17. 姜秀珍著:《新闻统计学》,新华出版社 1998 年第 1 版。

18. 王兰柱主编:《聚焦收视率》,北京广播学院出版社 2002 年第 1 版。

19. 风笑天著:《社会学研究方法》,中国人民大学出版社 2001 年第 1 版。

20. 中国互联网信息中心:http://www.cnnic.net。

21. 网站:世纪网易 http://www.21eok.com。

后 记

经过两年多的努力，《媒介调查分析》一书终于完稿了。之所以经历了这么长的时间，是希望能够精益求精，占用更多、更有价值的资料，尽可能减少错误和纰漏。希望作者的努力能对读者有所帮助。

承蒙尊师柯惠新教授以及北京广播学院调查统计研究所（SSI）的沈浩、肖明、丁迈几位老师的无私教诲，才能有今天这本书的面世。在此对诸位老师表示最真诚的感谢。

本书在写作过程中得到了周鸿铎教授的诸多帮助和指正，家人和同事也给予了很大的支持，在此一并表示衷心的感谢。

由于作者的能力、水平所限，书中难免存在错误或不妥之处，恳请广大读者批评指正，以便今后进一步改进和提高。

作 者

2004 年 12 月